高等院校市场营销系列教材

U0368775

Artificial Intelligence Marketing

人工智能营销

贺爱忠 聂元昆◎主编　王建明 李颖灏◎副主编

机械工业出版社
China Machine Press

图书在版编目（CIP）数据

人工智能营销 / 贺爱忠，聂元昆主编 . —北京：机械工业出版社，2022.10（2025.7 重印）
高等院校市场营销系列教材
ISBN 978-7-111-71937-3

I. ①人…　II. ①贺… ②聂…　III. ①人工智能－应用－市场营销－高等学校－教材
IV. ① F713.50-39

中国版本图书馆 CIP 数据核字（2022）第 202174 号

　　本书在跟踪人工智能营销领域国际理论与实践前沿动态的同时，重视对中国特色学术思想和学术贡献的介绍，重视对人工智能领域国家战略、法律法规和政策的介绍，重视对中国人工智能产业和企业发展案例的介绍，重视对中国企业人工智能营销案例的介绍。本书有利于人工智能营销从业者技能的提升，有利于人工智能营销人才的培养，有利于人工智能营销知识的普及。本书注重人工智能营销理论与实际应用的结合，注重思维模式养成与技能提升的结合，体系完整，内容丰富。

　　本书可作为市场营销专业的本科生、研究生的教材，也可作为企业营销人员和相关研究人员的参考书。

出版发行：机械工业出版社（北京市西城区百万庄大街 22 号　邮政编码：100037）
责任编辑：李晓敏　　　　　　　　　　　　责任校对：梁　园　王　延
印　　刷：北京中科印刷有限公司　　　　　版　　次：2025 年 7 月第 1 版第 2 次印刷
开　　本：185mm×260mm　1/16　　　　　印　　张：16.75
书　　号：ISBN 978-7-111-71937-3　　　　定　　价：55.00 元

客服电话：（010）88361066　68326294

前　言

　　人类已经进入人工智能时代。智能产品已经进入普通百姓日常生活中，人们对智能产品、智能服务的需求日益增长，智能技术已在市场营销实践中广泛应用。人工智能的发展没有刹车片，也没有倒车装置，人工智能未来在营销中将发挥至关重要的作用。任何企业、任何营销人员，如果希望有光明的未来，就必须积极主动地去了解人工智能营销，利用人工智能营销提高销量、降低成本、提升客户满意度和忠诚度。而与此对应的智能营销理论框架体系构建、智能营销教材建设滞后于实践发展和时代要求，既不利于人工智能营销实践水平的提升和人工智能营销从业者技能的提升，也不利于人工智能营销人才的培养和人工智能营销知识的普及。基于一种使命感和社会责任感，我们10位来自全国7所高校市场营销国家一流本科专业的教师，齐心协力完成了本书的编写。

　　本书以马克思列宁主义、毛泽东思想、邓小平理论、"三个代表"重要思想、科学发展观、习近平新时代中国特色社会主义思想为指导，有机融入中华优秀传统文化、法治意识和国家安全意识。我们在本书中注意跟踪人工智能营销领域国际理论与实践前沿动态的同时，重视对中国特色学术思想和学术贡献的介绍，重视对人工智能领域国家战略、法律法规和政策的介绍，重视对中国人工智能产业和企业发展案例的介绍，重视对中国企业人工智能营销案例的介绍。本书还具有如下主要特点：

　　（1）体系完整。本书沿着市场调研与分析—目标市场营销战略—市场营销策略—市场营销控制的逻辑构建人工智能营销知识体系，弥补了已有教材缺乏人工智能与市场调研、人工智能与市场营销战略、人工智能与市场营销绩效管理等内容的不足，将成为国内第一本由营销专业学者编写的知识体系完整的"人工智能营销"教材。

　　（2）内容丰富。本书注重人工智能营销理论与实际应用的结合，注重思维模式养成与技能提升的结合。为方便读者进行理论学习与实践导引，各章都配有开篇案例、章末案例、本章小结和实训作业。为拓宽读者的知识面、拓深读者的理论深度、引导读者多维思维模式的养成，各章都插入了数量不一的人物介绍、小资料、小链接、小案例、参考文献等内容。

　　（3）编写组力量强大。一是编写组成员来自市场营销国家一流本科专业建设点。其中，聂元昆教授为云南财经大学市场营销国家一流本科专业负责人，宋思根教授原为安徽财经大学市场营销国家一流本科专业负责人，王建明教授为浙江财经大学市场营销国家一流本科专业负责人，董维维副教授为上海应用技术大学市场营销国家一流本科专业核心成员，李颖灏副教授为浙江工商大学市场营销国家一流本科专业核心成员，沈鹏熠教授为江西财经大学市场营销国家一流本科专业核心成员，贺爱忠教授、彭璐珞副教授、周玲副教授均为湖南大学市场营销国家一流本科专业核心成员。二是编写组成员全部具有高职称、高学历。其中，有5位教授，所有成员都具有博士学历。三是编写组成员编著过多部国家规划教材。

（4）前期基础扎实。编写组主要成员近年来重点研究人工智能营销，主持完成了人工智能产业领域的省级重点项目，并发表了相关智库成果和系列学术论文，为教材编写奠定了良好的科研基础，提供了较为丰厚的知识储备。

在编写过程中，我们得到了国内人工智能营销研究领域著名学者——复旦大学的范秀成教授、中国人民大学的李先国教授的鼓励与精心指导。他们在百忙中抽暇全面审阅本书编写总体思路和编写大纲后，对编写组给予了充分肯定和鼓励，而且提出了许多高屋建瓴的见解和中肯的修改意见，为本书的顺利完成奠定了坚实的基础。

本书编写分工如下：湖南大学博士、教授、博导贺爱忠编写第1章，广州华商学院博士生、讲师贺嫦珍编写第2章，湖南大学博士、副教授彭璐珞编写第3章，湖南大学博士、副教授周玲编写第4章，云南财经大学博士、教授、博导聂元昆编写第5章，浙江财经大学博士、教授、博导王建明编写第6章，上海应用技术大学博士、副教授董维维和上海应用技术大学博士、教授、博导宋思根编写第7章，江西财经大学博士、教授沈鹏熠编写第8章，浙江工商大学博士、副教授李颖灏编写第9章。湖南大学博士生张宇，硕士生李超香、邓锐琦、朱培、苏璟赟，云南财经大学硕士生王楠，浙江工商大学硕士生王欢欢、韦艺，浙江财经大学硕士生杨心成、杨澜，江西财经大学本科生蒋兆燕等同学参与了资料的收集、整理工作。本书由贺爱忠、聂元昆任主编，王建明、李颖灏任副主编，其中贺爱忠负责拟定全书大纲并完成最后的审定工作，聂元昆、王建明、李颖灏参与了书稿的修改、定稿。

在本书编写过程中，我们参考了大量国内外文献资料，借鉴、吸收了其中的某些成果，对此在文中进行了标注，并在参考文献中列出了部分作者姓名和文献名称，在此向有关作者一并致以真挚而深切的谢意。

由于编者学识水平所限，本书难免存在一些不足之处，敬请读者批评指正。如有意见或建议，请联系我们：贺爱忠的邮箱为 haz6526@163.com，聂元昆的邮箱为 nyk526@vip.sina.com。

贺爱忠　聂元昆

2022 年 6 月

贺爱忠，管理学博士，湖南大学工商管理学院教授，博士生导师。湖南省普通高校企业管理学科带头人、湖南省"新世纪121人才工程"人选、新世纪湖南省社会科学研究人才"百人工程"学者。兼任国家社会科学基金项目同行评审专家和通讯鉴定专家、国家一流本科课程评审专家、教育部长江学者评审专家、全国博士学位论文抽检评审专家、教育部人文社会科学规划基金重大项目评审专家。

长期从事营销战略、品牌管理、零售营销、绿色低碳消费与服务业绿色发展的教学与科研工作。主持完成2项国家社会科学基金课题、2项教育部人文社会科学研究规划基金项目、1项湖南省社会科学基金重大招标项目、20余项其他项目。出版学术专著和国家级规划教材10部。在《零售与消费者服务杂志》(*Journal of Retailing and Consumer Services*)、《互动营销研究杂志》(*Journal of Research in Interactive Marketing*)、《国际消费者研究杂志》(*International Journal of Consumer Studies*)、《清洁生产杂志》(*Journal of Cleaner Production*)、《管理世界》等国内外知名期刊发表学术论文140余篇。获得全国商业科技进步奖、商务部全国商务发展研究成果奖、湖南省哲学社会科学优秀成果奖等省部级一、二、三等奖等14项奖项。

聂元昆，管理学博士，云南财经大学教授，博士生导师。云南省中青年学术带头人，云南省万人计划教学名师。兼任中国高等院校市场学研究会副会长，云南省市场学会会长。"十二五"国家级规划教材《市场营销学》第二主编，"十一五""十二五"国家级规划教材《商务谈判学》主编。

长期从事市场营销、商务谈判、企业文化、创业管理、生涯规划的教学与科研工作。主编、参编专著及教材29部，主持、参与国家及省部级课题18项，在《管理世界》《财贸经济》等刊物发表学术论文80余篇。曾获高等教育国家级教学成果二等奖1项，云南省政府哲学社会科学奖一等奖1项、二等奖2项、三等奖3项。1999年入选"中国当代中青年商业经济专家学者"，2014年荣获"全国优秀教师"称号，2018年获全国建行杯创新创业大赛"优秀创业导师"称号。

目 录

第 1 章
人工智能与人工智能营销概述

◎ 开篇案例

人工智能正在走进我们的生活

人工智能已经逐渐走进我们的生活，并应用于各个领域，它不仅给许多行业带来了巨大的经济效益，也为人们的生活带来了许多改变和便利。

1. 无人驾驶汽车

无人驾驶汽车主要依靠车内以计算机系统为主的智能驾驶控制器来实现无人驾驶。伴随着人工智能浪潮的兴起，国内外许多公司都纷纷投入到自动驾驶和无人驾驶的研发生产中。

2. 人脸识别

人脸识别是基于人的脸部特征信息进行身份识别的一种生物识别技术，涉及的技术主要包括计算机视觉、图像处理等，广泛应用于金融、司法、公安、边检、航天、电力、教育、医疗等领域。

3. 机器翻译

机器翻译是利用计算机将一种自然语言转换为另一种自然语言的过程。机器翻译用到的技术主要是神经机器翻译技术，该技术当前在很多语言上的表现已经超过人类。

4. 声纹识别

声纹识别也称为说话人识别，包括说话人辨认和说话人确认。相比于传统的身份识别方法（如钥匙、证件），声纹识别具有抗遗忘、可远程鉴权的特点，也能有效防录音、防合成，因此安全性高、响应迅速且识别精准，可广泛应用于金融、安防、智能家居等领域。

5. 智能客服机器人

智能客服机器人是一种利用机器模拟人类行为的人工智能实体形态，它能够实现语音识别和自然语义理解，具有业务推理、话术应答等能力，广泛应用于商业服务与营销场景，为客户解决问题、提供决策依据。

6. 智能外呼机器人

智能外呼机器人能够自动发起电话外呼，以语音合成的自然人声形式，主动向用户群体介绍产品。它能够在互动过程中不带有情绪波动，并且自动完成应答、分类、记录和追踪，助力企业完成一些烦琐、重复和耗时的操作。

7. 智能音箱

智能音箱的本质就是能完成对话环节的拥有语音交互能力的机器。通过与它直接对话，家庭消费者能够完成自助点歌、控制家居设备和唤起生活服务等操作。

8. 个性化推荐

个性化推荐建立在海量数据挖掘的基础上，通过分析用户的历史行为建立推荐模型，主动给用户提供匹配他们的需求与兴趣的信息，如商品推荐、新闻推荐等。个性化推荐广泛存在于各类网站和 App 中。

9. 医学图像处理

医学图像处理是目前人工智能在医疗领域的典型应用，可以辅助医生对病变体及其他目标区域进行定性甚至定量分析，从而大大提高医疗诊断的准确性和可靠性。

10. 图像搜索

传统的图像搜索只识别图像本身的颜色、纹理等要素，基于深度学习的图像搜索还会加入人脸、姿态、地理位置和字符等语义特征，针对海量数据进行多维度的分析与匹配。该技术主要应用于用户的需求与行为分析。

资料来源：https://www.sohu.com/a/432322971_120380779，"人工智能的十大主要应用场景"，本书有删减。

人工智能是指机器模仿人类智力活动的能力。新一代人工智能之新主要体现在两方面：一是人工智能技术从计算智能、知识智能进入感知智能、认知智能的新阶段；二是人工智能将辐射至各行各业，突出与其他产业的深度融合。人工智能与实体经济的融合将有力推动机械制造、家用电器和服务业的交通运输、医疗健康、网购零售、金融保险等产业的降费提效和产业升级。当然，人工智能对不同行业将产生差异化影响，例如，不同行业使用机器人的应用程度存在明显差异，就业规模越大和资本劳动比越高的企业，应用机器人的程度也越高。从具体行业来看，人工智能在数字政府、金融、医疗、汽车、零售、高端制造等领域都有广阔的应用前景。有专家预计到2030 年，人工智能将使全球国民生产总值增长 14%。因此，有效且可持续的人工智能营销战略及策略，对于任何企业保持竞争优势至关重要。在此背景下，全面、系统地学习和掌握人工智能营销的基本理论、基本方法，对于企业人员，以及经济管理类各专业、人工智能类各专业和传播类专业的大学生及任何对营销感兴趣的人来说非常必要和重要。

⊙ 小资料　　　　　　　　　八大院士论道 共探人工智能产业趋势

2019 年 1 月 10 日，在山东青岛召开的国家智能产业峰会上，西安交通大学郑南宁院士、东北大学柴天佑院士、中南大学桂卫华院士、北京理工大学张军院士、海军航空大学何友院士、清华大学戴琼海院士、欧洲科学院陈俊龙院士、新加坡工程院连勇院士共同论道智能产业发展趋势，把握智能技术发展脉搏。

郑南宁院士认为，人工智能是第四次工业革命的典型标志和重要推动力，可创造一个与人类友好、智慧的社会。柴天佑院士说，人工智能的研究和应用多年来始终秉持一个核心目标，即：使人的智能行为实现自动化或复制。人工智能应用在工业领域呈现两个发展方向：一是在机器学习中加入实际模型的导引，以实现类人智能和强人工智能；二是运用人工智能技术建立智能系统。张军院士指出，工业智联网是新一代人工智能技术、知识工程技术与制造业深度融合的产物，是未来工业的核心基础设施和新型经济形态的支撑科技。何友院士强调，大数据是人工智能未来发展的一个基石，也是国防领域竞争的新高度。戴琼海院士说，人工智能的突破性进展，尤其是深度卷积神经网络和贝叶斯网络在多个研究领域获得重大应用，表明人工智能已经进入了全新发展时代。新一代人工智能的理论与方法，即建立一种机器感知、机器学习到机器思维和机器决策的颠覆性的模型，以及人工智能如何在脑科学当中找出机理和方法，是国际上研究的热点。桂卫华院士认为，人工智能技术是制造业转型升级最有力的助力器之一，能加速推进以智能化为标志、以人工智能为抓手和以高效绿色制造为目标的工业智能制造的发展进程。因此，我国制造业亟须深度融合人工智能技术。陈俊龙院士指出，人工智能技术、互联网服务和医疗设备等迅速发展，以健康数据为核心内容的新一代智能感知和行为理解方法的研究，将成为新一轮产业革命的重要引擎。连勇院士强调，人工智能＋物联网将推动万物互联，打开人工智能真正落地的重要通道，使万物迈入智联网时代。

资料来源：赵亚楠.八大院士论道：共探人工智能产业趋势 [J].自动化博览，2019(2)：14-16.

1.1　人工智能的功能与类型

1.1.1　人工智能及其相关概念

人工智能（Artificial Intelligence，AI），指由机器或软件表现出来的智能。《牛津英语词典》诠释道：能够执行通常需要人类智能（如视觉感知、语音识别、决策及语言翻译）才能完成任务的计算机系统。德国学者马库斯·胡特（Marcus Hutter）和谢恩·莱格（Shane Legg）认为，"智能用来衡量一个个体在一系列广泛环境中实现目标的整体能力"。美国心理学家霍华德·加德纳（Howard Gardner）认为智能可以分为九个范畴：语言、数理逻辑、音乐、视觉空间、身体动觉、人际、内省、存在与自然探索。而人工智能简而言之就是指机器能够表现出与人类相同的智能行为的能力。

众所周知，同一个人在加德纳所述的九个智能范畴中展示出的智能水平是不同的。例如，有的人语言能力强，数理逻辑能力却弱；有的人是音乐天才，在人际交往中却木讷；有的人擅长人际交往，却缺乏内省；有的人拙于从课本和课堂上汲取知识，却敏于理解他人的需求，因此人缘很好。

⊙ 人物介绍　　　　　　**多元智能理论之父——霍华德·加德纳**

霍华德·加德纳是世界著名教育心理学家，最为人知的成就是"多元智能理论"，被誉为

"多元智能理论之父"，现任美国哈佛大学教育研究生院心理学、教育学教授，波士顿大学医学院精神病学教授。他还担任哈佛大学"零点项目"研究所主持人，专著超过20本，发表论文数百篇。超过20所大学颁给他荣誉学位。《纽约时报》称他为美国当今最有影响力的发展心理学家和教育学家。

加德纳1943年出生于美国宾夕法尼亚州的一个小镇上，父母都是德国犹太移民，自幼热爱音乐特别是钢琴艺术，高中后的生活大部分是在哈佛大学度过的。加德纳18岁进入哈佛大学读本科，23岁进入伦敦政治经济学院学习，28岁获得哈佛大学研究生院的心理学博士学位。加德纳在1983年提出多元智能理论，逐渐引起世界广泛关注，并成为20世纪90年代以来许多西方国家教育改革的指导思想之一。

多元智能理论认为，智能是在某种社会或文化环境的价值标准下，个体用以解决自己遇到的真正难题或生产及创造出有效产品所需要的能力。具体包含如下含义：①每一个体的智能各具特点；②个体智能的发展方向和程度受环境和教育的影响和制约；③智能强调的是个体解决实际问题的能力和生产及创造出社会需要的有效产品的能力；④多元智能理论重视的是多维地看待智能问题的视角。

资料来源：360百科，https://baike.so.com/doc/5615787-5828398.html.

人工智能定义中所说的机器一般是指计算机，也有可能是人类创造的其他任何装置。而人工智能定义中所说的软件，是一系列告诉一台机器它的电子信号应该如何有序地传送的指令。

简单地说，人工智能就是用机器去模仿人类。与此相关的一个概念是机器学习。机器学习是计算机使用给定的数据集，通过不断地实验和消除误差来实现某种具体功能的方法。

机器学习要在浩瀚数据中判断关键点在哪里，关键点是什么，关键点之间相似和不同的地方是什么。

机器学习有三种方式：有监督的、无监督的和强化训练。

有监督的机器学习是在人们知道样例数据中的结果是什么的情况下使用的。例如，你知道某个客户群是质量最好的客户群组，让机器根据这个定义去寻找类似的人群。机器将会读取你提供的客户名单，弄清楚这些客户有什么共同点，并找出哪些元素是最具预测力的关键指标，然后使用这些标准查看潜在客户的数据库，最终找到你需要锁定的目标客户。

无监督的机器学习是指人们不会要求机器解决某个特定的问题，只是希望机器告诉人们一些不知道的事情。例如，你告诉机器去研究许多猫的照片，然后让机器告诉你它的发现。机器可能会说，猫通常是在沙发和椅子上被发现的，而且大多数猫对摄影师毫无兴趣。

强化学习指一个智能体（agent），在当前状态（state）下，执行一个行为（action）与环境（environment）进行交互的新状态，同时从环境中获得相应的即时奖励（reward），再根据奖励评估此行为。利于目标实现的行为会让奖励值增加，不利于目标实现的行为会让奖励值衰减，此过程不断循环到终止状态为止。

机器学习最大的障碍是数据，即进行数据清洗和规范化操作的工作量大，不能很好地将云端数据库中的数据集整合在一起。机器学习最大的资产也是数据。机器学习在时间太短、信息太少的情况下，不会得到很好的结果。

1.1.2　人工智能的功能

人工智能可以实现三个功能：检测、判断和提升。

1. 检测

人工智能可以发现一组数据中的哪些元素或属性是最具预测性的。即使面对由众多不同类型数据组成的海量数据，即使数据中存在大量的噪声，人工智能也能从这些数据中识别出最具有揭示性的特征，找出哪些特征是值得研究的，哪些是可以忽略的。

2. 判断

人工智能可以从数据中推断出数据遵循的规则，并对最具预测性的属性赋予权重，从而做出判断。它可以将大量的特征纳入考虑范围，分析每个特征之间的相关性，最终得出结论。

3. 提升

人工智能可以在每次迭代中进行学习和优化。无论是对于新的信息还是实验的结果，它都可以在根据环境得到结果的同时，改变根据环境得到结果的方法。人工智能可以进行自我编程。例如，在有关线上消费者的数据中，人工智能可能发现消费者使用的搜索词、位置信息、年龄是最具有实际意义的特征。当消费者使用 6 个以上的搜索词时，购买倾向非常高，以至于这个时候的折扣是适得其反的。一旦发现 24 岁以下的女性不太可能消费，无论搜索中的单词是什么，可以为她们提供免费送货的服务，以观察购买转化率是否提升。

1.1.3　人工智能的类型

按照人工智能可以实现人类所拥有的认知功能程度分为弱人工智能和强人工智能，也称狭义人工智能（ANI）和广义人工智能（AGI），或者一般人工智能和完全人工智能。

弱人工智能，只是简单地执行人们交给它的任务。而强人工智能则能够思考它自己的目标，并对目标进行调整。换言之，它是拥有意志的。

弱人工智能就是指机器可以在一些非常具体的事情上表现得很好，而强人工智能指的是机器可以像人类一样思考、利用常识、模仿意识、产生危险的自我意识，并最终接管整个世界。

选择正确的电子邮件标题，将大量的受众细分为不同的目标群体，选择最优营销活动来说服一个潜在的购买对象等，这就是所谓的弱人工智能。

强人工智能即能够表现出人类所有智力活动的人工智能。构造强人工智能有三种方法：全大脑仿真；在弱人工智能的基础上创造；开发一套人类思维的综合理论，然后利用这些知识创造一个人工大脑。

目前尚处于弱人工智能时代，何时进入强人工智能时代，人工智能科学家众说纷纭，莫衷一是。

1.2　人工智能的发展过程

人工智能正在变革我们的经济，定义一个新的工业化时代。人工智能这个早在 1956 年就被提出的概念近几年成为备受瞩目的技术，这主要受到三个因素推动：大数据的发展、低成本和可扩展的计算能力、深度学习等人工智能新技术。

1.2.1　人工智能的历史演变

1950 年英国数学家和密码破译专家阿兰·图灵（Alan Turing）被录用为泰丁顿（Teddington）国家物理研究所的研究人员，开始从事"自动计算机"（ACE）的逻辑设计和具体研制工作。这一年，他提出关于机器思维的问题，他的论文《计算机和智能》（*Computing Machinery and Intelligence*），为后来的人工智能科学提供了开创性的构思。图灵提出了著名的"图灵测试"，指出如果第三者无法辨别人类与人工智能机器反应的差别，则可以判断该机器具备人工智能。1956 年图灵的这篇文章以"机器能思考吗？"为题重新发表。此时，人工智能也进入了实践研制阶段。图灵的机器智能思想无疑是人工智能的直接起源之一，而且随着人工智能领域的深入研究，人们越来越认识到图灵思想的深刻性。图灵思想如今仍然是人工智能的主要思想之一。正因为如此，图灵被誉为人工智能之父。

⊙ **人物介绍**　　　　　　　　**人工智能之父——阿兰·图灵**

图灵（1912 年 6 月 23 日—1954 年 6 月 7 日），英国杰出的数学家、密码破译专家，被称为计算机科学之父、人工智能之父。

图灵少年时就表现出独特的直觉创造能力和对数学的爱好。1926 年，图灵考入伦敦有名的谢伯恩（Sherborne）公学，受到了良好的中等教育。他在中学期间表现出对自然科学的极大兴趣和敏锐的数学头脑。1927 年年末，年仅 15 岁的图灵为了帮助母亲理解爱因斯坦的相对论，写了爱因斯坦的一部著作的内容提要，表现出他已具备非同凡响的数学水平和科学理解力。

图灵对自然科学的兴趣使他在 1930 年和 1931 年两次获得他的一位同学莫科姆的父母设立的自然科学奖,获奖内容中有一篇论文题为"亚硫酸盐和卤化物在酸性溶液中的反应",受到政府派来的督学的赞赏。对自然科学的兴趣为他后来的一些研究奠定了基础,他的数学能力使他在念中学时获得过国王爱德华六世数学金盾奖章。

1931 年,图灵进入剑桥大学国王学院,毕业后到美国普林斯顿大学攻读博士学位。第二次世界大战爆发后回到剑桥,后曾协助军方破解德国的著名密码系统 Enigma,帮助盟军取得了第二次世界大战的胜利。

1949 年,图灵成为曼彻斯特大学计算机实验室副主任,负责最早的真正意义上的计算机——"曼彻斯特一号"的软件理论开发,因此成为世界上第一位把计算机实际用于数学研究的科学家。

1950 年,图灵编写并出版了《曼彻斯特电子计算机程序员手册》(*The Programmers' Handbook for the Manchester Electronic Computer*)。这期间,他继续进行数理逻辑方面的理论研究,并提出了著名的"图灵测试"。同年,他提出关于机器思维的问题,他的论文《计算机和智能》引起了广泛的注意和深远的影响。1956 年,图灵的这篇论文以"机器能思考吗?"为题重新发表。这一划时代的作品,使图灵赢得了"人工智能之父"的桂冠。

1951 年,由于在可计算数方面所取得的成就,图灵成为英国皇家学会会员,时年 39 岁。

1999 年,图灵被《时代》杂志评选为 20 世纪 100 个最重要的人物之一。

2012 年 6 月 15 日—6 月 16 日,33 位图灵奖获得者首次共聚旧金山,来纪念图灵 100 周年诞辰。他们一同回顾了图灵的伟大贡献和计算机科学在过去几十年的发展,并畅谈了对未来的思考。

2014 年,根据安德鲁·霍奇斯所写的传记《阿兰·图灵传》改编而成的电影《模仿游戏》,获得 2015 年第 87 届奥斯卡最佳改编剧本奖。

资料来源:百度百科,https://baike.baidu.com/item/%E8%89%BE%E4%BC%A6%C2%B7%E9%BA%A6%E5%B8%AD%E6%A3%AE%C2%B7%E5%9B%BE%E7%81%B5/3940576.

1956 年夏天,在美国新罕布什尔州达特茅斯学院召开的一次长达一个多月的会议上,组织者提出:"原则上,可以对人类智能的各方面的特点进行精确描述,这样就可以制造一台机器,对它们进行精确模仿。"很快,这次会议就被视为人工智能科学的奠基性事件。在这次会议召开之后的几年时间里,人工智能取得了巨大进展。第一个聊天机器人出现了。人工智能研究领域一片乐观,甚至有点狂妄。例如,赫伯特·西蒙在 1965 年说:"只需 20 年,机器就能做人能做的所有工作。"两年之后,马文·明斯基说:"在一代人的时间之内,创造人工智能的问题就将得到彻底解决。"

到了 1973 年,情况发生了变化。英国数学家詹姆斯·莱特希尔在为英国科学院撰写的一份报告中指出:同一个问题,哪怕在只有两三个变量时很简单,当变量数量非常多时就会变得非常难,甚至有可能无法解决。所以,简单的人工智能应用在实验室环境中表现得很好,可到了实际环境中却毫无用处。从 1974 年到 1980 年左右,人工智能研究人员很难获得经费支持。这个时期被称为人工智能的第一次寒冬。

20 世纪 80 年代，由于专家系统（Expert System）的出现和日本第五代计算机系统项目的发展，人工智能迎来了又一次爆发。专家系统使用巨量数据库，致力于解决某个专业领域的特定问题。第五代计算机采用了大规模并行计算，可以采用多个处理器同时进行协同计算。在日本的刺激下，西方国家纷纷资助本国的人工智能项目。1983 年，英国启动了预算高达 3.5 亿英镑的阿尔维（Alvey）工程。1984 年，美国国防高级研究计划局启动了战略计算机计划（Strategic Computer Initiative）。

20 世纪 80 年代末，由于人们又一次低估了问题的难度，以及台式计算机和服务器的计算速度和功耗都超越了原来的大型计算机，从而使得那些耗资不菲的大机器变得无用，加之经济出现泡沫，人工智能进入第二次寒冬。

20 世纪 90 年代，人工智能可以投入实际应用，从而进入发展的快车道。人工智能研究得到越来越多的资助。现在，一家企业只要能在人工智能领域取得一点点小突破，都能赚来上百万美元。因为人工智能的赚钱效应，人工智能已经广为世人所接受。

目前，人工智能无处不在。像智能手机、银行的智慧柜台、人脸识别等都采用了人工智能技术。而大数据是人工智能的一个典型应用场景。在大数据的帮助下，航空公司可以在一次航班起飞前计算出每一天、每一个座位的最佳定价策略。当然，人工智能的应用收集并存储了海量的个人信息，可能会造成个人隐私的泄露。

人工智能发展的一个里程碑是 1997 年，IBM 公司的"深蓝"（Deep Blue）计算机击败了当时最优秀的人类国际象棋选手。2009 年发布的智能手机应用 Pocket Fritz4 比"深蓝"的下棋水平还高。

人工智能发展的另一个里程碑是在 2011 年，IBM 开发的另一个人工智能系统"沃森"（Watson）在美国的电视问答节目《危险边缘》（Jeopardy!）中击败了最优秀的人类选手。在这个节目中，选手要根据答案来推测问题是什么。例如，"一个内容空洞、语句冗长、无聊乏味的演说"，对应的目标问题是："什么是废话连篇？"

时间较近的一次人工智能著名表现，是深度思维公司 2013 年在美国太浩湖的演示。在这场演示中，一个人工智能系统自学了老式的雅达利（Atari）街机游戏，比如打乒乓球和打砖块游戏。这次演示最令人震撼的一点在于，这套系统事先并没有专门针对这两款游戏编程，它展示出的是真正的通用学习能力。

自 2016 年以来，人工智能已经走进了个人和商业生活中，成为定义我们这个时代的新技术。而 2017 年深度思维公司开发的围棋机器人 AlphaGo 击败了人类围棋高手柯洁，标志着人工智能带来的变革是划时代的。

人工智能可能在不远的将来威胁人类。人们在认识人工智能的积极作用的同时，必须认识到人工智能可能存在的消极作用。

人工智能发展的三次浪潮如图 1-1 所示。

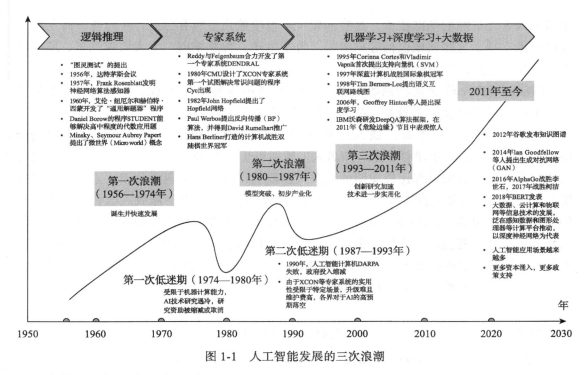

图 1-1　人工智能发展的三次浪潮

资料来源：清华大学人工智能研究院.人工智能发展报告 2020[R/OL].[2022-3-23].http://www.100ec.cn/detail--6589404.html.

⊙ **小资料**　　　　　　　　　　　**中国人工智能发展阶段**

中国人工智能应用于产业共有三个发展阶段。

互联网智能化：2010—2014 年，消费互联网领域的商品推荐、医学影像分析、顺路拼车、智能派单等智能化应用。

公共服务智能化：2014 年至今，智能政务领域对社会基础设施进行智能化改造，在政务、教育、医疗等公共服务领域应用人工智能算法，对人工智能开放平台、芯片、智能制造的基础研发制定扶持政策，设立产业引导基金，孵化科创企业。

实体产业智能化：2018 年开始，AI to Business 逐渐兴起，人工智能在零售业、制造业、农业（种植业、养殖业）、物流供应链等行业深度融合，出现了 AI 广告、AR（增强现实）直播、智能制造、AI 养猪等初期标杆案例。

资料来源：商务部国际贸易经济合作研究院.人工智能商业应用报告.[R/OL].[2022-3-23].https://lmtw.com/mzw/content/detail/id/195176.

1.2.2　人工智能的未来展望

高德纳公司（Gartner，Inc）是一家全球领先的研究和咨询公司，推出的**魔力象限图**（Magic Quadrant），被认为是衡量各项技术在商业市场地位的黄金标准。高德纳公司负责技术创新和企业架构研究的副总裁迈克·J. 沃克（Mike J. Walker）预测，80% 的新兴技术将嵌入人工智能的基础技术，这些基础技术将覆盖几乎所有行业，并为各种商业场景提供技术支持。这些领域包括客户参与、数字生产、智慧城市、无人驾驶汽车、风险管理、计算机视觉、语言和语音识别。

《连线》（*Wired*）杂志的创始人凯文·凯利（Kevin Kelly）曾说，他可以轻松预测未来的 10 000 个创业点，那就是"把人工智能融入某个行业"。

从人工智能本身来看，强人工智能终将发展为超级人工智能（Artificial Super Intelligence，ASI）。牛津哲学家、知名人工智能思想家 Nick Bostrom 把超级人工智能定义为"在几乎所有领域都比最聪明的人类大脑聪明得多，包括科学创新、通识和社交技能"。人类未来的命运将会取决于超级人工智能的决策和行为。超级人工智能对待人类的态度有三种可能性：友善、敌对、中立。人类应该思考如何确保超级人工智能对当代人和子孙后代是有益的。人类应该采取行动，确保超级人工智能是友好人工智能。所谓友好人工智能，是指有益于人类的强人工智能，而不是单纯追求自身利益的强人工智能，也是指确保强人工智能有益于人类的研究项目。

⊙ **小链接** 　　　　　　　　　　　　**阿西莫夫三大定律**

艾萨克·阿西莫夫（Isaac Asimov，1920 年 1 月 2 日—1992 年 4 月 6 日），美国科幻小说作家、科普作家、文学评论家，美国科幻小说黄金时代的代表人物之一。

阿西莫夫一生著述近 500 本，题材涉及自然科学、社会科学和文学艺术等许多领域，与罗伯特·海因莱因、亚瑟·克拉克并列为科幻小说的三巨头。其作品中的《基地系列》《银河帝国三部曲》和《机器人系列》三大系列被誉为"科幻圣经"。曾获代表科幻界最高荣誉的雨果奖和星云终身成就大师奖。小行星 5020、《阿西莫夫科幻小说》杂志和两项阿西莫夫奖都是以他的名字命名的。

1942 年，阿西莫夫在《我，机器人》一书中提出"机器人学三大定律"。虽然这只是科幻小说里的创造，但后来成为学术界默认的研发原则，被称为"现代机器人学的基石"。

第一定律：机器人不得伤害人类个体，或者目睹人类个体将遭受危险而袖手不管。

第二定律：机器人必须服从人给予它的命令，当该命令与第一定律冲突时例外。

第三定律：机器人在不违反第一、第二定律的情况下要尽可能保护自己的生存。

资料来源：百度百科，https://baike.baidu.com/item/%E6%9C%BA%E5%99%A8%E4%BA%BA%E5%AD% A6%E4%B8%89%E5%AE%9A%E5%BE%8B/10969803?fromtitle=%E9%98%BF%E8%A5%BF%E8%8E%AB%E5%A4%AB%E4%B8%89%E5%A4%A7%E5%AE%9A%E5%BE%8B&fromid=8570149&fr=aladdin.

1.3　人工智能营销概述

1.3.1　营销领域对人工智能的定义

人工智能是计算机科学的一个分支，研究计算机对智能行为的模拟。将人工智能技术引入营销领域后，营销学者提出了一系列对人工智能的定义（见表 1-1）。这些定义可

第 1 章　人工智能与人工智能营销概述　11

以分为两种类型：一种为一般性的定义，与计算机领域对人工智能的定义类似，仅阐明人工智能技术内涵，不体现营销学科特征；另一种为在人工智能的定义中加入营销背景，发展仅适用于营销学科的人工智能定义。

表 1-1　营销领域的 AI 定义

概　念	定义方法	定　义
人工智能	类比人类智能	使用计算机器模拟人类固有的能力，比如做物理或机械任务、思考和感觉（Huang, Rust, 2021）
		计算机通过使用软件和算法，可以像人类一样思考和执行任务（Kumar et al., 2019）
		使用算法或统计模型执行人类思维的感知、认知和会话功能的机器，例如视觉和语音识别、推理和问题解决（Longoni, Bonezzi, Morewedge, 2019）
		在学习、计划和解决问题等任务中通过更高层次的自主知识创造模仿人类智能的机器（De Bruyn et al., 2020）
	具体说明人工智能实现智能的方式	一个系统可以正确解读外部数据，从这些数据中学习，并通过灵活的适应性使用这些学习结果实现特定目标和任务的能力（Kaplan, Haenlein, 2019）
		基于可用信息理性地行动以解决问题的信息系统（Paschen, Wilson, Ferreira, 2020）
营销人工智能		开发人工智能体，根据其掌握的有关消费者、竞争对手和重点公司的信息，建议和采取营销行动，以实现最佳的营销效果（Overgoor et al., 2019）
服务人工智能		通过感知、学习、决策和行动实现灵活适应，在内部和外部服务环境中提供有价值的技术配置（Bock, Wolter, Ferrell, 2020）

第一类一般性人工智能定义基于两种方法。第一种方法，也是其他学科常用的方法，是将人工智能类比人类智能。基于这种方法的定义中，Longoni、Bonezzi 和 Morewedge（2019）具体说明智能可以实现的类人思维功能。De Bruyn 等人（2020）具体说明人工智能可以执行的类人任务类型。Huang 和 Rust（2021）提出了一种较为全面的多重人工智能观（multiple AI intelligences view），即人工智能不是思考机器，而是应该像人类一样，为实现不同任务采用由易到难三个层次的智能——机械智能、思考智能和感觉智能。人工智能可以自动化执行重复和例行任务，可以处理数据以得出新的结论或决定，还可以和人类双向互动、分析人类的感受和情绪。不同层次的智能可以提供不同的营销价值。

但有学者认为这种定义不能反映人工智能的全部，因为人工智能具有超越人类智能的方面和潜能，而且以人类智能作为衡量标准缺乏可操作性（Bock, Wolter, Ferrell, 2020）。在此基础上发展出第二种定义方法，即更具体地说明人工智能实现智能的方式。这种定义方法通过学习能力和适应性将人工智能与一般的信息技术区分开，以解决问题和实现最优结果作为评估标准，具有较强的操作性。但这种定义仅能反映当前发展阶段对智能的评估标准，且仅能反映人类智能中的思考能力。

第二类定义通常采用上述第二种定义方法并结合营销环境和目标。Overgoor 等人（2019）认为强调用给定的信息做出可能的最佳决策，更符合营销观点，并由此提出营销人工智能（Marketing AI）。营销人工智能是开发的人工智能代理，根据其掌握的有关消费者、竞争对手和重点公司的信息，建议和采取营销行动，以实现最佳的营销效果。该定义中的人工智能代理是指可以感知周围世界并根据这些感知采取行动的系统。服务是营销组合的构成要素。人工智能对服务领域的影响很大，正在取代人类从事更复杂的知识密集型服务工作。Bock、Wolter 和 Ferrell（2020）提出服务人工智能（Service AI），认为人工智能可以在内部（幕后）和外部（台前）两种服务环境中提供价值。例如服务失败时，内部环境中人工智能比顾客更早觉察问题，外部环境中人工智能向顾客提供服务补救措施。

1.3.2　人工智能营销的概念、技术与能力

1. 人工智能营销的概念

营销是确认并满足人类及社会需求的相关行为。其精髓是把个人或社会的需求转变为有利的商业机会。

2017 年，美国营销协会（American Marketing Association，AMA）把市场营销定义为：市场营销就是为了向顾客、客户、合作伙伴和社会提供有价值的产品或服务，所进行的一系列创造、传播、传递和交换的活动、制度和过程。菲利普·科特勒、凯文·莱恩·凯勒在 2016 年对市场营销的定义与 AMA 的定义大同小异，认为市场营销是企业为顾客、客户、合作伙伴进行创造、传播、传递和交换价值的一系列活动、制度和过程的集合。在人工智能时代，人工智能与营销的所有方面都有关联。在英文文献中，尚未见到对人工智能营销（AI Marketing）的定义。英文文献中一般以营销中的人工智能（AI in Marketing）或营销人工智能（Marketing AI）为名称。Overgoor 等人（2019）将营销人工智能定义为：人工智能代理根据其掌握的有关消费者、竞争对手和重点公司的信息，建议和采取营销行动，以实现最佳的营销效果。中文里一般称为人工智能营销，且学界和业界对其进行了定义。例如阳翼（2019）认为，人工智能营销就是运用人工智能技术开展的市场营销活动。北京深演智能科技股份有限公司"品友互动"营销技术平台（2019）认为，人工智能营销就是在人工智能的基础上，通过机器的深度学习、自然语言处理以及知识图谱等相关技术，对品牌定位决策、用户画像、智能内容管理、个性化推荐、智能测试、智能 CRM 等营销关键环节进行赋能，优化营销策略，提升营销效果，挖掘更多的创新营销模式和商业场景，其核心是帮助营销活动节约成本和提高效率。商务部国际贸易经济合作研究院（2019）则认为，智能营销是通过机器学习，对营销关键环节赋能，优化投放策略，提高客户针对性，本质是帮助营销人员节约成本、提高效率。

本书根据人工智能发展的三大底层支撑——算法、算力、数据，以及人工智能与营销的所有方面相联系这一特征，结合科特勒和凯勒对市场营销的定义，将人工智能营销定义为：人工智能营销是指企业以人工智能为基础，为顾客、客户、合作伙伴进行创造、传播、传递和交换价值的一系列活动、制度和过程的集合。通俗地说，人工智能营销就是人工智能核心技术在营销各个环节和场景的落地应用，进而降低营销成本，提高营销

效率，挖掘更多的创新营销模式、商业场景和营销方法。从消费者视角来考察，人工智能营销是以人工智能为基础，在确认并满足消费者的个性化需求、便捷需求和情感需求的同时实现企业利润。

2. 人工智能营销的核心技术

（1）数据获取技术。**数据**是人工智能的三大底层支撑之一，人工智能做出的一切分析和判断都基于海量数据。有效地获取多样化的海量数据并将其整理入库，是人工智能营销的核心技术之一。人工智能获取数据主要是通过市场调查、收集公开资料、网络爬虫等途径，具体通过网络浏览记录、出行记录、电商购物信息、会员资料、商户信息等获取数据。

（2）自然语言处理技术。自然语言处理技术的核心目的是让人与机器通过自然语言进行沟通。自然语言处理技术是人工智能快速获取数据并且通过人类可以理解的方式回应的重要工具。主要包括三个方面：语音识别、自然语言理解、语音合成。自然语言处理技术在营销中的常见应用是文字校对、智能回答系统、机器翻译和自然语言生成。

（3）机器学习技术。机器学习过程不断趋近于人类思考过程。机器学习基于对历史数据的归纳和学习，构建出事件模型，将合适的新数据输入合适的模型以预测未来。机器学习技术在营销中应用广泛，例如，产品定位、消费者洞察、广告投放智能决策、自动创意生成等。

⊙ **小资料**　　　　　**只要掌握人工智能技术，就能做人工智能营销吗**

人工智能在营销中的应用除了人工智能的核心技术外，还涉及广告投放、销售情报、消费者洞察、营销优化、售后服务、机器人/虚拟助手、智能搜索界面、决策系统、内容生产、品牌建设等方面。因此，仅仅有了人工智能技术还不够，还需要将技术与营销的全链条环节打通才是真正的人工智能营销。

资料来源：《AI 赋能营销白书皮》。

3. 人工智能营销的能力

一般而言，人工智能营销主要具有如下四种能力。

（1）精准洞察用户并预测用户行为的能力。通过人工智能对多方汇集的大量数据进行快速分类处理，人工智能营销能够迅速建立用户样本库，精准识别目标用户消费需求并通过深度学习，追踪用户行为和习惯变化，预测用户行为趋势。

（2）快速制造内容创意的能力。通过人工智能对已有的大量素材进行整合和分析，人工智能营销可以在短时间内迅速根据活动内容生成大量不同形式、不同内容的营销创意。

（3）全时全场景的服务能力。基于移动设备与智联网的布局，人工智能营销能够每周 7 天、每天 24 小时全时段，浸透用户虚拟世界及虚拟世界以外的个人、家庭、公共场景，如健康场景、母婴场景、睡眠场景等，给用户提供更智能、更便捷、更贴心的营销服务。人工智能营销还可以为用户提供高匹配、低干扰、"千人千面"的营销内容和服务。

（4）智能监测与评估优化能力。人工智能营销凭借自身庞大的数据库，可以及时精准识别出营销投放效果。可以多方面对后续用户行为进行跟踪分析，以判断是否存在人为的"刷单行为"，并对虚假流量进行反制，打破产业链角色间在营销效果方面的信息壁垒，为营销主体有效节约投放预算，提升品牌宣传效率和效果。例如，人工智能营销可以通过对用户访问时间、访问地址、IP 地址、网络接入方式、跳出率、访问路径、访客重合度的数据进行分析，检测营销效果。

1.3.3 人工智能赋能消费者

人工智能助推消费者更新消费理念，增加消费知识，提升消费技能。人工智能技术、产品和服务的发展，推动了消费者消费理念的更新，例如，注重消费中的体验感，注重智能消费中的人文关怀，接受无接触消费。人工智能技术的发展使消费者学习知识、技能更加方便，学习途径更加灵活多样，学习方式更加生动形象，从而更加容易学习、掌握消费知识，提升消费技能。

人工智能使消费者的消费决策的全过程效率更高。消费者的消费决策过程一般包括五个阶段：确认问题、信息收集、备选产品评估、购买决策、购后行为。通过接收个性化推荐信息、视频传播，或观看朋友圈、微信群等动态，消费者更容易确认自己需要什么。消费者通过使用网络爬虫、搜索引擎等机械人工智能技术，信息收集更加快捷准确。消费者通过查阅网络评论、使用机器学习软件等途径，更容易了解备选产品属性、效用功能、品牌声誉，从而对备选产品能够较快地做出评价，并决定实现购买意向。微信、微博、抖音、知乎、产品 / 品牌社区等媒体的发展，则使消费者的购后行为更容易被公众知晓、传播。

人工智能使购买、使用、用后处置的消费全过程更加便利。购物网站、无人驾驶物流、App、智能手机等人工智能技术的发展，使消费者足不出户就能购物、收货。智能客服、导航系统等技术则告诉消费者如何使用产品 / 服务、如何达到消费目的，极大地提高了产品 / 服务使用的便利性。人工智能以语音交互等形式告知消费者如何处置使用后的物品，通过图像识别等技术引导消费者准确投递生活垃圾，从而使用后处置更为便利。

人工智能助推消费方式绿色化。一方面，一些人工智能产品本身具有节约能源、节约资源的绿色产品特征。另一方面，未来人工智能物联网技术的发展，使消费者在工作单位或外地就可以操控家庭里的电气设备开关、厨房设施，从而减少回家操控设备的必要，减少回家途中可能产生的二氧化碳等温室气体排放，减轻交通拥堵程度。此外，人工智能技术可以凭借图像识别、人脸识别、语音交互、视频监管、机器学习、3D 打印、机器人等技术进行生活垃圾分类、投放、分拣、监测等活动，使消费者消费后的生活垃圾识别、分类、投放变得简单、容易，使得消费者有能力自觉自愿正确处理生活垃圾。

人工智能可以提升消费者生活品质。生活品质表示人们日常生活的品位和质量，包括：经济生活品质、文化生活品质、政治生活品质、社会生活品质、环境生活品质。人工智能技术及其载体——智能产品和智能服务，满足了人们对高端、智能、效率、精准、透明等方面的需求；人工智能文化是一种创新文化、绿色文化、透明文化，满足了人们对科技创新、经济创新、政治民主、社会和谐、生态环境优美等方面的需求。因此，人工智能可以提升消费者生活品质。

1.3.4　人工智能赋能传统营销活动

人工智能的多重智能使得其在营销领域有广泛的应用价值，如何应用这种新兴的信息技术工具优化甚至变革营销活动的各个环节，是营销实践的一个重要问题。企业利用人工智能赋能传统营销活动，包括营销战略、客户关系管理、销售流程、广告设计和投放等。

在营销战略方面，Huang 和 Rust（2021）开发了一个结合多种人工智能优点的战略营销计划框架：机械人工智能用于自动化重复的营销功能和活动；思考人工智能用于处理数据作出决策；感觉人工智能用于分析交互和人类情感，并且描述了在市场调查、战略（市场细分、目标市场选择和定位，STP）和行动（4Ps 和 4Cs）三个阶段，机械人工智能、思考人工智能和感觉人工智能可以发挥的作用。Campbell 等（2020）解释了人工智能如何在营销战略的九个阶段（宏观环境分析，市场和客户等微观环境分析，市场细分、目标市场选择和市场定位，规划方向、目标和营销支持，开发产品策略，制定定价策略，制定渠道和物流策略，制定促销策略，制定指标和实施控制）增强营销功能。例如，在市场细分、目标市场选择和市场定位阶段，人工智能可以将客户分为不同的细分市场，估计宣传活动的响应率，提高广告的针对性。人工智能实现这些功能需要内部数据，包括客户忠诚度和销售信息、客户购买意愿和品牌认知，以及外部数据，包括人口统计、人口普查数据和位置。Overgoor 等（2019）提出跨行业数据挖掘标准流程（CRISP-DM）框架可以作为执行营销人工智能项目的流程，并以口碑计划决策支持系统、数字营销图片自动评分、优化社交媒体客户服务响应三个营销项目为例说明如何使用 CRISP-DM 框架。

在客户关系管理方面，Libai 等（2020）提出人工智能客户关系管理（AI-CRM），描述人工智能能力将影响客户的获取、开发和保留，特别强调 AI-CRM 对客户终身价值预测能力的提高，对客户的适应性处理将不可避免地提高，从而导致市场上更大的客户优先权和服务歧视。企业可以利用个人客户信息和人工智能技术为客户策划产品和服务，可以利用人工智能在个性化契合营销中提供精选的产品和内容，设计短期营销策略，提升长期品牌化和客户关系管理。

在销售流程方面，人工智能可以显著改变传统的以人为中心的销售流程。例如，在寻找潜在客户这个阶段，人工智能可以分析消费者的结构化和非结构化数据，为消费者的购买潜力打分，并且可以升级评分机制，而销售专业人员则要根据自己的经验和知觉，对人工智能生成的客户列表做二次评估。

在广告设计和投放方面，虽然人工智能已经将媒体购买过程自动化，但广告创意过程仍需要大量的人力投入，这种差异要求人工智能改变广告创作过程。具体包含程序化购买和程序化创作，其中前者包括数据管理平台、需求方平台，后者包括程序化创意平台和内容管理平台，以及大数据和机器学习算法在平台中的作用。而 Qin 和 Jiang（2019）提出了一个人工智能赋能广告四步模型，描述人工智能技术在消费者洞察探索、广告创作、媒体策划、购买和广告效果评估中的应用。这一新的广告流程由以算法为核心的基于数据的平台支持，是基于工具的、同步的、高效的广告流程。

尽管人工智能赋能营销解决方案展现了强大的能力，但在组织中应用人工智能时，营销经理需要注意技术陷阱，包括定义不明确的目标函数（badly defined objective functions）、不安全或不现实的学习环境（unsafe or unrealistic learning environments）、有偏见的人工智能（biased AI）、可解释的人工智能（explainable AI）、可控的人工智能（controllable AI）等。如果不能实现人工智能模型和营销组织之间的隐性知识转移，那么使用人工智能并不能达到预期效果。

⊙ 小资料   **人工智能对市场营销的双重影响**

英国伯恩茅斯大学市场营销高级讲师埃尔维拉·博拉特（Elvira Bolat）认为，在接下来的两年，人工智能对市场营销的影响是双重的。首先，市场上纷纷扰扰的评论声音将造成"令人兴奋的混乱时刻"。人工智能或许会成为牛津词典的年度热点词，被每个人所谈论，但也让所有人感到害怕，甚至包括那些知识渊博的人。为什么呢？因为，人们认为这是一种颠覆，它比机器人更强大、触角更多。人工智能被认为与人类的思考能力有着更深层次的雷同，这让所有人都感到害怕。人们将不断探讨后续的成本效益、对工作场所和行业的变革、对隐私的影响以及决策的独立性。然而，第二个影响将是更深层次的，以隐形的方式悄无声息地扩散，各行各业正在推进从企业到企业再到个人（B2B2C）的理念，从而构建业务生态系统。在此过程中，人工智能将成为一个关键资源，使各方能够共同创造价值。在接下来的两年里，我们将不再讨论人工智能，而是讨论我们在人工智能场景中的角色部署。在战略层面，我们需要具备怎样的能力才能整合和利用人工智能？什么都不需要，直接把思考的工作外包给发展中的技术。

资料来源：坎蒂·金. AI营销：人工智能赋能的下一代营销技术 [M]. 张瀚文，译. 北京：人民邮电出版社，2020.

1.3.5   人工智能营销中的伦理道德与法律法规

在消费者市场，人工智能的关键伦理问题包括人工智能偏见、伦理设计、消费者隐私、网络安全、个人自主权和幸福感以及失业（Du，Xie，2021）。同时，消费者逐渐升级为产消者（Prosumer），即消费者在消费的同时，通过大数据和人工智能技术的应用，深度参与到商品和服务的生产和提供过程中，每个消费者同时构成生产者，提供生产所需的数据资源和设计理念，在人工智能技术的作用下生产商品、提供服务。基于此，政府需要制定对消费者和生产经营者协同融合保护的法律（陈兵，2019）。智能产品在设计与使用过程中存在一系列的伦理道德风险和法律风险。例如，社交机器人存在对人类同理心的"操控性"和其"欺骗性"等伦理风险（王亮，2020），自动驾驶汽车存在系统安全、用户数据被泄露和非法利用、发生交通事故责任主体难以确定等法律风险（刘晓春，夏杰，2018）。人工智能营销传播中的算法杀熟、性别歧视、制造偏见信息、设置贸易壁垒等算法偏见，损害消费者或经营者的合法权益，需要推进算法法律、伦理道德和技术标准规范建设（张艳，程梦恒，2021）。

1.4　本书的主要内容

我们编写的《人工智能营销》侧重于消费者市场的人工智能营销。按照市场调研与市场分析—目标市场营销战略—市场营销策略—市场营销控制的逻辑构建人工智能营销知识体系，主要内容如下：

第 1 章，人工智能与人工智能营销概述。在对人工智能及其相关概念进行界定的基础上，阐明人工智能的 3 个基本功能，梳理人工智能在全球及中国的发展过程。在对国内外相关文献进行梳理回顾的基础上，概述人工智能营销的概念、技术与能力，简要讨论人工智能赋能消费者，人工智能赋能传统营销活动，人工智能营销中可能涉及的伦理道德与法律法规问题。

第 2 章，人工智能与市场调研。概述人工智能技术在市场调研中的应用，具体包括：如何应用机械人工智能收集数据，如何应用思考人工智能分析市场，如何应用感觉人工智能洞察消费者。另外，第 2 章重点讨论了应用机械人工智能收集数据的方法与注意事项，应用思考人工智能分析市场的具体技术与注意事项，应用感觉人工智能洞察现有客户和潜在客户的侧重点与注意事项。

第 3 章，人工智能时代的消费者市场。阐述客户旅程的重要性，讨论如何进行客户旅程分析、人工智能如何助力客户旅程管理。通过案例说明人工智能时代如何提升客户终身价值。分析线上生活化消费者的类型与特征，剖析数字化消费者决策路径的变化。归纳影响消费者对人工智能态度的因素，介绍消费者接受和抗拒人工智能的基本理论。

第 4 章，人工智能与目标市场营销战略。归纳现有人工智能营销应用类型，概述人工智能营销战略框架及定位，描述进行客户分类的常用数据挖掘方法及客户分类步骤。阐述如何利用深度学习选择最佳目标市场，讨论利用大数据平台和人工智能算法发掘品牌定位点，通过情感分析发展传播定位。

第 5 章，人工智能与产品策略。分析融入人工智能技术的产品特征，讨论人工智能驱动产品创新的路径。阐述人工智能与服务品质的关系，讨论人工智能个性化推荐的内容。讨论人工智能通过品牌形象塑造、品牌保护、品牌形象传播等途径，提升品牌形象。

第 6 章，人工智能与定价策略。归纳人工智能时代影响定价的主要因素，讨论基于人工智能的个性化定价的原理、过程、场景、优势、算法及面临的挑战，讨论人工智能时代的价格谈判策略。

第7章，人工智能与渠道策略。讨论人工智能赋能渠道设计，人工智能在渠道设计的企业端和个人端的应用。分析智能零售的产生与特征，概述人工智能技术在零售业经营管理领域应用的场景。讨论智慧物流的概念、特征与功能，归纳智慧物流的体系结构与应用场景。

第8章，人工智能与促销策略。界定自动化促销、人工智能客户服务、数据库营销、数字营销的内涵，分析自动化促销、数据库营销的作用，分析人工智能客户服务的特点与优势、数字营销的特征，描述人工智能客服系统的构成、数据库营销的过程与工具及技术，讨论自动化促销的应用方式与策略、智能客服机器人提供帮助的方式、数据库营销策略及数字营销策略。

第9章，人工智能营销伦理、法律与绩效。界定伦理、营销伦理与人工智能营销伦理的概念，分析人工智能营销伦理困境，阐述人工智能营销伦理准则。讨论人工智能营销法律规制的基本理念、路径。讨论人工智能营销绩效基础目标与延伸目标、人工智能营销场景的效果测评、人工智能营销具体手段的效果测评。

本章小结

人工智能是指机器模仿人类智力活动的能力。它已经逐渐走进人们的日常生活中，并应用于各个领域，不仅给许多行业带来了巨大的经济效益，也为人们生活带来了许多改变和便利。无论哪个国家、哪个行业、多大规模的企业，人工智能都将从根本上影响其营销理念和营销职能，这种趋势既没有刹车片，也没有倒车装置。

人工智能营销是指企业以人工智能为基础，为顾客、客户、合作伙伴和社会创造、传播、传递和交换价值的一系列活动、制度和过程的集合。有效且可持续的人工智能营销对于任何企业保持竞争优势都至关重要。人工智能从多方面赋能消费者，使消费者的消费需求、消费知识、消费能力等与以往大不相同。企业利用人工智能赋能传统营销活动，包括市场研究、营销战略、客户关系管理、销售流程、广告设计和投放等所有营销环节和一切营销活动。开展人工智能营销，需要讲伦理道德，遵守法律法规，在满足消费者需求的同时获得理想绩效。

本书按照市场调研与市场分析—目标市场营销战略—市场营销策略—市场营销控制的逻辑构建人工智能营销知识体系。主要内容包括：人工智能与人工智能营销概述，人工智能与市场调研，人工智能时代的消费者市场，人工智能与目标市场营销战略，人工智能与产品策略，人工智能与定价策略，人工智能与渠道策略，人工智能与促销策略，人工智能营销伦理、法律与绩效。

关键名词

人工智能   弱人工智能   强人工智能   机器学习   营销人工智能   人工智能营销

章末案例

肯德基、麦当劳、海底捞、口碑智慧餐厅纷纷布局餐饮智能化，是营销噱头还是趋势

在潮起潮落的环境下，创新似乎掌握着餐饮的命脉，靠打折促销等传统营销活动早已吸引不了多少客流，门店向新科技的升级成为新的业绩增长点。那么，知名餐饮品牌对智能化门店的改造又有怎样的策略呢？

1. 肯德基（KFC）

早在 2016 年肯德基就开始转型布局智能餐厅，与百度合作在北京打造出一家智能餐厅；同年 4 月，肯德基在上海国家会展中心推出全国首家概念店"Original+"；同年 12 月，肯德基在北京金融街又开出了全国第二家、北京第一家"Original+"智能概念店；2017 年，肯德基子品牌 K Pro 在杭州亮相，作为肯德基进入中国市场以来的第一个子品牌，K Pro 大概是目前肯德基智能化程度最高的餐厅，开幕时，肯德基还宣布 K Pro 是"全球首个实现刷脸支付商业应用的餐厅"。

其实，所谓智能概念店就是店中引入智能机器人、人脸识别点餐系统等高科技，达到提升餐厅效率、降低损耗、吸引顾客的目的。

肯德基的种种动作使拆分后的百胜中国的业绩从 2016 年开始节节攀升，尤其是 2016 年的净利润竟大幅增长了 55% 之多。

而百胜中国连续三年的业绩涨幅均来自肯德基业绩的拉动。在竞争激烈的餐饮市场，营销老手"肯德基"似乎找到了精髓所在，通过对门店的智能化改革，肯德基脱离了老牌快餐店的固化形象，从科技感、体验感、互动性等方面重新抓住了年轻客群。

2. 麦当劳

作为肯德基的老牌竞争对手，麦当劳也在提升门店智能化的布局中快速前进。

2019 年 3 月，麦当劳斥资 3 亿美元收购了以色列数字初创企业 Dynamic Yield，主要目的是利用后者的技术制作智能菜单。据悉，这种菜单将会根据餐厅客流量、天气、客户习惯等进行菜品的推荐与定制服务，该服务预计在年内投入使用。

2019 年 6 月，麦当劳还在杭州开出了华东地区首家未来旗舰店。在 450 米^2 的门店中，为顾客提供手机无线充电功能，增设利用垂直投影和体感技术的电子互动游戏区，除此之外，还加入在不同场景下提供不同颜色主题的智能灯光系统。

而麦当劳"未来 2.0"餐厅首次亮相于深圳，整合了智能数字化硬件、个性化产品与人性化服务，包括：双点式柜台、动态电子餐牌、触屏自助点餐机、移动支付、定制汉堡、送餐到桌服务等。

从以上麦当劳的种种变革来看，智能技术的引入正是麦当劳门店变革进程中主要的组成部分，而新事物并非一日之谈，智能技术的大肆渗透正在带领餐饮行业走向年轻客群的怀抱。

同样，智能化门店的改革也从根本上推动着企业业绩的增长。据财报显示，麦当劳 2018 年第四季度营收达到 51.63 亿美元，高于市场预期的 51.62 亿美元，净利润为 14.2 亿美元，高于上年同期的 6.987 亿美元。就连麦当劳首席执行官 Stephen Easterbrook 都曾在会议中表示："2018 年，因为我们持续积极地改革业务，我们为顾客带来了更大的便利，更好的选择和价值，他们更多地光临餐厅，使得麦当劳全球客流量自 2012 年以来首次取得连年增长。"

3. 海底捞

作为国内餐饮行业内的"大佬",海底捞怎能放过智能餐厅这个风口。自2018年上市以来,海底捞所募集的资金将用于国内外门店扩张与新技术研发,其中公司拟将20%资金用于开发及实施新技术,如智能厨房技术、虚拟现实、沉浸式就餐技术、定制化口味技术等方面,持续提升食品安全与用户就餐体验。

2018年年底海底捞在北京开出了全球首家智慧餐厅。从门店入口处一块带有3D裸眼效果的LED屏开始就透露出满满的科技感。

该店的智能科技含量更多体现在后厨。顾客通过点餐平板计算机下单后,与前台点餐系统连接的自动出菜机就通过机械臂从菜品仓库中开始配菜,并通过传送带把菜品送至传菜口,再由6台传菜机器人或服务员分别将菜品送至相应的餐桌。据了解,这些传菜机器人是通过输入桌号,根据餐厅顶部的感应器来工作的。同时海底捞还打造了"千人千味配锅机",顾客对锅底下单后,先由配锅机配出,再由传送机传出,最后由服务员端上桌。

其实,这并不是海底捞第一次试水智慧餐厅。2016年,海底捞推出号称全国首家智能餐厅,顾客在智能无人餐桌上自助点餐,可支持智能推荐、多人同时点菜、定制口味等多项功能。

但是,海底捞似乎意识到这样的智能餐厅只是在点餐和结账环节上节省人力,噱头大于实用,至今也没有推广至所有门店。近几年海底捞可谓是把一个餐饮品牌做成了技术驱动型企业,在新技术开发上从未停止过脚步。

2010年,海底捞开启了外卖服务,平板计算机点餐则是从2011年开始的。海底捞的全资子公司上海海悦投资和科大讯飞旗下子公司共同投资了讯飞至悦。在之前的招股书中,海底捞透露了正在与讯飞至悦磋商制订智能订餐系统的初步发展计划。这项应用可以提高顾客体验度与经营效率。

2015年,海底捞还在北京上地开出了一家互联网线下体验店,尝试了一把传统餐饮与移动互联网的结合。同时海底捞在北京、广州、上海等城市,也都开出了不同程度的智慧门店。

4. 口碑App智慧餐厅解决方案

从2017年11月起,阿里巴巴旗下的口碑App就开始做智慧餐厅试点。用户的点餐、支付、评论、开发票全部可以通过口碑App或者支付宝完成。2018年1月,连锁餐饮品牌五芳斋采用口碑App的智慧餐厅解决方案,半年后,这家门店营业收入增加了40%,人工效率提高了三倍,翻台率提升了37%。

五芳斋智慧餐厅还引入了包括投屏叫号、AR及电子互动屏幕等体验互动技术,这也让餐饮门店打破时间和场地的限制,延长商家营业时间,向餐饮零售化进一步升级。

堂食区隔壁则设置了24小时无人零售便利货柜。顾客用支付宝扫码,即可打开货柜,里面摆放有五芳斋粽子、糕点等食品,取货即走,系统自动扣款。

除此之外,口碑App还相继与味多美、面包新语等展开合作。目前,口碑智慧餐厅解决方案已经大面积入驻各门店。

5. 到底是营销噱头还是未来趋势

对于众多餐饮品牌纷纷试水智能化门店改革,业内褒贬不一,一种观点认为这么做只是为了吸引客流的一个噱头,另一种观点认为这不失为餐饮行业打破困局的出路，还有一种观点认为智能化门店改革将代表着餐饮业的未来趋势。

资料来源：https://sa.sogou.com/sgsearch/sgs_tc_news.php?req=sBVOe3vDwYkWkKslfDqr6kDWvHHzqIvHtLZMZUE_9ZE=.

案例思考

1. 这些知名餐饮品牌采用了哪些人工智能技术？
2. 知名餐饮品牌走智能化之路，是吸引客流的噱头，还是未来趋势？为什么？

 复习思考题

1. 人工智能对人类友好吗？为什么？
2. 人工智能是营销人员的朋友还是敌人？
3. 什么是人工智能营销？人工智能营销包括哪些主要内容？
4. 结合实例谈谈人工智能营销的双面效应。
5. 谈谈你对人工智能营销未来发展趋势的认识。

 本章实训

一、实训目的

1. 明晰人工智能营销的基本概念与基本知识。
2. 通过实地调查，了解所在城市某一企业开展人工智能营销的实际情况。
3. 锻炼调查收集资料、分析问题、团队协作、个人表达等能力。

二、实训内容

以小组为单位，深入你就读高校所在城市的某一企业调查，收集这家企业的基本情况、开展人工智能营销的成效与困扰，并提出该企业有效开展人工智能营销的建议。

三、实训组织

1. 指导教师布置实训项目，提示相关注意事项及要点。
2. 将班级成员分成若干小组，成员可以自由组合，也可以按学号顺序组合。小组人数划分视修课总人数而定。每组选出组长1名，发言代表1名。
3. 以小组为单位，选定拟调查的企业，制定调查提纲，深入企业调查收集资料，写成书面调查报告，制作课堂演示PPT。
4. 各小组发言代表在班级进行汇报演示，每组演示时间以不超过10分钟为宜。

四、实训步骤

1. 指导教师布置任务，指出实训要点、难点和注意事项。
2. 演示之前，小组发言代表对本组成员及其角色进行介绍陈述。演示结束后，征询本组成员是否有补充发言。
3. 由各组组长组成评审团，对各组演示进行评分。其中，演示内容30分，发言者语言表达及台风展现能力10分，PPT效果10分。评审团成员对各组所评出成绩取平均值作为该组的评审评分。
4. 教师进行最后总结及点评，并为各组实训结果打分，教师评分满分为50分。
5. 各组的评审评分加上教师的总结评分作为该组最终得分，对于得分最高的团队予以适当奖励。

参考文献

[1] 习近平. 推动我国新一代人工智能健康发展 [EB/OL]. (2018-10-31)[2021-08-11].http://www.xinhuanet.com/2018-10/31/c_1123643321.htm.

[2] 国务院. 关于印发新一代人工智能发展规划的通知 [EB/OL]. (2017-07-20)[2020-08-10]. http://www.gov.cn/zhen-gce/content/2017-07/20/content_5211996.htm.

[3] HUANG M H, RUST R T. A strategic framework for artificial intelligence in marketing[J]. Journal of the Academy of Marketing Science, 2021, 49(1): 30-50.

[4] MUSTAK M, SALMINEN J, PLÉ L, et al. Artificial intelligence in marketing: topic modeling, scientometric analysis, and research agenda[J]. Journal of Business Research, 2021, 124: 389-404.

[5] VLAČIĆ B, CORBO L, ESILVA S C, et al.The evolving role of artificial intelligence in marketing: a review and research agenda[J]. Journal of Business Research, 2021, 128: 187-203.

[6] DAVENPORT T, GUHA A, GREWAL D, et al. How artificial intelligence will change the future of marketing[J]. Journal of the Academy of Marketing Science, 2020, 48(1): 24-42.

[7] DE BRUYN A, VISWANATHAN V, BEH Y S, et al. Artificial intelligence and marketing: pitfalls and opportunities[J]. Journal of Interactive Marketing, 2020, 51: 91-105.

第2章
人工智能与市场调研

开篇案例

人工智能改变市场调研工作

人工智能和机器学习技术是 Qriously 进行新的市场调研的核心，该方法被称为程序化抽样，就是在智能手机应用程序中进行实时调查。以前，这种研究是由付费调查小组进行的，小组要找到具有代表性的群体，以反映正在研究的特定人群。这种方法的问题在于，在受访者中会存在偏见且成本高昂（需要招聘受访者和提供一定的补偿），而且工作进度缓慢。此外，在某些国家，招聘小组成员可能是困难的和昂贵的。例如，在印度，市场调查仍然是由在街上使用手持笔记本的调查员进行。程序化抽样借助这样的事实：许多人的智能手机上都有会显示广告的应用程序。许多国家，尤其是非洲和东南亚国家，已经"跨越"了个人计算机时代，直接转向智能手机。例如，在埃及，智能手机的普及率与西欧相当。Qriously 使用人工智能和机器学习技术，对广告交易中传递的大量非结构化和不一致的数据进行分析，从而为研究对象建立预测模型。就像无人驾驶汽车使用计算机视觉来区分行人和路灯柱一样，Qriously 使用机器学习来实时判断一个调查响应是来自一位年轻男性还是中年女性，从而产生一系列具有代表性的响应数据。就规模而言，为做出这些实时决策而处理的数据量是惊人的：18 亿人每秒可以从智能手机发出超过 10 万个"请求"或语音，这些请求必须由数百个同时运行的机器学习模型进行评估，以获得真实的统计数据。

Qriously 开发了一种方法来模拟用户对问题的反应，特别是人口统计特征。总而言之，针对任何用户都可以生成数百个特征，我们可以将这些特征作为模型输入系统，这些模型再输出用户具有某一特征的概率，如他们是成年人或女性的概率。Qriously 将调查结果作为标签并生成模型，这使得 Qriously 在未来的调查过程中可以对任何用户做出评估，不管他们之前是否与 Qriously 进行过互动。Qriously 可以使用单独的特性值经过预过滤器的筛选，或者使用完整的模型来排除那些很可能 Qriously 不感兴趣的用户。最常见的情况是，Qriously 使用的模型排除了年龄很可能在 18 岁以下的用户，或者过滤掉了 Qriously 认为其年龄在 13 岁以下的用户。

Qriously 在行业内产生了深远的影响，无论在速度还是规模方面。Qriously 可以在地球上

150 多个国家和地区同时进行快速调查。Qriously 可以让数千名受访者在几分钟内回答调查问卷。虽然数据接口服务商有时可为大型项目提供模拟，但是一旦要级联多层接口，它们的响应速度就下降了。Qriously 不存在这个问题，因为它可以接触到更多的人。例如，一位客户要求 Qriously 在一项长期的研究中调查欧洲的车主。Qriously 最终调查了超过 5% 的挪威成年人！没有一家数据接口供应商能够与 Qriously 竞争。在另一个例子中，一个音乐流媒体品牌要求 Qriously 调查英国青少年的父母。Qriously 在短短一两个月内采访了 20 多万名成年人。数据质量是 Qriously 优于大多数竞争对手的另一个方面。Qriously 成功预测了数十场政治选举，包括绝大多数民意测验专家都预测错误的选举。

资料来源：[英] 坎蒂·金 . AI 营销：人工智能赋能的下一代营销技术 [M]. 北京：人民邮电出版社，2020.

　　人工智能技术的应用使企业有更全面的渠道和更多样的方式获取用户的相关信息，同时基于深度学习和知识图谱等技术，推荐系统能够实时分析和更新用户偏好，有效缓解冷启动和推荐滞后的问题，从而在以往个性化推荐的基础上实现更精准有效的智能推荐。例如，小米通过智能手机、智能手环、智能家居等产品积累多维用户数据，在此基础上结合深度学习和自然语言处理等核心技术，通过关联分析建立多维标签，通过标签和算法精准识别用户的实时应用场景和需求，从而在适当的时间和场景智能推荐合适的产品与服务。

2.1　应用机械人工智能收集数据

　　传统的数据收集方法主要是发放调查问卷、从企业获取产品购买数据和报表等。随着信息技术的发展，人们开始通过能够抓取信息和内容处理的计算机技术来收集企业宣传内容、消费者评论等文本数据；同时，大数据时代出现的手机应用程序（App）的运行后端能够帮助采集消费者的浏览、点击和观看等行为数据；人脸识别系统和数码设备可以记录消费者的表情、行为等图像数据。总之，在数据互联互通的世界里，可以轻松跟踪和监控市场数据。数据传感、跟踪和收集是例行的、重复的任务，可以通过机械人工智能轻松实现自动化的数据收集。

2.1.1　机械人工智能及其相关概念

1. 机械人工智能的概念

　　机械人工智能（Mechanical AI，简称机械 AI）是指能自动执行常规和重复任务的人工智能。例如，遥感、降维、机器翻译、分类算法、聚类算法等技术都属于机械人工智能。服务机器人、搜索引擎就是非常典型的机械人工智能的应用。机械人工智能有两大特征：一是不需要太多的创造力，因为任务只需要执行很多次并几乎不需要额外的思考就能完成；二是不需要进行高级培训或教育。

⊙ **小资料** 　　　　　　**智能客服机器人服务平台**

　　智能客服机器人服务平台可以精准判断访客问题，并给出正确答案，它的目的是节省人力。如果智能客服咨询过程中遇到需要人工解答的问题，智能客服就要通过切换，由后台客服机器人辅助工作人员进行回复。但智能客服的好处是可以利用对重复问题的学习记忆进行快速回答，对咨询中的错误语法和字词进行模糊处理等。智能客服的精准程度在于知识库。目前，智能客服机器人服务平台在 360 商城、酷派商城、东软、巨人游戏、猪八戒网、一加手机等科技公司均有应用，覆盖了电商、手游、网络媒体等多个行业领域。

　　　资料来源：中国机器人网（https://www.robot-china.com/news/201803/29/50198.html）。

2. 数据的概念

　　数据就是数值，也就是通过观察、实验或计算得出的结果。数据有很多种，最简单的就是数字。数据也可以是文字、图像、声音等。数据可以用于科学研究、设计、查证、数学分析等。数据不仅在量级上不断增加，而且在数据类型上也变得更加多样。数据类型从原有的结构化数据扩展到非结构化数据。结构化数据也是数据库数据，规则、完整，能够通过二维逻辑来表现，严格遵循数据格式与长度规范，常见的有数据库表、Excel 等二维逻辑表。半结构化数据同样严格遵循数据格式与长度规范，数据规则、完整，但无法通过二维关系来表现，常见如 JSON、XML 等形式表达的复杂结构。非结构化数据是指那些没有预先定义的数值，数据结构不规则或不完整，不方便用二维逻辑表来表现，需要经过复杂的逻辑处理才能提取其中的信息内容，如社交媒体中的文本、图像、声音或来自移动设备的位置数据等。

3. 降维的概念

　　对于属性较多的大型数据集而言，进行降维处理非常有必要。降维不仅能使数据属性维数降低，去除数据噪声，减少内存开销，还能更好地解释数据，实现数据可视化。更重要的是数据经过降维后，有助于我们更好地理解数据，提取深层特征。在无监督学习中比较常用的降维算法有 3 种：主成分分析、因子分析和独立成分分析。

4. 分类算法的概念

　　分类算法是监督学习领域的一个核心问题，用于推测输入数据的类别。当分类类别的数量为二时，称为二分类问题。当分类类别的数量为多个（大于二）时，称为多分类问题。分类算法常见的组件有 GBDT 二分类、线性支持向量机、K 近邻、决策树分类、多层感知机分类、朴素贝叶斯分类、LightGBM 分类、逻辑回归分类等。

5. 聚类算法的概念

　　聚类算法是无监督学习领域研究较多的问题，其目的是将数据分为多个簇，簇内的样本较为相似，簇与簇之间的样本差距较大。例如，电商行业用聚类算法发现兴趣相似的用户，进而给这类用户推荐相似的商品。通过数据预处理和特征工程组件将原始数据处理成输入的特征，就可以通过聚类组件对数据进行聚类。常见的组件有 K-means、高斯混合聚类等。

2.1.2　应用机械人工智能进行数据收集

机械人工智能可以自动进行市场、环境、公司、竞争对手、顾客等各方面的数据收集。现有研究已经展示了使用机械人工智能进行数据收集的各种方法。例如，Liu、Singh和 Srinivasan（2016）各种在线平台通过云计算处理非结构化大数据来预测销售和消费情况；Cooke 和 Zubcsek（2017）阐述了通过消费者使用的智能设备收集有关消费者、消费者的活动和消费环境的数据；Ng 和 Wakenshaw（2017）具体说明了通过物联网（IoT）可以将产品使用和消费体验进行可视化；Balducci 和 Marinova（2018）提出了利用各种先进的技术和分析可以捕获非结构化的营销活动数据；Soleymanian 等人（2019 年）发现了通过汽车内置传感器可以跟踪驾驶行为以便更精准更个性化地确定保险费；Kirkpatrick（2020）指出了通过热图、视频监控和信标等零售技术剖析和识别零售购物者。这些研究表明，基于市场数据的重复性、常规性和海量性，机械人工智能可以有效地大规模收集数据。

⊙ 小资料　　　　　　　　　　　**物联网网络架构**

随着物联网应用的快速孵化，物联网连接设备的数量呈现出指数形式的飞速增长。设备的数量增长毫无疑问带来了物联网网络数据流量的爆炸式增长。物联网终端设备通常会嵌入各种智能传感器，以实现对现实世界的感知并无缝将数据传输到网络世界。海量的 IOT 连接将生成用于交换的海量数据，并以此方式支撑人们的智能家居、车联网等场景。物联网网络架构如图 2-1 所示，典型的物联网系统由以下三个主要部分组成，分别是用于数据感知的感知网络、主要进行机器间数据传输的传输网络以及实时分析数据做出反馈的分析网络。

图 2-1　物联网网络架构

资料来源：Verma S., Kawamoto Y., Fadlullah Z. M., et al. (2017)A Survey on Network Methodologies for Real-Time Analytics of Massive IoT Data and Open Research Issues. Journal of IEEE Communications Surveys & Tutorials, 19(3), 1457-1477.

从空间维度来看，用户行为可以分为线上行为和线下行为两类，采集这两类行为所产生的数据的使用方法是不一样的。

1. 线上行为采集

线上行为的主要载体可以分为传统互联网和移动互联网两种，对应的形态有 PC 系统、PC 网页、H5（HTML 5，移动端的网络页面）、小程序、App、智能可穿戴设备等。在技术上，数据采集主要有客户端 SDK（软件开发工具包）埋点和服务端 SDK 埋点等方式。其中客户端 SDK 埋点主要是通过在终端设备内嵌入埋点功能模块，通过模块提供的能力采集客户端的用户行为，并上传回行为采集服务端。

（1）客户端 SDK 埋点。常见的客户端埋点方式有三种：全埋点、可视化埋点和代码埋点。全埋点是将终端设备上用户的所有操作和内容都记录并保存下来，只需要对内嵌 SDK 做一些初始配置就可以实现收集全部行为的目的，也经常被称为无痕埋点、无埋点等。可视化埋点是将终端设备上用户的一部分操作，通过服务端配置的方式有选择性地记录并保存。代码埋点是根据需求来定制每次的收集内容，需要对相应的终端模块进行升级。三种客户端埋点方式的适用场景和优缺点对比如表 2-1 所示。

表 2-1　三种客户端埋点方式的适用场景与优缺点对比

概　念	适用场景	优缺点
全埋点	适合于终端设计标准化且有统一系统接口的情形	优点是不用频繁升级，一次性验证并发布后，就可以获取终端的全量行为数据。当突然发现需要对某个对象做分析时，可以直接从历史数据中找到所需的数据，不需要再次进行数据收集 缺点是数据存储、传输的成本会高一些，有些当前不用的数据也需要保留
可视化埋点	适合于需要考虑存储和带宽成本的情形	优点是发布后不需要频繁升级，成本比全埋点低，并且能够灵活配置 缺点是当需要对某一个对象进行分析，但发现其数据没有被采集时，需要重新配置并等数据采集完成再进行后续工作，容易影响业务进度
代码埋点	适合于终端设计非标准化、事件行为需要通过代码来控制的情形	优点是灵活性强，针对复杂场景可以单独设计方案对存储、带宽等做较多的优化 缺点是成本高，维护难度大，升级周期较长

图 2-2 所示为某站点的网站行为埋点日志，该埋点日志中记录了数据的类型（logtype）、内容标题（title）、行为的上一级页面（pre）、用户的屏幕分辨率（scr）、用户标识（cna）、用户名（nick）等各类信息。在收集到这些数据后，后端运营就可以据此进行挖掘和分析，从而指导产品、运营的优化。例如，根据用户的屏幕分辨率数据，可以在产品布局上做更好的适配；通过行为的上一级页面，可以知道用户从哪个页面进入当前页面，进而优化用户行为路径等。

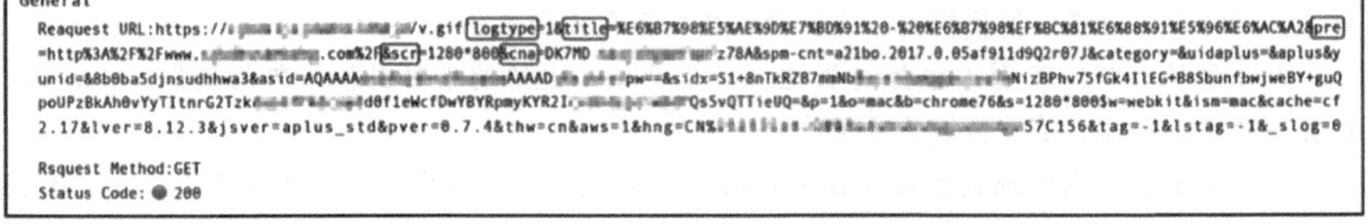

图 2-2　埋点日志

（2）服务端 SDK 埋点。除了客户端埋点，常见的线上埋点还有服务端埋点，通过在系统服务器端部署相应的数据采集模块，将这部分数据作为行为数据进行处理和分析。服务端埋点常见的形态有 HTTP 服务器中的 access_log，即所有的 Web 服务的日志数据。客户端的三种埋点方式，常见的简化实现方案一般也会配合 HTTP 服务器中的 access_log 落地，但有时为了更好地融合，会定制一些服务端的 SDK，用于捕获服务端系统中无法通过常规访问获取的数据信息，如内部处理耗时、安装包大小等数据。

服务端埋点的优点很明显，如果需要获取的用户行为通过服务端请求就可以采集到或者通过服务端内部的一些处理逻辑也能获取时，为了降低客户端的复杂度、避免一些信息安全的问题，常常会采用这种方式来收集用户行为数据。但其弊端也很明显，有些用户的行为不一定会发出访问服务端的请求，这种方式就无法采集这部分数据。因此，服务端埋点一般会和客户端埋点的结合使用，相互补充，以完成整个用户行为的采集。

2. 线下行为采集

线下行为数据主要通过一些硬件来采集，如常见的 Wi-Fi（无线通信技术）探针、摄像头、传感器等。随着设备的升级，各种场景中对智能设备的应用也越来越多，安防、客户监测、考勤等都开始深入到生活中。常见的主要有 Wi-Fi 信号采集、信令数据采集、图像视频采集以及传感器探测等。

通过 Wi-Fi 信号采集周边移动设备数据是之前比较常用的方式，但由于有些不合规的使用涉及个人隐私，手机操作系统也针对这类现象做了一定的防采集处理，出于隐私保护、系统防护等原因，现在这种采集方式已经不怎么被使用。其主要原理是通过信号探测的协议，当热点附近的移动设备在探测 SSID 时，会建立网络连接，从网络协议中获取手机的网络设备号。

图像视频主要通过智能摄像头来采集，目标对象进入相应区域后摄像头可以识别相关信息，然后采集和保存图像并生成唯一标识，如 FaceID 用于信息的组织。另外，基于深度学习的人体识别方案，能准确识别图片或视频中的人体相关信息，具有人体检测与追踪、关键点识别、属性分析、人流量统计、手势识别等能力。

⊙ **小资料**　　　　**基于深度学习的人体识别方案（机械人工智能小样例）**

人体关键点识别：检测图像或视频中所有人体的 14 个关键点，包含四肢、脖颈、鼻子等部位，支持多人检测、俯视视角、人体动作变化等负责场景。

人体属性分析：识别人体静态属性、行为动作，支持数十种属性，包括性别、年龄段、衣着、颜色、配饰、是否抽烟、是否使用手机等。

人流量统计：识别统计图像或视频总的人体个数和流动趋势，以俯拍角度为主要识别视角，支持特定框选区域的人数统计。

手势识别：识别多种手势，包括 "OK" 手势、手掌、食指、拳头等，支持直接部署在手机端，在 Android 与 iOS 平台上均可稳定运行。

资料来源：智萌 . AI 赋能营销白皮书 [R/OL]. (2018-08-23) [2022-03-23]. https://max. book 118. com/html/2020/0228/8026135001002100. shtm.

3. 互联网数据采集

网络爬虫又称为网页蜘蛛，是一种按照既定规则自动抓取互联网信息的程序或者脚本，常用来做网站的自动化测试和行为模拟。谷歌、搜狗、百度等提供的互联网信息检索能力，都是基于它们内部自建的网络爬虫，在遵守相关协议的情况下，不断抓取互联网上的新鲜网页信息，对内容进行处理后提供相应的检索服务。

网络爬虫有多种实现方式，目前有较多的开源框架可以使用，如 Apache Nutch 2、WebMagic、Scrapy、PHPCrawl 等，可以快速根据企业的实际应用场景去构建数据抓取逻辑。当然，需要遵守相应的协议和法规，同时避免对目标网站造成过大的请求压力。

2.1.3 应用机械人工智能收集数据的好处

应用机械人工智能收集数据的好处：一是通过连接技术（物联网、社交网站、移动应用程序）、传感器技术（遥感、检测）和可穿戴技术（例如智能手表、Fitbit 手环）等，机械人工智能可实时跟踪和捕获发生时的数据；二是机械人工智能没有人的疲劳感觉，能以非常可靠的方式响应环境，能生成具有标准化、一致性和可靠的结果；三是节约了在数据采集以及整理上所花费的精力和时间，缩减了营销成本。

2.1.4 应用机械人工智能进行数据收集的注意事项

尽管目前的机械人工智能能够自动收集并汇聚多个数据源，但是，数据的语境信息经常在交互过程中丢失，这使得在建模过程中遇到不少问题，对于情感数据尤其如此。一位戴尔人工智能专家曾在 2019 年表示，使用机器学习方法进行情绪分析建模并不难，但是难点在于情绪化数据难以捕捉，因此无法进行相应分析。Rust 和 Huang（2020）指出，在客户服务互动中，虽然对话内容会被记录下来，但关于对话的语境无法记录。例如，当一位愤怒且沮丧的客户打电话来，他的说话方式会因他所处的情景（比如：独自一人还是与一群朋友在一起，天气阴沉或晴朗，交通是否畅通）不同而不同。即使语音分析可以检测到他的声音的情绪，但关于客户为什么生气，以及用什么最好的方式进行回应，机械人工智能还不能进行很好的应对。

另外，由于机械人工智能收集数据，更多是机器与客户之间进行对话，这也在一定程度上减少了企业与客户的亲密度，因此如何平衡运营效率和客户亲密度是个值得研究的问题。

消费者对数据共享和数据泄露非常敏感。机械人工智能收集实时数据，容易造成隐私侵犯的风险和数据泄露的后果。隐私和数据安全将极大程度上影响机械人工智能收集相应的数据。需要注意的是，某些类型的数据更敏感，例如个人数据、财务数据、健康数据等。某些消费者对数据分享尤为敏感，因此，在提供个性化服务时，营销人员要了解消费者的信息共享意愿类型。

2.2　应用思考人工智能分析市场

2.2.1　思考人工智能及其相关概念

1. 思考人工智能的概念

思考人工智能（Thinking AI，思考 AI）指的是通过处理数据以获得新的结论或决策的人工智能。其处理的数据通常是非结构化的。思考人工智能擅长通过文本挖掘、语音识别和面部识别来识别数据中的模式和规律。机器学习、神经网络和深度学习（具有附加层的神经网络）是思考人工智能当前处理数据的主要方法。IBM Watson、专家系统和推荐系统是当前的一些决策应用程序。

2. 文本挖掘的概念

文本挖掘（text mining，TM），又称文本数据挖掘（text data mining，TDM）或文本知识发现（knowledge discovery in texts，KDT），是一种跨领域的应用，其应用了信息检索、信息提取、计算语言、自然语言处理、数据挖掘技术等，文本挖掘特别着重于利用这些技术，从非结构或半结构化的文字中发掘出先前未知、隐含而有用的信息。

3. 语音识别的概念

语音识别通常称为自动语音识别（Automatic Speech Recognition，ASR），主要是将人类语音中的词汇内容转换为计算机可读的输入，一般都是可以理解的文本内容，也有可能是二进制编码或者字符序列。语音识别是一项融合多学科知识的前沿技术，覆盖了数学与统计学、声学与语言学、计算机与人工智能等基础学科和前沿学科，是人机自然交互技术中的关键环节。"语音转换""人机对话""机器人客服"是语音识别应用广泛的三部分。

4. 面部识别的概念

面部识别，是基于人的脸部特征信息进行身份识别的一种生物识别技术。用摄像机或摄像头采集含有人脸的图像或视频流，并自动在图像中检测和跟踪人脸，进而对检测到的人脸进行脸部识别的一系列相关技术，通常也叫作人像识别、人脸识别。

5. 机器学习的概念

机器学习是指不直接编程却能赋予计算机提高能力的方法。更明确地说，机器学习指的是计算机通过某项任务的经验数据提高了在该项任务上的能力。简而言之，机器学习是让机器学会算法的算法。

6. 神经网络的概念

神经网络是一种模仿生物神经网络的结构和功能的数学模型或计算模型，用于对函数进行估计或近似，在人脸识别、自动驾驶和风险评估等商业领域有广泛的应用，著名的 AlphaGo 就是基于神经网络的围棋智能机器人。

7. 深度学习的概念

深度学习（Deep Learning）是机器学习中一种基于对数据进行表征学习的算法，源于人工神经网络的研究，通过组合低层特征形成更加抽象的高层表示，以发现数据的分布式特征表示。人工智能、机器学习、神经网络、深度学习的关系如图 2-3 所示。

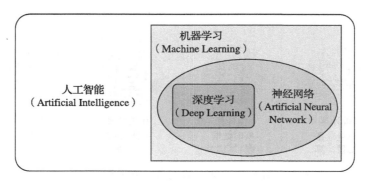

图 2-3　人工智能、机器学习、神经网络、深度学习的关系

2.2.2　应用思考人工智能进行市场分析

思考人工智能用于市场分析。思考人工智能可用于识别明确定义的市场中的竞争对手或新市场中的外部选择，并获得有关产品的竞争优势的洞察（即用比竞争对手更好的方式来满足客户需求）。例如，有监督的机器学习可用于市场结构稳定且为营销人员所知的成熟市场，而无监督机器学习可用于新市场或市场结构与发展趋势不稳定且不为营销人员所知的外部选择。在营销实践中，思考 AI 通常是用于预测波动的市场趋势和客户的异质偏好。例如，时尚服装品牌 Gap 用它来预测快时尚趋势以更好地满足客户需求，而亚马逊用它来预测客户未来的订单（即预期履行）。

现有研究已经证明了思考人工智能进行市场分析的各种潜在用途。自动文本分析可用于消费者研究（Humphreys, Wang, 2018）和营销洞察（即预测和理解）（Berger 等，2019）。机器学习算法和基于词典的文本分类可以用于分析各种社交媒体数据集（Hartmann et al., 2019）。此外，大数据营销分析是现在产生营销洞察力的主流方法（Berger et al., 2019；Chintagunta et al., 2016；Liu et al., 2016；Wedel 和 Kannan，2016）。具体应用包括：①通过使用神经网络语言模型分析购物篮中共同出现的产品，为大型零售机构提供信息（Gabel et al., 2019）；②使用机器学习模仿检测方法检测山寨移动应用程序（Wang et al., 2018）；③通过采用自然语言处理算法来帮助社交媒体内容工程发现社交媒体营销内容与用户参与度的关联（Lee et al.，2018）。

收集到的数据就像原始的矿石或商品的原材料，数据开发就像是"商品"生产的流水线，让数据能根据业务的需求转换成新的形态，将原本看起来没有价值的数据变成有价值的资产。数据开发涉及的产品能力主要有离线开发、实时开发和算法开发三部分。

⊙ 小资料　　　　　　　　　　　**数据计算能力的四种类型**

计算能力根据场景抽象分成四大类：批计算、流计算、在线查询和即席分析。不同场景配合不同的存储和计算框架来实现，以满足业务的复杂需求，数据计算能力的四种类型如图 2-4 所示。

图 2-4　数据计算能力的四种类型

（1）批计算。主要用于批量数据的高延时处理场景，如离线数仓的加工、大规模数据的清洗和挖掘等。目前大多是利用 MapReduce、Hive、Spark 等计算框架进行处理，其特点是数据吞吐量大、延时高，适合人机交互少的场景。

（2）流计算。流计算也叫实时流计算，对于数据的加工处理和应用有较强的实效性要求，常见于监控警告场景，例如实时分析网络事件，当有异常事件发生时能够及时介入处理。例如，阿里巴巴"双 11 大促销"的可视化大屏上的数据展现是根据浏览、交易数据经过实时计算后展现在可视化大屏上的一种应用。这类场景目前应用较多的计算框架主要有 Flink、Spark Streaming 和 Storm 等。

（3）在线查询。主要用于数据结果的在线查询、条件过滤和筛选等，如数据检索、条件过滤等。根据不同的场景也会有多种选择，如营销场景对响应延时要求高的，一般会采集缓存型的存储计算，如 Redis、Tair 等；对响应延时要求正常的，可以选择 HBase 和 MySQL 等；需要进行条件过滤、检索的，可以选择 Elasticsearch 等。企业一般对在线查询的需求比较旺盛，因此可能会有多套在线计算的应用提供服务。

（4）即席分析。主要用于分析型场景和经验统计。一般而言，企业 80% 的数据处理需求是在线查询和即席分析。针对不同维度的分析，有多种方式可以提供，提前固定计算的维度、根据需求任意维度的交叉分析（ad-hoc）等都是常见的场景。目前也有很多相应的产品、框架来支撑这方面的应用，如 Kylin、Impala、ClickHouse、Hawk 等。

资料来源：付登坡，汇敏，任寅姿，孙少忆 . 数据中台：让数据用起来 [M]. 北京：机械工业出版社，2019.

1. 离线开发

离线开发套件封装了大数据相关的技术，包括数据加工、数据分析、在线查询、即席分析等能力，同时也将任务的调度、发布、运维、监控、告警等进行整合，让开发者可以直接通过浏览器访问，不再需要安装任何服务，也不用关心底层技术的实现，只需专注于业务的开发，帮助企业快速构建数据服务，赋能业务。

将数据汇聚到中台后需要对其进行进一步加工处理，一般来说，企业有 60%～80% 的场景需要用到离线批处理的能力，这个过程就像一条数据的生产流水线，将采集和汇聚起来的原始数据，通过离线加工的各个环节和相应的数据处理模型，形成有价值的数据资产。在这个过程中，离线开发套件需要一些核心的功能（如作业调度的策略机制、对于数据生产时效的基线控制、企业当前信息化架构下各类异构数据源的适配、数据权限的管控等）来保障数据加工的过程易用可控。

2. 实时开发

随着数据的应用场景越来越丰富，企业对于数据价值反馈到业务中的时效性要求也越来越高，很早就有人提出过一个概念：数据的价值在于数据的在线化。实时开发套件是对流计算能力的产品封装。实时计算起源于对数据加工时效性的严苛需求：数据的业务价值随着时间的流逝会迅速降低，因此在数据产生后必须尽快对其进行计算和处理。通常而言，实时计算具备以下三大特点。

第一，实时且无界（unbounded）的数据流：实时计算面对的计算是实时的、流式的，流数据是按照时间发生的顺序被实时计算订阅和消费的。并且，由于数据产生的持续性，数据流将长久且持续地集成到实时计算系统中。

第二，持续且高效的计算：实时计算是一种"事件触发"的计算模式，触发源就是上述的无界流式数据。一旦有新的流数据进入实时计算，实时计算立刻发起并进行一次计算任务，因此整个实时计算是持续进行的高效计算。

第三，流式且实时的数据集成：流数据触发一次实时计算的计算结果，可以被直接写入目的存储中，例如，将计算后的报表数据直接写入 MySQL 进行报表展示。因此，流数据的计算结果可以像流式数据一样持续写入目的存储中。

基于 Storm、Spark Streaming、Apache Flink 构建的一站式、高性能实时大数据处理能力，广泛适用于实时 ETL⊖、实时报表、监控预警、在线系统等多种场景，让用户彻底规避繁重的底层流式处理逻辑开发工作，助力企业向实时大数据计算升级转型。实时开发涉及的核心功能点包括元数据管理、SQL 驱动式开发、组件化配置以及多计算引擎。

3. 算法开发

面对百亿样本级别的数据量，传统的数据挖掘在辨识价值信息、挖掘数据关系和数据趋势方面捉襟见肘。此外，大数据时代的业务具有快速迭代、敏捷开发、灵活试错的

⊖　Extract-Transform-Load，用来描述将数据从来源端经过抽取、转换、加载至目的端的过程。

特性，新的时代特征为数据智能化发展带来了新的挑战，具体表现在如下方面：①数据处理难度加大；②业务处理要求变高；③烟囱式的开发模型；④散落各地的模型服务；⑤模型研发环节繁多；⑥冗余分散的基础设施；⑦数据处理 / 特征工程；⑧多角色企业研发团队。

因此，一款能支撑多环境、多集群、多形态模型服务化能力的算法开发工具对企业创新业务、实现数据智能化起着至关重要的作用。

算法开发作为一站式的企业级机器学习工具，旨在快速赋予企业构建核心算法服务的能力，它集成了以批计算为核心的离线模型训练功能，以流计算为核心的在线机器学习，以及基于在线查询、即席分析的数据探索和统计分析能力。算法开发套件为算法人员提供可视化建模和 Notebook 建模两种建模方式，集成主流的机器学习、深度学习计算框架和丰富的标准化算法组件能力，在开展数据智能、数据科研、预测分析等方面能够帮助企业快速实现人工智能应用的构建与落地。算法开发套件架构如图 2-5 所示。

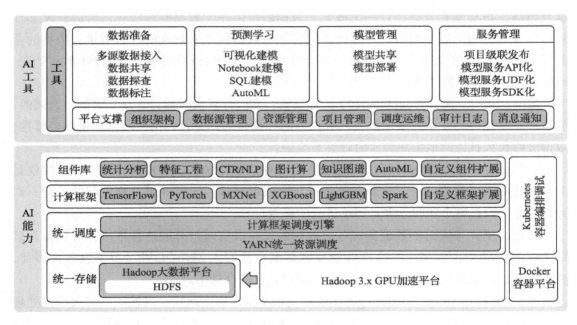

图 2-5　算法开发套件架构

作为数据开发的重要工具，算法开发需要满足复杂的学习预测类智能需求，输出算法模型能力，将数据洞察升级为学习预测，驱动业务创新。当数据开发和资产加工无法满足数据挖掘、算法标签生产等场景的需求时，算法开发可为离线开发和实时开发提供算法模型。加工好的数据和标签资产又能被算法开发用于模型训练和学习预测，支持智能需求研发。不同企业的算法应用场景也不一样，数据的差异性也决定了每个企业的算法效果会有很大差别，数据和特征决定了机器学习的上限。

小案例　　　　　　　　　　**电子商务中消费者评论意见提取**

　　本案例尝试结合非结构化的评论文本特性，从纷繁复杂的原始评论中选取一部分评论子集以代表原始集合，为消费者高效的购物提供决策支持。具体步骤如下所示。

1. 数据获取

　　从爱彼迎平台上抓取了 306 个民宿服务的 31 985 条用户评论，因字数过少的评论往往没有太多价值，因此删除了少于 3 个字的评论，共留下 306 家民宿共计 26 556 条评论。

2. 商品属性识别

　　商品属性是指与商品有关的属性或功能。商品属性识别是从非结构化的文本评论中提取属性，采用一种基于句法的依存关系，通过属性词和情感词的双向传递来同时识别属性词和情感词的无监督方法（Double Propagation）。句法依存关系（Dependency Parsing）是指一个句子中词与词的依赖关系，以"这家民宿的老板很友善，房间很温馨。"为例介绍依存关系，如图 2-6 所示。

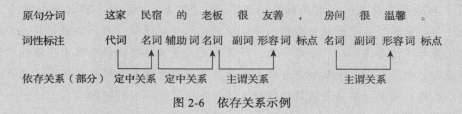

图 2-6　依存关系示例

　　明确句法依存关系后，利用其来识别属性词和情感词。首先，需要定义词与词之间的直接关系和间接关系。直接关系是指一个词直接依赖于另一个词或是它们同时依赖于第三个词；间接关系是指一个词通过其他词依赖于另一个词或它们都通过不同的其他词依赖于第三个词。其次，需要分析属性词和情感词的共性以及这些词之间的依存关系特征。用户在撰写评论时，属性词（A）通常使用名词，情感词（S）通常使用形容词，常用的句法依存集中在定中关系、动宾关系、主谓关系和并列关系。双向传递方法的核心思想是预先定义一些出现频次高的直接依存关系，并设置少量常用的形容词作为种子词，然后搜索与种子词有直接或间接关系的名词作为属性词，形容词作为情感词，并将新发现的词加入种子词作为新种子继续搜索，直至没有新词出现。最后，从非结构化的用户评论中抽取出属性词和情感词。为了便于后续的子集提取任务，需要对商品属性进行归约处理。第一步，使用不同领域的评论语料训练 Word2Vec 模型，利用模型计算每个属性词的表征向量；第二步，使用 Kmeans 方法对属性进行聚类；第三步，将相近的类进行合并，并命名得到新的商品属性大类。

3. 属性情感分析

　　情感分析是通过自然语言处理技术来判断作者表达的主观信息，本质上是分类问题。常见的情感分析有文档层面、句子层面和词层面三个层面。上面已经基本识别出了与属性词直接相关的情感词，因此采用较为直接的情感判断方式，即利用训练好的 Word2Vec 模型分别计算未知倾向的情感词和正向情感词、负向情感词之间的相似度，若其与正向情感词的相似度较大，则判断为正向；反之，则为负向。当该情感词附近存在否定词时，该情感词的情感倾向相反。这是一种简单直接的进行属性层面情感分析的方法，也可以采用如支持向量机、深度学习等机器学习的方法进行高效的属性层面情感分析。

4. 数据转换

从非结构化的评论文本中识别出商品属性和属性情感倾向后，需要将每条评论转换为长度为 24 的二元向量，24 分别代表 12 个正向情感的属性词和 12 个负向情感的属性词。若一条评论中含有某一情感倾向的属性词，则该维度值为 1，否则为 0。至此，从非结构的评论文本中抽取出了关键信息，并将其转化为结构化数据。

5. 分析方法

具有代表性的评论通常参考以下三个标准：①评论子集的质量尽可能高，即最大化 $\sum 2\_k\ Q$，只要根据计算的结果选取质量最高的前 k 条评论即可，这一方法记作 max-Q；②评论子集尽可能覆盖所有商品属性，即最大化 $\sum 2\_k\ |attribute|$，通过贪婪算法，将能使评论子集覆盖尽可能多的商品属性的评论优先纳入评论子集，这一方法记作 greedy-U；③评论子集与评论总体的观点分布一致。即需要定义观点分布，每个观点在集合中的占比表示该集合的观点分布，子集观点分布与全集观点分布的欧几里得距离越小，说明两者的差异越小。通常采用贪婪算法获取近似解，这一方法记作 greedy-CRS。

6. 分析结论

通过两个指标比较选取的评论子集表现：一是覆盖度（coverage）指标，该指标衡量评论子集中覆盖评论总体提到的属性的比例，该指标越大说明评论子集覆盖评论总体的信息越多，效果越好。二是观点分布一致性（opinion consistency）指标，该指标度量评论子集与评论总体的观点分布一致性，指标越小说明评论子集的观点分布与总体越一致，结果越好。

三种方法的覆盖度结果如图 2-7 所示，其中表现最好的为 Greedy-U 方法，符合预期。紧随其后的是 Max-Q 方法，其评论质量的衡量方式在很大程度上靠近覆盖度这一指标，从而排名靠前。而由于 Greedy-CRS 方法的优化目标与商品属性数量关系不大，因此该方法在覆盖度指标上表现较差。

三种方法的观点分布一致性结果如图 2-8 所示，表现最好的是 Greedy-CRS 方法，Greedy-U 方法的表现也较好。Max-Q 方法的表现较差，究其原因主要是在进行评论质量估计时，只考虑了情感词的数量，并没有考虑任何有关情感的正负极性以及观点的分布情况，因此表现较差。

从评论子集的质量尽可能高、评论子集尽可能覆盖所有商品属性和评论子集与评论总体的观点分布一致三个方面进行子集提取，具有较高的实用价值。电商平台根据实际情况选择合适的子集提取方法，选取少量的评论来代替难以处理的评论总体，不仅能满足消费者在线购物时的信息需求，还能帮助平台提高用户黏性，增强市场竞争力。

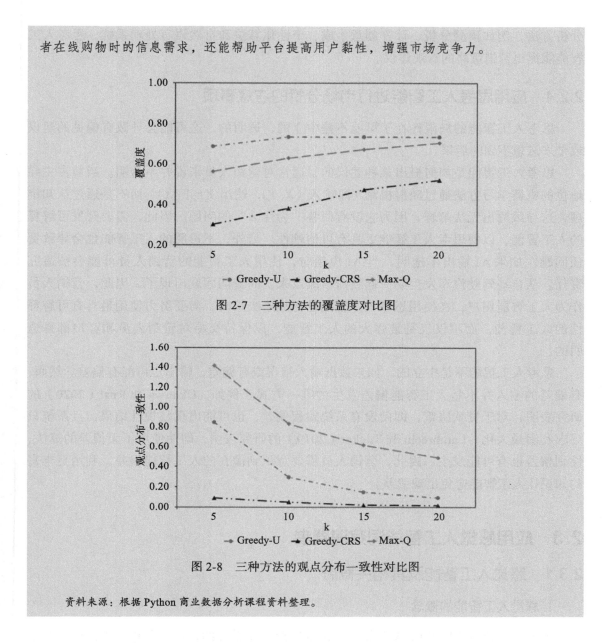

图 2-7　三种方法的覆盖度对比图

图 2-8　三种方法的观点分布一致性对比图

资料来源：根据 Python 商业数据分析课程资料整理。

2.2.3　应用思考人工智能分析市场的好处

应用思考人工智能分析市场的好处：一是通过文本挖掘、语音识别、面部识别等技术手段，思考人工智能能提供个性化服务，最常见的就是各种个性化推荐系统，例如 Netflix 电影推荐和亚马逊交叉销售建议。二是思考人工智能能将各种存在于文本、图像、音频或视频中的非结构化数据进行结构化分析，以便更好地分析市场。当市场问题明确时，可以采用理论驱动的监督机器学习进行分析，当市场问题不明确时，可以采用数据驱动的无监督机器学习进行分析。三是通过使用包括深度学习方法在内的更高级的市场分析方法，例如预测分析、计算创意生成、个性化算法和自然语言处理系统，思考人工智能能提出营销策略的直观建议。

2.2.4　应用思考人工智能进行市场分析的注意事项

思考人工智能的局限性在于可能不是中立的，透明的，这可能会导致有偏见的建议或带来意想不到的后果。

思考人工智能是如何提出某种建议的，通常对营销人员来说并不透明。当前占主导地位的机器学习方法通过映射机制（即输入 (X, Y)，输出 $Y = F(X)$）而不是通过认知推理，这导致输出无法解释，因为它没有回答"为什么"的问题。因此，需要开发可解释的人工智能，以便思考人工智能更具有可信赖性。另外，不透明的人工智能也会导致责任问题。如果 AI 输出不透明，当 AI 出错时，使用人工智能的营销人员可能会被追究责任。从自动驾驶汽车发生第一起致命事故以来，问责问题就出现了。因此，营销人员作为人工智能用户，在使用思考人工智能进行战略决策时，需要努力使用最具有可解释性的人工智能，而不仅仅是最强大的人工智能，以保持交易对营销人员和客户都是透明的。

思考人工智能不是中立的。如果数据输入错误或有偏差，输出也可能有偏差。然而，有偏差的输入并不是人工智能偏差发生的唯一方式。例如，Ukanwa 和 Rust（2020）的研究表明，对于贷款决策，即使没有系统编程偏差，也可能出现歧视性结果，且系统只寻求利润最大化。Lambrecht 和 Tucker（2019）的研究表明，即使使用了无偏差的算法，性别偏差也有可能发生。因此，营销人员需要意识到潜在的人工智能偏差，利用更丰富的知识让人工智能避免出现偏差。

2.3　应用感觉人工智能洞察消费者

2.3.1　感觉人工智能及其相关概念

1. 感觉人工智能的概念

感觉人工智能（Feeling AI）是为人机双向交互而设计的，用于分析人类的感觉和情绪的人工智能。当前感觉人工智能主要采用的技术有情感分析、自然语言处理（Natural Language Processing，NLP）、文本转语音技术、循环神经网络（RNN）、聊天机器人等。

2. 情感分析的概念

情感分析，也称为观点挖掘。其目标是从文本中分析出人们对于实体及其属性所表达的观点、情感、评价、态度和情绪。这些实体可以是各种产品、服务、机构、个人、事件、问题或主题等。从自然语言处理的角度看，情感分析的任务就是识别人们谈论的主题以及针对主题所表达出来的观点倾向。因此，它常被看成一个语义分析任务的子问题。

3. 自然语言处理

自然语言处理是一门融合了计算机科学、人工智能以及语言学的交叉学科。这门学科研究的是如何通过机器学习等技术，让计算机学会人类语言，实现人工智能。

4. 循环神经网络

循环神经网络是一类用于处理序列数据的神经网络，是深度学习算法之一，其中双向循环神经网络和长短期记忆网络是常见的循环神经网络。循环神经网络具有记忆性、参数共享并且图灵完备，因此在对序列的非线性特征进行学习时具有一定优势。循环神经网络在自然语言处理，例如语音识别、语言建模、机器翻译等领域有应用，也被用于各类时间序列预报。引入了卷积神经网络（Convolutional Neural Network，CNN）构筑的循环神经网络可以处理包含序列输入的计算机视觉问题。

值得注意的是，我们还没有真正意义上的感觉人工智能，因此，目前的做法是使用思考人工智能来分析情感数据（例如，情感分析）和双向交互（例如，聊天机器人和社交机器人）。情绪数据不同于认知数据，因为情感数据是具有上下文背景的，特定属于个人的，并且通常是多模态的（语音、手势和语言）。这意味着感觉人工智能需要结合上下文和特定于个人的数据模拟个人的情绪状态。

2.3.2　应用感觉人工智能进行消费者洞察

感觉人工智能可以进行消费者洞察。感觉人工智能可以用于了解现有和潜在的客户需求和欲望，例如，客户是谁，客户想要什么，以及目前的解决方案是什么。市场分析和消费者洞察之间的主要区别在于，消费者洞察通常涉及有关客户情绪、感受、偏好和态度的情绪数据。因此，相对于机械人工智能和思考人工智能，感觉人工智能可以更好地进行消费者洞察，因为它具有分析情感数据的能力。

对于现有客户，营销人员可以使用感觉人工智能回答他们对产品是否满意以及为什么满意的问题。现有客户的偏好更稳定，公司有过去和现在的交易数据，可以更深入地了解。例如，Affectiva 与福特合作创建 AutoEmotive 情绪分析，试图找出司机的情绪状态。

对于潜在客户，营销人员可以使用感觉人工智能了解他们想要什么以及为什么他们对竞争对手或外部选择感到满意。潜在客户的需求和欲望更难预测，他们的情感数据也较少可用。在营销实践中，RedBalloon 利用 Albert AI 和 Adgorithm 的人工智能驱动营销平台发现和接触新客户，Harley-Davidson 则利用其识别高潜力客户，进而开展相应的个性化营销活动。

在学术研究中，现有研究介绍了各种使用感觉人工智能来洞察消费者的方法。例如，可以通过分析消费者在社交媒体（例如在线评论）中表达的情绪，包括显性和隐性的语言和话语模式，进而洞察消费者的反应（Hewett et al.，2016；Humphreys，Wang，2018；Ordenes，2017）；Timoshenko 和 Hauser（2019）提出，通过使用卷积神经网络机器学习方法，可以从用户生成内容中识别消费者需求。

感觉人工智能洞察消费者主要可以从语言模式和非语言模式两方面着手。

（1）语言模式。语言模式和单词选择可以告诉我们很多关于用户情感状态的信息。语言风格匹配发生在人们的自然社交互动中。通常，风格匹配是个人之间融洽或联系的标志。随着时间的推移，人们甚至可能会改变他们的说话风格。LIWC软件包可以通过捕获来自不同类别的单词的使用频率来自动提取语言风格特征，例如，肯定词、否定词和功能词。匹配一个人的语言风格（例如，通过单词选择）可能是感觉人工智能与人建立情感联系的最简单方式之一。对于无实体的聊天机器人，这是可以使用的一组技术之一，并且有许多可用于文本和语音情感分析的易于应用的软件包。

（2）非语言模式。首先，面部表情、身体姿势是情感信息最丰富的来源。使用自动面部动作编码和表情识别系统来测量视频中的这些信号，且允许分析极大的数据集（例如数百万人）。其次，随着对话界面（例如Cortana和Siri）的兴起，非语言语音信号呈现出越来越有价值的情感信息来源。许多公司都有相关的SDK和应用程序编程接口（API）提供语音韵律特征提取。最后，生理学在情绪反应中起着重要作用。自主神经系统的神经支配对身体的许多器官都有影响。计算机系统可以以一种无人帮助的方式测量其中的许多信号。大脑活动（例如脑电图、功能性近红外光谱技术）、心肺参数（例如心脏和呼吸频率以及相关变异性症状）和皮肤电导都可用于测量神经的各个系统活动。

小案例　　　　　　　　　　知识付费中顾客满意度分析

本案例采用文本挖掘、深度学习和回归分析等方法探究知识消费中顾客满意度的影响因素。我们从知乎上收集到1 756名主讲人主办的4 010场直播。这些直播下记录了超过50万条顾客评价，涉及超过27万名听众。数据获取及分析过程如下所示。

（1）数据介绍。首先对数据进行了抽样和清洗。最终数据包括3 911场直播、1 687名主讲人和100 780条顾客评价。抓取了主讲人在免费平台上的所有行为。重点记录了顾客或主讲人的四类行为：创建回答、创建专栏文章、点赞回答和点赞专栏文章。

（2）变量介绍。首先，在顾客评价中，顾客对每场直播的评价中包含一个1～5星的评分，可以作为顾客满意度的衡量指标。其次，每场直播会有明确的价格。通过顾客ID，我们可以将顾客对不同直播的购买和评价联系起来，进而计算出顾客历史购买均价和顾客历史评价分。最后，用文本表征学习的方法度量顾客专业性。将一名用户（包括听众或主讲人）创作、点赞的所有回答、文章收集起来，形成该用户的一份特征文档（见图2-9），用来计算该用户的知识分布。

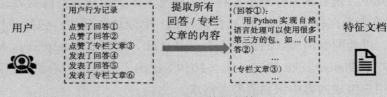

图2-9　用户特征文档

从用户的特征文档计算用户的特征分布，本质上是将特征文档转化成特征向量表征（见图 2-10）。

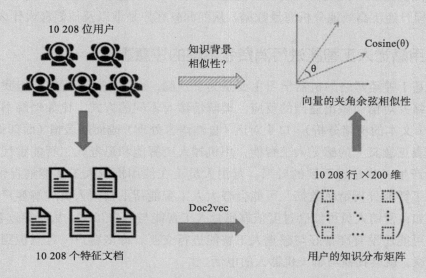

图 2-10　用户特征向量表征

（3）数据获取。具体分六步：①确定已发布直播的列表。②获取已发布直播的基本信息。③获取已发布直播的评论信息。④获取用户在免费平台上的行为。⑤提取用户知识背景向量。⑥计算用户相似性。至此，所有数据已准备就绪，分别是直播的基本信息（如价格、分钟数、问答数、文件数）、用户对直播的评价信息（评分）、顾客专业性（用户和直播主讲人的相似性）。

（4）数据分析。使用回归分析来验证直播当前价格、顾客历史价格、历史满意度和顾客专业型等因素对顾客的满意度的影响程度。在 Python 中使用 statsmodels 库进行回归分析。将各变量标准化后，使用最基础的回归分析来检验知识付费中顾客满意度的影响因素。模型 1 仅包括控制变量；模型 2 检验自变量的主效应；模型 3 检验交互效应。根据 VIF 统计量，各模型均不存在多重共线性问题。从模型可以看出，顾客专业性对顾客满意度有正向的影响。当前价格对顾客满意度有负向影响，顾客历史购买价格和历史满意度对当前直播的满意度有正向影响。模型 3 中引入了当前价格、历史均价、历史满意度和顾客专业性的交互项，发现顾客专业性在顾客满意度中具有调节效应。

资料来源：根据 Python 商业数据分析课程资料整理。

2.3.3　应用感觉人工智能洞察消费者的好处

应用感觉人工智能洞察消费者的好处：一是感觉人工智能能帮助企业深入理解消费者，并帮助企业与消费者建立良好的关系，因为它能识别消费者的情绪并能对消费者的情绪做出反应。任何需要互动和沟通的营销职能或活动，特别是为了与客户建立良好关系的活动，都应该考虑采用感觉人工智能。最典型的应用例子就是客户服务。感觉人工智能可应用于一系列涉及情感的营销活动，例如客户满意度管理、客户投诉等。二是感觉人工智能能直接从聊天机器人或社交机器人与客户的互动中识别客户感受、情绪和情感，能大规模且经济高效地分析海量数据，从而洞察客户是谁以及他们喜欢什么。

2.3.4　应用感觉人工智能进行消费者洞察的注意事项

目前，基于神经网络的机器学习主要是为了预测，而不是为了理解。但我们需要算法来理解情绪并对情绪做出适当的反应。理解情绪有不同的方式，比如理解书面语言中的情绪（基于文本的情绪分析）、口头对话（自然语言处理）或面部表情（面部识别）。但我们还没有真正意义上的感觉人工智能，用机械人工智能和思考人工智能替代感觉人工智能可能会产生一些意想不到的后果。营销人员正在使用机械人工智能捕捉情感数据，使用思考人工智能分析情感数据，可能会夸大人工智能帮助营销人员理解客户情绪的感知能力。例如，营销人员可能会过度依靠感觉人工智能与客户互动，从而导致客户流失。另外，客户可能还没有准备好与感觉人工智能进行交互。许多客户一旦意识到他们正在与机器人交谈，就会挂断与聊天机器人的电话。

本章小结

人工智能可分为机械人工智能、思考人工智能和感觉人工智能，分别可以应用于市场研究领域的数据收集、市场分析和消费者洞察。

机械人工智能可以自动执行常规和重复任务，主要用于数据收集。其主要技术有遥感、降维、机器翻译、分类算法、聚类算法等。本章具体从线上行为采集、线下行为采集和互联网数据采集三方面介绍机械人工智能如何进行数据收集，并指出机械人工智能收集数据的好处和注意事项。

思考人工智能是指通过处理数据以获得新的结论或决策的人工智能，主要用于市场分析。其主要技术有文本挖掘、语音识别、面部识别、机器学习、神经网络和深度学习。本章具体从离线开发、实时开发和算法开发三方面介绍思考人工智能如何进行市场分析，并指出思考人工智能分析市场的好处和注意事项。

感觉人工智能是为人机双向交互而设计的，用于分析人类的感觉和情绪的人工智能，主要用于消费者洞察。其主要技术有情感分析、自然语言处理、文本转语音技术、循环神经网络、聊天机器人等。本章具体从语言模式和非语言模式两方面介绍感觉人工智能如何进行消费者洞察，并指出感觉人工智能洞察消费者的好处和注意事项。

关键名词

机械人工智能　思考人工智能　感觉人工智能　文本挖掘　机器学习　深度学习　自然语言处理　情感分析

章末案例

房地产服务平台用户需求分析

随着房地产市场的繁荣和互联网技术的发展，房地产经纪业务从聚焦线下向发力线上转型，各大房地产经纪公司不仅提供传统的线下看房买房服务，在线上也提供 AR 看房、在线咨询等便捷服务，以满足不同消费者获取信息的需求。如成立于 2001 年的链家房地产经纪有限公司，不仅线下服务门店遍布大街小巷，还有线上平台提供各类房地产信息服务。

评论是消费者获取楼盘信息的重要途径之一，评论中包含了有关楼盘和房屋的海量有效信息，直接影响有购房需求消费者的第一印象。若评论对楼盘的整体评价较差，那么消费者对该楼盘的关注度和购买意愿将会下降，反之，消费者的关注度和购买意愿将会提高。同样地，对房地产开发商而言，通过评论能够发现消费者对房源的需求，进而在未来的开发计划中做出相应调整。

评论分为两类，分别是专家生成内容（Professional Generated Content，PGC）和用户生成内容（User Generated Content，UGC）。

专家在房地产经纪业务中指的是楼房顾问或经纪人，他们通常具备关于房地产的专业知识，对于楼盘情况更为了解，因此评论质量更有保证。这些专家评论内容能够覆盖多数用户评论内容，但这些评论往往会忽略一些细节内容，且评论时效性差，很难反映当前楼盘的具体情况（如销售状况、周边基础设施建设进度等）。

用户就是广大有实际体验的消费者，这些评论内容没有加工或二次创作，由于这些消费者大多没有房地产相关的专业知识，其感受对于普通群众而言更具有共鸣，不过这类评论通常主观性较强，往往带有强烈的情感色彩。

以链家收集的北京地区 125 个新房楼盘的评论及评分数据（含 2 983 条用户评论和 555 条顾问点评，共计 3 538 条）为例，数据提取与分析过程如下。

1. 数据提取过程

（1）确定所有新房楼盘列表。从链家新房页面（https://bj.fang.lianjia.com/loupan）进入找到所有新房楼盘信息。从这一页可以获取楼盘名称、所在区域、价格和详情页网址等信息。

（2）记录新房楼盘的名称、所在区域和详情页网址。示例代码如图 2-11 所示。

```
1   newhouse_info = []
2   for i in range(n): # n为页面数量
3       # 用urllib.request.urlopen()或requests.get()获得链家新房楼盘页面的源代码
4       newhouse_html = download_html("https://bj.fang.lianjia.com/loupan/pg" + str(i+1))
5       # 用BeautifulSoup提取出相关信息
6       soup = BeautifulSoup(response.text, 'lxml')
7       pages = soup.find_all('相应的查询规则')
8       for j in pages:
9           # 对于每个新房楼盘，根据规则抓取相关信息
10          newhouse = {}
11          newhouse['link'] = j.a.href
12          newhouse['name'] = j.a.title
13          newhouse['district'] = j.find('规则').string
14          newhouse_info.append(newhouse)
```

图 2-11　示例代码

（3）获取用户评论和顾问点评。这些信息在每个新房楼盘的详情页中，用户评论页面是在详情页的基础上增加 '/pinglun'，而顾问点评页面只是在用户评论页面的基础上增加 '/guwen'；使用 urllib.request.urlopen() 或 requests.get() 获取源代码，并利用 BeautifulSoup() 提取评论文本即可。

2. 分析方法

（1）用户和顾问关注点异同比较。第一步进行预处理，使用 jieba 或 PyLTP 等第三方库对中文文本进行分词、删除停用词等。第二步进行词频统计，可以清晰地看出文档中各个词语出现的次数。一般而言，词语出现的次数越多就意味着这个词对整篇文档的重要性越高。词云图（见图 2-12）能将文本中出现频率较高的关键词放至在更大的空间上，可以给读者直观的视觉冲击，是词频统计可视化的常用方式，因此使用词云图来直观地展现用户和顾问的关注焦点。

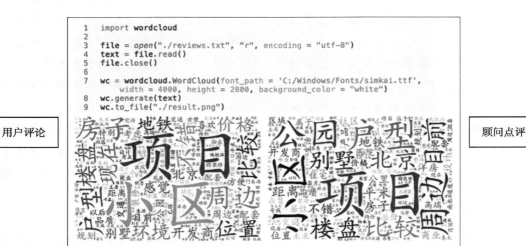

```
1   import wordcloud
2
3   file = open("./reviews.txt", "r", encoding = "utf-8")
4   text = file.read()
5   file.close()
6
7   wc = wordcloud.WordCloud(font_path = 'C:/Windows/Fonts/simkai.ttf',
        width = 4000, height = 2800, background_color = "white")
8   wc.generate(text)
9   wc.to_file("./result.png")
```

用户评论　　　　顾问点评

图 2-12　词云图的代码及结果

从词云图可以看出，消费者和顾问共同关注户型、周边环境和出行交通等。仅仅统计词频无法直接发现用户和顾问关注点的差异，因此接下来将通过 LDA 模型进行深入分析。

通过 LDA 模型，发现消费者和顾问共同关注的特征与词频统计中的结论基本一致。但是顾问更强调装修风格、建筑布局等特征；而消费者则更倾向于关注周边环境和价格等特征，公园、绿化等词不断出现在用户评论中。因此顾问在对新房楼盘进行评价时，可以适当地关注周边配套设施和相近区域的价格介绍，以更好地贴合消费者需求。

（2）消费者需求的关联分析。词与词之间的关联关系能更深入地分析评论中体现的实际需求。接下来通过 PMI（点互信息，Pointwise Mutual Information）分析词与词之间的相关性，从完整语义的角度深入分析消费者的需求。

互信息（Mutual Information）是信息论中一种常用的信息度量，可以视为一个随机变量中包含的关于另一个随机变量的信息量，或者说是一个随机变量由于已知另一个随机变量而减少的不确定性。PMI 则是互信息的一个特例，常用于文本分析中衡量词与词之间的关联程度，这一方法能从统计的角度发现词语共现的情况，进而分析出词与词之间是否存在语义相关，或者主题相关的情况。

$$\text{PMI}(x, y)=\log_2\left(\frac{p(x, y)}{p(x)p(y)}\right)$$

设两个词 x 和 y 共同出现的概率为 $p(x, y)$，其单独出现的概率分别为 $p(x)$、$p(y)$。若 x 和 y 是相互独立的，则 $p(x, y)=p(x)p(y)$，此时 $\text{PMI}(x, y)=0$。相反，$p(x, y)>p(x)p(y)$，说明 x 和 y 存在关联，且 x 和 y 的相关性越强，PMI 的值越大。

关联分析代码及结果如图 2-13 所示。

```
1   import numpy as np
2   from gensim import corpora
3
4   dictionary = corpora.Dictionary(reviews) # 建立词典
5   dictionary.filter_extremes(no_below = 5, no_above = 0.2) # 过滤出现次数低于5次的低频词，却又不超过文档大小的10%的词
6   corpus = [dictionary.doc2bow(t) for t in reviews] # BOW模型
7   n = len(corpus)
8   word_dic = {} # 记录词语单词出现次数
9   pair_dic = {} # 记录词语共同出现次数
10  for i in corpus:
11      for j in i:
12          if j[0] in word_dic:
13              word_dic[j[0]] += 1
14          else:
15              word_dic[j[0]] = 1
16          for k in i:
17              if j[0] != k[0]:
18                  if (min(j[0], k[0]), max(j[0], k[0])) in pair_dic:
19                      pair_dic[(min(j[0], k[0]), max(j[0], k[0]))] += 1
20                  else:
21                      pair_dic[(min(j[0], k[0]), max(j[0], k[0]))] = 1
22  pmi_dic = {}
23  for i in pair_dic:
24      # 需要注意pair_dic中词语共同出现次数为实际次数的2倍
25      pmi_dic[i] = np.log2(pair_dic[i] * n / (2 * (word_dic[i[0]] * word_dic[i[1]])))
26
27  def pmi_result(word, topN):
28      # 结合关键词word输出最相关的topN个词
29      x = [key for key, value in dictionary.items() if value == word][0] # [642]
30      temp = {}
31      for i in pmi_dic:
32          if x in i:
33              temp[i] = pmi_dic[i]
34      result = sorted(temp.items(), key = lambda item : item[1] , reverse = True)
35      co_words = []
36      for i in result[0: topN]:
37          co_words.append((dictionary[i[0][0]], dictionary[i[0][1]]))
38      return co_words
```

```
[('周边', '施工'),
 ('周边', '低端'),
 ('周边', '义和庄'),
 ('周边', '西南角'),
 ('周边', '搬迁'),
 ('西北侧', '周边'),
 ('周边', '国家森林公园'),
 ('周边', '拥堵'),
 ('周边', '大型商场'),
 ('住户', '周边'),
 ('周边', '发达'),
 ('周边', '西桥'),
 ('周边', '宜家'),
 ('周边', '餐饮'),
 ('周边', '放弃'),
 ('周边', '冯村'),
 ('周边', '自然环境'),
 ('周边', '素质'),
 ('繁华', '周边'),
 ('周边', '依靠')]
```

图 2-13　关联分析代码及结果

PMI 关联分析与关联规则分析相似，输出结果往往成千上万，其中有价值的结果需要结合实际情况进行分辨。"周边"是一个范围很大的词，当消费者评论周边时，不仅关注公园、绿化，还关注：①周边是否繁华，是否配备商场、宜家家具卖场、餐饮等满足日常生活需求的场所；②是否拥堵，所处环境是否会给出行造成不便；③楼盘周边居民素质情况等更具体化的需求。

通过这一分析方法深入挖掘消费者的不同需求，房地产开发者在进行规划时，可以重点分析周边楼盘消费者的关注点，提前招商引资，完善周边的配套设施，利于房屋的出售；房地产经纪在介绍、售卖房屋时，可以有针对性地进行深挖、介绍，以更好地满足消费者需求，成功达成交易。

（3）消费者的情感倾向。消费者对于新房楼盘直接进行星级评价可能无法准确地反映其真实感受，如部分消费者可能会习惯性地打出满分评价，但在评论中表达出负面的情感倾向。同时，星级评价得到的评分颗粒度较大，无法精确地体现实际情况。因此，需要使用情感分析来解析消费者在每条评论中表达出来的情感，以更精准地描述消费者的实际感受。使用 SnowNLP 第三方库简单快速地进行情感分析，该库可以直接实现对中文语料分词、词性标注和情感分析等功能。

首先，提取每条评论的情感倾向，代码如图 2-14 所示。

```
1   from snownlp import SnowNLP
2
3   file = open("./reviews.txt", "r", encoding = "utf-8")
4   text = file.read().splitlines()
5   file.close()
6   sentiment = []
7   for i in text:
8       sent = SnowNLP(i).sentiments  # 正向情感的概率
9       sentiment.append(sent)
```

图 2-14　提取情感倾向代码

其次，按区域将消费者评论的正向情感概率求平均值，代码如图 2-15 所示。

```
1   from pyecharts import options as opts
2   from pyecharts.charts import Map
3   import pandas as pd
4
5   df = pd.read_csv('./sentiment.csv')
6   groupby = df.groupby('dis')['score'].mean()
7   dis = list(groupby.index)
8   score = list(groupby)
9   fig = (
10      Map()
11      .add(series_name = 'sentiment score', data_pair = [list(i) for i in zip(dis, score)],
                  maptype = '北京')
12      .set_global_opts(title_opts = opts.TitleOpts(title = '北京地区新房楼盘情感地图'),
13                  visualmap_opts = opts.VisualMapOpts(max_ = 1, min_ = 0))
14      .render('./sentiment_map.html')
15  )
```

图 2-15　按区域将正向情感概率求平均值的代码

最后，绘制情感地图，由于在该时间段内没有获取到延庆区、怀柔区、东城区和西城区的消费者评论，因此这四个区没有相应的情感得分。各区域消费者评论的正向情感概率均值集中在 0.6～0.8，没有很显著的差异。总体而言，链家平台上的消费者对北京地区新房楼盘的评价较为积极，新房质量、外观和经纪人的服务较为可观。各城区中正向情感概率较高的分别为石景山区、丰台区和密云区，较低的有顺义区和房山区。

顺义区的消费者主要不满在于"涨价太快""绿化少"和"物业不专业"等方面，而房山区的消费者对于"偏僻""交通不便"和"价格高"表达了负面情绪。因此，在顺义区有新楼盘规划的房地产开发商可以通过多种植绿化、与专业化高的物业公司合作等提高消费者的满意度。同时，这两个城区的区政府也应该加快交通规划，便捷这两个城区住户的出行。

用户评论反映了消费者的直接感受，从用户评论中能够挖掘消费者对于新房楼盘的核心诉求。以北京地区新房楼盘为例，消费者关注的重点是周边环境、出行交通、配套设施和户型等方面。作为房地产开发商，想要在房地产开发中获得优势，就必须切实关注消费者的核心需求，结合楼盘的特点，有针对性地突出宣传。作为房地产顾问，在撰写专业评论介绍楼盘时，也需要从消费者视角出发，在评论中多体现消费者的核心诉求，提高专业性和交易的成功率。

资料来源：根据 Python 商业数据分析课程资料整理。

案例思考

1. 为什么选择非结构化文本数据分析消费者意见？这有哪些挑战？

2. 如何利用可视化方法直观展示顾客评论中的意见？

3. 如何识别和去除消费者意见中的噪声与不准确意见？

复习思考题

1. 机械人工智能如何进行数据收集？

2. 思考人工智能如何进行数据分析？

3. 感觉人工智能如何进行消费者洞察？

本章实训

一、实训目的

选某一行业的某一家企业，了解其是如何利用人工智能进行数据收集、数据分析和消费者洞察的，深化对人工智能与市场调研的认识。

二、实训内容

以小组为单位，通过文献查阅、线上采访或实地调查，了解某一行业的某一企业利用人工智能进行数据收集、数据分析和消费者洞察的具体过程，总结启示，提出进一步优化的建议。

三、实训组织

1. 指导教师布置实训项目，提示相关注意事项及要点。

2. 将班级成员分成若干小组，成员可以自由组合，也可以按学号顺序组合。小组人数划分视修课总人数而定。每组选出组长1名，发言代表1名。

3. 以小组为单位，选定拟调查的企业，制定调查提纲，深入企业调查收集资料。写成书面调查报告，制作课堂演示 PPT。

4. 各小组发言代表在班级进行汇报演示，每组演示时间以不超过 10 分钟为宜。

四、实训步骤

1. 指导教师布置任务，指出实训要点、难点和注意事项。

2. 演示之前，小组发言代表对本组成员及其角色进行介绍陈述。演示结束后，征询本组成员是否有补充发言。

3. 由各组组长组成评审团，对各组演示进行评分。其中，演示内容30分，发言者语言表达及台风展现能力10分，PPT效果10分。评审团成员对各组所评出成绩取平均值作为该组的评审评分。

4. 教师进行最后总结及点评，并为各组实训结果打分，教师评分满分为50分。

5. 各组的评审评分加上教师的总结评分作为该组最终得分，对于得分最高的团队予以适当奖励。

参考文献

[1] 杨扬，刘圣，李宜威，等.大数据营销：综述与展望[J].系统工程理论与实践，2020，4（8）：2150-2158.

[2] 王佳炜，陈红.人工智能营销传播的核心逻辑与发展挑战[J].当代传播，2020，（1）:73-76.

[3] 李欣琪，张学新.人工智能时代的个性化推荐[J].上海对外经贸大学学报，2020，2（4）：90-99.

[4] 付登波，江敏，任寅姿.数据中台：让数据用起来[M].北京：机械工业出版社，2020.

[5] 谢邦昌，朱建平，李毅.文本挖掘技术及其应用 [M].厦门：厦门大学出版社，2016.

[6] 王晓华.TensorFlow 语音识别实战 [M].北京：清华大学出版社，2021.

[7] 周志华.机器学习 [M].北京：清华大学出版社，2016.

[8] 刘兵.情感分析：挖掘观点、情感和情绪 [M].刘康，赵军，译.北京：机械工业出版社，2019.

[9] AVERY J. Tailor brands : artificial intelligence driven branding[J]. Harvard Business School Case，2018(8)：519-617.

[10] BALDUCCI B，MARINOVA D. Unstructured data in marketing[J]. Journal of the Academy of Marketing Science，2018，46(4)：557-590.

[11] BERGER J HUMPHREYS，A，LUDWIG S，et al. Uniting the tribes : using text for marketing insight[J]. Journal of Marketing，2019，84(1)：1-25.

[12] CHINTAGUNTA P，HANSSENS D M，et al. Editorial-Marketing science and big data[J]. Marketing Science，2016，35(3)：341-342.

[13] COOKE A D J, ZUBCSEK P P. The connected consumer:connected devices and the evolution of customer intelligence[J]. Journal of the Association for Consumer Research, 2017，2(2)：164-178.

[14] MCDUFF D, GIRARD J M, KALIOUBY R. Large-scale observational evidence of cross-cultural differences in facial behavior[J]. Journal of Nonverbal Behavior, 2017, 41(1)：1-19.

[15] GABEL S, GUHL D, KLAPPER D. P2V-MAP : mapping market structures for large retail assortments[J]. Journal of Marketing Research, 2019, 56(4)：557-580.

[16] HARTMANN J, HUPPERTZ J, SCHA-MP C P, et al. Comparing automated text classification methods[J]. International Journal of Research in Marketing, 2019, 36(1)：20-38.

[17] HEWETT K, RAND W, RUST R T, et al. Brand buzz in the echoverse[J]. Journal of Marketing, 2016, 80(3)：1-24.

[18] HUANG M H, RUST R T. Artificial intelligence in service[J]. Journal of Service Research, 2018, 21(2)：155-172.

[19] HUMPHREYS A,WANG R. Automated text analysis for consumer research[J]. Journal of Consumer Research, 2018, 44(6)：1274-1306.

[20] HUANG M H, RUST R T, MAKSIMOVIC V. The feeling economy: managing in the next generation of artificial intelligence (AI) [J]. California Management Review, 2019, 61(4)：43-65.

[21] HUANG M H,RUST R T. A strategic framework for artificial intelligence in marketing[J].Journal of the Academy of Marketing Science, 2021, 49(1)：30-50.

[22] KIRKPATRICK K. Tracking shoppers[J]. Communications of the ACM, 2020, 63(2)：19-21.

[23] LIU X, SINGHP V,SRINIVASAN K. A structured analysis of unstructured big data byleveraging cloud computing[J]. Marketing Science, 2016, 35(3)：363-388.

[24] NIEDERHOFFER K G, PENNEBAKER J W. Linguistic style matching in social interaction[J]. Journal of Language and

Social, 2002, 21(4)： 337-360.

[25] LEE D, HOSANAGAR K, NAIR H S. Advertising content and consumer engagement on social media： evidence from Facebook[J]. Management Science, 2018, 64(11)： 105-131.

[26] MCDUFF D, CZERWINSKI M. Designing emotionally sentient agents[J]. Communications of the ACM, 2018, 61(12)： 74-83.

[27] NG C L, WAKENSHAW Y L. The internet-of-things:review and research directions[J]. International Journal of Research in Marketing, 2017, 34(1)： 3-21.

[28] ORDENES F W, LUDWIG S, DE RUYTER K, et al. Unveiling what is written in the stars: analyzing explicit, implicit, and discourse patterns of sentiment in social media[J]. Journal of Consumer Research, 2017, 43(6)： 875-894.

[29] SOLEYMANIAN M, WEINBERG C B, ZHU T. Sensor data and behavioral tracking: does usage-based auto insurance benefit drivers[J]. Marketing Science, 2019, 38(1)： 21-43.

[30] TIMOSHENKO A, HAUSER J R. Identifying customer needs from user-generated content[J].Marketing Science, 2019, 38(1)： 1-20.

[31] VERMA S, KAWAMOTO Y, FADLULLAH Z M,et al. A survey on network methodologies for real-time analytics of massive IoT data and open research issues[J]. Journal of IEEE Communications Surveys & Tutorials, 2017, 19(3)： 1457-1477.

[32] WEDEL M, KANNAN P K. Marketing analytics for data-rich environments[J]. Journal of Marketing, 2016, 80(6) ： 97-121.

[33] WANG Q, LI B, SINGH P V. Copycats vs. original mobile apps: a machine learning copycat-detection method and empirical analysis[J]. Information Systems Research, 2018, 29(2)： 273-291.

第3章
人工智能时代的消费者市场

开篇案例

生日蛋糕如何与众不同

你会在一年内吃多少次生日蛋糕？想必大多数人除了自己生日会吃一次蛋糕，更多吃蛋糕的场景都来自亲人朋友的聚会。所以，很多时候，我们在吃蛋糕时最关注的可能并不是商品广告宣传或蛋糕的本身口味，而是蛋糕给生日会带来的氛围感和场景体验感。但市面上大多数蛋糕品牌都存在产品低端、体验感不强、整体存在感弱的问题。

因此，"熊猫不走"蛋糕，通过线上下单，线下工作人员假扮成熊猫人免费送货上门并提供跳舞表演，推出了"熊猫人免费上门跳舞""熊猫人拉小提琴""熊猫人为你策划生日"等差异化加体验感的服务模式，致力于让每个人的生日都能更快乐。例如在蛋糕交付时，穿着熊猫服装的配送员会在现场进行2分钟的情书朗诵、拉小提琴、魔术等表演。同时根据订单地址判断顾客所在的消费场景，再针对性地对表演做出不同延伸。比如，用户在家中接收蛋糕时，熊猫人配送员在表演完节目后，会免费给小孩送棒棒糖；在聚会时，配送员会携带一个拍立得相机，当场把照片送给用户。这种与众不同的生日会体验感，让在场的每一个人都能感受到"熊猫不走"的用心与仪式感，"熊猫不走"也成功地将普通的生日蛋糕打造成了一个有文化、有情感、有温度的生日庆典文化产业链。

熊猫不走，这家成立于2018年的蛋糕公司，仅用了三四个月的时间就在惠州市、佛山市挤进品类前3名，1个月就在广州市番禺区挤进品类前5名，目前用户数达270多万，月营收超1 400万元，每个月保持着15%～40%的增长速度。该品牌现已入驻惠州、东莞、佛山、广州、中山、珠海、长沙、厦门、成都、重庆、杭州等24座城市，尚未开业的城市也得到了许多人的期待。

资料来源：根据"陈亮嘴转型战略"微信公众号资料整理。

做好用户体验感中的关键接触点，就抓住了大部分顾客对蛋糕的需求点和青睐点，这个重要的、情感强烈的时刻，就是蛋糕能否做到与众不同，获得观众认可的时刻。因此，找到关键时刻，企业就有了突破点，从而为其提供潜在的创新机会。

3.1　接触点与客户旅程

3.1.1　与消费者的每一次遇见：接触点

1. 什么是接触点

上述案例中品牌与消费者接触的关键时刻，是决定企业能否成功的最重要时刻。但在顾客发生购买行为的过程中，除了关键时刻外，还会与企业发生很多次接触。顾客在与企业发生联系的过程中的一切沟通与互动点便是接触点（Touch point）。Chris Risdon将触点定义为交互的情境，他在《别搞砸接触点》中写道：接触点是特定时间、特定地点、特定人群的交互点。顾客经年累月基于他们在接触点上的体验而形成对产品、品牌乃至企业的认知。正是这种可能是积极也可能是消极的主观、情感化的评价，直接影响到品牌、企业在客户心中的印象，最终决定客户最终能否成为企业的忠诚用户。

2. 接触点有哪些分类

Chris Risdon将接触点分为静态触点、交互触点和人类触点。静态触点不允许用户与其进行交互，例如电子邮件、广告等。交互触点允许用户与其产生交互行为，例如在网站和应用程序中进行在线聊天。人类触点涉及人与人之间的交互，例如面对面销售。

另外，其他学者将企业与客户的接触点分为人员接触和非人员接触两种类型。其中人员接触又可分为直接人员接触和间接人员接触。直接人员接触是客户与企业的工作人员进行面对面的接触和交流的方式。间接人员接触是客户与企业工作人员通过电话、即时通信工具等沟通媒介来进行的接触和交流方式。

随着技术的发展和人力成本的提高，非人员接触逐渐成为企业传递客户价值的一种重要方式。非人员接触主要是通过文字、符号和设备等来实现的，如信用卡、自动取款机和自动售货机等就属于非人员接触的设备，互联网的出现和普及也为企业提供了更为有效的非人员接触的形式。

3. 为什么要重视接触点管理

客户接触点是品牌价值传递的渠道，是有效管理客户的手段。做好客户接触点的管理能够有效帮助企业提高对客户体验的把控能力，形成良好的口碑，降低企业的经营风险，给企业带来更高的满意度、忠诚度和更大的回报。

随着技术的发展和竞争的加剧，企业与客户的接触点越来越多，从最初的面对面接触到现在通过专业网站、电子邮件等方式接触，极大地方便了企业与客户的联系，但也给客户接触点的管理与整合带来了一定的难度。于是，在众多的接触点中选择最优的组合，成为企业增强客户体验效果、获取竞争优势的一个重要方面。

4. 人工智能如何助力企业接触点管理

如今，人工智能正逐渐走进消费者的生活，引入人工智能可以让消费者与企业的接触变得更加高效便捷，并减少过程中产生的摩擦。以保险为例，保险就像安全带，随着社会的进步和人们保险意识的提高，越来越多的人开始注重购买保险。但因保险种类繁多，其投保、核保、理赔的过程也十分复杂，因此，保险公司将公司与消费者的接触分为"保险公司触达客户""保险公司与客户进行沟通""确定客户产品需求""客户购买产品""公司维系老客户"等重要节点。而在这些过程中，人工智能和大数据分析可以帮助保险公司精准投放广告，推广其保险业务与产品，强化目标人群对相应产品的认知，促进产品的销售转化，并通过人工智能回访的方式维系公司的老客户。保险行业接触点分析如图 3-1 所示。

图 3-1　保险行业接触点分析

接下来以催米 AI 和平安保险公司为例，具体介绍人工智能如何助力公司的接触点的管理。在第一个阶段，保险公司触达客户的过程中，人工智能可以助力传播目标拆分及人群细化。催米 AI 通过与保险公司及保险经纪公司的初步沟通，筛选出对应的适合投放的产品并测算目标群体的标签。催米 AI 结合营销大数据平台以往的金融行业综合服务经验，提出目标群体的标签优化建议，并针对该目标群体进一步判断产品的适用性，通过采集用户静态信息（性别、地域、职业、消费等级）和动态信息（网页浏览行为、购买行为），给用户打上标签（兴趣、偏好、需求等）和指数（兴趣程度、需求程度、购买概率），最后将标签综合起来，针对特定的群体投放不同的保险产品。通过第一批的产品和对应标签的分析，制定具有针对性的触达方式和触达时间段，并建立反馈结果的同步收集、整理和调优机制，实时调优第二次的触达投放，保障整体运营数据的时效性。

在第二～第四阶段，保险公司与客户沟通并进一步确定需求的过程中，人工智能可以助力销售员实现精准营销。通过第一批原始数据的积累，针对已经转化或正在转化池里的客户，催米智能语音机器人可快速针对大量数据进行清洗，解决其中的类似标签和信息缺失的相关问题，并可针对客户感兴趣的产品进行多次信息的有效触达，极大缩短传统人工团队在数据跟进时的长线作战过程。与此同时，平安保险公司还推出智能保顾帮助确定客户需求，推荐产品。假设客户询问"什么是重疾险""重疾险的涵盖范围"，智能保顾能做出专业指导，并给出保险配置建议，帮助客户优化购买决策。在此基础上，机器人逐步升级成为平安金管家 App 用户的个人金融生活的智能助理，能够解答专业的保险问题，办理复杂的保险业务，还能智能识别顾客的兴趣点与需求点，成为一个智能生活助手。

在第五阶段，保险公司维系老客户的过程中，人工智能可以助力公司售后，提高客户黏性。催米 AI 为保险机构提供电话营销、客户回访、智能客服等不同场景的智能语音服务，助力企业的新老客户营销。传统的人工智能语音电销机器人可以简单地完成电销询问、访谈统计等工作；而催米智能语音机器人结合了催米智能语音标签系统，可根据用户语音交互的通话提供多次分析并自动贴标签，通过多次的优化提升，获得最精准的动态实时的客户标签，从而帮助企业根据最新的标签进行分类，制定最佳的沉睡客户唤醒策略，帮助保险公司用更低的成本实现更高的产出。

3.1.2　把接触点连成一条线：客户旅程

顾客与企业产生的每一次接触，都会影响到顾客对企业的满意度，把所有的接触点连接起来，就构成了客户旅程。客户旅程是在客户生命周期里离散的经历的集合，单纯衡量某一个接触点的顾客满意度并不够，还需要关注顾客在整段旅程中的体验。

2016 年麦肯锡客户体验专家详细解释了客户旅程的含义。第一，它是客户的一段经历，而不仅仅是接触点。它是接触点连接起来的完整旅程。第二，企业不应关注单个接触点的体验，而应关注整个客户旅程的体验，每个接触点满意并不一定代表客户旅程满意。第三，描述客户旅程的语言是基于顾客的视角，例如"我想进行产品换代"。第四，客户旅程涉及线上线下多种渠道的接触点。第五，客户旅程持续时间较长，并且可以重复。

创造极佳的客户体验并不是简单对单个接触点进行优化，而是要思考如何将接触点整合成统一整体，让客户在整段旅程中都获得良好的体验。

客户旅程之所以重要，不仅是因为良好的体验能促进购买行为的产生，更重要的是它将带来客户对企业的信任感，这种信任感是客户与企业之间的黏合剂，使客户在企业出现了小失误时仍能对其有信心、愿意继续支持该企业。这才是企业使用客户旅程来改善客户体验的终极意义。在这个终极意义之下，客户旅程对于企业日常运营的意义则体现在以下三个方面：

（1）优化产品、改善流程。客户旅程可以帮助企业从客户的角度深入了解容易被忽视的客户需求、感受、体验以及方式，从而客观地了解自己的产品或服务在各个阶段的优劣势，以便优化产品、改进服务流程。

（2）提高执行效率。由于客户旅程是对真实情境的再现，这就使得团队能够换位思考，了解客户所经历的过程及体验，从而在工作的过程中更能产生同理心，使客户的心声能得到正确的传递和采纳。

（3）提高沟通效率。客户旅程提供了对客户需求与客户感受的细致描述，为企业设计与客户的沟通提供了参考；另外，企业内部沟通时，只需一张旅程图（而不是一堆文字）便能说明相关的所有问题，简单明了，有助于提高企业内部的沟通效率。

"熊猫不走"的全方位用心

"熊猫不走"除了抓住"生日会体验感"这一关键时刻外，也在用心地做好整个客户旅程。

最初遇见（产品名称）——每个消费者都是"金鱼系"，只有7秒的记忆，换句话说，消费者的记忆是极其短暂的。熊猫不走蛋糕在1 000多个品牌名中选择"熊猫不走"，正是精准地抓住了消费者的记忆点。首先，这个名字会让人感到好奇，传播成本低，是"行走的广告"；其次，熊猫在受众心中的形象比较统一，不像其他动物，可能还存在很多品种，不太容易让受众分辨。熊猫不走就连客服电话都是5201314，让用户即使定个蛋糕都能拥有恋爱的感觉。这些细节能够让人留下深刻记忆点。

等待会面（物流服务）——熊猫不走自建了供应链工厂和物流配送体系，每个城市配备一个生产工厂和10个左右的分仓，平均每个配送员每天能送18单以上，下单最快3小时送达。

暖心享受（蛋糕的口感与设计）——从熊猫不走创立的那天，品牌创始人杨振华就将自己定位为品牌的产品经理，每个星期至少花两到三天的时间跟研发团队一起在工厂试吃，去做产品的创新和升级。熊猫不走内部也会定期安排试吃活动，通过调研去优化每款蛋糕的口味、口感，通过大家一致的认可后再推到市场。不仅如此，熊猫不走蛋糕的制作使用了进口原料和大量的当季新鲜水果，还另外加入了独特的设计元素，打破了传统蛋糕单一的设计，不仅会让蛋糕看上去更有食欲，也让消费者感受到"健康"。

资料来源：http://www.xiongmaodangao.com.

3.1.3 形象化展示，由线变图：客户旅程图

人们通常借助客户旅程图来进行客户旅程的分析。卡尔巴赫认为，客户旅程图的基本构成要素包括客户旅程、客户行为、目标、情感、痛点、接触点、关键时刻（相对重要的接触点）、满意度和改进的机会等。

现代的客户旅程图是在20世纪中期出现的。杰出的客户体验专家布鲁斯·特姆金是客户旅程图的早期倡导者之一，他极大地推进了它们在美国的使用。他将客户旅程图定义为"视觉描述客户的流程、需求以及看法，贯穿他们与公司的关系的文档"。同时，他也指出了客户旅程图的意义：公司需要使用工具和流程以加强对实际客户需求的理解，而该领域的关键工具之一被称为客户旅程图。使用得当的话，这些图能将公司由内而外的观点转变成由外而内的。

所谓客户旅程图，顾名思义，就是以图形的方式直观地再现客户与企业品牌、产品或服务产生关系的全过程（而非某一个节点），并反映过程中客户的需求、体验和感受。这种关系可以发生在采购、使用产品的过程中，也可以发生在上网体验、零售体验或服务体验的过程中，还可以是以上几者的综合体验过程。全过程是指从一个客户接触到某

公司广告开始，到咨询、比较、购买、使用、分享使用体验，最后以升级、更换或选择其他品牌的产品结束。由于这个过程包含了很多个客户与企业的触点和真实的情境，因此，客户旅程图也被称作"触点图"或"真实瞬间图"。

下面使用 Forrester 五步法的框架来向大家展示客户旅程图的制作流程，客户旅程图制作步骤如图 3-2 所示。

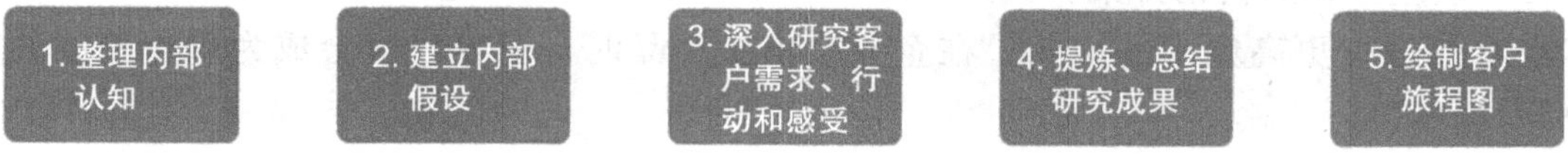

图 3-2　客户旅程图制作步骤

资料来源：Forrester Research。

⊙ **人物介绍**　　　　　　　　　　　　　　**布鲁斯·特姆金**

特姆金被广泛认为是"大型组织通过客户体验建立差异化"领域的领先专家。他于 1998 年加入著名客户体验研究与咨询机构 Forrester，在 Forrester 工作的 12 年间，特姆金领导了公司的 B2B、金融服务和客户体验业务。作为副总裁兼首席分析师，他连续 13 个季度成为研究报告阅读量最高的分析师，并且是业内最受欢迎的咨询顾问和演讲者之一。特姆金撰写了许多 Forrester 最受欢迎的研究报告，并领导 Forrester 进行了许多客户体验评估方法论的创建和升级。

离开 Forrester 之后，特姆金创立了研究和咨询公司——Temkin Group。作为执行合伙人，他为很多全球领先的公司提供了体验咨询服务，在顶级行业活动中担任主题演讲者，研究客户体验趋势，并撰写了"客户体验事项"系列博客，这是有关客户体验最受欢迎的博客之一。2018 年 10 月，Temkin Group 被 Qualtrics 收购，特姆金则担任新设立的 Qualtrics XM Institute 首任院长。

资料来源：https://zhuanlan.zhihu.com/p/394611164.

3.1.4　人工智能助力客户旅程管理

在人工智能时代，越来越多的企业开始关注客户旅程。以网络销售为例，客户旅程主要分为三个部分：售前阶段、售中阶段和售后阶段。

在售前阶段，顾客主要通过电视广告或者纸质传单等方式了解产品，但这类方式存在受众范围有限、无法精确统计受众人数、互动性较差、成本高等不足之处。而在人工智能时代，顾客了解产品的渠道更加多样化和智能化。人工智能通过大数据对人群进行数据分析，精确人群画像，再通过智能投放将精准的营销内容推送到有需求的用户那里。

在售中阶段，人工智能助力客户旅程的作用更加明显，现在市面上涌现了大量的

SCRM 软件，从添加销售人员进行聊天，到确定顾客需求，下单行为跟进直至最后的成交，都逐渐智能化。企业在添加客户微信之初，就会通过提前准备好的智能话术进行自动回复；之后则会进一步根据客户浏览的销售人员信息及朋友圈记录，了解客户的偏好，再由大数据分析推断客户的需求，最后进行定点营销。

在售后阶段，人工智能会帮助企业根据客户购买记录自动进行回访，并对不同的顾客进行后续差异化的营销方案。比如，对那些已经在企业购买过产品的消费者，就会安排客服对他进行更高频率的推销；在企业推出新产品时，老客户就会成为重点关注的对象等。

小案例   **探马 SCRM**

1. 故事背景

A 公司的主营产品为化妆品，目前 A 公司想通过设置一个抽奖活动来增加客户数量，同时更有针对性地营销各类产品。

2. 步骤

第一步：A 公司先制作一张海报，上面标明了抽奖形式（如扫描二维码，添加客服即可参与抽奖，转发即可增大中奖概率），随后将海报展示在各大平台（例如微信公众号、抖音、微博、快手等）。

第二步：通过在不同平台的海报展示，消费者知道了这一抽奖信息，纷纷添加客服。

第三步：客服乘机给消费者展示本公司产品，并根据不同客户针对性销售不同品类的化妆品。

第四步：等抽奖活动结束后，A 公司统计客户增加数量及客户类别，随后将不同类别的客户交予公司员工对接，并定期考核销售情况。

第五步：针对不同类型的客户，A 公司也配套采取不同形式的回访。

3. 探马在这个过程中能做什么

第一步（统计后台数据）：探马可以统计不同平台中分别获得的顾客数量，如 A 公司将海报发布于四个不同的平台，结果显示，微信公众号上知道此次抽奖活动并添加客服的人数最多，因此公司可以得出结论——在微信公众号上投放广告效果最好，在后续的营销中可以增大微信公众号的广告投入量。同时公司也可以根据转发抽奖的情况，识别出影响力较为广泛的宣传者。

第二步（客户分类）：在消费者添加客服的过程中，探马可以自动给消费者打上标签（消费者是从哪个渠道知道的，消费者浏览海报的时长，消费者在浏览的过程中点击何种化妆品频率最高等），并对消费者进行分类。

第三步：客服在添加消费者后，探马可以自动回复（提前总结好优质营销话术，客户一添加，立马回复），同时针对第二步获得的信息，给消费者推销有针对性的产品（如发现消费者在观看抽奖活动时，对于口红这类产品浏览的时长最多，点击的频率最高，那么，添加客服后，客服可以有针对性地推销口红）；同时，探马也可以统一规范地编辑客服人员的朋友圈，然后在后台统计消费者对哪一产品的关注量最多。

第四步：在抽奖活动结束后，探马可以统计此次活动增加的客户数量和客户类别，从而形成对整个活动的总结，对比不同营销活动所形成的客户的变化。随后利用探马进行员工考核，比如把口红的潜在购买者分给一个员工，把面膜的潜在购买者分给另一个员工。时刻监督员工在交流过程中是否出现不合适的言语（提前设置，自动检索），员工是否按时完成了销量。

第五步：探马可以针对不同类型的客户（如已发生过购买活动和未发生过购买活动）进行分类标签，然后再让员工对不同的客户进行后续差异化的推销。例如已经在该公司购买过产品的消费者，公司可以安排客服对他进行更高频率的推销，在公司推出新产品时，老客户成为重点关注的对象。

资料来源：https://www.tanmarket.cn/.

3.2　客户终身价值

小案例　　　　　　　　　　**商贩的智慧**

假设我们开了一家饭店，每天都要去菜市场买菜。某天饭店的采购人要去市场买 10 斤肉，这个时候，菜市场的商贩主要分为两种类型：

一种是我们要 10 斤的肉，他切 12 斤。当我们说只要 10 斤的时候他们会力劝我们多买 2 斤吧，2 斤也没多少。最后虽然我们买了 12 斤肉，但是感觉他占了我们便宜，下次不想到这家再来买。

另一种商贩会切 10 斤肉后再多切几两肉免费赠送给我们。结果大家也可以想到，以后我们都是在这家商贩买肉，除非他的肉都卖光了才会考虑到别家去买。

现在来做一个简单的计算，假如一斤肉的成本是 10 元，售价是 12 元，第一个商贩多卖了 2 斤，第二商贩赠送了 1 两肉的话，那么第一个商贩的单次收益为（12-10）×12=24（元），第二个商贩的单次收益为（12-10）×10-10×0.3=17（元）。

如果只关注单次的收益，那么明显是第一个商贩获得了较大的收益。但是由于饭店每天都要买肉，如果买 n 天的话，第二个商贩的收益其实是 $17 \times n$。如果以年的单位来计算的话，那么对于饭店来讲，第二个商贩的收益是 17×365=6 205（元）

第二个商贩的一个客户的年收入就超出了第一个商贩 6 000 多元，如果有几十个这样的客户，那么一年的收益差距就高达十几万元。

资料来源：https://www.sohu.com/a/335348830_403907.

3.2.1 客户价值的概念与分类

目前，国内外的研究者们主要从三个不同的角度对"客户价值"进行了定义，分别是：以顾客为价值感受主体、以企业为价值感受主体以及以企业和顾客互为价值感受主体和客体。[○]

以顾客为价值感受主体：顾客在权衡比较自己获取产品或服务时所付出的成本与自己感知到的利益后对产品或服务所做出的总体评价，通常也被称为顾客感知价值。这种客户价值衡量了企业提供给顾客的消费者剩余的大小，顾客通过比较不同的企业所提供的消费者剩余，做出购买决策。

以企业为价值感受主体：顾客对企业的价值，我们可以把它理解为每个购买者在未来可能为企业带来的收益总和（也被称为顾客终身价值），这种客户价值评估了顾客对企业的重要性，有利于企业在长期利润最大化的目标下为顾客提供优质的产品或服务。在这种客户价值导向下，吸引新顾客和保留老顾客是企业的核心目标。

以企业和顾客互为价值感受主体和客体：这种客户价值的研究也被称为顾客价值交换研究，是一个较为新颖的领域。目前相关研究还停留在概念阶段，有价值和有影响力的研究成果较少。

3.2.2 什么是客户终身价值

客户终身价值（Customer Lifetime Value）最早被应用在了直复营销领域，原因是客户终身价值的预测需要完整的历史交易数据来追踪和理解客户行为，而直复营销领域是最早拥有比较完整客户数据库的一个领域。目前，客户终身价值正越来越多地被应用到一般的营销领域，因为随着 IT 技术的迅速发展，许多公司开始拥有越来越完整的包括交易数据在内的客户数据，过去难以实现的对客户行为的追踪和理解在互联网的帮助下成为可能。

客户终身价值既包括历史价值，又包括未来价值，它会随着时间的推移而增长。计算客户所带来的收益应该包括初期购买行为给企业所带来的收益与客户重复购买带来的收益。因此，对于企业来说，相较于在意客户一次花多少钱，购买了多少产品或者服务，考虑他们一生能够给企业带来多少财富才是更有价值的。

客户终身价值如图 3-3 所示。

挖掘客户终身价值需要深化一种理念：与客户单笔交易的完成，并不是合作关系的终结，而是另一个开始。一方面，越忠诚的客户对价格的敏感度越低，很容易产生重复购买行为，并且能为企业新客户的开发工作带来口碑效应。另一方面，维系现有老客户比开发新客户的成本要低得多；通常情况下，老客户对企业的贡献率也要比新客户高得多。

○ 赵萌，齐佳音 . 基于购买行为 RFM 及评论行为 RFMP 模型的客户终身价值研究 [J]. 统计与信息论坛，2014, 29(09):91-98.

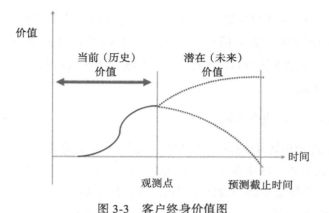

图 3-3　客户终身价值图

3.2.3　如何衡量客户终身价值：RFM 模型

RFM 模型是衡量客户价值和客户创利能力的重要工具和手段。它最初是由 Hughes 提出的，曾被广泛应用于直销领域。它包括三个变量：最近一次消费（Recency）、消费频率（Frequency）以及消费金额（Monetary）。

在众多的客户关系管理（CRM）的分析模式中，RFM 模型是被人应用最为广泛的一种模型。该模型通过一个客户的近期购买行为、购买的总体频率以及花了多少钱来描述该客户的价值状况。

3.2.4　人工智能时代如何提升客户终身价值

客户关系管理以客户为中心，包括销售、市场营销和客户服务的自动化企业业务流程管理，它会通过改进和提高客户满意度来提高企业的经营效率和盈利能力，最终提升客户终身价值。

在人工智能时代，以银行为例，人工智能具体能帮助银行做些什么呢？

1. 客户申请信用卡阶段：人工智能智能判断

机器学习和大数据挖掘方法可以为商业银行提供更精确的客户关系管理，如果遇到新客户申请信用卡、申请贷款等问题时，商业银行可与大数据公司形成长期合作伙伴关系，以极低的成本获取客户出行、交易等习惯，运用机器学习分类方法对客户进行信用评分，从而更准确地得出是否批准申请的结论。商业银行自身也可通过爬虫技术进行社交网络挖掘，获取新客户在社交网络上的信息进行信用评分，这样做可以在信息不对称情况下有效降低新客户给商业银行带来的道德风险。

2. 挖掘客户潜在购买力：利用人工智能化被动为主动

银行可利用其移动银行业务，通过比较分析找出客户人口特征（性别、年龄、教育、职业、收入等）与移动银行服务之间的内在关系，再利用机器学习分类方法和决策树方法进行预测分析，这样可以帮助银行完善其移动银行功能或提供针对性产品来吸引新客户或增加老客户使用频率。商业银行可以使用大数据分析技术来支持他们的商业智能，通过实时商业智能，商业银行可以识别出最具挖掘价值的客户，并与客户进行接触，从而实现更好的客户体验。

3. 维系现有客户：AI 动态沟通

我们可以将聚类分析运用到客户沟通中，并通过人工智能代理技术帮助用户选择最好的服务并进行反复沟通，具体表现为：分析用户的职业并总结大致特征，存储并更新用户相关偏好，在服务等级规范参数中翻译用户请求并与服务提供商沟通所需的高质量服务，同时对实时质量进行监测，将其与沟通结果进行比较，获取用户在决策中的替代信息。

4. 服务质量提升：人工智能投资顾问

商业银行客户普遍缺少充足的金融知识储备，就算掌握金融知识但也没有足够的闲暇时间去打理投资事项。传统的投资理财顾问针对高净值客户通过一对一的方式提供全面、优质的投资建议服务，但此种形式成本高、局限性大。现阶段，人工智能可为商业银行提供智能理财顾问服务，智能理财顾问能够通过大数据技术获取个人用户的风险偏好及变化规律，结合算法模型为客户制定个性化的资产配置方案，同时利用互联网对用户的资产配置方案进行实时跟踪调整，不追求忽视风险的高收益，在用户可以承受的风险范围内实现收益最大化。这种智能理财顾问服务具有高效便捷、配置多元化、服务优质化、低金额门槛、低费率等特征，在降低成本、提高效率的同时也较好地满足了用户投资理财的需求。

5. 留住老客户：大数据智能分析预测

传统应对客户流失的手段包括盯住大客户进行维护、强化理财经理和客户间的人情关系、采用短信等方式对客户进行挽留和宣传，甚至提高客户在商业银行间的转换成本等。如今，商业银行可利用逻辑回归、决策树、支持向量机、神经网络等新方法主动出击，更精准地预测客户流失概率，并对相应超过客户流失概率阈值的客户实行定制化客户挽留措施。相比之下，商业银行通过先进的数据分析方法能化被动为主动，并且大幅减少客户维护成本。

3.3 线上生活化的消费者

小案例   **李扬的一天**

李扬在一家互联网公司工作，公司坐班时间是早上 10 点到晚上 6 点。

早上 8 点半，李扬被天猫精灵唤醒，因为他在前一晚用语音告诉天猫精灵要在这个时候叫他起床。醒来后他快速地换好衣服，进行洗漱，8 点 45 分准时从家门口取回昨晚预约的外卖早餐，伴着新闻 App 开启了他新一天的生活。吃完早餐，大约 9 点，李扬出门乘坐地铁前往公司，约需 40 分钟。在拥挤的地铁上，李扬处理着昨天未完成的钉钉待办事项。9 点 50 分左右，李扬到达公司，在进行人脸识别打卡后李扬前往了工位，打开电脑开始工作。

李扬工作的第一件事是处理企业内部邮箱的工作邮件和其他邮箱账号里的邮件。由于李扬的工作需要掌握互联网时事热点，所以在处理完邮件后，他便开始浏览哔哩哔哩、抖音、快手、微博等新生代热门软件，并进行记录，收集素材提供给公司其他部门。

中午 13 点，李扬有一个半小时的午休时间，他喜欢在食堂用餐后与部门同事一起组队在休息室玩几盘手机游戏。和朋友们的娱乐互动让李扬的精神得到了放松。下午的工作依旧是高频浏览各主流软件并收集整理素材。每天下午 17 点 30 分，李扬会参加全国各分公司同部门召开的远程视频会议，整理汇报今日的工作完成情况。

晚上 6 点，公司坐班时间结束，李扬打卡下班乘坐地铁回家。自从李扬去年双十一在天猫购入了自动炒菜机、自动洗碗机等一系列智能家电后，李扬便爱上了回家自己做晚餐。在回家的地铁上，李扬喜欢用英语学习 App 背背单词，给自己的精神加加餐。19 点左右，李扬下地铁，到指定地点取回自己在社区买菜 App 上预定的食材，开始回家做晚餐。

20 点半，在吃完晚饭并进行洗漱后，李扬通常会跟父母进行半小时的视频通话，之后通常还会再进行 1~2 小时的工作。大约 23 点，李扬打开音频 App，伴着有声书的声音入睡。到了 23 点 30 分，有声书的声音自动停止，房间中只剩下李扬熟睡的呼吸声。

接下来就让我们做一个简单的小测试。

第 1 题：您是否抵制数字产品、数字技术、数字文化等数字时代产物？

A. 是（选择答案 C）

B. 否（跳转至第 2 题）

第 2 题：您出生年份是？

A. 1985 年之后（选择答案 A）

B. 1985 年之前（选择答案 B）

答案 A~C 对应不同的人群。A 对应数字原住民；B 对应数字移民；C 对应数字难民。那么，你知道这三种数字时代的人群都具有哪些特征吗？根据上面案例所描述的内容，你觉得李扬属于三类人群中的哪一类？第 3.3.1 节的内容详细介绍了这些特征。

资源来源：自编案例。

3.3.1　数字原住民、数字移民、数字难民的概念

"数字原住民"（Digital Natives）、"数字移民"（Digital Immigrants）和"数字难民"（Digital refugees）是三个相辅相成的新概念。这三个概念构成了数字时代人类数字鸿沟（digital divide）所划分的新的"三个世界"。

数字鸿沟：简单来说是指信息富有者与信息贫困者之间的鸿沟，有时候也被称为"信息鸿沟"，这是由于人们所属国家、人群阶层的不同所形成的。数字鸿沟包含 3 个层面：接入沟、使用沟和知识沟。一般表现在年长一代和年轻一代在新媒体采纳比率、使用程度以及借助新媒体获取知识水平的差距上。

数字原住民：指在网络时代成长起来的一代人。他们生活在一个被电脑、视频游戏、数字音乐播放器、摄影机、手机等数字科技包围的时代，无时无刻不在使用信息技术进行信息交流和人际互动，数字化生存是他们从小就习以为常的生存方式。

数字移民：指在网络时代之前成长起来的学习者，他们成长时没有数字技术工具的陪伴，但是他们能够依靠自身能力努力学习"该语言"，从而与身边的数字原住民进行沟通。有些移民思想开放，接受"本土方式"，但更多人抵制变化。数字移民习惯纸质阅读，而数字原住民则更倾向和习惯于屏幕阅读，强调更新速度和多重任务的重要性。

数字难民：指那些因为经济、社会、文化等原因更远离数字文化的群体，他们多是社会上选择逃离而不是融入本土文化的老年人。数字难民通常会觉得数字化时代是有威胁性的，认为他们会在危险的环境中迷失自己，并把自己当成无家可归者。于是他们选择逃离而不是维持移民身份，甚至可能积极反对数字原住民和数字移民的目标和利益。影响数字难民的是恐惧心理，这使得他们抵制数字化时代的到来，产生了反对变化、否定环境已经改变并且无视它的顽固念头。

2021 年 8 月，中国互联网络信息中心（CNNIC）在北京发布第 48 次《中国互联网络发展状况统计报告》。报告显示，截至 2021 年 6 月，10～49 岁网民群体占整体网络群体的 68.7%，其中 10～29 岁网民群体占比达 29.7%；在网络普及的情况下，50 岁及以上网民群体也仅仅占比 28.1%。不难看出，"数字原住民"正在引领着当下的新媒体浪潮，中年"数字移民"则亦步亦趋。互联网虽在持续向高龄人群渗透，但老年"数字难民"暂时仍处于边缘化的境地。

数字技术正向前飞速发展，但个人的能力及接受环境变化的能力却随着年纪的增长日益下降。所以对中年"数字移民"来说，即使是勉强跟上了年轻人的脚步去使用即时通信软件，发送一个个"中年表情包"，并且足迹遍布各大新闻客户端、浏览短视频 App，也有可能在面对日后更新迭代更加迅速的新媒体产品时，一夜之间沦落为"数字难民"。

⊙ 延伸阅读　　　　　　　数字教育要从老年人抓起，减小数字鸿沟

全球范围内的老年人数量正越来越多，部分是因为医学科学的进步，以互联网为基础的新技术有助于延长老人的寿命。但是老年人对数字工具不擅长，也存在着轻微的抵触情绪，再加上市面上的产品每年都会推陈出新，操作方法、系统、界面不断迭代升级，并不利于老年人学习及使用。

受新冠疫情的影响，老年人使用数字工具的需求量激增。在这种环境的刺激下，帮助老

年群体及时在网络上获取新闻及资讯、使用远程医疗服务以及网购成为亟待解决的问题。因此，各国政府设立并推动针对老年人的数字培训及课程至关重要。

在德国，政府已经配置了专门的辅导员在老年中心、养老院、老年大学、社区学院等地方开展数字教育。不仅如此，德国的一些大学更是鼓励大学生走进养老院，为老年人教授数字课程。在日本，25% 以上的人口超过 65 岁，苹果、IBM 和日本邮政联手发起了 "照管"项目。到 2020 年，他们计划为 500 万日本老年人提供 iPad，并在 iPad 上安装 App，提醒他们按时服药，按时参加训练课程，保持饮食规律。邮递员会定时拜访老年人，教他们如何使用 iPad，每月仅收取少量费用。在美国，纽约市政府也在着手推动向 65 岁以上老人发放平板计算机的服务，并且提供一年的免费网络，助力消除数字鸿沟。

资料来源：百度百家号，https://baijiahao.baidu.com/s?id=1705964921819959203&wfr= spider&for = p。

3.3.2　你是数字原住民还是数字移民

不同时代有着不同的生活环境，这造就了不同代人人生观、世界观、价值观之间的差异，也自然产生了不同的生活方式与消费行为。目前学术界已有研究以世代（出生时代）来划分数字原住民和数字移民。不同国家对于不同世代的划分标准与称呼都不尽相同，目前在世界范围内被最广泛使用的则是欧美国家（以美国为代表的）的世代划分方式。

1. 欧美世代划分

欧美国家对世代的划分更多是根据经济和社会文化阶段，通过欧美不同世代人群的生存和价值特征来区分定义，特别是美国，这种世代的划分方式尤为明显。回溯美国的发展历程，由于第二次世界大战后经济周期波动较为明显，"世代" 之间的差异化较大，所以每一世代的人群特征也颇为明晰。

战后美国的人群大体可被划分为四个世代。

"婴儿潮" 一代（1945～1965 年出生），是指在二战结束后掀起的一波生育高峰期期间孕育的一代。

X 世代（1965～1980 年出生），一般认为，X 世代的说法源自加拿大作家道格拉斯·柯普兰（Douglas Coupland）的同名小说《 X 世代：速成文化的故事》。在小说中，柯普兰将 X 世代称为婴儿潮世代的下一世代，"X" 有 "寻找未知" "否定现实" "反抗社会" 等含义。

Y 世代（1980～1995 年出生），又叫 "千禧一代"。因这一代人出生成长时段生育率又再次大幅回升，故而也被称为 "回声潮世代（Echo Boomers)"。" Y"，让人联想到表示不断追问意思的英文单词 " Why（为什么）"。" Y" 世代对父辈的人生意义从怀疑到讽刺，不再相信世界上还有什么值得 "寻找" 的意义。

Z 世代（1995～2010 年出生），Z 世代是数字技术的原住民，互联网和数码产品是他们从出生起就习以为常的一部分。在技术革命的推动下，Z 世代的生活方式发生了质的变化，他们的性格也更加自我独立，更加关注人生的体验感。

战后美国世代划分如图 3-4 所示。

图 3-4　战后美国世代划分

2. 中国消费者的世代划分

在中国，我们通常会根据年代来定义不同世代的人群。比如，我们称呼 20 世纪 80 年代出生的人为 80 后，与之相似的还有 90 后、00 后……近代中国学者刘世雄结合近现代中国社会发生的一系列重大变革，按生活文化环境的不同以及由此产生的文化价值观的差异把中国消费者从营销的角度细分为了五代人，即："传统"的一代、"文革"的一代、"幸运"的一代、"转型"的一代、"e"的一代。

中国消费者世代划分如图 3-5 所示。

图 3-5　中国消费者世代划分

3. 数字原住民和数字移民之间的划分

可以看出，不论是哪种划分方式，1980 年后出生的这一代都被划分为了新兴的一代。这一代人从出生起就面对着一个"无所不在"的网络世界。对他们而言，网络就是他们生活的一部分，数字化生存是他们从小就开始使用的生存方式。学术界把 1980 年作为数字原住民与数字移民之间的划分节点，1980 年后出生的一代人，特别是更年轻的一代人被认为是数字原住民。数字原住民包含了"Y"世代、"Z"世代以及中国消费者"e"世代。但由于各国间、各区域间科技发展存在差异，部分 80 后并未伴随着科技成长，所以通常将"Z"世代对应中国的"95 后""00 后""05 后"作为数字原住民的典型代表。

在中国，Z 世代按年龄段可分为"95 后""00 后""05 后"人群，根据国家统计局数据，我国 Z 世代规模已经超过了 2.5 亿，超过全国总人口的 1/8。与美国类似，我国的 Z 世代同样赶上了中国经济腾飞的时期，生长在互联网娱乐文化爆发的时期，是不折不扣的互联网的原住民，受互联网影响深远。

更特别的是，受到计划生育政策的影响，中国 Z 世代普遍都是独生子女，虽然受到家庭长辈关注的程度也更高，但儿时的孤独使他们更渴望依托网络渠道寻求认同。在这样的成长背景下，Z 世代大都踌躇满志、注重体验、个性鲜明、自尊心强烈，愿意追求尝试各种新生事物，并且正逐步成长为未来中国新经济、新消费、新文化的主导力量。Z世代成长与互联网娱乐文化发展历程如图 3-6 所示。

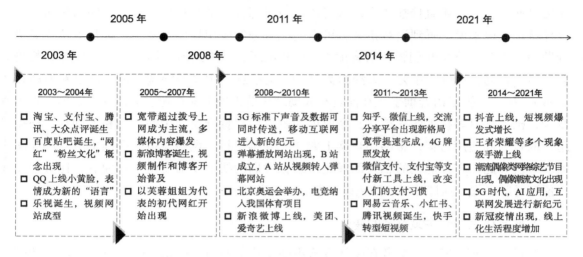

图 3-6　Z 世代成长与互联网娱乐文化发展历程

资料来源：头豹 . 2021 年 05 后消费圈层研究报告。

3.3.3　人工智能时代的数字消费者

1. 人工智能助力线上生活化

近年来，人工智能高速发展，短短数年便渗透了人们日常生活的各个角落。人们已经无法割离人工智能技术，也逐渐习惯了人工智能所带来的高效与便利。作为数字原住民的 Z 世代更是成为人工智能技术的使用先锋，他们正以拥抱之势面对着人工智能技术。

人工智能的出现与应用，颠覆了部分的传统生活方式，它使生活变得更加智能化、个性化。这无疑也推动了消费者生活线上化，下面举例部分人工智能技术应用对消费者生活的影响。

（1）人工智能办公。在中国，越来越多的企业开始采用灵活用工、远程办公、智能办公的形式。办公形式的多元化得益于智能技术的发展，现在，线上智能协同工作的方式已深入人心。领英（LinkedIn）的调查结果显示，超七成受访职场人认可人工智能和其他相关技术对于远程办公的价值；54% 的职场人则认为这能让工作更轻松方便。多家科技企业也陆续开发推出远程办公平台，助力智能远程办公。如科大讯飞听见会议融合了科大讯飞语音识别、机器翻译技术等核心人工智能引擎，能够实现实时快速智能的语音转写、自动翻译，实现实时字幕、实时翻译，自动生成会议记录等特色功能。科大讯飞听见会议支持公有云、私有云多种部署形式，全场景覆盖，会议体验高清流畅，使人们纵使远隔千里，宛若齐聚一堂，真正实现高效远程协作。

（2）AI 智能语音助手。智能语音助手通过智能对话以及即时问答的智能交互系统帮助用户解决问题（主要帮助用户解决生活类问题）。大部分的虚拟智能助理都可以做到搜集简单的生活信息，并根据相关评论帮助用户优化信息，进行智能决策。智能语音助手还可以通过智能音箱直接播放音乐或者收取电子邮件，甚至预订外卖，呼叫出租车，进行导航。一般来说，听到语音指令就可以完成服务的应用程序，基本上都是虚拟智能语音助手。在苹果公司开创智能语音助手 siri 的先河后，中文语音助手也如雨后春笋般蓬勃发展。目前，小度、小艺、天猫精灵等语音助手进行中文智能搜索的程度已明显超过了 siri。如今，智能语音助手正在向着私人助理机器人的方向快速发展。在大数据、人工智能、机器学习等技术的支持下，企业可为每位用户量身定制个性化的私人助理，根据用户的行为和使用习惯，帮助用户网上购物、安排出行、调整设备、智能提醒、聊天解闷。不仅如此，高智能化的私人助理还可以让我们的线下生活变得更加便利，比如帮用户预订餐厅座位、预订外卖、购买电影票、医院预约等。

2. 数字化消费者决策路径的变化

随着科技的发展，消费者在生活方式不断变化的同时，决策路径也发生了巨大的变化。近百年来，消费者的决策路径从线性发展为环形，而如今人工智能的发展，促进了消费者决策路径的进一步进化。

（1）消费者决策模型 1.0——传统销售漏斗——线性结构。1898 年，美国著名广告人艾里亚斯·路易斯首次提出使用模型来描述消费者决策路径，即漏斗模型。漏斗型消费者决策路径如图 3-7 所示。在这个模型中，消费者从认知、熟悉到决策、购买，再到品牌忠诚，整体呈现出线性模式。消费者先认识某个品牌，然后了解该品牌产品品质，有意识地决定是否要购买它；在亲自体验到产品的好处后，就会转变为该品牌的忠实顾客。漏斗的宽度则代表进入每一步骤的消费者比例。销售漏斗的特点在于线性、单线向下和固定。销售漏斗的潜在客户在传统的流程中，只能从初步了解开始，所以销售漏斗的营销关键在于初步了解阶段，各品牌需要争取客户进入到自己的销售漏斗中。销售漏斗自上而下的线性模式源于人们当时获取信息的方式，那时的消费者主要通过报纸、广播接收信息，消费者与品牌间呈现单向一维的线性交流状态。但随着互联网的出现，这种状态发生了巨大的变化。互联网实现了事物信息的相互对接、贯通和交流，也使消费者与品牌的沟通方式由一方对另一方传递信息的单向线性沟通模式发展为双向交流沟通模式，即双方都是"沟通者"，几乎同时在传送和接受信息。随着沟通模式的改变，漏斗模型对消费者决策路径的描述也显得越来越力不从心。

（2）消费者决策模型 2.0——数字消费者决策旅程——环形结构。由于互联网的出现，消费者与品牌的沟通方式由单向变为了双向，消费者决策模型对消费者决策路径的归纳也随之进行了改变升级。2007 年，麦肯锡的戴维·埃德尔曼和马克·辛格提出了消费者决策旅程（Consumer Decision Journey，以下简称 CDJ）来取代原有的销售漏斗模型。消费者决策路径从线形变为了环形。随着数字技术的不断发展，2015 年，他们又将 CDJ 升级为数字消费者决策旅程，新版模型由"购买环"（purchase loop）和"品牌忠诚度环"

（loyalty loop）两个环内切组成，包括考虑（consider）、评估（evaluate）、购买（buy）、体验（experience）、互粉（advocate）和互信（bond）6 个关键阶段。（见图 3-8）用户体验会影响整体决策的每一个关键节点，并且整个决策过程中，每个节点环环相扣形成闭环，彼此影响，相辅相成。

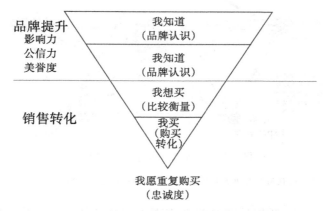

图 3-7　漏斗型消费者决策路径

资料来源：陈慧菱.数字时代消费者决策路径 3.0[J].哈佛商业评论，2019（4）.

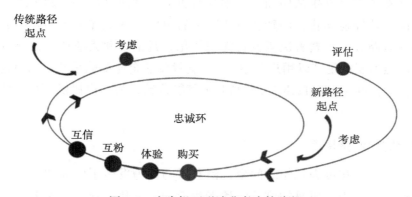

图 3-8　麦肯锡环形消费者决策路径

资料来源：陈慧菱.数字时代消费者决策路径 3.0[J].哈佛商业评论，2019（4）.

在传统的销售过程中，销售漏斗工具被用来管理消费者行为。但环形消费者决策路径则是要求企业将更多的精力投入到利用数字化方式构建更深层次的客户关系之中。在数字环境中，消费者的决策过程不再是传统的线性且行为结束于承诺购买阶段，而是不断迭代的，消费者在做出消费决策后还会开启忠诚环。

（3）消费者决策模型 3.0——无规律结构。随着大数据与人工智能技术应用的增多、95 后数字原住民逐渐成为社会消费主体，消费者的决策路径再次发生巨变。云端让技术壁垒和运营成本大大降低，消费者获取信息的渠道、速度和数量急速增加。信息真正进入多方向、多层面、多维度的开放性交流状态。陈慧菱等学者认为，消费者决策应该升级到 3.0，即消费者购买决策不再是简单的线形或环形，而是呈现出纷杂无规则可循的状态，并对应提出了消费者决策路径 3.0 模型。消费者决策路径 3.0 模型如图 3-9 所示。

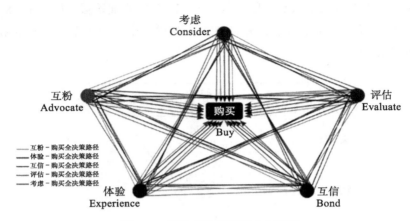

图 3-9   消费者决策路径 3.0 模型

资料来源：陈慧菱. 数字时代消费者决策路径 3.0[J]. 哈佛商业评论，2019（4）.

在这个模型中，消费者与品牌的关系表现出三个新特点。一是品牌与消费者的触点发生裂变，消费者触点无限增加，且没有规律。二是消费者购买决策时间变短。媒体数量激增使得消费者在日常生活中随时随地都有机会接受品牌信息，购买决策场所也随之增加。三是品牌认知逆向化，消费者可能购买后再回头认识和了解品牌。数字时代改变了消费者的决策路径，消费者决策变得无规律化，营销活动逐渐从营销人员主导转变为消费者主导，但不变的是"以用户为中心"。这就要求企业要秉承"以用户为中心"的理念，拥抱新技术，利用 MarTech（营销科技）赋能营销，为用户提供更加个性化、精准的产品。

3. 新数字时代消费特点

科学家们发现，在过去几年时间里，消费者的行为发生了巨大的变化。人工智能技术的应用、疫情的出现，更是加剧了消费者生活的线上化，数字消费者的数量也随之激增。那么，在这样一个人工智能被广泛应用的新数字时代，消费者们又呈现出了哪些消费新特点呢？

（1）消费自主性增强。消费者更加注重自己的需求，并对产品有自己的认识，广告和促销活动等传统营销方式变得越来越难改变消费者的主观意念。消费者会自发搜寻品牌、产品资料，并通过成分表、售后评价等更真实的信息来了解产品信息。

（2）偏好个性化、定制化产品或服务。消费者购买商品，不再只是满足对物质的需求，他们开始看重商品的个性特征，希望通过消费行为来展示自我，表达自己的态度，达到精神上的满足。

（3）互动性增强，企业与消费者沟通增多。消费者更加愿意通过社群、论坛、产品评价等多渠道平台来表达自身诉求，反馈产品意见。消费者与企业的沟通增加，并影响企业产品设计，这意味着越来越多的消费者正参与到企业价值共创当中。

4.数字化消费者分类

结合学术界对消费者的分类、调研机构捷孚凯对数字消费者的分类以及近年的消费者观察报告等,本节将数字消费者分为五类,分别为:**热情活跃型**、**忠诚习惯型**、**计划理智型**、**精打细算型**以及**被动购买型**。

当然,没有一个消费者会100%吻合某一种类型的特征,消费者或多或少是以上类型的混合体,通常在不同的情景下会表现出不同的特征。被动购买型数字消费者如图 3-10 所示。

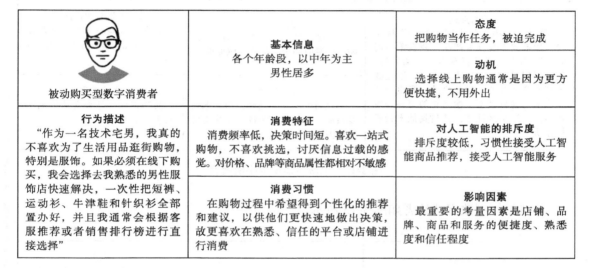

图 3-10　被动购买型数字消费者

热情活跃型数字消费者如图 3-11 所示。

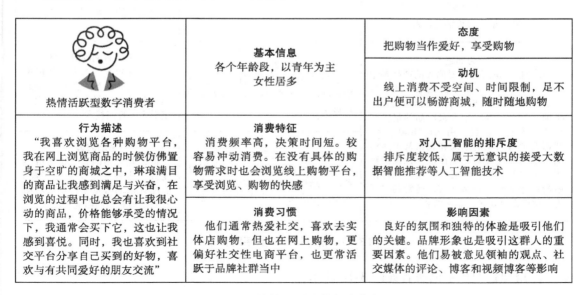

图 3-11　热情活跃型数字消费者

忠诚习惯型数字消费者如图 3-12 所示。

		态度 把购物当作聊天，与好友会面
	基本信息 各个年龄段，青年稍多 男性居多	**动机** 线上购物更加便利，能更好地在品牌社群里与志同道合的网友交流
忠诚习惯型数字消费者		
行为描述 "我是一名小米的忠诚用户，俗称米粉，如果我需要什么产品，我会第一时间去看小米品牌是否有生产，如果有，我会不假思索地选择小米产品，这让我感到安全和放心。除此之外，我也会关注小米的各种动态，参加它的每一场发布会，关注小米社区，并与其他米粉进行互动"	**消费特征** 消费频率受自身需求和品牌影响，决策时间短。价格敏感度低	**对人工智能的排斥度** 对人工智能技术的态度两极分化，可能非常友好也可能非常排斥
	消费习惯 一旦习惯了某一品牌，对其忠诚度极高。通常愿意为钟爱品牌支付额外溢价	**影响因素** 品牌口碑、品牌文化等品牌元素

图 3-12　忠诚习惯型数字消费者

精打细算型数字消费者如图 3-13 所示。

		态度 购物就像工作，追求的是尽力做到最好
	基本信息 中年、女性居多 有家庭居多	**动机** 线上购物更加划算，可选择更多
精打细算型数字消费者		
行为描述 "我会把家里所有需要购买的产品都记录到一个本子上，除了急用品，通常我会等到线上折扣节将它们一起购入。购买前，我会仔细对比多家产品的报价和评论。最近我喜欢使用社区团购平台，我都会把每天吃的水果和蔬菜甚至所需的生活用品，提前一晚在多个社区团购平台上进行比价，然后再订购，社区团购的果蔬新鲜且价格便宜，通常第二天上午就能送到小区，非常便利"	**消费特征** 消费频率高，决策时间长。价格敏感度高，在消费前会进行大量的比价工作	**对人工智能的排斥度** 排斥度较高，对人工智能抱有敌意，并认为人工智能会影响它的选择。但常常无意识地接受人工智能技术
	消费习惯 倾向于大众化品牌，不关心时尚和流行趋势。喜欢促销活动，会在大型折扣活动时大批量购买商品	**影响因素** 价格是关键因素，价格敏感度高，容易受促销活动影响。商品评论非常重要，家人和朋友的推荐对他们影响也较大

图 3-13　精打细算型数字消费者

计划理智型数字消费者如图 3-14 所示。

 计划理智型数字消费者	**基本信息** 中青年居多 教育水平较高	**态度** 购物是门艺术,也是一次学习的机会
		动机 线上购物选择多,相对线下选购更快捷
行为描述 "我会根据自身需求提前制订每个月的购买计划,不会因为心动、购物节等就购买超出我设定的计划之外的商品。在做购买决策前,我会查找一些资料以增加自己对该类商品的了解度,提前明确自己的购买需求"	**消费特征** 消费频率与决策时间根据自身情况和决策复杂程度变化。明确自己想要的产品或服务,不会盲目消费,消费行为不易受营销活动、销售话术等影响	**对人工智能的排斥度** 对人工智能持中立态度,但会科学使用人工智能技术帮助自己进行知识获取、消费决策等
	消费习惯 在购物之前会进行商品知识学习,对自己的认识抱有绝对的坚持	**影响因素** 商品质量、性能、品牌口碑以及自身对商品的了解程度等

图 3-14 计划理智型数字消费者

3.3.4 拓展:后疫情时代的线上生活

新冠疫情的出现仿佛将人类生活按下了暂停键。如今,虽然疫情得到了控制,但人们的消费环境已发生了一定的转变。疫情时代虽充满不确定性,但有些事情是明确的:出门戴口罩、与人保持"社交距离"、避免握手和拥抱……这些行为都已成为常态;在餐厅里与朋友、家人吃饭,桌上会多几套公筷、公勺;远程办公成为主要工作模式,网络视频会议被广泛普及;而那些以往热衷穿梭于不同国家之间的旅游爱好者则发现,出行已不再是一件容易的事。

这些影响无疑是深远的,也形成了将会持续很长一段时间的"后疫情时代"。

历史上的重大疫情都对当时的国际形势造成了巨大冲击,不仅使人们的思维方式、生活习惯发生了巨大变化,也对各大产业产生了巨大影响。各行各业在疫情时期都受到不同程度重创,恢复期的长短也不尽相同,更有一些线下企业不得不面临转型升级。

新冠疫情背景下消费者行为变化:线下消费频率减少,网购需求上涨;消费欲望降低,娱乐性消费下降,医疗健康方面开支增加;高端品牌消费减少,追求性价比趋势明显;多元化消费增多,更加强调个性化;更加倾向选择本土品牌和领先品牌。

小案例 **新冠疫情的出现刺激了社区团购的发展**

新冠疫情在一定程度上限制了居民出门购买日用品的行为,对居民们的正常生活造成了一些负面影响。此时,社区团购的形式开始出现,即采用"网上订单,次日送达"的形式,给出生鲜商品的最低价格,吸引消费者的参与。团长在中间赚取差价,上游的网上商户或厂家则以高利润低成本的形式逐步影响着实体市场，并提高了市场效率。从某种层面来说，这的确是提高了不少的效率：预先得知商品销售的数量，再根据订单数量进行商品的制作与采购，这样不仅减少了商品的库存，也大大提高了商品流动的速度，从而提高了效率。

王芳是湖南一所大学教学楼的门卫。但今年，她又有了一个新的身份——某社区团购平台团长。她发展了 3 个群，拥有 700 多个团员，是当地社区团购的主力，月收入过万。

"买菜经济"的兴起，让越来越多的"王芳"加入了浪潮。同时，一些曾经顾客稀少的社区小店也被重新注入了生机与活力。过去，传统的线下零售店只能依靠社区人口红利获得盈利。但有了线上的经济抓手，社区大爷大妈们也开始活跃起来了，小店老板做团长引流，店铺成了买菜点……邻里之间似乎更加热闹了。

社区团购，最关键的角色就是"团长"。所谓团长，就是社区团购的中心枢纽，也是汇总社区需求及订单实物的中转站。这些团长可以是社区里的全职妈妈，小区门口便利店的老板，甚至是跳广场舞的大妈。他们与社区的人群日常就保持着高黏度的联系，有着邻里的亲切感，自带流量。

通过这几年的发展，社区团购逐渐突破了原有模式的局限——随着微信的普及以及微信支付平台的成熟搭建，再加上小程序、数据化系统的成熟发展，过去阻拦社区团购普及的大山被推翻了，一个全新的供应产业链正在加速形成。在新产业链形成的同时，也催生了大量的新就业岗位。传统的小菜贩可以变身电商平台的供应商或仓库的管理员；如此看来，社区团购也是农贸市场进行数字化转型的方式之一。

资料来源：许萍.新冠疫情下的消费者心理与营销策略探讨 [J].全国流通经济，2020（22）：24-26；https://new.qq.com/rain/a/20200704A0D41V00。

3.4　消费者对人工智能的接受与抗拒

小案例　　　　　　　　　　　　**充满争议的人工智能**

1."中国人脸识别第一案"获法院受理

2019 年 11 月，发生在杭州的"中国人脸识别第一案"引发舆论关注。杭州野生动物世界单方面取消原有的指纹识别服务，实施人脸识别技术来完成入园检票程序。年卡用户郭兵认为该技术存在不确定性，具有安全风险，不愿"刷脸"入园，要求退卡被拒后将园区告上法庭，11 月 1 日法院立案。

2.一问就懂、答非所问——智能客服不"智能"

"文字对话根本无法识别，也没有那种列举几个问题供人选择的模式，最后竟然还要求我语音输入识别。"这是姚先生与智能客服接触之后做出的评价。家住常州的姚先生，因为航班延误，便在某航空公司 App 中与客服进行沟通，希望可以退掉已经购买的机票。但是由于智能客服识别程度低，无法识别对话中的文字和语音信息，导致整个咨询过程变得异常艰难。

3. 清华大学虚拟学生"华智冰"引发热议

2021 年 9 月 28 日，中国首个人工智能虚拟学生华智冰正脸首次亮相，并带来一首歌曲《男孩》。视频中，华智冰人美声甜，表情动作也十分真实。视频发出后，引来了众多网友的围观和评论。网友直呼"确定不是真人吗""华智冰女神 yyds"；但也有网友表示出了担心，"求求巨头们不要再试水人工智能了，一想到未来的世界就感到恐怖"。

4. 智能家居守护假日家庭安全

家中呈现出长期无人的样子，总是会带来许多不确定的风险。所以邓女士在国庆出游前，做了这些工作：通过手机端控制家中的智能家居，偶尔远程点亮家中的智能灯，或是间歇性地让智能音箱播放音乐。此外，门窗传感器、水浸传感器、天然气报警器、烟雾报警器等能够及时反馈家中情况。如果有朋友来家里，而自己又不在家，也可以通过智能门锁给朋友开门。谈及这些智能家居的时候，邓女士赞不绝口，认为它们极大地便利了自己的日常生活。

资料来源：百度、中国青年报、新京报。

3.4.1　消费者对于人工智能的认识与态度

不知不觉中，人工智能已经潜移默化地改变了我们的生活方式和行为习惯：在着装上，越来越多的人开始青睐智能可穿戴设备，因为它能实时监控你的健康数据，并及时反馈；在饮食上，搭载了人工智能推算系统的 App 或许正在为你的一日三餐提供服务，因为它甚至比你自己更懂你的胃；日常居住中，越来越多的人开始使用智能服务机器人来照顾自己的生活起居；在出行方面，百度、高德等地图软件能够帮你制定路线，并利用大数据实时切换最优路线，减少拥堵……不仅如此，人工智能也正在零售、医疗、治安等多个领域中得到广泛应用。

显然，人工智能已经逐渐融入了消费者的生活，并对消费者潜移默化地产生着影响。但是，当被问及"什么是人工智能"时，许多消费者却会表现出一种困惑与茫然。尽管身处人工智能时代，也经常使用人工智能产品，但许多消费者却对这一概念没有太多的认识。或许，消费者对人工智能的理解还停留在影视作品和小说当中。那么，人工智能在消费者的眼中究竟是什么？消费者对人工智能的态度是怎样的？接下来我们就会从消费者的角度针对这几个问题展开探讨。

1. 消费者眼中的人工智能

什么是人工智能？不同群体对此或许会有不一样的看法。学者们可能会给出一系列精准的定义；投资者和管理人员会认为人工智能就是风口，是未来；营销人员口或许会给你描绘一幅美好的蓝图，带你畅享人工智给生活带来的巨大便利；那么，在普通消费者眼中，人工智能是什么呢？

作为众多消费者中的一员，你还记得自己最初是怎样接触到人工智能的吗？是通过《终结者》《复仇者联盟》《黑客帝国》这样的科幻影视作品，还是《三体》这样的科幻小说？是因为见到身边亲朋好友使用智能家居、语音助手，还是被导购员推销时因为不好意思拒绝从而自己试用了一次？也许此时的你，脑海中只有一个模糊的印象了。

这就像是大多数消费者对人工智能的认识，它以一种模糊的形象存在于消费者的头脑中。Blue Fountain Media 对 1 000 多名消费者的调查结果证实了这一点：约 43% 的受访者表示，他们并不确定人工智能是什么，也不确定目前人工智能的使用情况；大约 7% 的人甚至表示他们不知道也不是很关心人工智能是什么；而那些对人工智能有所了解的人，似乎也对它没有什么特别的感觉。

此外，咨询公司 Weber Shandwick 针对"消费者对人工智能的看法和前景预测"这一问题，对五个全球市场（中国、美国、加拿大、英国和巴西）中的 2 100 位消费者进行了调研。报告显示：约 2/3 的受访者表示对人工智能有所了解（了解很多或了解一点），剩下 1/3 的人则承认他们对此一无所知（见图 3-15）。在进一步的调查中 Weber Shandwick 还发现，消费者对人工智能的认识很模糊，而且提到人工智能时，消费者的第一联想就是机器人（约占比 22%），其次则是联想到机器取代人工可能导致失业的问题（占比 9%）（见图 3-16）。

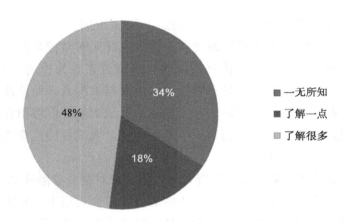

图 3-15　Weber Shandwick 关于消费者对人工智能了解程度的调查结果

由此可见，大部分消费者对人工智能并没有一个很清晰的认识。人工智能这一概念比较抽象，消费者更多关心的是与自身密切相关的人工智能产品，对人工智能的理解也是借助于这些有形产品，甚至将智能机器人与人工智能等同。不过，不同社会阶层、拥有不同专业知识以及不同年龄段的消费者对人工智能的认识会有所不同。此外，由于大部分消费者是通过媒体的报道接触到人工智能的，所以媒体的导向能够在很大程度上影响消费者对人工智能的认识与态度。

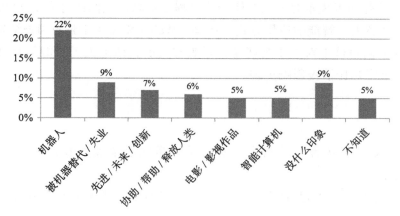

图 3-16　Weber Shandwick 关于消费者对人工智能第一联想的调查结果

注：此处仅展示了占比超过 5% 的部分。

目前消费者对人工智能的评价褒贬不一，有的人认为它能给人类的生活带来便利，有的人害怕被人工智能取代导致失业，也有人担心人工智能发展到不受人类控制的地步会对自身造成威胁。那么，消费者对于人工智能的态度究竟如何？其中是否存在规律可循？哪些因素又会影响消费者对于人工智能的态度？了解了消费者对人工智能的认识后，我们来一起探讨消费者对人工智能的态度。

2. 消费者对人工智能的态度

人工智能对社会和个人产生的影响对比如图 3-17 所示。

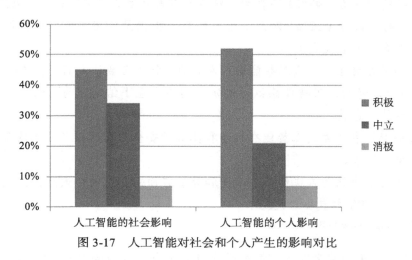

图 3-17　人工智能对社会和个人产生的影响对比

了解消费者对人工智能的态度对于企业来说至关重要，因为这直接决定了消费者是否能够接纳自己生产的与人工智能相关的产品或是由人工智能提供的服务。于是，许多机构对此展开了调研。

我们在 Blue Fountain Media 的调查中发现，只有 26% 的受访者表示对人工智能感觉很好；约 60% 的受访者表示对人工智能的接受程度不高，他们认可人工智能未来的潜力，但也认为需要注意人工智能的应用方式。但是，Weber Shandwick 的调查结果则显示，来自世界各地的人们总体上对人工智能是持乐观态度的，认为人工智能给社会经济和个人生活带来的积极影响比消极影响更多。

⊙ **小资料**

- 60% 的受访者认为，虽然人工智能是一项很有前途的技术，但我们必须小心使用。
- 近一半的受访者（43%）不知道什么是人工智能，也不知道它是如何部署在他们周围的。
- 38% 的受访者对人工智能融入日常生活的速度感到满意，因为它的推出足够充分，不会让他们不堪重负。
- 39% 的受访者认为人工智能在语音助理、智能恒温器和智能门铃等智能家居设备中影响最大。
- 37% 的受访者认为，在学校人工智能不会取代老师。
- 高达 87% 的受访者表示，他们会信任人类医生，而不是人工智能医生给他们做出医疗诊断。
- 近 1/4 的受访者（24%）认为人工智能最有潜力的发展方向是医疗保健：更快、更准确地诊断和治疗。
- 近一半的受访者（47%）不喜欢在没有人与人互动的情况下解决问题。
- 近 1/3 的受访者（32%）对人工智能的最大担忧是它将接管、取代所有工作，甚至可能有一天取代人类。
- 27% 的受访者担心，人工智能融入人们的日常生活会让人们变得不那么私密。
- 8% 的受访者对人工智能感到不确定，因为现在下结论还为时过早，所以他们真的没有什么感觉。
- 14% 的受访者认为人工智能在机场和体育场安全方面产生了最大的影响，尤其是人脸识别技术。
- 18% 的受访者认为人工智能在地图和导航方面对他们的个人生活产生了最大的影响，比如 GPS 和自动驾驶技术。

资料来源：http://www.199it.com/archives/1046672.html.

在学术界，关于消费者对人工智能的态度并不存在一致的发现。Li 等人（2020）在对 670 名消费者的抽样调查中发现，71.5% 的消费者接受或至少不抵制人工智能客户服务，因为它能够 24 小时处理问题，而且更中立，更客观。Nagy 与 Hajdú（2021）的研究则表明消费者愿意在商店使用人工智能和先进的技术，因为人工智能对人们日常的购物行为是有用的，尤其是在新冠疫情暴发的特殊情况下。但是，也有许多研究反映出消费者对人工智能的拒绝态度。例如，消费者会质疑人工智能技术及产品的安全性（Dresp，Langley，2020；Mani，Chouk，2017），也有消费者认为人工智能产品提供的独特性较低（Longoni et al.，2019），甚至认为人工智能的到来会威胁人类自身，会替换掉部分人类的工作，甚至取代人类等。

总的来说，消费者对人工智能的态度既有积极的一面，也有消极的一面。那么什么情形下消费者对人工智能的态度会更积极（或者更消极）呢？

消费者与人工智能接触的过程中主要涉及两个方面：一方面是人工智能给消费者提供服务，另一方面是人工智能获取消费者的数据和信息。所以接下来我们就从这两个方面入手，分别探讨消费者对人工智能的态度。

第一个方面是消费者对人工智能提供服务时的态度。"清晨，在我睁开眼的瞬间，窗帘正缓缓打开。明媚的阳光照在身上，让我整个人感到暖洋洋的。此时，一曲《贝加尔湖畔》在耳旁响起，刚醒来时带着的些许的倦意也被这温柔的歌声驱散。这，便是我家的智能机器人小盼为我量身定制的起床套餐。起床后来到洗漱间，水龙头里的水早已被调控好温度，旁边的梳洗台上放着已经挤好牙膏的牙刷。洗漱完毕后，我走到餐厅，机器人厨师小食正将最后一道营养早餐放上餐桌。吃过早餐，就在我拿起公文包准备出门的瞬间，依靠人脸识别技术的大门就自动为我打开，并在我踏出门槛后自动关闭上锁。与此同时，在我乘坐电梯下楼的时间里，无人驾驶汽车已经通过手机指令从车库驶出，在指定位置等待……"

上述这些似乎只能在科幻电影或小说中出现的场景，正在我们的现实生活中被一一实现。每天从我们睁眼起，就能感受到人工智能的陪伴，它为我们提供服务，改变着我们的吃、穿、住、行，而我们也在尽情享受着人工智能给我们带来的便利。

你可能会问，既然人工智能如此美妙，那消费者应该很乐意接受人工智能所提供的服务吧？但结果并非如此，目前消费者对不同类型人工智能的态度仍存在较大的差异。具体来说，对于像小盼这样的智能家居类人工智能而言，消费者大都持接受的态度。这是因为这类人工智能主要从事一些简单的机械工作，是作为工具来帮助消费者减轻负担的。

对于智能客服机器人、智能语音助手这类人工智能，消费者的态度会受到多个方面的影响。例如，感知易用性、感知有用性、感知信任、感知智力和拟人性都能够显著影响消费者对聊天机器人的采用意愿（Pillai，Sivathanu，2020）。此外，这类人工智能更强调与消费者之间进行互动，所以与人工智能"人性"相关的属性能也会对消费者的态度产生影响（Rapp et al.，2021），比如对于人际互动需求的满足程度、是否具备同理心等（Sheehan et al.，2020；Luo et al.，2019）。

对于无人驾驶汽车，大部分消费者表现出了拒绝的态度。许多消费者认为无人驾驶汽车难以保障行车安全，再加上消费者天生具有"风险厌恶"的特征，所以即使无人驾驶汽车在技术上已经成熟，能够为车内乘客提供安全保障，消费者也难以完全信任。还有一部分消费者对自动驾驶汽车的灵活性提出了质疑，并认为自动驾驶汽车的售价会更高，不具性价比。上述种种因素都导致消费者不太愿意接受自动驾驶汽车。但当给消费者提供某一特殊使用情境，比如在停车场停车时使用自动驾驶，许多消费者的态度就变得积极了。

当人工智能被应用于医疗行业时，消费者更多表现出了拒绝的态度。消费者对医疗人工智能的抵制，很大程度上并不是因为不相信人工智能的功能，更多是缘于情感和心理层面的抗拒。使用医疗人工智能时，消费者感知到的独特性会降低，进而产生排斥心理。有趣的是，当消费者并不知道为他们提供服务的是人类医生还是人工智能时，他们对二者医疗水平的评价就没什么差别了（Longoni et al.，2019）。那是不是只要人工智能能够向消费者提供有针对性的服务，消费者就愿意接受了呢？答案是否定的，因为即使医疗人工智能和人类医生能为患者提供相同的个性化服务，消费者也会产生不同的感知，对人类医生保持更积极的态度（Yun et al.，2021）。因此我们发现，医疗人工智能要想走向市场，还有很长的一段路要走。消费者面对不同类型人工智能所提供的服务时的态度比较如表 3-1 所示。

表 3-1　消费者面对不同类型人工智能所提供的服务时的态度比较

人工智能类型	消费者态度
智能家居	接受为主
智能客服机器人、智能语音助手	能够接受，但接受意愿的高低受人工智能本身特征的影响
无人驾驶汽车	拒绝为主
医疗人工智能	拒绝为主

第二个方面是消费者对人工智能获取数据时的态度。为什么外卖平台推荐的餐饮都是我们喜欢的？为什么抖音、快手推荐的视频能让我们沉迷其中，乐此不疲？因为在我们使用软件的过程中，软件后台收集了大量与我们喜好相关的数据信息，并以此作为推荐的基础，吸引我们反复使用软件。那么，消费者是怎么看待自己"被监视"这件事的呢？

一般来说，当消费者意识到人工智能在"监视自己"，并从自己身上获取数据信息时会产生被服务和被利用两种心理。前者是指消费者认为人工智能获取数据是为了更精准地服务用户，这种行为的最终目的是服务消费者。此时，消费者表现出一种接受的态度。但另一方面，出于对隐私安全等方面的考虑，消费者会害怕人工智能利用收集到的信息做出不利于自身的行为，从而产生拒绝的态度，尤其当消费者未被告知被收集的信息的具体用途时，消费者的抵触情绪就会变得空前高涨。

⊙ 小资料　　　　　　史蒂芬·霍金关于人工智能的语录

　　"人工智能技术发展到极致程度时，我们面临着人类历史上的最好或者最坏的事情。"——

2014 年 5 月，霍金在观看《超验骇客》后，为《独立》杂志撰写的一篇文章中表达的观点。

"人工智能在并不遥远的未来可能会成为一个真正的危险。"——2014 年 6 月 16 日晚，霍金在与美国 HBO 频道的"Last Week Tonight"节目中的对话。

"制造能够思考的机器无疑是对人类自身存在的巨大威胁。当人工智能发展完全，就将是人类的末日。"——2014 年 12 月，霍金在接受英国广播公司（BBC）的采访时的发言。

"对于人类来说，强大人工智能的出现可能是最美妙的事，也可能是最糟糕的事，我们真的不知道结局会怎样。"——2016 年 10 月 19 日，霍金在剑桥大学的演讲。

"人工智能进一步发展便可能会通过核战争或生物战争摧毁人类。人类需要利用逻辑和理性去控制未来可能出现的威胁。"——2017 年 3 月，霍金在接受英国《泰晤士报》采访时的发言。

"人工智能的成功有可能是人类文明史上最大的事件。但是人工智能也有可能是人类文明史的终结，除非我们学会如何避免危险。"——2017 年 4 月 27 日，霍金在 2017 全球移动互联网大会（GMIC）上的演讲。

资料来源：https://www.sohu.com/a/225555341_99993617.

3.4.2　影响消费者对人工智能态度的因素

消费者对人工智能的态度一直存在很大的争议。具体来说，不同消费者对同一人工智能的态度会存在差异；同一消费者对不同人工智能的态度也有所不同。不仅如此，消费者对人工智能的态度还可能受到情境因素等条件的影响，所以，接下来我们就详细说说这些影响消费者对人工智能态度的因素。

1. 消费者的个人特质

每个消费者都是独特的，这也导致了他们对人工智能会持有不同的态度。有研究探讨了个人的创新性及技术焦虑等特征的影响，结果发现个人创新性直接或间接地正向影响人们对人工智能产品的使用意愿以及向他人进行推荐的意愿程度，技术焦虑则会产生负向的影响（Lee et al.，2021）。此外，《准备好了吗？人工智能已经到来》的调查结果表明，不同地区的消费者对于人工智能的了解程度、信任度以及接受程度都存在一定的差异。我们可以进一步推断，不同阶层、不同受教育程度的消费者对于人工智能的态度也可能存在差异，因为阶层、社会地位、受教育程度更高的消费者，往往也具备更强的抗风险能力。换句话说，当人工智能开始取代部分人类工作岗位的时候，这类群体并不会受到太强的威胁，人工智能更多是为他们的工作提供辅助，所以这类群体对人工智能也会呈现出更加包容的态度。另外，消费者的一些心理层面的特性（如独特性、社交需求等）对消费者对人工智能态度的影响也是一个在未来值得探讨的有趣话题。

2. 人工智能相关属性

商场中，可爱少女形象的服务机器人受到了许多人的欢迎，但如果这个机器人换一种形象，效果可能就没有那么好了。所谓人靠衣装马靠鞍，人工智能或许也逃离不了这一魔咒。有研究表明，机器人的形态能够显著影响消费者对机器人的态度，比如被漫画化的机器人最受消费者的喜爱（Shin，Jeong，2020）。

不仅如此，机器人外观与人类的相似程度也能够影响消费者的态度。但机器人拟人化与消费者态度之间的关系目前仍存在较大争议，有研究表明拟人化程度更高的人工智能更受欢迎（Sheehan et al.，2020），更不会受到人们的抵触（Pizzi et al.，2021），也能激发消费者更强的使用意愿（Blut et al.，2021）。但也有研究认为，拟人化会使消费者产生更强的排斥心理，因为非常像人类的机器人可能会让消费者感到恐怖（Mori et al.，2012），引发消费者更多的不适，比如感到怪异或感到自己的人类身份受到威胁等（Mende et al.，2019）。

我们经常说，"始于颜值，陷于才华"。美丽的外表虽然吸引人，但内在的实力同样重要。人工智能提供服务的能力对某些消费者而言或许更为重要。许多研究探讨了人工智能的技术属性对消费者态度的影响，发现人们感知到的"易用性"和"有用性"是两个重要的影响因素（Pillai，Sivathanu，2020；Pillai et al.，2020）。人工智能的功能和情感属性也是有趣的因素，比如消费者感知到的人工智能的新颖性、可信度、形象拟人化程度与能动性都会正向影响消费者对于人工智能的态度与接受度（王忆希等，2021）。甚至像"社交存在感"和"社交吸引力"这样的社交属性也会对消费者是否愿意使用人工智能产生较大影响（McLean et al.，2021）。

3. 情境因素

在做研究时，研究者们往往会考虑各种具体情境，因为在不同的情境下，许多因素都会发生改变，这就导致研究结论很难具有很强的普适性。同样，当我们讨论消费者对人工智能态度的命题时，我们也得考虑到情境因素。比如在销售实用型产品时，人工智能推荐人能起到更好的推荐效果；但在销售娱乐型产品时，人们却更容易被人类推荐人说服（Longoni，Cian，2020）。这是因为消费者在购买娱乐型产品时更加注重情感体验，非常在意服务提供者是否热情，所以在人类服务的条件下消费意愿更高。但在购买实用型产品时，消费者则更加注重产品的功能，在意服务提供者的能力素养，所以更加愿意采纳人工智能所提供的选择（王燕，侯建荣，2019）。另外，同样是辅助管理者进行决策，当人工智能专注于增强（而不是取代）管理者的判断时，它提供的建议会更容易被管理者接受（Guha et al.，2021）。又比如同样是在广告中应用人工智能，消费者对作为辅助营销工具的人工智能的态度是积极的，但对于参与社交媒体活动的人工智能的态度却更多是消极的（Wu et al.，2021）。

4. 其他因素

不知道大家有没有注意到，通常我们在商场中见到的指路机器人都是可爱类型的，线上的智能客服是以女性角色为主的。正如人类岗位的匹配程度会影响工作绩效一样，人工智能本身的属性与所处行业的匹配程度也会影响消费者对人工智能的态度。比如在医疗任务中，外向的女性机器人最受欢迎；而当人工智能需要承担起与安全相关的任务时，消费者最愿意接受内向的男性机器人（Tay et al.，2014）。此外，消费者如何看待他们与人工智能的关系也会影响到他们的态度，当消费者认为自己比人工智能更优越时，他们就更愿意互动，并更多地使用人工智能（Schweitzer et al.，2019）。

另外值得关注的一点是，随着新冠疫情的暴发，消费者的行为在许多方面都发生了改变，并且疫情对我们的影响似乎还会持续很长的一段时间。因此，思考疫情对消费者态度产生的影响也具有重要的意义。

一方面，在现实生活中，我们能够明显感受到人工智能在疫情当中起到的重要作用，比如实现疫情数据的实时监控和反馈（疫情地图）、进行智能体温检测与人脸识别等。在网络中，当我们将"疫情""人工智能"作为关键词进行搜索时，也能检索到大量关于人工智能技术、产品在疫情当中的应用。尽管很少有研究直接探讨消费者在经历疫情之后对人工智能态度会有怎样的转变，但我们可以大胆推测，大多数消费者对人工智能的态度应该会变得更加积极。很多时候消费者或许只是不愿迈出第一步，但迈出了第一步后，消费者就会体验到人工智能所提供的服务；另一方面，在抗疫的特殊时期，为了减少人与人之间的接触，许多工作不得不采用人工智能，这也让消费者与人工智能有了更多的接触。纳吉等人（2021）的研究就证实了这一点，他们发现新冠疫情加速了电子商务的发展，正有越来越多的商店开始使用人工智能技术，这也侧面反映了消费者对人工智能接受程度的提高。

⊙ 延伸阅读　　**为什么消费者不愿意接受人工智能——消费者对人工智能的担忧**

受访者	描　述	关键词
A	我对人工智能的抗拒来自工作。目前的就业市场已经非常紧张了，如果人工智能代替了我们的工作，那我该如何养活自己	就业威胁
B	在许多情况下，情商是很重要的，人工智能仅凭逻辑的反应是有局限性的，还有无数的变量需要考虑，但是机器没有情感	机器缺乏情感
C	首先，人工智能技术的失败会对社会产生巨大的影响，就像电影中人类失去对机器人的控制权一样。其次，人工智能的广泛使用会让人们很难找到工作，这将导致大规模失业，对弱势群体造成更大的伤害	不受控制、失业
D	我一直在说，人类总有一天会灭绝，因为人类仅靠自己的智慧将无法生存。这听起来很极端，也很反科技，但当未来一切事物都变得自动化，如果人们不再使用自己的智慧和身体，人类还能做什么呢	恐惧
E	虽然人工智能设备接管人类的想法主要体现在科幻小说、电影领域，但依靠人工智能的想法是非常可怕的。虽然人工智能最初可能会帮助我们，但谁能说的准人工智能会不会为了服务自己而对人类产生恶意呢	不受控制

资料来源：Weber Shandwick。

3.4.3　消费者对人工智能接受与抗拒的理论解释

消费者对人工智能的态度可以说是复杂多变的，不同消费者在不同消费情境下对人工智能做出的评价都截然不同，有些消费者更多持接受的态度，有些则更多持拒绝态度。

而学者们也在研究中对消费者所表现出来的态度差异进行了解释。比如消费者会因人工智能强大的功能而选择接受它，也会因人工智能提供的服务缺乏独特性而拒绝它。不过目前大多数的研究结论都难以脱离某一特殊的具体情境，不具有普适性，缺乏概括性的结论。在这里，本节对相关文献和报告进行了一定的整理，概括出了消费者接受或者抗拒人工智能的一些理由。

关于消费者为何会接受人工智能这一问题，最令人信服的答案就是技术接受模型（TAM）——这也是技术采纳研究中使用最为广泛，认可度最高的模型。它考察了人们采用新技术的行为意愿（包含感知实用性、感知易用性两个因素），后被大量应用于营销学中，技术接受模型如图 3-18 所示。

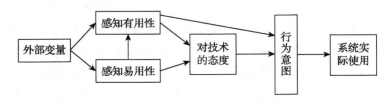

图 3-18   技术接受模型

在此基础上，文卡特斯等人（2003）对这一模型进行了拓展，提出了技术接受和使用统一理论模型（以下简称 UTAUT 模型）。UTAUT 模型如图 3-19 所示。之后，文卡特斯等人（2012）又对 UTAUT 模型再次进行了延伸，形成了技术接受和使用统一扩展理论模型（以下简称 UTAUT2 模型）。UTAUT2 模型如图 3-20 所示。其中 UTAUT 模型是在组织环境中开发的，概述了绩效期望、努力期望、社会影响和便利条件这四个独立变量如何影响用户采用给定技术的行为意图。UTAUT2 模型则是对 UTAUT 模型进行了更新，添加了享乐动机、价格价值和习惯这三个变量，更适合被应用于消费者使用环境（Huang, Yang, 2020）。我们可以看到，消费者对人工智能的接受程度主要取决于人工智能在功能、社交以及心理等层面能够带来的满足程度。所以，企业可以通过完善人工智能的相关属性来提高消费者对产品的接受程度。

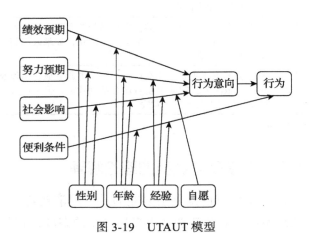

图 3-19   UTAUT 模型

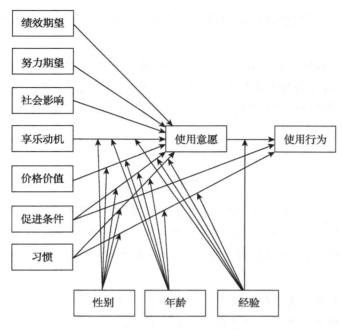

图 3-20　UTAUT2 模型

相较于"消费者为何愿意接受人工智能"这一命题，探讨"消费者为何抗拒人工智能"的研究更多、更杂。遗憾的是，目前为止，对消费者抗拒人工智能原因的研究尚且没有形成一个系统的理论模型。本文在此仅列出几种最常见的理论解释。

消费者拒绝人工智能的众多解释中，大多涉及人工智能社交方面的属性，或与消费者心理层面的因素相关，很少有人因为怀疑人工智能的能力而排斥对它的使用。所以许多研究结论都表明，在不告知消费者提供服务的是人工智能还是人类时，消费者对人工智能的评价反而更高；但当消费者知道服务提供者是人工智能时，态度就会产生非常大的转变。

具体来说，对人工智能的不信任是消费者产生抗拒心理的一大因素，也是许多研究所关注的主题。这种不信任感来源于多个方面，包括感知的风险、被控制的风险、责任风险等（李丹丹，2021）。感知的风险是指消费者本身的风险规避意识，因此消费者会因为对人工智能这一新兴事物有更强的防备心理而不愿意接受它。被控制的风险是指随着人工智能的发展，它对人类会越来越了解，消费者的隐私也会越来越少，这会使消费者开始担心自己有一天会被控制，甚至被替代。责任风险是指涉及人工智能的案件的责任主体归属问题。比如，自动驾驶汽车撞人了，究竟是谁负责任？是司机、程序开发者、设计师还是制造的硬件厂商？正因为有诸多顾虑，很多消费者才不愿意接受人工智能。

此外，消费者拒绝人工智能的另一大原因是"就业问题"。这一点很好理解，随着人工智能的进步，越来越多常规性的工作会被人工智能所取代，进而导致消费者面临就业转型甚至失业的风险。另外，也有人使用"惯性"来进行解释，认为消费者习惯采用原有的行为方式，但人工智能时代的到来会迫使他们不得不做出改变，所以会选择拒绝人工智能。

最后，"恐怖谷效应"在一定程度上也可以解释为什么消费者不愿意接受人工智能。恐怖谷效应是指，当人们与类人机器人（与人类酷似但非人类）接触时，对机器人的反应会突然从共情转变为反感，这种充满诡异感的状态就被称为"恐怖谷"（uncanny valley）（Mori 等，2012）。

⊙ 小资料   **恐怖谷理论**

恐怖谷理论是 1970 年由日本机器人专家森昌弘提出的一个关于人类对机器人和非人类物体的感觉的假设。其中，"恐怖谷"一词来自恩斯特·耶特斯（Ernst Jentsch）在 1906 年发表的论文《恐怖谷心理学》，而他的观点因 1919 年被弗洛伊德在论文《恐怖谷》中阐述，后成为一个著名理论。

森昌弘的假设指出：由于机器人与人类在外表、动作上具有相似性，所以人类会对机器人产生一定积极的情感；但是，当机器人与人类的相似度达到一个很高的水平时，人类对它们的反应便会突然变得极其负面和反感，哪怕机器人与人类只有一点点的差别，都会变得非常显眼刺目。整个机器人充满着僵硬恐怖的感觉，犹如一具行尸走肉；但当机器人和人类的相似度继续提升，达到普通人之间的相似度时，人类对他们的情感反应又会变得正面，产生人类与人类之间的移情心理。

资料来源：百度百科，https://baike.baidu.com/item/ 恐怖谷理论 /3684047?fr=aladdin。

本章小结

如何提升客户终身价值一直是企业重点关注的问题，人工智能可以让消费者与企业的接触变得更加高效便捷，减少接触过程中产生的摩擦，并在此基础上逐步完善整段客户旅程，让消费者获得更佳的客户体验，提升客户终身价值。

与此同时，人工智能的出现、应用与普及加速了消费者们线上生活化进程，其中，作为数字原住民的 Z 世代更是成为人工智能技术的使用先锋，消费者们的决策路径也呈现出自主性加强、更加注重个性化、偏好互动性等新特点、新趋势。

消费者对于人工智能的态度褒贬不一，具体来说，当人工智能为消费者提供服务时，消费者更愿意接受人工智能提供简单的、工具性的服务，而不愿意接受其太过智能和拟人化；当人工智能获取消费者数据时，消费者会产生被利用和被服务两种截然相反的心理，进而导致两种完全相反的态度。技术接受模型能在一定程度上解释消费者接受人工智能的原因，而对于人工智能的不信任、担心人工智能对于人类的威胁等是消费者拒绝人工智能的主要原因。此外，影响消费者对于人工智能态度的因素包括消费者层面的因素、人工智能属性相关的因素以及情境因素等。

关键名词

接触点　客户旅程　客户终身价值　数字消费者　消费者决策路径　消费者态度

章末案例

百事可乐：消费者并不知道自己想喝什么，但人工智能可能知道

你认为饮料公司是如何创造新口味产品的？当你在脑海里模拟饮料开发场景时，画面可能是身穿白大褂的疯狂科学家，用烧瓶勾兑各种颜色的液体。然而真正的饮料研发场景，要比这更科幻。你正在喝的可乐、正在吃的薯片，可能都来自人工智能开发研制的配方。越来越多的食品饮料公司正在利用人工智能进行产品研发，并将人工智能渗透到产品生命周期中的每个环节。

作为全球最大的食品和饮料品牌之一，百事可乐一直走在人工智能创新应用的前沿。在百事公司，每个团队都以独特的方式将人工智能和数据分析应用到产品创新实践中。在饮料开发过程中，首先使用人工智能收集有关潜在产品类别和口味的信息，研发团队会收集消费者未在用户信息反馈报告中提到的信息类型。最后使用人工智能来分析这些数据，并由此驱动饮料口味研发的最终决策。

百事可乐消费者信息和分析总监斯蒂凡·甘斯（Stephan Gans）表示，从创新到开展营销活动，再到决定将新产品摆上货架的整个流程，并不像推个广告促销那么简单。说到消费者研究，甘斯喜欢说观察是新的问题。从历史上看，新产品开发的设计阶段一直在问的问题是：你喜欢吗？你为什么不喜欢这个？你想要什么？但参与者的反应并不像我们想象的那么有启发性。一方面，受访者可能真的不在乎，因为他们只是在接受一项付费调研，或者

他们只是想表现得友好。另一方面，他们也可能反馈了真实想法，但这些想法很难在产品发布后长期保持热度和新鲜感。

甘斯说，在产品调研过程中，人们会给你各种各样的答案。但这些答案与最终驱动他们完成购买行为的真正原因往往并不一样。

百事可乐为了探究可以引入产品路线图的更有洞察力的信息，引入了人工智能食品分析公司 Taste to Taste 的分析工具 Tastewise。利用人工智能算法来分析人们吃什么、为什么吃。目前雀巢、通用磨坊、都乐以及很多包装消费品（CPG）公司都在使用这款人工智能工具来在线分析大量食品数据。Tastewise 目前已监测了超过 9 500 万个菜单项目、226 亿点餐和 225 亿个社交媒体帖子以及其他与消费者的接触。

所有这些不同来源收集的数据，都是人们日常生活中自发的谈论、搜索和订购内容，甘斯表示，我和我的团队可以更好地了解人们对什么感兴趣。例如，Tastewise 的分析结果给了百事公司将海藻融入咸味零食的创新想法，并推出了 Off The Eaten Path 零食，此后的很长一段时间里，这款产品一直十分畅销。

就像乔布斯说的那样，消费者并不知道自己真正想要什么。甘斯认为，如果你只是问消费者，告诉我你最喜欢的口味是什么，告诉我你认为这个品牌有哪些很棒的味道，那么没有人会发明海藻口味。人们通常不会

将它与特色品牌零食联系起来。但我们将社会调查和人工智能分析相结合，得出来让人意想不到的收获。在另一方面，百事公司还与黑天鹅数据（Black Swan Data）合作开发了一款名为 Trendscope 的应用。他并不分析菜单和食谱，而是专注于 Twitter、Reddit、博客、论坛等网络社交平台中关于食物的对话。Trendscope 可以结合上下文以及对话是否与业务相关，衡量特定对话的数量，对话如何随着时间的推移而增长，为品牌的社会预测提供了技术支持。

甘斯说：“通过反复分析社交平台中的信息，我们可以预测哪些主题将持续存在，哪些主题会逐渐消失。”

例如，新冠疫情提高了人们对增强免疫力的兴趣。使用 Trendscope，百事公司确定，人们对增强免疫力的饮料，将会长期保持兴趣。基于这个分析结果，百事公司推出了添加提高免疫力的新系列运动饮料 Propel。产品开发结束后，人工智能和机器学习还有很多事情要做。百事公司需求加速器（DX）计划的负责人杰夫·斯韦林根（Jeff Swearingen）表示，该公司在农业和制造业中使用了人工智能和机器学习技术，以实现节水的目的。此外，销售和营销领域也严重依赖人工智能。他说，百事公司于 2015 年开始快速发展，创建大型内部数据集。

在美国有 1.06 亿个家庭，而其中大约一半的个人数据正在被用于分析。此外，还有 50 万个美国零售店的商店数据集以及零售生产数据集。这些数据集正在帮助企业，优化从个性化零售环境到在线广告的整个营销流程。斯韦林根的团队和甘斯的团队都在使用这些数据以独特的个性化方式吸引核心消费者。

例如，在 Mountain Dew Rise 的发布会上，百事公司通过人工智能判断哪些消费者比普通人更喜欢这种饮料，然后进一步缩小范围，以确定主要目标客群。然后，通过商店数据，确切地了解这些目标消费者可能在哪些零售商处购物，并对这些消费者进行高度有针对性的营销推广，其中包括数字媒体内容和活动以及分类、商品和演示。

斯韦林根说：“假如我们的 50 万家零售商店数据集中，有 5 万家是目标商店。在五年前，走进这些目标零售店时，你能看到的商品分类、展示等推广信息可能和其他 45 万家毫无差别。然而现在，在这 5 万家商店里，我们的产品推广和展示信息将更有特色，给我们的目标受众一种认同感，让他们意识到这款产品就是为他们而设计的。”

在营销方面，百事公司还使用人工智能对大量个性化数字广告进行质量检查。通过与 Creative Action 合作，百事公司开发了可以检查每个广告元素的算法，以确保它遵守一套不断发展的黄金规则，例如品牌徽标可见或静音状态下信息持续显示。甘斯说：“当你想要给 1 000 个不同消费者定制 1 000 个不同的广告时，人工智能是唯一的实现途径。目前百事公司已经在人工智能方面投入了大量资源，并将在未来几年进行更多投资。”

五年前，百事公司仍然依赖传统的电视广告，甘斯补充说，人工智能对广告投放的支持要有效得多。他在谈到传统广告模式时说：“传统广告浪费了大量资源，还无法为真正关心广告内容的用户提供个性化信息，人工智能正在帮助我们做到这一点。”

在客户关系方面，百事公司和许多公司一样，正在利用自然语言处理技术提高电话客服效率。甘斯说：“通过一个由自然语言处理驱动的简单系统，我们可以确保最终为用户服务的人工智能客服掌握用户需要的相关知识和信息。”

用户在与人工智能交谈 45 分钟后，人工智能便会出现严重错误。目前，百事公司正在努力将人类留在人工智能的循环（AI loop）

中。人工智能循环是甘斯最喜欢的话题。他认为，通过整合人工智能技术，人很容易变得过于依赖数据，然而人工智能和数据并不总能帮助人们完美达成目标。例如，最近的一则百事可乐广告，该广告专注于人类对疫情的共同情绪，却没有提供任何产品信息。

甘斯说："在做出商业决策时，我总是确保有数据和人类情感的共同决策，这对我的团队来说至关重要。"

在数据驱动的业务决策之外，百事公司还在很多终端设备上应用了人工智能技术，例如自动机器人餐车 Snack-bot 和乐事的人工智能薯片检测器。人工智能技术对食品饮料行业的渗透速度之快，超过了很多商业评论家的想象，而新技术的应用，正在全面改变这个行业整体的运行模式。

资料来源：https://www.163.com/dy/article/ GDM6A49-D0511GV8V.html.

案例思考

1. 百事公司如何运用人工智能技术来助力消费者研究？
2. 你怎么理解"消费者并不知道自己想喝什么，但人工智能可能知道"这句话？
3. 你认为人工智能在消费者生活中的应用会带来哪些利弊？

 复习思考题

1. 人工智能如何改变客户旅程和客户终身价值？
2. 你是大数据时代的哪类消费者？你认为自己有哪些鲜明的消费特点？
3. 在消费生活中，你认为还有哪些方面可以通过引入人工智能而带来更便捷、美好的体验？
4. 人工智能的深度学习是否会对消费者产生威胁？我们该怎样应对？

本章实训

一、实训目的

1. 通过调研任务加深对消费生活中人工智能应用的理解。
2. 从消费者的视角，了解不同行业对人工智能的运用情况以及产生的后果。
3. 提高学生的团队协作能力、信息搜集能力、表达能力及逻辑思考能力。

二、实训内容

以小组为单位，选择某一特定的消费领域（比如：餐饮、服装、线上软件应用等），结合自己对身边店铺的观察与消费体验，分析这个行业都应用了哪些人工智能营销技术，又有哪些不足，应该如何改善，未来这个行业又有可能出现怎样的发展。请撰写调研报告并提出自己独特的建议。

三、实训组织

1. 根据课堂情况将学生分成若干小组，并确定每组的负责人。
2. 指导老师帮助学生确定选题，并告知实训要求、调研难点及注意事项。
3. 各小组需要在要求的时间内完成调研任务，撰写书面调查报告，制作汇报 PPT 并完成课堂展示。
4. 小组间成员相互提问，进行更进一步的探讨。
5. 指导老师根据现场汇报情况进行点评及指导，完成打分。

参考文献

[1] 木兰姐.怎样做出品牌产品差异化：用户1年买4次蛋糕，月营收1400万，这个C位出道的品牌凭什么[EB/OL].(2019-08-29)[2022-07-05].https://mp.weixin.qq.com/s/ 3C5PS_G-cYtnBBjXgDkQCg.

[2] X-MAN.客户体验十大系列——10位全球最有影响力的客户体验专家[EB/OL].(2021-07-29)[2022-07-05].https://mp.weixin.qq.com/s/eQVpGhYoFA5fVWBCTe3TbA.

[3] 佚名.解析|客户终生价值（CLV）定义、意义和提高方法[EB/OL].(2019-08-23)[2022-07-05].https://www.sohu.com/a/335348830_403907.

[4] 赵萌，齐佳音.基于购买行为RFM及评论行为RFMP模型的客户终身价值研究[J].统计与信息论坛,2014,29(9):91-98.

[5] 永恩.智能新零售：新场景、新科技、新物流、新消费[M].汪惟，赵俊丽，译.北京：人民邮电出版社，2018.

[6] 佚名.你是数字难民or数字原住民？数字化均衡发展迫在眉睫[EB/OL].(2021-07-23)[2022-07-05]. https:// baijiahao.baidu.com/s?id=1705964921819959203&wfr = spider&for = p.

[7] 陈慧菱.数字时代消费者决策路径3.0[J].哈佛商业评论，2019(4):134-137.

[8] 佚名.新冠疫情后，购物者行为会发生哪些变化？[EB/OL].(2020-07-04)[2022-07-05].https://new.qq.com/rain/a/20200704A0D41V00.

[9] 翠鸟资本.再见霍金！对于人工智能，这位伟人给世人留下这样的忠告[EB/OL].(2018-03-14)[2022-07-05]. https://www.sohu.com/a/225555341_99993617.

[10] 机器之能.百事可乐：消费者并不知道自己想喝什么，但AI可能知道[EB/OL].（2021-06-29）[2022-07-05].https://www.163.com/dy/article/GDM6A49-D0511GV8V.html.

[11] LONGONI C, BONEZZI A, MOREWEDGE C K. Resistance to medical artificial intelligence[J]. Journal of Consumer Research, 2019, 46(4): 629-650.

[12] PILLAI R, SIVATHANU B. Adoption of AI-based chatbots for hospitality and tourism[J]. International Journal of Contemporary Hospitality Management, 2020.

[13] RAPP A, CURTI L, BOLDI A. The human side of human-chatbot interaction: a systematic literature review of ten years of research on text-based chatbots[J]. International Journal of Human-Computer Studies, 2021, 151: 26-30.

[14] VENKATESH V, MORRIS M G, DAVIS G B, et al. User acceptance of information technology: toward a unified view[J]. MIS quarterly, 2003: 425-478.

[15] VENKATESH V, THONG J Y L, Xu X. Consumer acceptance and use of information technology: extending the unified theory of acceptance and use of technology[J]. MIS quarterly, 2012: 157-178.

[16] YUN J H, LEE E J, KIM D H. Behavioral and neural evidence on consumer responses to human doctors and medical artificial intelligence[J]. Psychology & Marketing, 2021, 38(4): 610-625.

第4章
人工智能与目标市场营销战略

⟳ 开篇案例

腾讯社交广告正式开放 Marketing API

移动社交时代，如何在营销中整合数据、技术与创意成为新的行业趋势。为此，2017年腾讯社交广告推出 Marketing API，通过自动化营销、营销数据监控、系统整合等功能，构建全新的营销生态，携手整个行业一起探索移动社交时代的营销未来。腾讯社交广告希望Marketing API 的出现能够顺应智能化的广告平台发展趋势，满足广告主越来个性化的营销诉求。

1. 什么是 Marketing API

API 即应用程序接口（Application Programmer Interface）的英文缩写，通过这个接口，不同的平台、App 和系统之间可以实现数据的共享和连接。用腾讯社交广告资深产品总监陈俊良的话说，腾讯社交广告 Marketing API 的定位和使命就像是腾讯社交广告平台能力的触角和水管，"他们的背后就是我们整个广告平台的能力，通过 API 可以把我们的能力输送到各个生态的小生态里面"。

2. Marketing API的主要客户

Marketing API 是腾讯社交广告向营销客户提供的一套接口服务，针对不同类型的客户，Marketing API 如同管家般，可以全方位地满足不同的社交营销需求。

（1）广告主可通过接入 Marketing API，轻松整合内部运作系统，实现全天高效的报表监控，还可以结合自有库存管理或者客户管理等系统，实现自动化的广告投放或再营销。

（2）代理商或者第三方服务提供商可通过接入 Marketing API 高效地管理其代理或服务的广告客户，并实现广告投放和优化、创意制作、广告数据洞察、再营销人群数据推送、转化数据推送等一系列功能，如第三方监测平台可以通过 Marketing API 帮助广告主上报第一手用户数据。

（3）平台类客户可通过接入 Marketing API 将自有平台与腾讯社交广告平台打通，并将腾讯社交广告能力整合至自有平台中，平台客户、商户无须来到腾讯社交广告的系统即可实现社交营销数据的交互，如京东的客户可以直接通过京准通平台投放腾讯流量的广告。

3. Marketing API如何为营销生态赋能

Marketing API 推出了涵盖多种功能的接口，以开放的姿态为客户打造多元立体的极致服务。

（1）广告投放。可实现推广账号下推广计划、广告组、广告、广告创意等的增删改查功能，支持一站式实现多种流量的广告投放，涵盖微信朋友圈、微信公众号、QQ 客户端、QQ 空间、QQ 音乐、QQ 浏览器、腾讯联盟等流量，快速触达海量用户。

（2）数据洞察。提供广告投放后的数据报表和分析服务，包括日报表、小时报表以及定向标签报表，以丰富的报表指标维度指导后续的广告优化。未来，还将进一步开放人群数据洞察等功能，以强大的腾讯社交数据来支撑多样化的数据营销需求。

（3）用户数据接入。提供多种类型的用户数据接入，包括移动端、PC 端的用户行为数据以及用户属性数据，数据上传后将存储在专属的第一方数据仓库，供后续的人群提取以及洞察分析。

（4）人群管理。支持基于用户第一方数据以及腾讯数据的目标人群创建，并提供人群组合以及 lookalike 人群扩展功能，助力广告主更精准、更全面地定向投放广告，提升投放效果，打造营销口碑。

（5）账号服务。支持账号资料维护、账号授权功能以及账户余额、今日实时消耗、账户资金流水查询等财务信息查询功能；代理商还可以进行子账号开户、转账等操作。

广告投放、数据洞察、人群管理、用户数据接入已面向所有客户开放。除了基础功能外，未来还将开放更多能力，如定制化建模功能、oCPA[○]、动态商品广告等，帮助广告主、代理商及平台客户更好地理解和利用数据，提升投放效率，优化广告投放效果。

资料来源：https://www.sohu.com/a/200073357_208076.

4.1 确定公司总体人工智能营销战略

鉴于人工智能提供的价值，越来越多的公司开始采用这项技术。美国营销协会 2019 年 8 月的一次问卷调查表明，人工智能应用率在之前一年半的时间里提升了 27%。中国商务部 2019 年发布的《人工智能商业应用报告》中提到，在消费者与人工智能（AI to consumer）的消费互联网领域，天猫、淘宝的"亿人亿面"商品推荐、腾讯的人工智能医学影像分析、字节跳动的"你关注的才是头条"、饿了么的骑手智能派单等智能化应用，都是线上数据富矿产生的"智能平台"模式，并进一步实现了"人工智能的基础设施化"。智能云平台、智能超算集群在中国和美国纷纷落地实现商业化输出。2018 年开始，商业与人工智能（AI to business）逐渐兴起，人工智能探索在零售业、制造业、农业（种植业、养殖业）、物流供应链等行业深度融合，尽管遇到国际形势的多变影响，但具有创新精神的中国企业家都在探索一条独特的"智能商业"转型路径。以机器视觉、交互语音、

○ oCPA 是一种针对效果广告的智能出价策略。

自然语言处理等人工智能超算平台支撑，逐步赋能各种行业，在公共服务之外寻求新的价值增长点，人工智能广告、AR 直播和智能制造等初期应用显示出第一、二、三产业智能化的巨大发展空间。

公司的所有岗位里，营销岗是最能借助人工智能获得提升的岗位。营销的核心活动是理解客户需求，并为客户提供具有价值的产品、服务和解决方案。人工智能可以大幅度增强这些能力。2018 年麦肯锡一项涵盖四百多个高级使用场景的分析表明，人工智能在营销领域最能发挥价值。

人工智能在营销方面的应用已经取得一定的进展，可以预计未来人工智能还能在更多的营销战略和行动领域发挥更多更重要的作用。人工智能技术具有巨大的潜力，许多公司的营销部门迅速采用人工智能。可是要充分发挥人工智能技术的巨大潜力，公司的首席营销官必须了解当下可用的营销人工智能类型及其发展方向，并为公司将来的人工智能营销应用做好战略规划。

4.1.1　现有人工智能营销应用类型

按照人工智能作用的程度，现在很多公司的人工智能使用可以分为：①处理小任务，如数字广告配置（又称"计划性的广告投放"）；②协助大任务，如提升预测准确度（如销售预测）；③在结构化任务里作为人工的辅助，如客服工作。

按照人工智能在客户旅程的作用阶段，其在公司的营销应用可以分为 4 个阶段。在第 1 阶段，潜在客户处于"考虑"期，在客户查阅关于某产品的资料时，人工智能会针对其提供广告，协助引导他们寻找产品；人工智能聊天机器人可以帮助营销者了解客户需求，让客户更积极地搜索，推动客户朝营销期望的方向（比如某个网页）前进，如有需要，还可以让客户与销售人员接触，通过聊天、电话、视频乃至"同步浏览"（让销售人员与客户共享屏幕）等方式进行交流。在第 2 阶段，也就是为客户提供服务阶段，人工智能可以利用非常详细的个人数据（如实时地理位置）提供高度个人化的产品或服务推荐，提升销售效率。在第 3 阶段，通过人工智能协助，公司能够进行向上销售和交叉销售，并降低客户丢下数字购物车离开的可能性。在第 4 阶段，公司对客户的销售完成，人工智能服务代理可以 7 天 24 小时不间断地处理客户咨询，因为咨询数量不定，人工智能比人工处理的效果更好。人工智能可以应对送达时间查询和预约等简单的咨询，将更为复杂的问题转给人工服务。有时人工智能可以协助客服人员，分析顾客的语调，给出回复建议，指导客服满足顾客需求，或建议主管出面干预。

⊙ **延伸阅读**　　　　　　　　　　**成熟的人工智能营销应用**
- 用于线索开发、客户支持、交叉销售或向上销售的聊天机器人。
- 呼入电话分析和转接，客户留言及邮件分析、分类和回复。
- 营销活动自动化（包括电子邮件、登录页面生成和客户细分）。
- 营销组合分析。

- 线上产品展销。
- 定价。
- 产品或服务推荐，高度个性化的提案。
- 有计划性的数字广告购买。
- 销售线索评分。
- 社交媒体规划、购买及执行。
- 社交媒体情绪分析。
- 电视广告投放（部分）。
- 网络分析叙事生成。
- 网站运营及优化（含测试）。

资料来源：Davenport T H, Guha A, Grewal D. How to Design an AI Marketing Strategy[J]. Harvard business review，2021（7）：56-61.

按照营销人工智能的智能水平，其在营销中的应用可以分为两类。第 1 类应用是任务自动化。这类应用处理的是所需智能水平较低的重复性、结构化任务。这种应用根据一套规则，或是根据特定的输入执行一系列操作，但无法应对复杂问题，如细致的客户要求。自动向新顾客发送欢迎邮件的系统就是一个例子。 Facebook 和其他社交媒体平台上简单的聊天机器人也属于这一类。这些应用可以通过基本的互动为顾客提供一些帮助，用确定的决策树引导顾客，但无法识别顾客意图、提供有针对性的回应，也无法从互动中学习。第 2 类应用是机器学习。这类算法经过大量数据训练，可以进行相对复杂的预测和决策。这种模型可以识别图像、辨认文本、划分顾客群体，并预测客户对营销推广等各种活动的反应。机器学习驱动了网络广告、电商推荐引擎以及客户关系管理系统中销售倾向模型的计划性购买。这种更加复杂多变的深度学习是最热门的人工智能技术，而且正在迅速成为强大的营销工具。不过有必要明确一个事实：现有的机器学习应用执行的任务范围依然狭窄，而且必须以大量数据加以训练。

按照人工智能在营销应用中的独立程度，人工智能应用可以分为两类。第 1 类是独立的人工智能应用。这类应用可以理解为界限清晰的独立人工智能程序。这种程序区别于顾客用于了解、购买公司提供的产品或服务，或获取售后支持的基本渠道，也不同于员工用于营销、销售或提供服务的渠道。简而言之，顾客与员工必须在基本渠道以外投入额外的精力，自主使用这类人工智能。例如涂料公司 Behr 开发的色彩探索应用，运用 IBM 沃森的自然语言处理和语调分析（Tone Analyzer）能力（可以检测出文本中的情绪），根据消费者想要的房间气氛给出个性化的 Behr 涂装色彩建议。顾客利用这个应用列出两到三种备选颜色。涂料的实际销售在应用之外进行，不过应用内部也提供直接跳转到家得宝（Home Depot）订购相应涂料的链接。第 2 类是集成于更大的系统中的人工智能应用。这类应用内嵌在既有系统里，对于使用它们的顾客、营销者和销售人员而言没有独立应用那么高的可见度。例如，在瞬间决定向用户投放哪种数字广告的机器学习，内嵌在处理整个购买和广告呈现过程的平台里。奈飞（Netflix）的机器学习十余年来一直为顾客提供视频推荐，推荐条目显示在选项菜单上，用户打开网页就能看到。假如这个推荐引擎是独立应用，用户就必须打开一个专门的应用并提出需求，才能获得建议。越来越多的客户关系管理系统开发者将机器学习能力嵌入其产品中。

达文波特（Thomas H. Davenport）、阿巴吉特·古哈（Abhijit Guha）和杜鲁夫·格雷瓦尔（Dhruv Grewal）根据人工智能类型和在企业中的构建方式结合起来，形成了图 4-1 中的四种营销人工智能应用类型：独立的机器学习应用、整合的机器学习应用、独立的任务自动化应用、整合的任务自动化应用。他们认为，虽然基于规则的任务自动化系统可以强化高度结构化的工作流程，且可提供合理的财务回报潜力，但最终能够为营销者提供最大价值的是整合的机器学习应用。不过时下的任务自动化越来越多地与机器学习相结合，以便从文字信息中提取关键数据、进行更复杂的决策和实现个性化沟通，这是一种跨象限的组合。他们建议营销者在目前的营销系统内逐步转向整合的人工智能应用，不要继续发展独立应用。许多公司都在朝着这个方向前进。

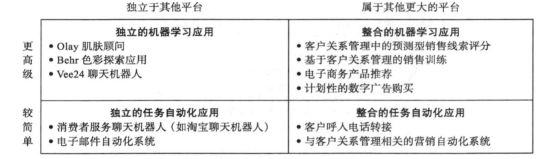

图 4-1　四种营销 AI 应用

资料来源：Davenport T H, Guha A, Grewal D. How to Design an AI Marketing Strategy[J]. Harvard business review，2021（7）：56-61.

4.1.2　人工智能营销的战略框架和定位

为了促进人工智能在营销中的战略使用，黄和罗斯特（2020）开发了一个从营销调研到营销战略（细分、目标和定位、STP）到营销行动（4Ps/4Cs）的三阶段框架，用于人工智能的战略营销规划。这个框架将公司中的人工智能营销战略规划视为一个循环过程：从进行营销调研开始，了解市场、公司、竞争对手和客户；制定细分、目标和定位战略；设计具体的营销行动来执行战略。这个周期不会停留在营销行动上，营销行动的执行将反馈给营销研究作为市场数据，这构成了营销研究 – 战略 – 行动的持续周期，人工智能营销战略框架如图 4-2 所示。

根据人工智能能够解决问题的特性和技术基础，人工智能被分为三类：机器人工智能、思维人工智能和感觉人工智能（Huang，Rost，2020）。这三类人工智能可以在所有三个战略营销阶段发挥关键作用。机械人工智能是为自动化重复和例行任务而设计的。例如，遥感、机器翻译、分类算法、聚类算法和降维，目前可以认为是机器人工智能的一些技术。思维人工智能是为了处理数据以得出新的结论或决定而设计的。数据通常是非结构化的。思维人工智能擅长识别数据中的模式和规则，例如文本挖掘、语音识别和面部识别。机器学习、神经网络和深度学习（具有附加层的神经网络）是当前思维人工智能处理数据的一些方法。IBM Watson、专家系统和推荐系统是当前用于决策的一些应用程序。感觉人工智能是为涉及人类的双向互动而设计的，和/或用于分析人类的感觉和情感。目前的一些技术包括情感分析、自然语言处理、文本到语音技术、递归神经网络、模拟人类语音的聊天机器人、用于人类交互的具体化和嵌入式虚拟代理以及具有用于感知情感信号的定制硬件的机器人（McDuff，Czerwinski，2018）。

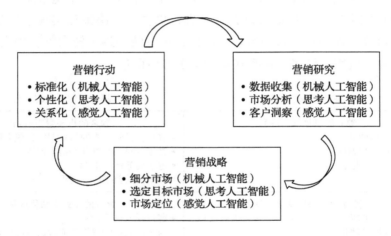

图 4-2   人工智能营销战略框架

每一种人工智能都能提供其独特的好处：机械人工智能最适合标准化，思考人工智能有利于个性化，感觉人工智能是关系化的理想选择（Huang，Rust，2020）。机械人工智能最适合提供标准化，因为它具备稳定性和一致性。在营销中，各种形式的机械人工智能被用来提供标准化。例如，协作机器人帮助包装（Colgate et al.，1996），无人机分发实物物品，自助机器人提供服务，服务机器人自动化前线的社会存在（Mende et al.，2019；Doorn et al.，2017）。所有这些应用程序都旨在产生标准化、一致和可靠的结果。思维人工智能最适合个性化，因为它能够从数据中识别模式（例如文本挖掘、语音识别、面部识别）。任何能够受益于个性化结果的营销功能和活动都可以考虑采用思维人工智能来实现。营销中最常见的应用是各种个性化推荐系统（Chung et al.，2009；Chung et al.，2016），如奈飞的电影推荐和亚马逊的交叉销售推荐。感觉人工智能最适合关系化，因为它能够识别和回应客户的情绪。任何需要互动和沟通的营销功能或活动，以关系利益为目标（例如，当客户终身价值很高时），都可以考虑使用感觉人工智能。感觉人工智能的一个例子是客户服务机器人，它的营销功能涉及识别和回应情感，例如客户满意度调查、客户投诉、客户广告评论中的情绪等，并予以反馈。

在图 4-2 的人工智能营销战略框架中，营销的三个重要活动阶段都利用了三类不同人工智能的重要功能。在营销研究阶段，人工智能被用于市场智能，包括用于数据收集的机器人工智能、用于市场分析的思维人工智能以及用于客户理解的感觉人工智能。在营销战略阶段，人工智能用于市场细分、目标市场选择和市场定位的战略决策。具体来说，机器人工智能是在非结构化数据中发现新的客户偏好模式的理想选择，思维人工智能最适合推荐最佳目标市场，而感觉人工智能有助于帮助公司与目标客户沟通从而确定公司及产品定位。在营销行动阶段，人工智能可以有助于标准化、个性化和关系化的功能，既可以单独使用，又可以协同使用。营销人员需要决定使用哪种人工智能来进行营销行动。例如，支付和交付是可以通过使用机器人工智能而从标准化中受益，如自动支付和交付跟踪。数字营销可以通过使用思维人工智能从个性化中受益，如各种推荐系统。客户服务和一线客户互动可以通过使用感觉人工智能从关系化中受益，例如社交机器人问候客户和提供客户服务的会话人工智能。

在进行具体的 STP 战略决策之前，公司的首席营销官需要决定总体人工智能营销战略定位，以指导他们的 STP 决策。Huang 和 Rost（2017）遵循标准化 – 个性化和交易 – 关系的维度提出一种技术驱动的方法帮助确定公司人工智能营销战略定位。公司在使用人工智能时，其可以选择的战略定位可以为以下四种：①价值化，即利用自动化技术或者机器人技术提高产品或服务效益；②关系化，旨在通过各类人工智能发展与现有客户的关系，培养他们的终身价值；③个性化，指利用跨部门的大数据分析，以最大限度进行精准营销，为不同的客户提供个性化定制；④适用性个性化，指利用特定客户的纵向数据，对其提供动态化的个性化定制。公司对人工智能营销战略定位的选择，将指导后续 STP 和 4P 的营销决策。例如，如果某家公司追求的是第三种静态个性化定位，那么，公司可能希望有一个巨大的、多维的、包含了现有和潜在客户的数据库，在无人主观介入的情况下，通过机器学习探索偏好或购买行为的新模式，以此作为选定目标市场和定位的基础。如果一家公司追求动态的适应性个性化定位，那么公司可能希望使用人工指导的机器学习来继续分析现有客户的满意或者不满意。当然，一家公司也可以选择更大程度地依赖于数据驱动的人工智能技术来发展 STP 战略。

公司不可能在大型、广泛或多样的市场中与所有顾客建立联系。但是它们可以将这样的市场划分为具有不同需要和需求的消费者群体或细分市场。接着，公司需要确定哪些细分市场是它可以有效服务的。这一决策需要敏锐的消费者行为理解和仔细的战略思考。为了制订出最好的营销计划，经理们需要了解是什么使得每一个细分市场与众不同。正确识别和满足细分市场通常是营销成功的关键。为了更有效地竞争，许多公司现在开始使用目标营销。使用人工智能营销来达成有效的目标营销，这就要求营销者：①通过人工智能的数据挖掘，识别并描绘出因需要和需求不同而形成的独特购买者群体（市场细分）；②通过人工智能的深度学习，选择一个或多个细分市场进入（选择目标市场）；③通过人工智能的数据和情感分析，针对每一个目标细分市场，确立并传达公司产品的独特优势（市场定位）。

4.2　基于数据挖掘实现客户分类

所有的营销战略都建立在 STP——市场细分（segmentation）、目标市场选择（targeting）和市场定位（positioning）的基础上。公司应该发现市场上的不同需求和消费群，并以那些它们能更好满足的对象为目标，继而对其产品进行定位，以便目标市场能够识别出公司的独特产品和形象。

4.2.1　客户分类的数据基础

市场细分，即客户分类，是将一个市场划分为界限清楚的几部分。一个细分市场由一组具有相似需要和需求的消费者组成。营销者的任务在于识别细分市场的适当数量和性质，并决定以哪一个市场为目标。按照市场营销理论分析，每一个群体的客户在性质特征上具有较高的相似性，只有深入细致地找到这个相似性，才能为企业制定更加有效的营销策略提供有力依据。市场细分是现代化企业开展市场营销活动的基础手段，并且客户细分是一个动态化的过程，客户特点等因素会随着时间发生变化，市场细分结果也要及时做出相应的改变，进而调整营销策略。

传统的市场营销操作中，我们用人口统计特征、购买行为、生活方式和利益等变量来细分消费者市场。比如，我们可以通过地理、人口统计特征和心理统计特征这些描述性特征来确定细分市场，然后检验这些消费者细分市场是否呈现出不同的需要或产品反馈。我们还可以通过行为因素来确定细分市场，例如消费者对于利益、适用场合或者品牌的反应。接着，研究者探究不同的特征是否和每个消费者反应的细分相联系。例如，对于汽车来说，人们更想要"质量"而不是"低价"的这种想法是否因他们的地理、人口统计特征和心理统计特征组成的不同而不同？而鉴于人工智能可以处理的数据的广度是非常大的，例如还包括企业外部的社交媒体图表、微博点赞及评论、网站评说、投票记录等，我们认为有必要列举一个带有示意性的数据分类表，以说明有价值的客户细分指标。有价值的客户数据信息如表 4-1 所示。无论我们使用哪一种市场细分的方案，关键都在于使营销计划能根据识别出的消费者差异进行相应调整。

表 4-1　有价值的客户数据信息

身份	性别、年龄、种族、家庭情况、地址、手机、指纹、心率、体重、设备等
历史	教育、职业、媒体曝光、出版物、奖项、会员、信用、法律事务、犯罪记录、信贷记录、婚姻史、旅行史、疾病等
倾向	偏好、设置、业余爱好、党派、社会群体、社交偏好、娱乐、浏览器历史记录、喜爱的品牌、内容偏好等
财产	收入、家庭、汽车、设备、服装、珠宝、投资、捐赠、会员、收藏、关系等
活动	手势、App 使用、购物平台、购物习惯、眼球追踪、设备使用、时段、位置、IP 地址、社会职务、外出就餐、观影等
信仰	宗教、价值观、慈善、意见、情绪、内向 / 外向、怀疑 / 利他、慷慨 / 吝啬、主动 / 被动等

　　大数据和人工智能相结合，意味着一个营销方案中不再需要一个人类自认为最完整的创意，人工智能通过对数据的计算编辑，都可将"创意半成品"改写有替换成千人千面的创意产品，再通过大数据精准匹配给相对应的人。不仅如此，通过对用户行为的精准分析，大数据还可动态预测用户在不同时间、不同地点的购买欲望，从而达到基于数据分析的自动化营销。

　　引入人工智能后的市场细分，就是以信息技术作为支撑，以海量数据收集和数据挖掘作为基础，借助大数据挖掘来实现消费需求与偏好的精准挖掘和对目标市场的精准定位，实现"一对一营销"。我们通过人工智能看到的消费者，不是二维的、静态的、单向的，而是立体的、动态的、个性彰显的、活跃在不同场景中的。客户数据包含了企业所服务的企业客户和个人客户的广泛信息。在最基本的层次上，客户数据是了解客户以及公司业务如何满足其需求的重要资产。客户数据具有多种表现形式，而且来源也多种多样。理解客户数据没有想象中那么容易，尤其是在没有客户关系管理的情况下。事实上，仍有很多公司无法有效使用客户数据，从而使公司最有价值的资产之一没有发挥应有的作用。在本书中，为了使客户数据的结构看起来更清晰，我们将可以用于人工智能进行数据挖掘的客户数据分为描述类数据、交互类数据和关联类数据三类。客户分类的数据基础如表 4-2 所示。

表 4-2　客户分类的数据基础

	数据类型	具体内容	主要收集来源
1	描述类数据	用于理解客户基本属性的信息，包括传统市场营销细分的消费者数据特征	企业内部
2	交互类数据	客户在消费和服务过程中的动态交易数据和交互过程中的辅助信息，包括客户购买服务或产品的记录、客户的服务或产品的消费记录、客户与企业的联络记录	企业内部
3	关联类数据	指的是与客户行为相关的，反映和影响客户行为和心理等因素的相关信息	企业外部

1. 描述类数据

　　描述类数据主要是用来理解客户的基本属性的信息，如个人客户的人口统计特征信息和联系信息、企业客户的社会经济统计信息等，这类信息主要来自客户的登记信息以及通过企业的运营管理系统收集到的客户基本信息。这类信息大多是描述客户基本属性的静态数据，其优点是大多数的信息内容比较容易采集到。但是一些基本的客户描述类信息内容有时缺乏差异性，而其中的一些信息往往涉及客户的隐私，如客户的住所、联络方式、收入等信息。当对多个客户进行汇总和分析时，基本数据将为细分受众群体奠定基础。然后，通过使用多个分类或标签，就可以开始整理有多少客户有着共同的属性。

2. 交互类数据

　　交互类数据包括客户与企业的所有接触记录，包括客户购买服务或产品的记录、客户的服务或产品的消费记录、客户与企业的联络记录。交互数据对于在整个业务周期中了解客户非常有用。例如客户与销售或客服的沟通记录、购买记录（订单数据）等都是常见的示例。客户交互类数据的主要目的是帮助企业的市场营销人员和客户服务人员在客户分析中掌握和理解客户的当前行为和潜在需求，洞悉客户对实际产品、销售流程或服务的体验。客户的行为信息反映了客户的消费选择或是决策过程。这些数据可能需要企业从外部采集或购买。

与客户描述类数据不同，客户的交互类数据主要是客户在消费和服务过程中的动态交易数据和交互过程中的辅助信息，需要实时的记录和采集。交互类数据通常是客户与企业发生业务往来的直观反馈，例如主动申请试用（积极）、主动沟通需求（积极）、对产品提出合理的改进意见（积极）和拒接电话（消极）等。

交互类数据一般都来源于企业内部交易系统的交易记录、企业呼叫中心的客户服务和客户接触记录、营销活动中采集到的客户响应数据，以及与客户接触的其他销售人员与服务人员收集到的数据信息。在拥有完备客户信息采集与管理系统的企业里，客户的交易记录和服务记录非常容易获得，而且从交易的角度来观察往往是比较完备的。多数企业往往记录了大量的交互类数据，如零售企业就记录了客户的购物时间、购物商品类型、购物数量、购物价格等信息。电子商务网站也记录了网上客户购物的交易数据，如客户购买的商品、交易的时间、购物的频率等。对于移动通信客户来说，其行为信息包括通话的时间、通话时长、呼叫客户号码、呼叫状态、通话频率等；对于电子商务网站来说，点击数据流记录了客户在不同页面之间的浏览和点击数据，这些数据能够很好地反映客户的浏览行为。

交互数据通常用于汇总以生成更高级的数据报告（并且具有"向下钻取"以获得更多见解的能力）。例如，统计一段时间的客户优惠金额、客户请求产品试用人次，了解销售或客服人员对客户的跟进或服务频率（从行动记录数据中统计）、销售报表和产品销售排行榜（从订单数据中统计）等。

一个公司的客户群体通常有着相似的交互行为，通过搜集和挖掘这些数据，对于了解每一个客户的偏好变化并确定未来的趋势至关重要。而客户的行为特征，往往需要对完成必要处理和分析后的客户交互数据和其他行为数据进行信息汇总和提炼。

3. 关联类数据

客户的关联类数据是指与客户行为相关的，反映和影响客户行为和心理等因素的相关信息。企业建立和维护这类信息的主要目的是更有效地帮助企业的营销人员和客户分析人员深入理解影响客户行为的相关因素。它经常包括客户满意度、客户忠诚度、客户对产品与服务的偏好或态度、客户对竞争对手的行为、客户在日常生活中的其他行为轨迹等。客户关联数据经常是客户分析的核心目标。以移动通信企业来说，其核心的关联类信息就包括了客户的终身价值、客户忠诚度、客户流失倾向、客户联络价值、客户呼叫倾向等。

这些关联类数据有时可以通过专门的数据调研和采集获得，如通过市场营销调研、客户研究、社交媒体监测等获得客户的满意度、客户对产品或服务的偏好等；有时也需要应用复杂的客户关联分析来产生，如客户忠诚度、客户流失倾向、客户终身价值等。一些情况下，这些数据也可以通过购买来获得。

关联类数据往往较难采集和获得，即使获得了也不容易结构化后导入到业务应用系统和客户分析系统。规划、采集和应用客户关联类数据往往需要一定的创造性，而采集与应用也不是简单的技术问题，而往往是为了实现市场管理或客户管理直接相关的业务目标服务的业务问题，如提高客户满意度、提高客户忠诚度、降低客户流失率、提高潜在客户发展效率、优化客户组合等核心的客户营销问题。

很多企业无意识地采集过这类信息，而对于高端客户和活跃客户来说，客户关联类信息可以有效地反映客户的行为倾向。对于很多企业来讲，尤其是服务类企业，有效地掌握客户关联类信息对于客户营销策略和客户服务策略的设计和实施是至关重要的。

⊙ 小链接　　　　　　　　　　　　**银行客户分类的数据特征**

数据来源于网易数据分析项目，该项目承担单位为上海数局科技有限公司，该公司为国内合资企业，经营范围涉及电子商务、计算机科技、计算机软件开发、环保科技、生物科技等多个领域。项目涉及的数据集以保护数据提供单位知识产权及个人的隐私为出发点，为相关数据使用工作者提供高保真数据集。

本项目选择银行客户信用卡相关数据，数据内容共存储于客户信用记录表、申请客户信息表、拖欠历史记录表和消费历史记录表，整合后银行客户信用卡真实数据共计 5 954 条数据，每条数据包含 28 个特征，原始数据内容如表 4-3 所示，整合后数据特征构成如图 4-3 所示。

表 4-3　原始数据内容特征及简介

表格类型	表格数	数据量	属性简介
客户信用记录表	1	2 363	客户姓名、性别、年龄、婚姻状况、户籍、教育程度、居住类型、职业类型、工作年限、个人收入、保险缴纳、车辆情况、信用总评分、信用等级、额度、审批结果
申请客户信息表	1	10 000	客户号、客户姓名、年龄、性别、婚姻状态、教育程度、职业类型、户籍、居住类型、车辆情况、保险缴纳、工作年限
拖欠历史记录表	1	303	客户号、卡号、额度、拖欠标识、拖欠总金额、逾期天数
消费历史记录表	1	5 954	卡号、卡类别、币种代码、额度、日均消费金额、日均次数、单笔消费最小金额、单笔消费最大金额、个人收入、是否欺诈

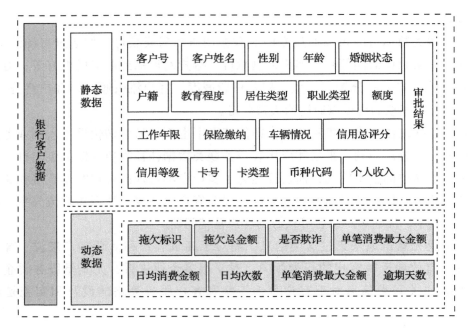

图 4-3   银行客户数据特征构成

资料来源：段刚龙，王妍，马鑫，杨泽阳．银行客户分类的数据特征选择方法与实证研究 [J]．计算机工程与应用，2022, 58（11）：302-312.

4.2.2   利用数据挖掘进行客户分类

当今，对客户数据的挖掘、整合和分析能力是公司的核心资产。人工智能数据挖掘不仅能帮助我们更多维地看见用户，更能帮助我们精准地识别和认知用户。机械人工智能，特别是各种挖掘和分组技术，具有从数据中识别消费者偏好和需求新模式的力量。

首先，相比于传统市场细分，人工智能细分可以将市场分解成一个个微单元的细分市场（即每个客户都可以是一个细分市场），并可以将分散的长尾聚合成一个部分。王等（2017）的研究发现，机器学习可以帮助公司模型化客户的数据和分布。具体来说，人工智能可以通过机器迁移学习，基于数据丰富的客户数据来推测模拟数据贫乏的客户情况。这种聚合和分解的灵活性使营销人员能够找到合适的细分规模。

其次，利用人工智能来进行数据挖掘，可以揭示人类营销人员难以发现的模式。例如，在金融行业，文本挖掘和机器学习可以用来自动处理和分析贷款请求，将借款人分成好客户（这些客户将偿还贷款）和坏客户（不会偿还贷款）（Netzer et al.，2019）。自动文本分析和对应分析可用于艺术市场中的心理消费者细分（Pitt et al.，2020）。数据挖掘还可以分析目的地对消费者的意义来获得消费者的旅行体验记录，从而实现根据客户对个性化推荐的偏好进行微观细分（Dekimpe，2020）。

我们可以用下面这个比喻来描绘人工智能产生市场细分的过程：如果把细分的消费者人群概念当成一个桶，这个桶的形成，就是将个人信息倒入的过程。我们可以提前确定或者让机器去生成这个桶的形状和容器。动态的市场细分技术，能够基于潜在的增量收入机会进行相应的规模调整和优先处理。而且，机器学习还可以将客户数据进行切割，一旦发现竞争对手还未涉足的潜在顾客细分组，就会将其定义为新的目标客户群。例如，人工智能数据挖掘可以帮助公司分析出不同区域对于国际统一产品标准的反馈，并退出基于区域差异的产品搭配和定价组合。再比如，有研究显示，越到深夜下单的消费者，越容易不经过加入购物车这一步骤就直接下单购买——人工智能数据挖掘技术识别到了这一顾客基于时间变化产生的偏好差异，从而推论出喜欢熬夜的顾客群体具备在深夜非理性消费的这一行为偏好模式。

　　已经有很多研究和实践都表明了公司是如何利用人工智能来识别消费偏好模式的：运用自然语言处理、图像识别、语音识别、机器学习等手段，在需求识别阶段勾勒消费者画像；在购买考虑阶段为潜在客户提供由人工智能支持的搜索结果、广告目标预测建模；在购买决策阶段执行动态定价和广告精准定位；在购买后进行个性化的客户关系管理等（Kietzmann 等，2018）。而这些操作的本质，都是从海量、不完全的、有噪声的、模糊的、随机的、多维的大型数据库中发现隐含在其中有价值的、潜在有用的信息和知识的过程，也是一种决策支持过程。这些操作主要基于机器学习、模式学习、统计分析等，通过对大数据高度自动化地分析，做出归纳性的推理，从中挖掘出潜在的模式。目前，在很多领域尤其是在商业领域如银行、电信、电商等，数据挖掘可以解决很多问题，包括市场营销策略制定、背景分析、企业管理危机等。

　　数据挖掘常用的方法有分类、回归分析、聚类、关联规则、神经网络方法、Web 数据挖掘等。

　　（1）分类。分类是找出数据库中的一组数据对象的共同特点并按照分类模式将其划分为不同的类，其目的是通过分类模型，将数据库中的数据项映射到某个给定的类别中。它可以应用到客户分类、趋势预测中。比如，淘宝商铺将用户在一段时间内的购买情况划分成不同的类，根据情况向用户推荐关联类的商品，从而增加商铺的销售量。

　　（2）回归分析。回归分析反映了数据库中数据的属性值的特性，通过函数表达数据映射的关系来发现属性值之间的依赖关系。它可以应用到对数据序列的预测及相关关系的研究中去。在市场营销中，回归分析可以被应用到各个方面。如通过对本季度销售的回归分析，对下一季度的销售趋势做出预测并做出针对性的营销改变。

　　（3）聚类。聚类类似于分类，但与分类的目的不同，是针对数据的相似性和差异性将一组数据分为几个类别。属于同一类别的数据间的相似性很大，但不同类别之间数据的相似性很小，跨类的数据关联性很低。它是市场细分和客户分类中最常用的方法，而 K-Means 算法是最常见的聚类算法。

　　（4）关联规则。关联规则是隐藏在数据项之间的关联或相互关系，即可以根据一个数据项的出现推导出其他数据项的出现。关联规则的挖掘过程主要包括两个阶段：第一阶段为从海量原始数据中找出所有的高频项目组；第二阶段为从这些高频项目组产生关联规则。关联规则挖掘技术已经被广泛应用于金融行业的企业中用以预测客户的需求，各银行在自己的 ATM 机上通过捆绑客户可能感兴趣的信息供用户了解并获取相应信息来改善自身的营销。

（5）神经网络方法。神经网络作为一种先进的人工智能技术，因其自身自行处理、分布存储和高度容错等特性非常适合处理非线性的以及那些以模糊、不完整、不严密的知识或数据为特征的问题，它的这一特点十分适合解决数据挖掘的问题。典型的神经网络模型主要分为三大类：第一类是用于分类预测和模式识别的前馈式神经网络模型，其主要代表为函数型网络、感知机。第二类是用于联想记忆和优化算法的反馈式神经网络模型，以 Hopfield 的离散模型和连续模型为代表。第三类是用于聚类的自组织映射方法，以 ART 模型为代表。虽然神经网络有多种模型及算法，但在特定领域的数据挖掘中使用何种模型及算法并没有统一的规则，而且人们很难理解网络的学习及决策过程。

（6）Web 数据挖掘。Web 数据挖掘是一项综合性技术，是指从文档结构和使用的集合 C 中发现隐含的模式 P，如果将 C 看作是输入，P 看作是输出，那么 Web 挖掘过程就可以看作是从输入到输出的一个映射过程。当前越来越多的 Web 数据都是以数据流的形式出现的，因此对 Web 数据流挖掘就具有很重要的意义。目前常用的 Web 数据挖掘算法有：PageRank 算法、HITS 算法以及 LOGSOM 算法。

如前面所言，目前的人工智能数据挖掘算法中，聚类分析尤其适用于进行客户分类。客户分类工作的流程可以遵循以下步骤展开。第 1 步，公司可以先通过各类渠道将不同类型的客户数据进行收集和储存；第 2 步，结合公司所在行业和业务确立客户细分标准；第 3 步，选择部分数据根据指标体系进行数据的预处理和预测试；第 4 步，根据数据预处理的结果，根据客户细分指标的不同重要程度对指标赋予不同的权重，由此确立客户细分指标体系；第 5 步，进行聚类，目前最常见的做法是基于 RFM 模型进行 K-Means 聚类；第 6 步，基于聚类结果进行客户价值分类。

在第二步确立客户细分标准时，RFM 模型被广泛提到和使用。RFM 模型是衡量当前用户价值和客户潜在价值的重要工具和手段。RFM 是 Rencency（最近一次消费）、Frequency（消费频率）、Monetary（消费金额）三个指标的首字母组合，如图 4-4 所示。一般情况下 RFM 模型可以说明下列几个事实：最近购买的时间越近，客户对产品促销互动越大；客户购买的频率越高，客户对品牌的满意度就越大；货币价值将高消费客户和低消费客户区分开来。但是，客户的消费行为是非常复杂的，仅从三个指标不能完全反映客户的购买和价值。因此，后续实践界和学术界通常会细化 RFM 指标或者对 RFM 模型进行拓展和延伸。例如 LRFMC 模型就是对 RFM 模型的拓展，其中增加的 L 代表客户关系长度，指客户成为会员到观测点的时间间隔，增加的 C 为折扣系数的平均值，表示该会员购买商品时获得的平均折扣系数，数值越小表示折扣越大。

在进行第五步聚类时，最常见的数据算法是 K-Means 算法。K-Means 算法的基本思想是以空间 K 个点为中心进行聚类，按照最邻近原则把靠近它们的对象归类。然后通过迭代的方法，逐次更新各聚类中心的值，直到得到最好的聚类结果。K-Means 聚类算法主要分为四个步骤：①确定聚类变量；②为待聚类的点寻找聚类中心；③计算每个点到聚类中心的距离，将每个点聚类到离该点最近的聚类中去；④计算每个聚类中所有点的坐标平均值，并将这个平均值作为新的聚类中心反复执行第三步和第四步，直到聚类中心不再进行大范围移动或者聚类次数达到要求为止。

R（Recency）最近一次消费	F（Frequency）消费频率	M（Monetary）消费金额
影响因素 产品记忆强度 接触机会 回购周期 ……	品牌忠诚度 产品熟悉度 客户会员等级 购买习惯 ……	消费能力 产品信任 ……
潜在应用 发展接触策略 决定刺激力度	决定资源投入 决定营销优先级 决定促销方案	决定推荐产品 决定折扣门槛

图 4-4　客户分类的 RFM 模型

小案例　电信营销智能升级：潜客挖掘建模全流程自动化与 AutoML 技术应用

在电信运营商市场竞争加剧及"提速降费"等行业趋势的影响下，电信行业面临着非常大的成本压力，对有限营销资源的高效利用成为电信企业提升市场竞争力的主要诉求。伴随大数据和人工智能技术兴起，电信运营商可以通过数据挖掘建模技术建立客户标签，定位目标客户群，赋能精准营销业务，实现市场营销业务的降本增效。然而，数据挖掘建模对人才专业性要求较高，需要具备数学、统计学、机器学习等方面的知识和技能。

浩鲸科技助力江苏移动，打造醒醐智能挖掘平台，定位于"低门槛，高复用"的挖掘工具平台，基于对数据资源与智能技术的有机融合，通过构建自动化统计取数、自动化特征处理、自动化模型构建、自动化模型调优和自动化营销部署五大核心能力，大幅降低数据挖掘建模的门槛，为业务人员提供了平民化的挖掘建模工具。它将各类技术操作从前台下沉到中台，实现挖掘建模过程中的数据特征复用、业务场景复用、算法流程复用，为业务人员提供自动化、普适化的智能挖掘服务。

具体而言，醒醐智能挖掘平台通过数据编排工具和数据融合引擎实现了基于业务场景的数据视图构建，完成建模训练数据的快速拉取和生成；智能挖掘工具封装了多种数据处理、特征值筛选、参数调优、模型调优等核心功能模块，实现流程化、一体式的数据挖掘建模；通过开放式算法库，平台可以不断补充更优的算法，增强平台的建模精准度。

醒醐智能挖掘平台基于 Crisp-dm 数据挖掘流程，将数据、算法、模型等元素组件化、可视化，实现低门槛、高效率的自动建模。其功能组件主要包含以下几个方面：

1. 功能元素组件化

醒醐智能挖掘平台基于 Crisp-dm 数据挖掘流程，将数据、算法、模型等元素组件化、可视化，实现低门槛、高效率的自动建模。其功能组件包含：

简易的交互界面。通过将训练特征字段、目标字段、算法、模型评估等操作进行系统统一封装，业务人员可通过勾选操作，在不需要具备建模专业知识的背景下根据自身业务理解和业务需求完成目标用户挖掘工作。

自动建模体系。基于 AutoML 搭建，采用人工智能技术训练数据挖掘模型。该模块通过自动化的统一脚本，可根据资源情况和训练任务需求，加载多个机器学习引擎，灵活选用 TensorFlow、Keras、Pytorch、阿里等框架进行训练，实现模型自动并行训练。

分类算法组件库。集成各类主流算法库到智能挖掘平台，包括各类主流传统的分类推荐算法和比第一代单类算法效果好的集成类算法，形成高度内聚的算法组件。

算法种类丰富。可专业调参算法包括：决策树、分类回归树、神经网络、贝叶斯网络、朴素贝叶斯等传统的分类算法；逻辑回归、广义线性回归、线性回归、支持和向量机、神经网络回归等回归算法、K-Means 等聚类算法；序列模式分析、协同过滤等关联算法。

自动化训练使用的集成算法。包含 XGBClassifier、ExtraTreesClassifier、GaussianNB、BernoulliNB 等最新集成类算法。

2. 从数据预处理、建模、调参到实时营销资源分配分配全流程自动化

醍醐智能挖掘平台使用多种人工智能技术实现全流程自动化，智能迭代输出最优效果模型，全程无需人工介入。

自动数据预处理，专业数据处理技术选取目标特征。利用 K-SIGMA 异常检测、线箱图异常检测等技术，针对性地对原始用户数据进行相应的归一化处理、降维、数据衍生、字段删除等操作，并对特征属性利用卡方检验等进行重要性筛选及打分，最终输出模型最佳特征字段。

自动建模训练，改进 TPOT 和 Dask 框架搭建自动化分布式建模体系输出最优模型。在采用多种分类、回归等算法进行机器学习分布式训练模型的基础上，使用遗传算法自动评估各类模型的效果并比较选取最优模型算法。

自动调参优化，采用贝叶斯优化算法进行模型自动调参。基于贝叶斯优化算法，建立了一套用于生成目标函数的超参数自动调优算法，找到目标函数的最佳超参数；构建一套分片式计算引擎，避免贝叶斯串行计算的方法的劣势，有效提升贝叶斯自动调参算法的探索效率，以得到超参数最佳组合。

目标概率数字化，实现客户群规模在线动态调整。平台通过模型挖掘后计算出所有用户目标分值，通过分值即可推算既定目标概率值下的用户数量，匹配资源确定最佳目标群规模，实现根据给定的资源自动适配最合适的目标用户群规模，达到最大化利用营销资源的效果。

通过搭建并部署醍醐智能挖掘平台，江苏移动旗下经营分析业务人员完全可以在不需要数据分析知识和统计人员协助下，独立完成数据模型的构建和应用，直接指导营销活动的执行。除了无技术门槛、易操作的特点，在具体主题模型的准确度方面也有较大提升。

以 5G 套餐挖掘应用为例，模型的查全率和查准率均在 75% 以上，预测概率在 20% 以上时，覆盖了 90% 的用户，具有实际应用价值；实际外呼测试，成功率在 8.63%，明显高于通常的 5% 概率水平。模型构建效率方面，从原来的 10 天构建一个新模型提升到 1 天之内。

中国移动多个省份使用智能挖掘平台进行智能化标签的生产，推动至营销一线进行市场客户分类和精准营销以及客户满意度提升。目前已建近 200 个预测、关联分析、客户分群等方面的模型支撑，较传统挖掘建模的平均精准度提升了 3 个百分点；同时，从营销成本来看，平均减少 20% 以上的外呼次数，实现了对有限营销资源的高效利用；更重要的是，营销方案上线周期缩短 50% 以上，实现了对市场的敏捷支撑。

资料来源：https://www.sohu.com/a/446140745_99985415.

4.3　利用深度学习选定最佳目标市场

人工智能为我们提供了多种技术来进行市场细分。一旦公司识别了它的市场细分机会，它必须决定进入多少细分市场以及哪些细分市场。营销者逐渐将一些变量结合在一起以识别更小、更明确的目标群体。所以，一家银行不仅要识别富裕的退休的成人群体，也要在那个群体中根据现有收入、资产、储蓄和风险偏好度来区分一些更小的细分市场。如罗杰·贝斯特（Roger Best）建议，用七步来完成目标市场的选择，锁定一群最有可能成为高价值用户的消费者来作为客户。实施目标市场定位战略的步骤如表 4-4 所示。

表 4-4　实施目标市场定位战略的步骤

1. 基于需要的细分	根据客户在解决特定消费问题时所追寻的相似的需要和利益将客户划分为不同的细分市场
2. 细分市场的识别	对于每一个基于需要的细分市场，判断哪些客户细分变量，如身份特征和使用行为使得这个市场与众不同并可识别（可操作的）
3. 细分市场的吸引力	使用预先确定的细分市场吸引力标准（例如市场增长率、竞争强度和市场可入性），判断每个细分市场的总体吸引力
4. 细分市场的盈利性	判断细分市场的盈利性
5. 细分市场的定位	针对每一个细分市场，根据该细分市场独特的客户需要和特征创造一个"价值主张"和产品价格定位策略
6. 细分市场的"酸性测验"	创造"细分市场故事板"来检验每一个细分市场定位战略的吸引力
7. 营销组合战略	扩展细分市场定位战略以包含营销组合的所有方面：产品、价格、促销和分销渠道

资料来源：科特勒，凯勒.营销管理 [M].14 版.王永贵，等译.北京：中国人民大学出版社，2012：251.

4.3.1　评估细分市场

并不是所有的市场细分方案都是有效的。我们可以将买盐的顾客分为男性和女性的消费者，但是头发颜色无疑与食盐的购买无关。而且，如果所有的食盐购买者每个月都买相同分量的食盐，相信所有食盐都是一样的，并且只愿为食盐付某一种价格，那么从营销角度来看，这个市场已经是最低限度的可细分市场了。

要想有效，市场细分必须在五个关键指标上表现良好：①可测量。细分市场的规模、购买力和特征可以测量。②足够大。细分市场的规模和利润大到值得为之服务。一个细分市场应该是尽可能大的同质群体，并值得为其制订专门的营销方案。例如，对于汽车制造商来说，也许会为某位有财力的身高低于 1 米的人来定制化一辆专车，但不会花钱制造一种为所有身高低于 1 米的人群所设计的车。③可进入。细分市场可以被有效地触及和服务。④可区分。细分市场在概念上是可区别的，并且对于不同营销组合元素和方案的反应是不同的。如果已婚和未婚的女性对香水销售的反应是类似的，她们就不能构成不同的细分市场。⑤可操作。能明确制订有效的方案以吸引和服务细分市场。

在评估不同的细分市场时，除了考虑以上五个指标所体现的细分市场的总体吸引力，公司还必须考虑公司的目标与资源。一个潜在的细分市场在上述五个标准下得分如何？它是否具备使其拥有一般吸引力的特征，例如规模、成长性、盈利性、规模经济和低风险？考虑到公司的目标、能力和资源，投资于这个细分市场是否有意义？一些有吸引力的细分市场可能和公司的长期目标不一致，或者公司可能缺少一种或多种必要的能力来提供更优价值。

营销者有一系列或连续性的可能细分层次，可以指导他们的目标市场决策，一般而言，有四种目标市场战略可以供营销者选择：

（1）覆盖整个市场。一般而言，试图用客户所需要的所有产品来服务所有消费者，这对一家企业来说是难度较高的，除非是特定的垄断行业里的企业。

（2）多元细分市场专业化。公司会挑选所有可能细分市场的一个子集，每一个在客观上都是有吸引力和适当的。也许各个细分市场之间存在很少的协同作用或者没有协同作用，但是每一个细分市场都有望获利。比如，森马服饰最初创立于 1996 年，定位年轻、时尚、活力、高性价比的大众休闲服饰，产品主要面向 16～30 岁追求时尚、潮流的年轻人。而旗下童装品牌巴拉巴拉品牌于 2002 年创立，倡导专业、时尚、活力，面向 0～14 岁儿童消费群体，产品定位在中等收入的家庭。多元化细分市场策略在分散公司风险上也有好处。

（3）集中于单一细分市场。因为集中于单一细分市场，公司只向一个专门的细分市场进行营销。保时捷集中于跑车市场，而大众集中于家用轿车汽车市场。通过集中的市场营销，企业可以深入了解细分市场的需要，并建立牢固的市场地位。利基市场（niche）是一个定义更狭窄的消费者群体，他们在细分市场中寻求与众不同的利益组合。营销者通常通过把细分市场划分为次级细分市场来确认利基市场。比如，洛斐（Lofree）是由一群有趣的设计师创立的中国时尚生活品牌，从事蓝牙鼠标、蓝牙键盘、拾光灯、美妆镜、收纳盒等生活日常产品的研发、设计和销售。洛斐以栖居在两平方米空间的年轻人为客户群体，聚焦于他们生活中的每个触手可及的两平方米，无论是办公桌前、咖啡厅里，飞机上还是地铁里，洛斐凭借极具创意与颜值、鲜活有趣的产品，为年轻人打造办公、生活等多种场景下的两平方米的有趣生活。通过在被忽视的利基市场中将有限的生活空间和乐趣的生活独特地联系起来，洛斐获得了年轻消费者的喜爱。利基市场营销者旨在较好地理解消费者需要从而让消费者愿意付更高的价钱。一个有吸引力的利基市场是什么样的？消费者有一些与众不同的需要；他们愿意支付额外费用给那些最能满足他们的公司；利基市场相当小但要有一定规模、利润和增长潜力，并且不太可能吸引很多竞争对手；利基市场通过专业化获得一定的经济价值。当营销效率增长时，看起来似乎太小的利基市场也可能变得很具盈利潜力。而海量的可获得的顾客数据以及多样化的专业人工智能数据挖掘方法，为我们寻找和接触利基市场提供了极大的便利。

（4）个别化营销。市场细分最极致的水平是"个人细分市场""个人定制化的营销"或者"一对一营销"。如今的消费者在决定购买什么产品和如何购买上有着更多的个人主动权。他们上网搜索，查找关于产品和服务供给的信息与评价，和供应商、使用者以及产品的评论人进行对话，并且在很多情况下自己设计他们想要的产品。定制化（customerization）用一种鼓励消费者自己设计产品和服务的方法，将运营驱动的大规模定制化与定制化的市场营销相结合。

人工智能的存在，使得定制化在企业端有实现的可能。第一，人工智能可以提升营销效果，减少营销人员成本。人工智能的数据收集功能可以帮助企业在日常营销活动中记录并更新用户信息，然后人工智能的深度学习功能可以根据用户的活动区域、消费习惯、行为偏好、活跃度等条件来细分目标受众。这些在过去通常要花费营销人员大量的时间成本，而现在借助人工智能技术，营销人员从数据纪录、整理、运算等繁重的工作中解脱出来，聚焦更具创造性的工作中。第二，人工智能可以细分目标受众，传递差异化体验。在人工智能的帮助下，对大数据的利用变得更加有效。在越来越庞大而细致的数据基础上，人工智能把具备相同或相似行为习惯的消费者加以细分、组群，进而根据社群的共性，制作更加个性化的内容并通过精准推送为消费者传递差异化的服务体验，极大提高了营销的投入产出比。第三，识别用户偏好渠道，及时调整营销策略。每个用户都有其偏好的媒介渠道，在合适的渠道发声会帮助企业与用户取得更好的互动。传统操作中，可以直接向用户询问他们的媒介偏好，但这不能保证他们回复，更何况随着时间的推移，每个人的偏好都有可能改变。而人工智能的优点在于，它能帮助企业整合用户多渠道媒介信息，并通过用户在不同渠道中打开率、点击率的变化，识别用户偏好渠道并及时调整营销策略，最终通过不同渠道多触点与用户沟通，洞察用户行为偏好和潜在需求，实现营销效果最大化。第四，基于用户行为数据，推荐个性化内容及产品。在当今市场营销和传播领域，个性化推荐很常见。人工智能的加入让这种模式如虎添翼。这极大减轻了营销人员从海量信息中挑选被推荐者的工作，并且能够保证信息以较高的概率被用户注意到，从另一个层面来讲，也提高了客户端用户的黏性。

4.3.2　利用深度学习选定目标市场

小案例　　　　　**解密深度学习的营销场景应用，阿里妈妈登场 IJCAI**

当地时间 2018 年 7 月 13 日～19 日，IJCAI 2018 在瑞典首都斯德哥尔摩顺利召开。IJCAI（International Joint Conference on Artificial Intelligence，国际人工智能联合会议）是人工智能领域顶级学术会议之一，涵盖机器学习、计算可持续性、图像识别、语音技术、视频技术等，对全球人工智能行业具有巨大影响力。

在此次大会上，阿里巴巴旗下大数据营销平台阿里妈妈亮相并披露了在人工智能领域的发展方向，在开放与前沿两大关键词的引导下，凸显了其在行业引领 Ad Tech（广告科技）的位置及实力。此外，阿里巴巴集团还以会展、行业对话、论文报告等方式展示了其在人工智能领域的技术能力与成果。

在 IJCAI 2018 会场，阿里妈妈主办了题为 Ad Tech 的工作坊，全面展示了其在搜索及展示营销领域的人工智能技术探索。结合阿里巴巴庞大的交易场景，阿里妈妈目前的技术实力已经在业内得到展现，在人工智能方面构建了超大规模的学习模型，通过每天太字节（TB）级别样本的训练，对未来趋势进行预测。

在大会现场，阿里妈妈资深算法专家朱小强进行了主题演讲。朱小强称阿里巴巴有多种多样的展示广告形式，每天有数亿的用户访问，针对每位用户个性化的兴趣偏好，需要在几十毫秒内从数千万广告集合中寻找最优匹配结果展示给用户。超大规模的数据和高度非线性的问题对技术造成巨大挑战。

深度学习给工业界掀起了一场生产力革命。在深度学习时代，模型的设计变成组件化，优化的方法变成标准化，而且设计和优化是解耦的。这些特点驱动了深度学习技术迅速得以普及，且将整个业界的技术迭代速度提升了 1～2 个数量级。阿里妈妈将深度学习引入到客户识别和广告展示技术中，自主研发了一系列面向工业级尺度的端到端深度模型，推动了展示广告技术的全面革新。

在演讲中，朱小强以两个最重要技术模块 matching（匹配）和 ranking（排列）为例，介绍了深度学习是如何推动这个领域的技术演化变革的。此外，有关核心困难、技术突破背后的思考点、深度学习在类似的工业级场景下发挥威力的核心技术优势以及未来工业级深度学习的趋势也都被谈到。

朱小强表示，在过去的 2～3 年里，深度学习在广告、搜索、推荐等核心工业界场景中野蛮生长，掀起了 1.0 时代的掘金浪潮；未来，深度学习将进一步完善为工业级基础设施，迈入 2.0 的工匠时代，技术的发展将由粗犷颠覆转变为精细化打磨。像 10 多年前机器学习大规模地被引入到核心工业领域并由此开创了一个技术的黄金发展周期一样，深度学习技术在未来也一样会继续引领新一轮的技术增长。

阿里妈妈高级算法专家林伟分享了搜索营销算法模型的构建。随着在淘宝场景下图像因素越来越重要以及用户行为模式越来越复杂，在 ranking 上，传统的一些模型在识别用户意图上存在诸多限制，需要更精巧和更强大的模型来更好地理解用户和分类用户。阿里妈妈提出了图像网络和记忆网络设计方法来增加 Ranking 模型在用户意图识别上的能力，经过实际测试这些方法都取得了不错的效果。

资料来源：https://www.sohu.com/a/242946903_355140.

人工智能的应用使企业有更全面的渠道和更多样的方式获取用户的相关信息（李欣琪，张学新，2020），同时基于数据挖掘和知识图谱等技术，推荐系统能够实时分析和更新用户偏好，有效缓解冷启动和推荐滞后的问题（阳翼，2019），从而在以往个性化推荐的基础上实现更精准有效的目标市场选择。

人工智能具备强大的数据分析和计算处理能力，能够通过算法确定消费者的特征和需求，判断用户最可能购买产品的时刻与内容（黄，2018）；并通过实时分析数据，不断评估和调整方案，自动完成广告媒介的购买和投放（马二伟，2020），最终实现高效、精准、动态的智能投放。杜蕾斯即采用智能的程序化购买方式，通过人群标签优化、页面关键词优化、时间优化实现精准投放，在投放中实时提升传播效果。

2018 年，乐天营销（Rakuten Marketing）发布的一份全球广告营销报告显示，营销人员预计他们将有 26% 的营销预算浪费在错误的渠道或策略上。就中国市场而言，人口结构的变化带来消费升级，促进了消费者个性化和对品质的追求，传播媒介去中心化信息传递，在分散用户的注意力的同时也增加了企业捕捉消费者的难度。上述种种因素对 AI 时代的市场获得提出了挑战。于是，利用深度学习来寻找潜在客户群体，就变成了众多企业需要考虑的一个问题。比如，华为云 ModelArts 就是面向开发者的一站式人工智能开发平台，为机器学习与深度学习提供海量数据预处理及交互式智能标注、大规模分布式训练、自动化模型生成，及端 - 边 - 云模型按需部署能力，帮助用户快速创建和部署模型，管理全周期人工智能工作流。

深度学习（Deep Learning, DL）是当今非常重要的人工智能技术，它是机器学习领域中一个新的研究方向，它被引入机器学习使其更接近于最初的目标——人工智能。深度学习的概念源于人工神经网络的研究，含多个隐藏层的多层感知器就是一种深度学习结构。深度学习通过组合低层特征形成更加抽象的高层表示属性类别或特征，以发现数据的分布式特征表示。研究深度学习的动机在于建立模拟人脑进行分析学习的神经网络，它模仿人脑的机制来解释数据，例如图像、声音和文本等。换言之，深度学习是学习样本数据的内在规律和表示层次，这些学习过程中获得的信息对诸如文字、图像和声音等数据的解释有很大的帮助。它的最终目标是让机器能够像人一样具有分析学习能力，能够识别文字、图像和声音等数据。深度学习是一个复杂的机器学习算法，在语音和图像识别方面取得的效果，远远超过先前相关技术。

借助深度学习技术，我们可以建立包含多个非线性模块的深度学习模型来挖掘用户的潜在偏好，从而学习到某类产品的本质特征和主题。因此，深度学习近年来在营销推荐系统领域受到了广泛关注。一般地，基于深度学习的推荐框架包含 3 层：输入层、模型层、输出层。其中，输入层主要以用户画像（性别、年龄、喜好等）、项目内容（类别、文本、图像等）、用户反馈（点击、评分、浏览等）和辅助信息（标注、评论等）中的一种或多种组合为输入；模型层由各种深度学习模型堆叠、线性或非线性组合而成，以学习用户和项目的潜在表示；输出层通过计算相似度等方法从项目池中召回部分项目，并通过个性化排序算法产生最终推荐结果（黄立威等，2018）。目前，营销领域常用的深度学习模型包括多层感知机（Multi-Layer Perception，MLP）、自编码器（Auto-Encoder，AE）、循环神经网络（Recurrent Neural Network，RNN）、卷积神经网络（Convolutional Neural Network，CNN）、注意力机制（Attention Mechanism，AM）和对抗生成网络（Generative Adversarial Network，GAN）等（余力等，2021）。

对于海量的数据，人工智能可以利用深度学习，快速应用图像识别和机器学习等技术，对大量文字、图片、视频、音频等素材执行自动化识别、聚合、提取、标记等操作，有效实现内容分类和标记（Chan-Olmsted，2019），并检查是否存在内容编辑错误、遗漏和其他相关问题，控制内容质量（Mayeda，2018）。这有效地解决了人工处理能力有限的问题。例如，小米通过智能手机、智能手环、智能家居等产品积累多维用户数据，在此基础上结合深度学习和自然语言处理等核心技术，通过关联分析建立多维标签，通过标签和算法精准识别用户的实时应用场景和需求。

举个例子，我们想通过一则朋友圈广告来识别对于定位于"坚韧"风格的某产品 A 的潜在客户。如果在发送给一群人的朋友圈推送标题中带有"坚韧"，而在发给另外一群人的标题中带有"强韧"，机器根据响应可以得出使用哪个词更好，并建议在剩下的用户里使用该词作为产品描述。这是基础的 A/B 测试，它只是在处理平均结果。

如果我们让机器获得关于接收者的额外信息（年龄、性别、历史反馈等），机器可以对这些数据进行整理并得出 35～45 岁的女性更可能对坚韧进行响应。这可以用单层的神经决策系统进行编码。如果我们增加额外的信息（教育水平、购买厨房用具的倾向），机器可以取得第一层的输出并将其传递给下一层。

当我们给机器更多的数据（每天朋友圈的响应时间、不同 IP 地址下的响应率），给朋友圈推送更多的控制和变化（照片、文字的内容和长度），机器可以使用多个神经层计算出朋友圈推送中什么样的元素组合可能对某些类型的接收者来说响应率是最高的。而深度学习就是为我们解决问题涉及更深层次的神经元。当机器得到外界的反馈时，强化学习就产生了，机器会提出展示哪个信息会使得某些特征的客户对于朋友圈广告采取了行动。消费者对于这些广告推送的反馈，就是机器进行强化学习的来源。

从某种意义上来说，人工智能系统是一个自主获得奖励或惩罚的代理，如果人工不干预，机器会尽力创造一个世界的心智模型，无论是动态的内容发布还是客户服务，它会不断采取行动，当获得来自外部环境的反馈后，它会产生一种动态神经网络。在这种神经网络中，信息可以以更加不受控制的方式进行流动，机器可以不断地根据反馈提升自己去接近预期目标，从而允许机器能建立前后关系并更快得到结论——哪些特征的客户才是"坚韧"产品 A 的最佳客户。

　　利用机器学习去识别并寻找目标群体客户的背后，是一个目的极为明确（例如如何识别、如何确定最佳目标客户）的极高精尖的数学模型体系。这个模型并不是人提前设计好的，而是通过机器的深度学习，不断生成并不断优化而来的。数据越多，价值越高，机器的算法越先进，深度学习的过程就越平顺、越可靠，模型就会建立得越好，取得的效果就会越好。而数据和算法，还必须真正基于具体公司的业务情况建立，不同公司的模型必然应该具有特异性。但公司实现这些往往比较困难，要么缺乏足够帮助构建深度学习的资源（公司规模或资源不够，掌握的信息不充分），要么是模型能力远远不足。毕竟公司所从事的业务是一个领域，而人工智能营销的数据和算法是另一个专业领域。因此，如本章开篇案例中腾讯的 Marketing API，还有本章中提到的华为云、阿里妈妈等一些具有实力的媒体平台将它的深度学习能力赋能给众多其他需要人工智能服务的公司，就成为一个帮助公司提升目标市场战略绩效和广告投放绩效的重要选项。

⊙ **延伸阅读**　　**从亿万人中找到你！Lookalike 算法教你用深度学习挖掘高相似度人群**

　　最近，乐天营销发布的一份全球广告营销报告显示，到 2021 年，全球广告支出增长预计将达到 7 574.4 亿美元。不过，2018 年的营销支出浪费依然突出。这份报告详细介绍了来自美国、英国、法国、德国和亚太地区的 1 000 多位营销人员的意见，根据调查，营销人员估计他们将 26% 的营销预算浪费在错误的渠道或策略上。尽管认为存在巨大浪费，但为了达到更好的营销效果，仍有 75% 的营销人员会把广告支出从一个平台转移到另一个平台，并且只有 36% 选择了更好的效果跟踪。

　　就中国市场而言，人口结构的变化带来消费升级，促进了消费者个性化和对品质的追求，传播媒介去中心化信息传递，在分散用户的注意力的同时也增加了广告主捕捉消费者的难度。上述种种因素对人工智能时代的营销提出挑战。

　　营销预算浪费的情况在亚太地区也普遍存在，而中国特殊的情况也让广告营销变得更加困难。

　　首先是人口结构的变化带来的消费变化。老龄化加速与 10 后消费崛起同时到来，让 80 后和 90 后成为前两者的主要买单群体，而这部分消费主力同时又追求个性化表达和品质消费，对广告的针对性及创意提出要求。

　　其次是传播媒介的变化。在移动互联网时代，媒体的传播形式已经从中心化的单向信息传递过渡到社交媒体的双向信息传递，现在在社群影响下，进入去中心化的社交媒体 2.0 时代。传播介质的变化要求广告营销更加注重社交化。

　　在营销预算浪费和消费结构变化的大背景下，企业精确捕捉消费者的难度大大增加。在这种背景下，Lookalike 技术就成为让客户量级倍增的利器。

　　Lookalike 技术基于种子用户画像和社交关系链寻找相似的受众，即在大量用户群中选择一组特定的种子（即有转化行为的）受众，包括但不局限于点击、下载、安装、激活，然后根据实际需求，筛选、识别、拓展更多相似受众，进一步引发更大客户量级的倍增。Lookalike 技术在目标市场战略中的应用如图 4-5 所示。

种子用户　　　基于用户画像、社交关系链提取用户特征　　　拓展大量相似人群

基于种子用户画像和关系链寻找相似人群

图 4-5　Lookalike 技术在目标市场战略中的应用

Lookalike 技术具有三大优势：

一是相比显式用户定向标签（如人口学、兴趣、行为等）需要大量广告主人工参与试错，隐式 Lookalike 几乎不需要广告主参与。部分平台只需要广告主上传具有特定目标（如曾经有过购买行为的）的种子用户的 ID 或设备 ID。

二是虽然目前广告系统都提供了丰富定向接口：人口学、LBS/ 地域、兴趣、行为、再营销等，但是依然很难满足很多广告主的个性化需求。如果要为每个广告主定制化标签，不仅周期长、成本高，而且很难通用。Lookalike 会对种子人群各个维度的特征（人口基础属性、社交属性、行为属性等）进行全方位分析。

三是高潜力用户难寻、精准与规模之间难取平衡点是广告主所面临的两个主要难题，核心仍在于对大规模潜在用户的有效触及。效果和规模之间达成"帕累托最优"（最理想状态）显得相对棘手——随着流量数量的增大，人群的聚焦性也必然逐步降低，寻找目标人群的难度加大，致使非目标人群的比例也随着流量的增加而增加。而 Lookalike 技术通过大数据分析和复杂模型学习归纳高质量人群的人口特征，然后在更大的流量范围内找具有类似人口特征的人。

腾讯社交广告早在 2013 年开始调研探索 Lookalike 技术，设计基于种子用户画像和关系链寻找相似人群，即根据种子人群的共有属性进行自动化扩展，以扩大潜在用户覆盖面，取得了不错的广告效果。

新智元统计发现，从 2017 年一季度开始，社交及其他广告收入同比增长率均保持在 60% 以上，而 2018 年一季度的增长率创下 5 个季度的最高水平（收入环比下降主要是因为第一季度的淡季影响），这背后与 Lookalike 技术的应用密不可分。

虽然 lookalike 在广告行业中应用普遍，扩展效果总体上很好，但不同机器学习模型或不同的输入数据所带来的扩展结果依然有显著的差异。因此在商业应用时就需要一个逐步探索扩展的过程，而不是一次性扩展大量人群。

资料来源：新智元微信公众号。

4.4　市场定位

4.4.1　利用大数据平台和人工智能算法发掘品牌定位点

定位（positioning）是指设计公司的产品和形象，从而在目标市场消费者心目中占据独特位置的一种行为。其目标是将品牌留在消费者心中，以实现公司的潜在利益最大化。通过阐明品牌本质和精髓，确立要帮助消费者达成的目标以及实现目标的独特方式，好的品牌定位有助于指导营销战略的实施。组织中的每个人都应该理解品牌定位，并将其作为决策的重要依据。

一个好的定位是"现实的立足点"和"未来的起点"。它需要有些抱负，以便让品牌有成长和改进的空间。定位仅依赖于现有的市场状况会失去前瞻性，但是，与现实情况脱节也会使其成为空中楼阁。定位真正的困境在于平衡品牌是什么与品牌将会成为什么的问题。定位的结果是成功地创造以顾客为中心的价值主张，这是目标市场消费者为什么会买该产品的颇具说服力的理由。

定位要求营销者定义和传播该品牌与竞争者品牌间的共同点和差异点。具体来说，在做出定位决策时要求：确定一个参考框架来识别目标市场和相关竞争，在参考框架下识别品牌联想的最佳共同点与差异点，创造可以概括品牌定位和精髓本质的品牌格言。

1. 确定竞争性参考框架

竞争性参考框架（competitive frame of reference），指定义与本品牌所竞争的那些品牌，因此也应是竞争分析关注的焦点。竞争性参考框架决策和目标市场决策紧密相连。决定某一特定类型的消费者为目标市场可以阐释竞争的本质，因为一些企业已经对这些目标市场下手（或者计划将来去这样做），或者该细分市场的消费者的购买决策里已经囊括某些产品和品牌了。

定义竞争性参考框架的一个很好的起点是确定品类成员（category membership）——与该品牌竞争的单个产品或者一系列产品以及功能与之相近的替代品。对一个公司来说，识别竞争对手看起来是件非常容易的事情。但是，公司的实际和潜在竞争者范围可以比显而易见的范围大得多。对于一个在新市场上有明确增长动机的品牌来说，更宽的范围或者一个更有野心的竞争性框架可能十分必要，以便反映未来所有可能遇到的竞争对手。而且相对于现有的竞争对手而言，一个公司更容易被新兴的竞争对手或者新兴技术所伤害。

我们可以从行业和市场两个角度来研究竞争。行业由一群提供同一种或同一类产品的公司组成，这些产品具有密切的替代关系。营销者可根据销售者数量，产品差异化程度，是否存在进入、转移与退出壁垒，成本结构，垂直整合程度与全球化程度来对行业进行分类。

按市场概念，我们将竞争者定义为"能满足相同消费者需求的公司"。营销者必须要克服"营销近视症"，不能再用传统的品类和行业术语来定义竞争。可口可乐公司就是因为专注于软饮料业务而无视咖啡与新鲜果汁的市场，后者最终对其软饮料业务带来了重大冲击。相比于将竞争的定义局限于产品类别的做法，竞争的市场概念揭示了更为广泛的实际与潜在竞争者群体。

2. 识别最佳差异点与共同点

一旦营销者通过定义顾客目标市场和竞争本质而确立了定位参考的竞争性框架，他们就能定义合适的差异点和共同点。

差异点（points-of-difference，POD）是消费者联想到的品牌属性或利益。他们给其正面评价，并相信从竞争品牌身上不会有同样程度的收获。那些形成差异点的联想实际上可以建立在任何类型的属性或者利益之上。强势品牌可能有多个差异点，例如苹果（设计、易用性与叛逆不羁的态度）和华为（性能、创新技术与赢的内涵）。创建强大的、令人喜爱的、独特的联想确实是个挑战，但对有竞争力的品牌定位来说是必不可少的。

某种品牌联想是否能真正成为一个差异点取决于三个标准——称心性、可交付性与区分性。①称心性。品牌联想必须让消费者感觉到与自身相关才有效。例如，东鹏特饮称它比别的软饮料更能提神，并指出富含牛磺酸、赖氨酸及多种 B 族维生素等营养成分作为证据。香奈儿 5 号香水则自称是法国香水中的优雅典范，支撑点是香奈儿与高级女装的长久联系。②可交付性。公司必须要有足够的内部资源与承诺去创造并维持消费者心目中的品牌联想，这个过程必须是可行而且可盈利的。产品设计和营销供应物必须支持合意的联想。传达这种合意的联想需要产品本身的真正改变，还是仅需要转变消费者对这种产品或品牌看法的认知？通常后者更加容易。例如，比亚迪通过富有时代气息的大胆形象与设计来努力改变公众对它产品品质不高的品牌感知。③区分性。最后，消费者必须觉得该品牌联想比相关竞争者的更特别、更优良。比方，农夫山泉强调说"我们不生产水，我们只是大自然的搬运工"。只要具备足够的称心性、可交付性与区分性，与产品或服务相关的任何属性或利益都可以作为一个差异点。但是，要真正成为一个差异点，品牌还得展现其属性或利益具有明显的优越性。例如，必须让消费者确信茅台生产最好喝的白酒，中国移动有最稳定的通信信号，而招商银行提供最好的财务建议和理财计划等。

另外，共同点（points-of-parity，POP）是那些对品牌来说并非独特，实际上可能与其他品牌共享的一些联想。这些联想的类型有两种基本形式：品类和竞争性。①品类共同点是那些消费者认为在特定的产品或服务品类中，合理且可信的出售物所必不可少的联想。换句话说，它们是品牌选择的必要条件而非充分条件。除非一家旅行社能够预订机票和旅馆，提供旅行套餐的建议并有多种票价支付及送达方式选择，否则消费者不会认为这是一家真正的旅行社。②竞争性共同点是那些设计用来克服消费者所感知的品牌弱点的联想。它需要有两个功能，一是可以抵消消费者所感知的竞争对手的差异点，二是可以抵消该品牌自身差异点所存在的弱点。

3. 选择共同点和差异点

在确定品牌定位时，营销者往往通过聚焦于品牌利益来选择共同点与差异点。品牌属性更多的是扮演支持角色，提供"相信的理由"或"证据点"来说明为什么一个品牌可以令人信服地宣称它带来特定的利益。例如，多芬（Dove）香皂的营销人员可以讲述它含 1/4 清肤乳的特殊属性如何让皮肤更加柔滑。消费者更感兴趣的通常是利益以及能从产品身上得到的具体好处。多重属性可能会支持某种特定利益，但它们也可能随着时间而改变。

在选择特定利益作为共同点和差异点从而对产品定位时，感知分布图很有用。感知分布图是消费者感知与偏好的形象化展示。它们提供了市场形势的定量描述，同时展现了消费者在各个维度上对不同产品、服务与品牌的看法。通过将消费者偏好与品牌感知重叠，营销者可以找出"空洞"或"空缺"，它们意味着未满足的消费者需求与营销机遇。

人工智能在帮助企业找出"空洞"或"空缺"方面有着强大的优势。人工智能算法的专长就在于数据整合和分析。人工智能算法可以在海量的数据中发现对人并不显而易见甚至有悖"常识"的线索，并善于归类。在合适的特征工程和数据量的配合下，可以将成百上千维度的数据同时纳入模型分析，因而能洞察到更多信息，更能探测到消费者偏好被现有市场的品牌感知覆盖的区域是否存在空白。

比如，作为汽车内容垂直领域的综合服务商的汽车之家，就正在运用其大数据平台"车智云"去挖掘市场动向，预测需求。利用自身新闻、在线看车、用户论坛以及与线下经销商联动吸引了巨大的流量，汽车之家拥有线上汽车媒体高达 73% 的数据，包括文字、图片、视频在内的海量用户产生内容（UGC）、职业产生内容（OGC）、专业产生内容（PGC）以及用户（"车友"）对这些内容详细的访问数据，这些数据允许他们开发出了精准的消费者分析营销模型。通过用户（U）、价值（V）、需求（N）三个维度对"车友"进行分类分析，预测潜在汽车消费者的需求方向。这样，不但可以对地区销量进行预测，帮助车企调整库存，更重要的是，通过分析舆论，洞察趋势，让车企发现核心客户群的变化以及对手的潜在威胁，为车企在营销活动策划甚至新车设计上提供有力参考。相比传统品牌定位的人工分析法，这样的人工智能营销为企业节省了更多成本，还大大提高了效率和精准度，促进更多的邀约到店，甚至线上销售（孙亚程，李艾珅，2021）。

4.4.2　通过情感分析发展传播定位

成功的定位可以帮助品牌在客户心目中占据独特的地位，从而在市场上取得长期的成功。耐克的"Just do it"和麦当劳的"我就喜欢"都是基于与客户的交流和沟通后确定的，这些定位口号简单易懂，又容易引发共鸣。感觉人工智能，尤其是情感分析，是帮助品牌建立有利传播定位的理想选择。它可以帮助制定引人注目的口号，了解什么能引发目标客户的共鸣。比如，达比斯和哈巴特（2017）研究了如何使用数据挖掘技术从客户的情感中提取基于客户的感知地图，以作为营销人员对产品了解的补充。与基于数据挖掘的细分和基于深度学习的目标相比，定位更多的是与客户的内心沟通，通常是促销沟通中的定位声明或口号。加利等（2017）发现那些最受欢迎的旅游目的地的品牌定位口号往往强调情感成分。

以往营销人员洞察用户感知品牌与竞争品牌之间的差异点和共同点，主要是以市场调研为主，通过建立用户档案来了解和影响消费者的需求（Kietzmann 等，2018）。这种方式多侧重于关注和分析直接相关的用户行为数据，而缺乏对多元数据的整合以及用户行为背后所蕴含的情感等内容的分析，用户洞察较为粗糙且流于表面。人工智能营销则可以比传统营销更有效地处理和利用用户数据。

首先，人工智能营销能够实现对用户的立体洞察。一方面，人工智能可以关联更多来源的数据并分析其中隐藏的模式。除了企业网站上用户点击和购买等直接相关的数据，人工智能还能够分析其他来源的潜在相关数据，如社交媒体平台上用户生成的大量内容，从而向营销者揭示关于用户潜在需求、偏好、情感、态度的洞察（Martinez 等，2016）。在洞察用户的过程中获得的知识是企业产品、服务开发和创新的宝贵资源。基于语音识别和自然语言理解等技术，智能机器人和虚拟助手不仅能够有效接收用户所说的信息，还能通过分析句子结构、单词语义和上下文语，准确理解用户的产品咨询或售后服务等方面的问题和需求，及时提供针对性解决方案（Kietzmann，2018；Paschen，2019）。另一方面，人工智能可以分析更多样化的信息，如利用计算机视觉和机器学习的情感分析技术来衡量购物者的情绪（Paschen，2019）。

最早的情感分析（Sentiment Analysis）研究始于 2003 年那须川和易两位学者的关于商品评论的论文，目标是从文本中分析出人们对于实体及其属性所表达的情感倾向以及观点。这项技术与其他的人工智能技术相比有些特殊，因为其他的领域都是根据客观的数据来进行分析和预测，但情感分析则带有强烈的个人主观因素。从自然语言处理技术的角度来看，情感分析的任务是从评论的文本中提取出评论的实体以及评论者对该实体所表达的情感倾向，自然语言所有的核心技术问题，例如词汇语义、指代消解、词义消歧、信息抽取、语义分析等都会在情感分析中用到。

其次，随着微博、微信朋友圈等社交媒体以及电商平台的发展而产生大量带有观点的内容，给情感分析提供了所需的数据基础。时至今日，情感识别已经在多个领域被广泛地应用。例如在商品零售领域，用户的评价对于零售商和生产商都是非常重要的反馈信息，通过对海量用户的评价进行情感分析，可以量化用户对产品及其竞品的褒贬程度，从而了解用户对于产品的诉求以及企业产品与竞品的对比优劣。在社会舆情领域，通过分析大众对于社会热点事件的点评可以有效地掌握舆论走向。在企业舆情方面，利用情感分析可以快速了解社会对企业的评价，为企业的战略规划提供决策依据，提升企业在市场中的竞争力。在金融交易领域，分析交易者对于股票及其他金融衍生产品的态度，为行情交易提供辅助依据。

目前，绝大多数的人工智能开放平台都具备情感分析的能力。比如，百度智能云提供语言处理技术情感分析，讯飞开放平台也提供人工智能情感分析的自然语言处理文本倾向性分析，诺达斯提供人工智能情绪识别服务等。机器学习算法有很多分类算法，例如逻辑回归、朴素贝叶斯、KNN 等，都可以用于情感识别。

⊙ 小链接　　　　　　　　　　　**基于机器学习的情感识别**

利用人工智能进行情感分析一般分为两个步骤：首先，根据训练数据构建算法模型；其次，将测试数据输入到算法模型中输出对应的结果。具体操作如下所示。

1. 构建算法模型

第一步，我们需要准备一些训练用的文本数据，并给这些数据做好情感分类的标注。比如：在电商领域中，商品的评论除了文本数据之外通常还会带有一个 5 星的等级评分，我们可以根据用户的 5 星评分作为标注依据，如果是 1～2 星则标注为贬义，如果是 3 星标注为中性，4～5 星标注为褒义。又比如：在社区领域中，很多社区会对帖子有赞和踩的功能，这一数据也可以作为情感标注的参考依据。

第二步是将标注好情感倾向的文本进行分词，并进行数据的预处理。

第三步是从分词的结果中标注出具备情感特征的词，可以参考情感词典进行标注，也可以采用 TF-IDF 算法自动抽取出文档的特征词进行标注。如果分析的是某个特定领域的文档，还需要标注出特定领域的词，例如做商品评价的情感分析，需要标注出商品名称、品类名称、属性名称等。

第四步，根据分词统计词频构建词袋模型，形成特征词矩阵。在这一步可以根据业务需要给每个特征词赋予权重，并通过词频乘以权重得到特征词分数。

最后一步就是根据分类算法，将特征词矩阵作为输入数据，得到最终的分类模型。

2. 使用模型对数据进行测试，并输出结果

当训练好分类模型之后，就可以对测试集进行分类了，具体的流程与建模流程类似，先对测试的文本数据进行分词并做数据预处理，然后根据特征词矩阵抽取测试文本的特征词构建词袋矩阵，并将词袋矩阵的词频数据作为输入数据代入之前训练好的模型进行分类，得到分类的结果。

采用基于机器学习的方法进行情感分析有以下几个不足之处。一是每一个应用领域之间的语言描述差异导致了训练得到的分类模型不能应用于其他的领域，需要单独构建。二是最终的分类效果取决于训练文本的选择以及正确的情感标注，而人对于情感的理解带有主观性，如果标注出现偏差就会对最终的结果产生影响。

除了基于词典和基于机器学习的方法，也有一些学者将两者结合起来使用，弥补两种方法的缺点，比单独采用一种方法的分类效果要更好。另外，也有学者尝试使用基于 LSTM 等深度学习的方法对情感进行分析。相信在未来，情感分析会应用在更多的产品中，帮助我们更好地理解用户需求，提升用户使用智能产品的体验。

资料来源：https://www.jianshu.com/p/114036537dcF.

本章小结

要充分发挥人工智能技术的巨大潜力，公司的首席营销官必须了解当下可用的营销人工智能应用类型及其发展方向，并为公司将来的人工智能营销应用做好战略规划。人工智能营销战略可以视为一个循环过程，从进行营销研究开始，然后制定细分目标和定位战略，再到设计具体的营销行动来执行战略。在这三个阶段中，机械、思考和感觉三类人工智能都能发挥其相应的作用。

所有的营销战略都建立在STP——市场细分（segmentation）、目标市场选择（targeting）和市场定位（positioning）的基础上。公司可以先广泛地从内外部收集具有价值的客户数据，包括描述类数据、交互类数据和关联类数据，然后利用聚类等机器学习的人工智能数据挖掘方法来发现和细分市场上的不同需求和消费群，实现客户分类；并且可以通过思考人工智能的深度学习技术，确定它们能更好满足的客户为目标市场；继而再通过感觉人工智能的情感分析技术来寻找品牌与竞争品牌的共同点和差异点，对其产品进行有利的传播定位，以便目标市场能够识别出公司的独特产品和形象。

关键名词

人工智能营销战略规划　市场细分　数据挖掘　客户分类　深度学习　目标市场选择　情感分析　定位

章末案例

拉夏贝尔携手腾讯深化数字合作，布局社群电商

2018 年 5 月，腾讯与知名女装品牌拉夏贝尔联合宣布达成战略合作，双方将发挥各自优势，着力于社群电商、营销触达、会员转化等方面展开深入的数字化合作，借助腾讯智慧零售提供的智慧化工具，共同探索时尚行业消费场景升级的更多可能。

上海拉夏贝尔服饰股份有限公司成立于 2001 年 3 月 14 日，是一家多品牌运营的自有品牌服装连锁零售企业，主要从事服装自主设计与研发、外包生产、品牌推广和直营销售；公司旗下拥有"La Chapelle""La Chapelle SPORT""Candies"三大主营女装品牌，后扩充男装和亲子系列品牌。上海拉夏贝尔服饰有限公司在国内有自营店柜近 5 000 家，并还在增长中。La Chapelle 是少淑品牌，主要针对 25～35 岁都市办公室女性设计。

拉夏贝尔集团作为国内第一家 A 股 +H 股上市的服装企业，近些年发展得不尽如人意。据 2018 年 8 月 28 日发布的半年报显示，拉夏贝尔上半年实现营业收入 43.79 亿元，同比上升 2.26%；净利润和扣非净利润分别为 2.36 亿元、1.85 亿元，同比分别下降 16.3%、24.29%。自 2016 年以来公司持续呈现增收不增利的局面，扣非净利润同比下滑由 2017 年中报的 6.5% 扩大到 2018 年中报

的 24.29%。

为了扭转这一局面，拉夏贝尔集团寻求转型并加速布局新零售，也已经取得一定成果。2016 年，集团线上电商营收就达到 10.4 亿元，后来又深入改造线下 9 000 多家传统门店，发力全渠道，实现线上线下数据互通。并且未来还计划用三年时间新增 3 000 家新零售智慧门店。拉夏贝尔集团为筹措新零售战略所需资金，在 9 月 21 日发布公告称，董事会已经通过发行 A 股可转债方案，待证监会批准后拉夏贝尔将集资最多 15.3 亿元。之后集团将募集资金用作零售网络扩展建设项目、门店升级改造项目、智慧门店建设以及物流中心建设项目。

据腾讯官方提供的新闻资料，此次与拉夏贝尔的合作将以打通社群电商业务为基本点，实现与消费者多场景的链接。腾讯提到，拉夏贝尔拥有行业领先的零售网络，结合腾讯强大的社交流量与技术能力，双方将搭建一套更智能的"神经中枢网络"。拉夏贝尔通过微信小程序、朋友圈广告等生态平台将产品及美学理念更高效、更精准地触达用户，全方位提升连接和导流转化能力。同时，借助微信的社群运营手段，门店导购可以更便捷、更鲜活地与顾客沟通，提升用户黏性和忠诚度，从而构建一个总部—终端—导购—消费者的完整服务生态，让"人货场"时时在线，消费行为时时可追溯。

腾讯提到，此次合作也意味着腾讯在时尚零售领域的布局正在加速深化。自去年开始，腾讯便与合作伙伴共同完成了智慧门店升级、小程序线上商城等项目的交付，拥有人脸识别支付、无感导购、个性化推荐等新玩法，而基于大数据分析的精准用户画像也让生意决策"更聪明"。未来，拉夏贝尔还将借助腾讯在云计算、人工智能和大数据等领域的解决方案，进一步提升数据洞察能力和门店精细化运营能力，引领时尚零售新体验。

拉夏贝尔联席 CEO 胡利杰表示："2018 年后整个市场的增量流量在社交流量，携手腾讯布局零售社群电商，会让拉夏贝尔能够有温度地和消费者沟通，更好地掌握消费者的偏好和市场需求，实现效率零售。"

此次拉夏贝尔关于新零售智慧门店的畅想与腾讯布局新零售时尚领域的战略一拍即合。未来拉夏贝尔还计划借助腾讯在人工智能、云计算和大数据等领域的解决方案，进一步提升数据洞察能力和门店精细化运营能力。

资料来源：https://baijiahao.baidu.com/s?id=1612821562763512023&wfr=spider&for = pc.

案例思考

1. 促成拉夏贝尔和腾讯合作的原因是什么？
2. 结合本章内容，你认为腾讯和拉夏贝尔可以通过哪些方式来进行"基于大数据分析的精准用户画像"？
3. 你是否看好拉夏贝尔的社群电商？为什么？

复习思考题

1. 目前市场营销活动中启用了哪些人工智能应用？
2. 人工智能营销战略是什么？
3. 应用人工智能用于进行客户分类的数据基础包括哪些？
4. 应用人工智能进行客户分类的算法包括哪些？
5. 结合实例谈谈人工智能在定位中的作用。

本章实训

一、实训目的

1. 了解人工智能在目标市场营销战略发展阶段的应用。

2. 通过多方法、多渠道调研，了解某一企业在其目标市场营销战略过程中是如何应用机器、思维或者感觉人工智能的。

3. 锻炼调查收集资料、分析问题、团队协作、个人表达等能力。

二、实训内容

　　以小组为单位，通过二手数据分析和实地调研，了解某一企业如何把不同类型和不同算法的人工智能应用于其目标市场营销战略发展，并提出相应的管理启示。

三、实训组织

1. 指导教师布置实训项目，提示相关注意事项及要点。

2. 将班级成员分成若干小组，成员可以自由组合，也可以按学号顺序组合。小组人数划分视修课总人数而定。每组选出组长1名，发言代表1名。

3. 以小组为单位，选定拟调查的企业，制定调查提纲。完成书面调查报告，制作课堂演示PPT。

4. 各小组发言代表在班级进行汇报演示，每组演示时间以不超过10分钟为宜。

四、实训步骤

1. 指导教师布置任务，指出实训要点、难点和注意事项。

2. 演示之前，小组发言代表对本组成员及其角色进行介绍陈述。演示结束后，征询本组成员是否要补充发言。

3. 由各组组长组成评审团，对各组演示进行评分。其中，演示内容30分，发言者语言表达及台风展现能力10分，PPT效果10分。评审团成员对各组所评出成绩取平均值作为该组的评审评分。

4. 教师进行最后总结及点评，并为各组实训结果打分，教师评分满分为50分。

5. 各组的评审评分加上教师的总结评分作为该组最终得分，对于得分最高的团队予以适当奖励。

 参考文献

[1] 科特勒，凯勒.营销管理：第14版[M].王永贵，等译.北京：中国人民大学出版社，2012.

[2] 斯特恩.人工智能营销[M].朱振欢，译.北京：清华大学出版社，2019.

[3] 阳翼.人工智能营销[M].北京：中国人民大学出版社，2019.

[4] DAABES A S A, KHARBAT F F.Customer-based perceptual map as a marketing intelligence source[J]. International Journal of Economics and Business Research, 2017, 13(4): 360-379.

[5] GALI N, CAMPRUBI R, DONAIRE J A. Analyzing tourism slogans in top tourism destinations[J]. Journal of Destination Marketing & Management, 2017, 6(3): 243-251.

[6] HUANG M H, RUST R T. A strategic framework for artificial intelligence in marketing[J]. Journal of the Academy of Mar-

keting Science, 2021, 49(1): 30-50.

[7]　HUANG M H, RUST R T. Technology-driven service strategy[J]. Journal of the Academy of Marketing Science, 2017,45(6): 906-924.

[8]　THOMAS H D, GUHA A, GREWAL D. How to design an AI marketing strategy[J]. Harvard Business Review, 2021,7:56-61.

[9]　MUSTAK M, SALMINEN J, PLE L, et al. Artificial intelligence in marketing: bibliometric analysis, topic modeling and research agenda[J]. Journal of Business Research, 2021, 124(4):389-404.

[10]　陈先昌 . 基于卷积神经网络的深度学习算法与应用研究 [D]. 杭州：浙江工商大学）2014.

[11]　黄峻泓，夏征宇 . 基于收视行为和消费数据的用户分类研究 [J]. 新媒体研究，2020，118（2）：23-24，29.

[12]　黄立威，江碧涛，吕守业，等 . 基于深度学习的推荐系统研究综述 [J]. 计算机学报，2018，41（7）：1619-1647.

[13]　朱国玮，高文丽，刘佳惠，等 . 人工智能营销：AI 赋能营销的研究与展望 [J]. 外国经济与管理，2021，4（7）：86-96.

[14]　李春宏 . 数据挖掘技术在客户分类管理中的应用 [J]. 中国管理信息化（综合版），2007，10（6）：3.

[15]　林子筠，吴琼琳，才凤艳 . 营销领域人工智能研究综述 [J]. 外国经济与管理，2021，43(3)：89-106.

[16]　刘红岩，陈剑，陈国青 . 数据挖掘中的数据分类算法综述 [J]. 清华大学学报（自然科学版），2002，42（6）：727-730.

[17]　樊仙仙 . 基于聚类分析的 H 银行客户细分及营销策略研究 [D]. 上海：华东理工大学，2016.

第5章
人工智能与产品策略

开篇案例

人工智能促使产品策略发生天翻地覆的变化

将人工智能合理运用到产品策略当中，可以帮助企业驱动产品创新、改善服务体验、提升品牌形象，从而降低营销成本、提升营销效果。

1. 搜狗：深化"自然交互+知识计算"人工智能布局，全链条覆盖营销场景

搜狗以技术为核心驱动力，拥有搜狗搜索和搜狗输入法两大典型产品，通过不断对用户行为数据的交互与深耕，搭建智能化营销平台。在"自然交互＋知识计算"的人工智能战略引领下，搜狗将人工智能技术应用到整个营销体系中，通过对数据的深度挖掘，实现用户需求与品牌传播信息的精准匹配，在用户洞察、用户意图识别、广告创意和广告投放等环节分别进行人工智能赋能，全链条覆盖帮助品牌方提高营销效率和效果，实现精准触达，同时也为用户带来个性化的优质体验。

2. 思必驰：对话式人工智能平台公司致力"沟通万物、打理万事"

思必驰是国内专业的对话式人工智能平台公司，拥有全链路的智能语音语言技术，自主研发了新一代的人机交互平台（DUI）和人工智能芯片（TH1520），可为车联网、物联网以及金融、办公、政务、医疗、地产等众多行业场景伙伴提供自然语言交互解决方案。思必驰推出的针对企业智能服务的定制平台——会话精灵，提供虚拟机器人的在线定制服务，通过复杂知识沉淀和管理，适当引导用户关注，帮助用户获取更清晰准确的信息。思必驰会话精灵智能服务 chatbot 解决方案现已为顺丰、重庆农商银行、广西人力资源和社会保障厅、上海交通大学、碧桂园等机构及行业领先企业提供个性化的对话机器人定制服务。

3. 云拿科技：人工智能视觉无人店解决方案多环节赋能全球实体零售商

云拿科技致力于通过人工智能技术在支付、营销、门店管理等多环节助力实体零售商升级改造。云拿"人工智能视觉无人店解决方案"以计算机视觉、机器学习和多传感信息融合技术为核心，通过自主知识产权的行为识别和商品学习算法引擎 Cloudpick++，配合英特尔最新架构的边缘计算服务器及 OpenVINO 等工具包协同优化，实现高性能、低延时的商品图像识别与顾客动作识别，为全球客户提供"拿了就走、无感支付"的无缝体验，助力将传统实体商店升级为高度数字化、智能化、无须人工收银的智慧商店。作为英特尔的生态合作伙伴，云拿目前已在全球落地近百家无人店，进军日本、韩国、美国、加拿大、新加坡等全球市场，赋能全球实体零售商，激活零售"无人化"新业态。

资料来源：中国 AI+ 零售行业发展研究报告，艾瑞咨询系列研究报告（2020 年第 6 期）。

　　人工智能近年来发展迅速，在计算机视觉、机器学习、语音识别等技术研发及落地方面均取得了明显突破。现如今，人工智能作为新兴技术在市场营销的多场景、多环节中均有渗透，人工智能相关技术（计算机视觉、智能语音、自然语言处理、机器学习、知识图谱等）也陆续应用于市场营销各环节。人工智能的主要技术类型如表 5-1 所示。

表 5-1　人工智能的主要技术类型

技　术	说　明
计算机视觉	计算机视觉研究计算机如何从数字图像或视频中获得高层次的理解，其目的是理解和自动化人类视觉系统可以完成的任务（Sonka et al., 2014）；图像识别能够帮助广告商理解人们在社交媒体上分享的图片和视频，并"展示"真实的消费者行为（Forsyth, Ponce, 2002）
机器学习	机器学习可以从数据中提取知识，并在最少的人工干预下执行优化任务。这种方法作为有效的数据挖掘工具在许多领域被采用，以发现隐藏在数据库中的"有趣的"、不明显的模式或知识（Cui et al., 2006）
自然语言处理	自然语言处理是计算机分析、理解以及从人类语言中获得意义的一种方式（Lopez, Kalita, 2017）；允许人工智能系统分析人类语言的细微差别，从而从博客、产品评论、Twitter、Facebook 等内容中获得有效信息（Kietzmann et al., 2018）
语音识别	语音识别使得人工智能可以分析话语中的含义。例如，呼叫中心服务提供商 Sayint 使用人工智能语音识别来监控和分析客户来电，该技术有助于 Sayint 了解客户需求，提高客户满意度（Kietzmann et al., 2018）

资料来源：林子筠，吴琼琳，才凤艳.营销领域人工智能研究综述 [J].外国经济与管理，2021，43（3）：89-106.

　　产品是企业产出的核心，是营销组合中最重要、最基本的要素。产品策略直接或间接影响到其他营销组合要素的管理。可以说，产品策略是整个营销组合的基石。如此一来，在智能化时代，企业若想要快速发展，获得竞争性优势，就必须要将人工智能技术融入产品策略的各个环节当中，以不断挖掘顾客新需求驱动产品创新，升级产品及服务以改善顾客体验以及自我完善以提升品牌形象。从这个意义上来说，将人工智能充分融入产品策略当中去已是大势所趋。

5.1　人工智能驱动产品创新

　　创新驱动发展战略的政策支撑、人工智能的技术发展渗透不断推动着各行业、各领域的创新性发展。在人工智能时代，企业需要将人工智能技术融入产品创新的全过程，使得产品满足新时代的消费需求。

5.1.1　融入人工智能技术的产品特征

　　随着人工智能时代的到来以及消费新需求的出现，各类产品的发展日新月异，产品更新换代的速度史无前例。可以说，企业产品变革的速度是企业维持竞争力的重要决定因素。基于科技变革与顾客需求的变化，对原有产品进行变革，将智能元素注入新产品中，是企业发展的必要内容。一方面，基于原有的产品性质和顾客基础，改进原产品不会大幅改变消费者的使用习惯，反而会在维持消费者原有核心习惯的基础上对稍有欠缺的地方加以完善，企业所面临的市场需求风险大大降低，无须担心客户大幅流失的问题。另一方面，原有产品的技术设备等方面较为成熟，对现有产品进行变革只需投入较少的生产成本、资源、资金等，从而降低成本。因此，人工智能时代的产品变革不仅是不可阻挡的趋势，而且是企业维持、增强竞争力的重要内容。同时，人工智能的引入，使变革后的产品功能更加丰富以满足消费者多样化的需求，操作更加简单以使消费者的生活更加便利，特点更具个性以满足消费者的独特需求。

1. 功能多样化

人工智能技术促进了产品革新，使产品具有更加丰富和先进的功能，满足消费者新出现的需求，同时激发消费者的潜在需求。在新一轮科技革命和产业变革的推动下，我国引入了无人汽车，依靠车内以计算机系统为主的智能驾驶控制器来实现无人驾驶，近年来无人汽车的安全性、可靠性不断提高。在教育方面更是有机器自动翻译功能，我们浏览外文文献时，谷歌翻译等软件可以为我们提供翻译功能，帮助我们解决在阅读过程中因不断查阅词典而降低阅读流畅性的苦恼。在教学过程中，"人工智能教师"可以针对每一位学生的学习习惯和学习情况，为每个学生制订个性化的学习和练习计划，实现"因材施教"。

2. 操作简单化

产品的先进并不意味着操作的复杂与烦琐，而是要化繁为简、老少皆宜。在生活节奏越来越快的今天，高效便捷是产品变革的必然趋势，这就决定了操作简单是产品变革的必然要求。例如，我们只需唤一声"天猫精灵"，即可唤醒匹配音箱，通过语音来播放音乐、听广播、订外卖、购物，甚至是唤醒其他智能家居；Facebook 打造的虚拟助手"M"能够帮助用户购物、预订酒店、安排行程等，大大节省消费者搜集信息、筛选产品等所要花费的时间；阿里巴巴未来酒店也实现了由人工智能机器人提供送餐等服务。人工智能使消费者的支付方式也更加简便。自助支付设备、人脸识别、行人重识别（Re-ID）、语音助手、生物识别等技术手段改变了传统的现金交易等方式，推动了新兴支付手段、支付方式的发展，使商家与消费者都感受到了交易的便利化。

3. 产品个性化

智能产品的发展要与消费者的需求特性相契合。在大众化需求得到满足后，个性化产品逐渐得到了人们的青睐。各种智能产品在不同的人手中会变成不同的形象，具有不同的"个性"。例如，我们召唤语言助手，"告诉"它我们要洗澡，它就会通过程序链接，打开热水器，调节至适合我们的水温，给浴缸蓄水；打开我们常听的音乐，为我们带来最为贴心舒适的服务。在炎热的夏季，我们还未到家时，即可通过手机打开空调，将房间调节至已经默认的舒适温度，帮助我们躲避酷暑的炎热。在惬意的周末，我们可以在家中打开电视，在智能产品为我们专门推荐的节目中轻松找到自己想看的那一个，或者打开音乐播放器，聆听那独一无二的推荐歌单。

5.1.2　人工智能技术驱动产品创新

如今，诸多企业和产品都已经进入到激烈竞争的红海领域，如何在众多竞争者中脱颖而出，持续满足消费者的需求，赢得消费者的青睐，是企业亟待解决的问题。因此，企业需要人工智能技术加持，不断推陈出新，创造全新的产品，提高企业竞争力。其中，5G 等技术是人工智能发展的基础，为人工智能的跃进式发展提供了重要的技术支持；消费者需求是人工智能时代产品创新的首要动力，为产品创新指明了方向；同时，人工智能也辅助企业为消费者带来更具创新性的产品内容，为产品创新提供了技术支持。

1. 技术支持

5G 等技术的迅速发展，为人工智能提供了至关重要的技术支持。作为最新一代移动通信技术，5G 的主要优势是数据传输速率远远高于以前的蜂窝网络，最高可达 10Gbit/s，比以前的 4G LTE 蜂窝网络快 100 倍，其高速度、大容量和低延时，将在很大程度上突破网络宽带和传输速率的局限，促进人工智能的跨越式进步。

同时，人工智能技术也为互联网等领域的创新应用提供理论基础。例如，自动定理推理为网络信息检索、问题求解、远程诊断等提供了自动求解方案；数据挖掘为从数据库中挖掘提炼出蕴含本质规律的数据提供了规则和评估标准。从技术应用的创新层面来看，人工智能技术的发展，为未来 ICT 等网络技术的发展指引了方向。可以看出，5G 等技术促进了人工智能的发展，同时，人工智能的发展也促进了相关产业的发展，各种技术的相互作用促进了人工智能技术的落地，真正地造福消费者。

2. 首要动力

消费者需求是市场营销的起始点，企业的生产和服务最终也都是为了满足广大消费者的需求。一方面，企业利用人工智能的大数据整合进行市场调研与预测，充分挖掘消费者的现实需求与潜在需求，对处于不同需求层次下的不同消费者进行聚类分析，多样化的消费需求促使产品创新点的产生。另一方面，消费者做出购买决策是个体因素、心理因素与外部环境等多重因素共同作用的结果。随着接触事物的不断增多，消费者自身需求层层递进，从单纯的物质文化需求转向更高层次的精神消费需求。伴随人工智能大环境的普及化、体验化、场景化，消费者寻求智能、体验、服务。从单一的电话通信转向多样的视频语音，从单纯拍照转向美化照片记录生活，从手机、计算机等电子设备需求转向智能语音助手、智能机器人等便捷服务需求，不断发展的新需求促进了产品的产生与创新。

3. 创新成果

人工智能为消费者带来了全新产品和内容产品。一方面，人工智能可以通过长期观测市场走向，挖掘和预测市场的潜在需求，完成产品的创新设计。例如，专为残障人士开发的音书 App 就是一款运用人工智能技术满足特定消费群体需求的创新产品，它集合了语音识别、语音合成及语音测评等技术，使产品具有字幕功能、语音功能及打电话功能。另一方面，在移动互联网时代，用户越来越注重内容消费，这就产生了产品内容消费，如知乎提供了高质量问答社区、小红书记录美好生活等。在内容产品中，用户或平台生产出来的视频、图片、语音、文字等，通过生成的内容与不同的人群建立特定的联系，而内容就作为人与人之间信息传递的价值链。人工智能的发展也为解放人类创造出了全新的内容产品，如人工智能下棋、人工智能作诗、人工智能写歌、人工智能机器人等，为人们提供了全新的思路。诸多人工智能创造的具有商业红利的新内容产品在一定程度上科技化、多样化了用户消费生活与消费方式，在多个领域的智能产品系列推动满足个性化需求、提高服务质量。

⊙ **人物介绍**　　　　　　**中国人工智能行业的领军人——李彦宏**

李彦宏（Robin Li，1968 年 11 月出生，山西阳泉人），百度创始人、董事长兼首席执行官（CEO）。

1968 年，李彦宏出生在山西阳泉一个普通的家庭。19 岁时，李彦宏以阳泉市第一名的成绩考上了北京大学图书情报专业（即信息管理）。从大三开始，李彦宏定下留学美国的目标，方向锁定在计算机专业。

1991 年，李彦宏毕业于北京大学，随后前往美国纽约州立大学布法罗分校完成计算机科学硕士学位，先后担任道·琼斯公司高级顾问，《华尔街日报》网络版实时金融信息系统设计者，Infoseek 公司资深工程师。从 1995 年起，李彦宏每年都回国进行考察。

1999 年，李彦宏认为中国互联网环境已经成熟，启程回国。

2000 年 1 月，李彦宏创建百度，并以"超链分析"专利为技术基础，带着筹集到的第一笔风险投资 120 万美元，在北大资源宾馆租了两间房，与好友徐勇先生共同创建百度。9 个月之后，风险投资商德丰杰联合 IDG 又向百度投入了 1 000 万美元。

2001 年，李彦宏在百度董事会上说服股东，将百度转型为面向终端用户的独立搜索引擎网站，并实施"闪电计划"对百度实行技术升级，使百度成为全球第二大独立搜索引擎，在中文搜索引擎中名列第一。

2005 年 8 月，百度在美国纳斯达克成功上市，成为全球资本市场最受关注的上市公司之一。

2009 年，李彦宏提出框计算技术理念，并陆续推出"数据开放平台""应用开放平台"，构建互联网全新产业生态。

2013 年，李彦宏在百度建设中国首个深度学习研究院，成为中国乃至全球率先推动人工智能前沿科技研究的企业家。同年，李彦宏也当选了第十二届全国政协委员，兼任中国民间商会副会长、第十一届中华全国工商业联合会副主席、第八届北京市科学技术协会副主席等职务。

2015 年，李彦宏倡议在国家层面建立"中国大脑"计划，以人工智能为核心抢占新一轮科技革命制高点。

2017 年，百度牵头筹建深度学习技术及应用国家工程实验室。

2018 年 1 月 19 日，李彦宏登上《时代》周刊 2018 年首期封面，被冠以"创新者"（The Innovator）之称，成为首位荣登该刊封面的中国互联网企业家，并获评"正帮中国在 21 世纪赢得胜利"。同年 12 月 10 日，入选全球权威媒体《哈佛商业评论》发布的"全球最受关注的十大人工智能领军人物"。12 月 18 日党中央、国务院授予李彦宏改革先锋称号，颁授改革先锋奖章。

《哈佛商业评论》评价李彦宏为"中国人工智能行业的启蒙者与设计师"，并称其为"中国唯一拥有全套人工智能技术与产业能力的 CEO"。《哈佛商业评论》的评语中这样写道："中国人工智能行业的启蒙者与设计师，他首度提出人工智能三位一体的标准，认为未来企业都需人工智能化；在全球范围内最早搭建无人驾驶开放平台，让汽车全行业"all in AI"，极大地推动了中国及世界智能驾驶产业的发展；在他的版图内，人工智能对于产业升级的推动以及对于智能交通、智慧城市的构建已经进入落地应用阶段。"

目前，百度人工智能产品已经开始显现规模效应。截至 2018 年 9 月，百度旗下 20 多个 App 实现了 9.9 亿月度活跃用户数。智能出行、智能家居、人工智能化医疗等多个领域的人工智能落地应用先后发布，全球范围内第一个自动驾驶开放平台 Apollo 系统以及共享人工智能图像、语音、自然语言处理、用户画像等核心能力的"百度大脑"技术开放平台等，为政府、企业以及开发者提供了完整的人工智能解决方案。

产业层面，在李彦宏等人的带领下，百度人工智能已经覆盖国民经济三大产业。农业领域，2018 年百度与雷沃达成合作，共同启动农机智慧化升级，并与麦飞科技合作推出农业遥感智能监测系统，通过 AI 遥感智能监测病虫害；工业领域，2018 年 7 月百度与金龙合作的全球首款 L4 级自动驾驶乘用车实现量产，11 月发布中国首款 L4 级自动驾驶乘用车，并推出世界上首台基于视觉技术构成的低成本、可量产解决方案的无人自主挖掘机；在第三产业，百度的人工智能技术在零售、医疗、餐饮等众多领域都实现了落地应用。

资料来源：https://baike.baidu.com/item/%E6%9D%8E%E5%BD%A6%E5%AE%8F.

5.2　人工智能改善服务体验

在市场营销领域，研究人员及营销人员都希望通过科学有效的方式，向消费者精准投放被广泛关注并认可的广告，以提高企业的营销效率和效果。人工智能通过大数据及精准算法，更加科学、精确地绘制消费者的消费轨迹及用户画像，充分满足消费者的消费需求，从而改善消费者的服务体验。

5.2.1　人工智能与服务品质

人工智能技术的普及，使企业更加精准地感知到消费者需求，从而更好地满足其需求，这在一定程度上提升了给消费者带来的服务品质。从某种程度来讲，人工智能的发展是为了让人类提高生活品质，享受生活乐趣，为消费者带来多方位的便利与服务。所以在设计之初，人工智能把以人为本理念作为产品开发创新的要求之一。

对于服务品质，学术界公认的测度模型是帕拉苏拉曼、泽瑟摩尔和贝瑞三位学者提出的 SERVQUAL 量表。该量表是至今使用最为广泛的度量服务品质的方法。它通过衡量顾客服务期望与服务绩效感知的差值来测量服务品质，只有后者大于前者，消费者才会认为服务品质是令人满意的。SERVQUAL 量表共包括 22 个指标，分为 5 个维度，即可靠性、响应性、保证性、移情性和有形性。可靠性是指可靠地、准确地履行服务承诺的能力，它意味着承诺过的服务无差错地准时完成，包括公司向顾客承诺的事情都及时完成，对于顾客遇到的困难能表现出关心并给予帮助，公司是可靠的，能准时地提供所承诺的服务，正确记录相关的服务。响应性是指迅速为顾客提供服务，减少顾客等待时间，出现服务差错时迅速解决问题，包括告诉顾客提供服务的精准时间，提供及时的服务，员工总是愿意帮助顾客，员工不会因为其他事情而忽略顾客。保证性是指员工表达出自信和可信的知识、礼节的能力，包括员工是值得信赖的，在从事交易时顾客会感到放心，员工是礼貌的，员工可以从公司得到适当的支持以提供更好的服务。移情性是指设身处地地为顾客着想以及对顾客给予特别关注，包括公司针对顾客提供的个性化服务，员工会给顾客个别的关心，员工了解顾客需求，公司优先考虑顾客的利益，公司提供的服务时间符合顾客的需求。有形性是指有形的设施、设备、人员和宣传资料等，如优美的环境和服务人员的服装外表等，包括有现代化的服务设施，服务设施具有吸引力，员工有整洁的服务和外套，公司的设施与其所提供的服务相匹配。基于该理论模型下的五个维度，企业可以运用人工智能技术准确衡量并进一步改善企业的服务品质，为顾客创造更好的服务体验。

1. 可靠性

人工智能技术可以帮助营销人员获得更加准确的数据，帮助企业全面了解其现有的服务水平与顾客期望之间的差距，掌握更加精准的顾客评价与反馈数据。同时，在大数据以及人工智能技术的支持下，企业对于顾客的服务管理可以覆盖产品整个生命周期、企业各部门、从生产到销售的整个流程，基于"以顾客为中心"的理念，对跟踪、收集到的各类顾客数据进行分析，以此更加清晰地掌握消费者需求，为消费者提供准确的产品推荐以及更好的服务。同时，网购中的定期更新、私人订制、小众产品等个性化产品和服务也满足了现代消费者的独特需求。

2. 响应性

人工智能技术可以帮助减少人工客服过于忙碌而导致的服务疏漏，提高工作品质。

当出现问题时，尤其是由于非个人原因导致的问题（如天气原因导致多次航班延误等），有限的人工客服会过于忙碌，以至于很多消费者要等待很长时间，同时服务质量也会下降。智能语音助手和智能客户服务在一定程度上可以缓解人工客服的压力，减少人工成本，提高服务质量。对于日常运营来说，人工智能技术的支持可以减少人员冗杂，提高工作效率。工作人员可以将不同程序录入到不同的工作系统中，而工作人员只需不断维护、升级系统，从而将更多的精力投入到解决更加重要或紧急的工作当中去，从而提升服务质量。

3. 保证性

人工智能技术可以帮助企业及营销人员提升完成服务的能力，与顾客更有效地沟通。企业可以构建用户期望－感知的差距平台，将数据充分可视化。从企业到员工再到消费者，员工可以直接面向消费者，员工的知识、能力、态度等直接影响到消费者的购买决策。企业可以根据人工智能技术采集到的信息，定期开展员工培训、跨部门交流、业绩激励等方式，也可以利用人工智能可视化员工的业绩、服务满意度评价等，结合线上线下多方面的手段和方式来调动员工对工作的积极性，提高其对消费者的服务水平。

4. 移情性

移情性表现为关心顾客的需求并为顾客提供满意的个性化服务，这是实行差异化战略的重要体现。在传统营销中，移情性主要表现在商家对于消费者的态度及行动上，提升商品质量和服务质量。在人工智能技术的加持下，企业及营销人员的移情性更大程度地转化为产品质量和服务质量。如苹果零售店会以顾客为中心，延长营业时间直至解决顾客的问题；宜家自主选择家具材料，提供个性化的家居风格等。可以大胆推测，在未来，人工智能在学习发展的过程中，可能本身也会增加移情能力，到时将会给服务质量带来质的飞跃。

5. 有形性

有形性大多是指服务全过程的实体部分，包括环境、设施、人员等。比如，在服装店进行购物时，消费者现今更趋于自助式、一站式购物，服装的陈列、店内的装潢、模特的穿搭等均会影响消费者的购买体验；在奶茶店品味饮品时，服务人员的态度、环境的舒适度、店内的音乐、服务的速度等也影响着消费者的感知……各类企业都在提升有形性服务，有形性也是人工智能技术发展要考虑在内的一大因素，有形性服务是顾客可以感知到的，直接影响到顾客的消费体验。如今，机场的服务机器人、家中的智能家居，从外观到声音，都更加具有亲和力，以增强顾客的信任感和顾客黏度。

总体来说，在人工智能和大数据技术的加持下，商家可以在不同维度、不同方面了解顾客对于产品、服务等的感知度，提升消费者的体验度及满意度，提升整体产品质量与消费体验。

⊙ **小资料**　　　　　　　　**人工智能研究热点演进的四个阶段**

总体来看，人工智能研究热点的演进经历了四个阶段。

第一阶段（2001—2005 年）：第一次提出了关于产品设计如何提升消费者体验的话题，在服务交互场景中沟通交流的话题，以及利用人工智能进行分类、建模从而为企业战略选择提供辅助性知识的话题。

第二阶段（2006—2010 年）：热点转向基于"拟人化"理论研究人工智能对服务绩效和消费者反应（接受度、采纳度、情绪）的影响，以及如何基于机器学习、神经网络算法来改善人工智能的表现（智能化程度）。

第三阶段（2011—2015 年）：随着社交媒体的普及，社会化营销成为热点话题，于是对"人工智能＋社会化营销"的研究开始出现并且保持比较高的热度；同时，人工智能的进一步落地也引起了一些争议，如隐私问题。

第四阶段（2016—2020 年），学者们运用人工智能进行数据分析，预测的广度和深度进一步提高，主要手段包括数据挖掘、自然语言处理、情感分析、口碑分析等；同时，浮现出更多争议性问题，如伦理道德、信任问题等。

综上，营销领域的人工智能研究可以归纳为四个热点主题：服务交互、产品设计、争议性问题和数据分析。

资料来源：齐佳音，胡帅波，张亚．人工智能聊天机器人在数字营销中的应用：文献综述 [J]．北京邮电大学学报（社会科学版），2020，22（4）：59-70.

5.2.2　人工智能与个性化服务

企业若想在激烈的竞争中脱颖而出，保持领先地位，就需要洞察多样性的消费需求，满足消费者期望，提供更多个性化的产品和服务。人工智能储存海量数据资源，包括用户的一系列消费行为与趋向，以此为顾客推荐合适的产品、提供个性化服务；顾客对个性化服务的满意度再反馈给人工智能，促进其更新数据，提高数据的真实性与可靠性，提升数据的价值。二者相互作用，丰富个性化服务内涵。

1. 人工智能与个性化服务

在产品质量、服务质量普遍提升的今天，更加私人化、偏向化的服务受到了消费者的青睐，个性化服务成为现在消费者市场的主流消费趋势。这类需求衍生出了可以提升私人服务品质的产品。例如，智能音箱可以在人机交互的过程中，不断熟悉"主人"的消费需求，提供更加贴心的服务；聊天机器人也在和人的"沟通"过程中，不断提升自己的"沟通水平和能力"，使消费者逐渐感觉到与聊天机器人相处更加轻松顺畅，逐渐习惯聊天机器人的存在并对聊天机器人产生依赖情绪。除此之外，具有私人服务的 App 也越来越多。例如，美国的 Stitch Fix 通过机器学习算法和设计造型师结合方式为顾客提供个性化服装搭配和服务以满足不同顾客需求；高端车型会提供个性化车型、颜色选择、多款样式选择、独特配置等服务。由此可见，技术的发展给消费者带来了服务的革新，有针对性地宣传推送、个性化的定制服务、丰富化的客户档案等促进了消费水平和品质的提升。

2. 人工智能与个性化推荐

个性化推荐是一种基于聚类与协同过滤技术的人工智能应用，它建立在数据挖掘的基础上，通过分析用户的历史行为建立相应的推荐模型，主动给用户提供匹配他们的需求和兴趣的信息，如商品推荐、视频推荐、新闻推荐等。个性化推荐既可以为用户快速定位其需求产品，弱化用户被动消费意识，提升用户兴趣和留存用户黏性，又可以帮助商家快速引流，找准用户群体与定位，做好产品营销。

个性化推荐依靠推荐系统算法为消费者提供个性化的信息服务和决策支持，基于深度学习技术的推荐系统可以提高推荐质量，促进营销转化。人工智能技术下的个性化推荐主要包括人工智能视频营销和广告精准投放。

（1）精准投放广告，有效吸引顾客。精准投放广告广泛存在于各类网站、手机 App 中。本质上，它会根据用户基本信息、用户的浏览信息及对物品和内容的偏好程度等多因素进行考量。依托推荐引擎算法进行指标分类，将与用户目标因素一致的信息内容进行聚类，经过协同过滤算法，实现精确的个性化推荐。现阶段，电商平台是个性化推荐的绝佳土壤，目前主流网络购物平台，像淘宝、京东、唯品会等几乎均具备"相关推荐""猜你喜欢"等功能，并且会根据点赞量、浏览量、收藏量等用户数据向不同用户推送其感兴趣的商品。机器学习技术以超越依靠专家规则的方式，对顾客的购买力、品牌忠诚度、消费频率、消费兴趣等多样化信息标注标签，形成"千人千面"的用户画像，进行大规模、自动化的个性化推荐。除了应用推荐算法外，在人工智能视频营销中还需应用视频结构化和图像检索等技术，以对象识别、特征提取、动态物体识别等技术处理视频数据信息，实现对应场景下自动、批量、标准化的广告植入。在广告投放方面，谷歌的广告工具"Auto Ads"通过机器学习帮助营销人员确定广告的最佳投放位置。

除线上营销外，线下实体零售企业也需要借人工智能的东风，及时变革与发展。线下实体零售企业一方面依托线上线下融合的方式进行全渠道营销，一方面通过人脸识别摄像头、智慧大屏、智能助手等硬件设施作为线下数据采集入口，旨在线下消费场景实现对顾客的精准营销。人工智能技术的发展为营销信息处理提供了很大的助力。营销信息的主要内容包括数值、文本、语音、图像、面部表情数据等，营销工作者可以利用人工智能来细分市场，预测消费者的个性化喜好，进行精准的消费者定位，实时部署有针对性的数字广告。

（2）精准推荐内容，增强用户黏性。个性化推荐依靠推荐系统算法向消费者提供个性化的信息服务和决策支持，基于深度学习技术的推荐系统可以提高推荐质量，从而吸引客户，增强顾客黏性。Netflix 利用人工智能应用"Layer6 AI"，能够更精准地预测用户的兴趣，进行个性化推荐；字节跳动在 2016 年建立了人工智能实验室，为平台输出的海量内容提供人工智能技术支持，并应用于抖音等产品中。如今，抖音、快手等短视频平台相互竞争，网易云音乐、QQ音乐等音乐平台也在相互竞争，这些互相竞争的产品的功能具有极大的相似性，满足用户的需求也具有重叠性。在此情况下，如何为用户推荐具有吸引力的内容，从而增强客户黏性，是各大平台都在考虑的问题，也是努力的方向。同时，各企业都在运用人工智能技术进行不同程度的消费者洞察，拉近了企业与消费者之间的距离。

线上与线下的智能个性化推荐精准对接消费者，科学的客户关系管理可以帮助企业清晰、明确地识别目标客户，维系客户关系。因此，客户关系管理至关重要。客户数据库是客户关系管理的基本要素，包含社会经济特征（年龄、性别、教育程度、收入等）、与客户的早期交互（提供的优惠和对这些优惠的响应、投诉、服务等）以及关于客户购买历史的信息（即购买数量和购买时间等），可以用来预测客户对新报价的反应，或者预测客户保留及客户流失。已有研究介绍了如何通过人工智能在计算机程序中模拟解决问题的过程，来帮助营销经理解决面临的问题，以取代传统上营销经理通过主观经验和判断做决策的方式。

5.3　人工智能提升品牌形象

关于品牌形象（Brand Image），不同学者给出了不同的定义。菲利普·科特勒认为品牌形象是消费者对品牌持有的知觉和信仰，反映在消费者的记忆和品牌的联系上。科勒对品牌形象的定义是：消费者记忆中形成的品牌联想所反映的对某一品牌的直觉，品牌形象的强度和美誉度对品牌资产的差异化有着决定作用。比尔（Biel）认为品牌形象是消费者记忆中形成的与特定品牌相关联属性联想的集合，品牌形象是消费者对品牌的各种属性的主观反映。利维（Levy）认为品牌形象是品牌在消费者心中留下的一系列想法的组合，它包含消费者对品牌的认知和态度。雷诺德和古特曼（Gutman）从品牌策略的角度提出"品牌形象是在竞争中使一种产品或服务差别化的含义或联想的集合"。帕克（Park）等人提出"品牌形象产生于营销者对品牌管理的理念中，品牌形象是一种品牌管理的方法"。

虽然学者们给出的概念不同，但是对于品牌形象，业界依然存在着诸多共识。比如，品牌形象是以消费者为主体的概念，存在于消费者的观念里。与品牌识别等以企业为主体的概念不同，品牌形象是消费者对品牌功能、技术、服务、价值与利益等内部属性与外部属性以及对公司形象和使用者群体特征的综合感知。无论产品本身质量多么优秀，识别系统多么完善，营销计划多么系统，最终都必须经过消费者这一关键环节。只有体现在消费者感知和认同之后，才具有价值和意义。品牌形象包括硬形象和软形象，硬形象是指品牌名称、品牌标志、包装、价格等外显属性，软形象包括品牌的品牌价值、品牌资产、品牌文化等内在属性，共同作用品牌形象发展的内在机理。品牌形象模型的比较如表5-2所示。

表 5-2　品牌形象模型的比较

模型	模型类型	模型维度	内容	优点	缺点
艾克模型	品牌资产模型	1. 品牌忠诚度 2. 品牌知晓度 3. 品牌感知质量 4. 品牌联想 5. 其他专有品牌资产	1. 降低成本，吸引顾客 2. 获得认同 3. 有益于差异化定位和品牌延伸 4. 提高好感度 5. 辅助提升竞争优势	阐明了品牌形象和品牌资产的关系	1. 不够系统 2. 不够完备 3. 分类不够清晰
科勒模型	品牌形象模型	1. 品牌联想类型 2. 品牌联想偏好性 3. 品牌联想强度 4. 品牌独特性	1. 属性 2. 利益 3. 态度	1. 系统性 2. 全面性 3. 普遍性	1. 复杂 2. 不易实证
克里斯南模型	品牌形象模型	品牌联想	1. 品牌联想的数量 2. 品牌联想的偏好 3. 品牌联想的独特性 4. 品牌联想的来源	1. 直观 2. 视角新颖 3. 实践意义大 4. 容易扩展	不够完备
贝尔模型	品牌形象模型	品牌形象	1. 公司形象 2. 产品或服务形象 3. 使用者形象	1. 直观 2. 易懂 3. 实践意义大	1. 过于简单 2. 不够完备

资料来源：江明华，曹鸿星.品牌形象模型的比较研究 [J].北京大学学报（哲学社会科学版），2003（2）：107-114.

⊙ 小链接　　　　　　　　　　　　　　小爱同学

如果提及中国较早进行人工智能商业化的媒体，小米公司的"小爱同学"一定占据一席之地。

提起"小爱同学"，大家首先想到的定位就是"音箱"。而小米公司小爱团队商业化负责人谭博说："我可能要给大家纠正一个概念，在提到小爱同学的时候，大部分人会觉得它是一个音箱。事实上它是一个人工智能助手，以用户为中心，提供的是落地在全场景、全生态终端的一整套人工智能服务，包括手机端、音箱端、电视端等，所以小爱同学并不是单指音箱。"

郑子拓说："在整个小米的 AI 生态中，它承担大脑的角色。我跟小爱同学说要洗澡，它会把浴室的音箱打开、放好水、关上空调。我只要说一句话就能感受到这种幸福感和价值，这就是 AI 为用户带来的价值。从用户的角度而言，这件事情带给我的价值越多，想要交流的意愿和机会就越多，由此便会带来下一个营销价值。"

对于小米在 AI 技术方面的布局，谭博表示，一方面，贴近人性化的服务是小米 AI 未来的发展方向。以疫情期间的小爱同学为例，通过 AI 技术在六个方面进行了应用的落地，包括疫情信息查询、疫情知识查询、用户情绪安抚、疫情影音内容播放、治疗辅助和主动提醒。以用户的情绪安抚为例，如果用户说"想出门"，小爱同学会做出一些有趣的回复"我在家，我光荣，我为国家省口罩""小爱又何尝不想，为了我们的健康，再忍几天吧"。另一方面，小米 AI 将以小爱同学为核心，持续保持高速增长，串联小米 AIoT 全景生态。小爱同学的未来是更自然的交互、更有用有趣有情感、更无处不在，从语音助手变成个人智能助理。目前我们要做的是针对自然语言理解的更大突破，让小爱同学更聪明。

资料来源：李沁.小米 AI 营销：打造全场景人工智能助手 [J].现代广告，2020(7):36-37.

5.3.1 人工智能与品牌形象塑造

市场竞争环境下，有些品牌只用一条广告词就能在众多品牌中脱颖而出，吸引到消费者的眼球，如"今年过节不收礼，收礼只收脑白金""买卖二手车到瓜子网，无中间商赚差价""没事，就吃溜溜梅"等。如何能让消费者记住企业的独特品牌、形成良好的品牌形象是企业都在考虑的问题。对于企业来说，品牌形象的建立需要充分挖掘品牌的核心价值，明确品牌的目标市场和品牌定位，精准贴合消费者的需求。因此，人工智能环境下，塑造品牌形象应该满足独特性、统一性、文化性、情感性以及发展性等特征。

1. 独特性

独特性是指品牌形象的差异化或个性化。品牌形象只有独具个性和特色，才能吸引公众，才能通过鲜明的对比，在众多品牌中脱颖而出，并与消费者形成长期的心理契约。抄袭模仿的品牌很难得到长期发展。而建立起独特品牌形象的企业，会使消费者一看到该品牌相关符号或特征，就会想起该品牌。例如一些品牌，为了品牌形象独特性，强化民族特征，也往往可以收到意想不到的效果。在人工智能时代，企业需要利用大数据技术塑造独特的、更易被消费者记忆的品牌形象。

2. 统一性

品牌形象的统一性是指品牌识别，即品牌的名称、标志物、标志字、标志色、标志性包装的设计和使用必须标准统一，不能随意变动。世界各地的消费者，只要看到品牌标志，就会认出该品牌。在当今的大数据时代，诸多商品都可以远销各地，具有各国的消费群体。这样的情况下，更需要企业塑造统一的品牌形象，维护消费者。

3. 文化性

品牌文化是在企业、产品历史传统基础上形成的品牌形象、品牌特色以及品牌所体现的企业文化和经营哲学的综合体。品牌需要文化，品牌文化是企业文化的核心，品牌文化可以提升品牌形象，为品牌带来高附加值。如果企业想在本国占有一席之地，就要符合本国人民的价值观念；如果企业想要造就国际品牌，就更需要有根源于本国的深厚的历史文化积淀。例如：万宝路香烟代表的是粗犷、洒脱、阳刚的男子汉，它的成功主要得益于"男性文化"的导入，使其品牌形象独具魅力；而日本的香烟品牌"七星"，主打柔和与甜美。每一个品牌应当着眼于塑造差异性的品牌文化，以文化吸引消费者。在智能时代，如何结合现代文化和传统文化，以在具有现代智能文化的同时兼顾国家传统优秀文化，吸引更多的消费者，是企业们塑造品牌时应该考虑的问题。

4. 情感性

品牌绝不是冷冰冰的符号名称，它有着自己的个性和表现力，是企业与公众沟通感情的桥梁。消费者更易与注入情感元素的品牌建立起心理契约，建立品牌忠诚度。例如，人们熟知的芭比娃娃，这么多年一直占有着高销售量，在全球绝大多数的国家和地区都有所销售，多年被评为美国畅销玩具。芭比娃娃的巨大吸引力，不仅仅在于她美丽的外表，更在于她告诉女孩们，每一个人都有无限可能，从而与消费者们建立了心理契约。同时，公司在电视媒体上开辟"芭比乐园""芭比信箱"，拍摄芭比卡通片，组织芭比收藏会，芭比的形象就这样做到经久不衰。人工智能时代，产品设计智能化，营销方式智能化，在这种现代的、快节奏的智能时代，强调情感因素显得尤其可贵。

5. 发展性

市场发展迅猛，产品更新换代迅速，企业要运用好智能技术，迅速更新产品和营销方法。只有充分利用智能技术持续发展品牌，才能在发展的浪潮中掌握主动权，在与时俱进中塑造自己的品牌形象。若不能做到与时俱进，就会被时代淘汰。例如，盛行一时的柯达因没有跟上时代的脚步，只能被迫从"胶卷大王"沦落到申请破产的下场；曾风靡一时的诺基亚也因没有做到与时俱进，最终惨淡收场。可见，企业要想在迅速发展的时代浪潮中不被淘汰，尤其是想在智能时代具有一席之地，分得一杯羹，就必须要持续性发展。

5.3.2　人工智能与品牌维护

随着网络时代的发展，信息传播速度快，人们不用出门，就可以"尽知天下事"。网络中传播的各类产品信息，都存在着对企业品牌有利的、不利的多方影响。对于已经建立起来的品牌形象，企业需要不断维护。品牌形象维护是指企业面对复杂的外部环境对品牌造成的各种影响积极采取措施，从而维护品牌形象、维持品牌的市场地位、提升品牌价值等一系列活动的总称。品牌形象是企业的无形资产，品牌形象维护对于企业来说具有重要意义。现今的市场竞争日益激烈，为避免品牌竞争力下降、品牌老化等问题，企业需要不断维护品牌形象，维持竞争力。在数字技术、人工智能技术日益与实体经济融合的时代，品牌维护的主要工作有以下六点。

1. 维护核心价值

品牌核心价值是品牌资产的主体部分，它让消费者明确地、清晰地识别并记住品牌的特点，是驱动消费者关注、认同乃至依赖一个品牌的主要力量。品牌形象的核心价值具有相对稳定性，不会轻易变动。随着消费者需求的增加，企业的产品不断升级换代，但是，最核心的价值不会变。一方面，在人工智能技术的支持下，品牌在保持原有核心价值不变的基础上，有了更多的产品、服务升级空间。另一方面，借助互联网及人工智能的技术环境，除了百度热搜、搜索引擎、网页广告等推广方式外，企业需要注重消费者的社交与分享场所，诸如百度贴吧、头条、微博、知乎、小红书等交流、社交与分享平台，切实了解消费者面临的问题与需求，同时开发消费者的新需求，更好地传递品牌的核心价值。

2. 提升产品服务品质

产品是企业的硬实力，服务是企业的软实力。消费者在购买商品时，对其产品本身或服务质量等都有重要考量。产品质量和服务是构成品牌形象的重要因素，也是决定品牌生命力的重要因素。对于企业来讲，对消费者负责，始于产品质量，终于服务，出色的质量和服务是赢得顾客、占领市场的重要决定因素。没有一流的质量和服务，就无法获得消费者的信任，更谈不上品牌形象的维护。

在智能时代，智能化产品和服务在为消费者带来诸多便利的同时，也带来了一些隐患。因此，在数字化、智能化时代，企业更需要从自身出发，采用人工智能技术不断提升产品服务品质，为企业形象的维护提供最直接、最安全的保障。

3. 增强创新活力

在智能时代，品牌形象的生命力很大部分来自创新。创新使品牌具有持续竞争力，是维持品牌形象生命力的重要途径。

智能技术创新就是专门研究产品的智能新技术和智能新工艺；广泛应用智能新技术和智能新工艺，不断提高产品的技术含量和智能化程度；研究产品的市场生命周期和更新、改进、换代的时限和趋势，不断发展产品有价值的特色，不断推出"热点产品"，保证产品的竞争力，保持市场占有率稳中有升。市场竞争的激烈化，使产品生命周期逐渐缩短。今天的热门产品，明天就可能成为过时产品，被更具有吸引力的新品牌所替代，所以智能技术创新对于品牌形象的维护至关重要。

除了智能技术创新以外，企业还要进行管理、营销等各方面的智能化改造，后者是指企业运用数字技术、智能技术不断研究市场消费需求、产品生命周期、消费者购买行为的趋势以及消费者购买习惯的变化，不断地在营销方式、价格、渠道选择、促销措施上推陈出新，实现智能化升级，引导消费，甚至是创造消费。

4. 注重诚信管理

信誉是一个品牌能够在消费者心中建立"品牌偏好"和"品牌忠诚"的基本要素。企业在产品质量、服务质量等各方面的承诺，使消费者对此品牌产生偏好和忠诚。诚信是企业的立身之本，没有诚信就没有市场。品牌诚信一旦受损，就会影响消费者的忠诚度，从而损失客户。因此，诚信应当是一切企业的经营哲学基础，也是企业维护品牌形象的必要工作。

如今，人工智能、大数据的发展，加速了信息的传播。企业在保证诚信经营的同时，还需要通过数字化、智能化营销方式，将与企业有关的正面信息传递给消费者，尽量规避对于企业不利的负面信息的传播，例如，竞争对手的恶意竞争与打压、用户的投诉、媒体的负面报道等。企业应全面曝光正面的、对企业有利的信息，从而提升企业的品牌形象、美誉度和信誉度。

5. 及时解决突发事件

互联网记录着海量的数据信息，企业通过人工的方式难以及时发现负面的舆论信息和突发的危机事件。当今时代，在网络开放式的环境中，每个人都是信息传播的重要节点，很多人都能够通过网络进行互动，从而让信息迅速发酵。如果企业对于突发负面事件不够重视或解决不够及时，一点小事就可能演变成一场大的舆论危机，引发公众对于企业的质疑和否定，从而造成难以估计的损失。2019 年 4 月，一段女车主在汽车盖上哭诉维权的视频在网上流传，引爆舆论圈。在这次事件中，汽车 4S 店应对不当，汽车厂家介入迟滞，使得车主哭诉事件迅速发酵，在网络上掀起一波讨伐 4S 店的声浪，并重挫了该汽车品牌的形象。据此，企业需要建立企业口碑及品牌形象智能检测监控系统，对客户订阅的主题、浏览量、评论等进行自主检测，再根据检测结果实时向顾客推送与企业相关的正面信息，以此获得良好、及时、高效的口碑与形象。

6. 承担社会责任

各企业在享受互联网技术带来经济效益的同时，应该主动承担社会责任。在当今社会，除产品和服务外，社会责任也影响着消费者对于品牌形象的认知。企业的社会责任是品牌文化的重要组成部分，对于勇于承担社会责任的企业，消费者会认为企业具有较强的社会责任感，从而一如既往地信任该品牌；对于不愿承担社会责任的企业，消费者会质疑该企业的产品质量，从而不愿购买该企业的产品。

5.3.3　人工智能与品牌形象传播

社会进入自媒体时代，以大数据、云计算等技术为代表的数字网络技术得到了飞速发展和普及，这不仅带来了社会发展的整体变化，也引发了传播生态的颠覆和重构。报刊、广播、电视机等传统媒体与掌上移动媒体、数字互动媒体等新媒体相互博弈，媒体格局发生了重大变化，媒体的角色和功能也被重新解读。以媒体为起点、受众为终点的传统单向性信息传播形式已经过时，包括品牌消费者在内的受众，已经不再是单纯扮演信息接收者的角色，他们借助各种新媒体传播的手段和方式，充当起信息传播的参与者。在此种传播语境下，品牌形象传播的种种环节都渗透着消费者的主观意愿和诉求。企业只有顺应此种传播方式的转变，积极利用这种趋势，才有可能真正地用好品牌形象传播这一环节。品牌形象的有效传播要求企业精准定位品牌形象、精准定位目标客户、与客户进行有效互动、凝练产品内容。

1. 精准定位品牌形象

品牌形象的精准定位是品牌形象传播的基础性环节。所谓品牌形象精准定位，就是对本品牌和本企业产品形成明确清晰的定位，形成独一无二的品牌形象，使品牌在消费者心中占有重要位置，当消费者产生相关需求时，便会将此品牌作为首选。这是企业从源头做好品牌形象传播的体现。精准合适的品牌定位有利于品牌形成核心竞争力，其一旦形成便具有强烈的延伸能力和排他性，促使消费者在同样情况下会更加相信该品牌。在智能化时代，信息传播迅速，精确定位合适的品牌形象，很可能会给企业带来意想不到的收益。例如鸿星尔克因灾情捐款事件形成了"民族良心企业""国货当自强""国货之光"等品牌形象，促使人们纷纷购买鸿星尔克，作为支持良心民族企业、爱国的一种表达方式。这些品牌形象，与消费者的爱国情怀、文化素养等情感元素相联系，拉近与消费者之间的情感距离，使消费者更加信赖这些品牌，从而优先购买此类品牌的产品，同时有意或无意地推荐给身边的潜在消费者。

在面对社会语境变革时，品牌也要把握品牌核心，将以往的品牌优势融入新传播语境下的品牌形象传播中去。例如，在传统零售业遭遇互联网电商的冲击之后，很多品牌都一蹶不振，而苏宁电器在保留其品牌影响力和核心竞争力的基础上，启用带有浓厚科技时代色彩的小狮子Logo等系列新形象，同时创建了自主电商品牌"苏宁易购"，巧妙地利用线上渠道和线下门店的相互影响，不仅带动了原有家电零售业务的销售增长，还发展出苏宁红孩子、苏宁小店等业务，实现了品牌的多元化发展。苏宁品牌新旧商标对比如图5-1所示。

图 5-1　苏宁品牌新旧商标对比

2. 精准定位目标客户

大数据技术收集消费者信息、智能分析消费者特征、精确定位消费者群体，是人工智能时代的重要特征。随着社会的进步和人民生活水平的提高，消费者的产品和服务需求日益多元化，大众传播不再是营销主流，在人群中定位到目标客户然后针对性地输出才是现代企业的必要技能。如果企业没有精准定位目标客户，就会产生品牌雷同性高、可替代性强、竞争能力弱等劣势。如今，在人工智能的支持下，企业可以收集到用户特征信息、分析消费者习惯，从而精准锁定目标客户，再利用投放广告等宣传方式，将其转变为长期客户，建立消费者对品牌的信任感和依赖感。可以说，在人工智能时代，企业只有具备精准定位目标消费群体的能力，才能更好地满足目标客户的需求，顺应精确化、精准化、精细化的数智时代。

3. 有效互动

在人工智能技术的支持下，企业生产与产品营销具有公开化、透明化趋势，消费者逐渐参与到智能营销的各个环节，与企业形成交流的氛围、双向沟通的交互方式，从而与品牌建立心理契约，关注品牌进步，并因为品牌的进步而产生成就感。当品牌出现问题时，消费者会有一定的包容度，只要在消费者理解的范围内，消费者就不会放弃该品牌。同时，提升消费者的参与程度，会促使消费者进行产品推荐与分享，带动着身边的人一起关注并参与该品牌的互动，从而增强用户黏性。品牌形象决策者必须借助创意性的设计手法和传播策略，与消费者形成积极互动。一旦消费者从参与品牌形象传播的过程中获得了满足感，就会激励他积极进入下一轮的参与中，从而建立良性循环，实现消费者和品牌的双赢。小米作为善用"粉丝"经济的品牌，它的成功离不开良好用户体验的创建。小米企业以用户为导向开展产品和品牌设计，专门为用户建立包括小米 MIUI在内的网络互动平台，通过与用户的深入互动，征集用户的消费体验和对未来产品的功能需求等信息，并以此为下一代产品和服务升级做参考。小米对用户消费者心理和行为的有效引导和转化，使许多用户真正如同"粉丝"一般对品牌怀有狂热的感情。

4. 极致内容

内容为王，大量毫无意义的软文、新闻、广告等对个性化、年轻化的消费者来说大多是毫无意义的信息传递。只有先在品牌内容本身下功夫，才能在根源上解决问题。企业要想使消费者主动去分享并传播品牌，就需要做到有趣、有用、有情。有趣就是要吸引消费者的兴趣，如 DIY 手工制作、定制化内容等均吸引了消费者注意，满足了其兴趣。有用就是产品或品牌的有用性以及最大限度让渡给消费者的福利。产品特有的功能就满足了其有用性，朋友圈集赞、优惠券等是最基本的利益让渡。有情就是满足用户和消费者情感的品牌观点、品牌故事、品牌价值。例如，小罐茶的品牌故事是茶文化值得被更多人关注与传承，将节日和色彩结合并与消费者达成一致。江小白主打年轻化，在包装上传递符合年轻人态度的价值观念，这对于年轻消费群体来说是能够接受的。这一系列过程促进品牌良好口碑的形成，达到品牌形象传播的目的。

本章小结

人工智能相关学科的发展、技术的落地，正在引发链式突破，推动经济社会各领域从数字化、网络化向智能化加速跃升，使得人工智能革命进入新阶段。当前人工智能技术不断从概念走向应用，与产业和社会深度融合，从中央到地方以及不同的行业领域都进行了积极的探索，在家庭、社区、学校、医院、工厂、园区、交通、政务、金融、安防等十大人工智能应用场景逐渐落地。毋庸置疑，人工智能已经成为经济发展的新引擎。

在人工智能环境下，企业需要制定新的产品策略，适应智能化时代的发展；不断挖掘顾客新需求以驱动产品创新，为消费者带来更加多功能、便利化的产品；升级产品及服务以改善顾客体验，为消费者带来更加优质化、个性化的服务；同时帮助企业自我完善以提升品牌形象，从而受到消费者青睐和依赖。人工智能给消费者带来的诸多便利、优质产品和贴心服务，皆以"人"的需求出发，满足人们对美好智能产品和服务的需求。

关键名词

人工智能 产品策略 产品创新 服务体验 品牌形象

章末案例

金融壹账通、平安好医生亮相世界人工智能大会，多项人工智能技术赋能金融、医疗行业

2018年9月17日，由国家发展改革委等部委和上海市人民政府主办的"人工智能赋能新时代——2018世界人工智能大会"（以下简称"人工智能大会"）在上海黄浦江畔正式拉开帷幕。中国平安旗下金融科技公司——平安金融壹账通和医疗科技公司——平安好医生受邀参会。金融壹账通在大会的"人工智能＋金融"展馆展出为传统金融线下网点赋能的Gamma人工智能营销解决方案，平安好医生则在"人工智能＋医疗"展馆展出能识别脉象的"现代华佗"智能硬件、带有智能问诊及买药功能的"一分钟诊所"以及最先进的人工智能辅助诊疗系统。

据悉，Gamma人工智能营销解决方案以人工智能为核心，将大数据、生物识别等先进技术与传统业务流程有机融合，打造出Gamma识客眼镜、Gamma屏幕、Gamma营销助手、Gamma远望智能报表工具、Gamma微表情面审辅助系统和Gamma智能贷款一体机等智能化工具。这一解决方案可对线下业务流程进行全面的智能化改造，推动线下网点在存量客户激活、线上线下获客及产品交叉营销等方面的能力提升。以融合了一对多识别、人脸识别、微表情识别等技术的Gamma屏幕为例，仅需几秒钟的时间，设备即可自动识别客户，进行千人千面的互动，并根据互动结果推介个性化的金融产品，改变了线下网点金融服务的千篇一律的固有模式。

此外，使用金融领域智能销售助手——Gamma销售助手，用户只需通过手机端上传需要解读的产品资料，Gamma销售助手即可自动进行文本解析。基于先进的声纹识别技术即可让Gamma营销助手变身为"虚拟客户经理"，并就金融产品与客户进行事实语音互动，回答与产品相关的问题。从效果测算来看，Gamma销售助手咨询准确率已超过90%，响应时间小于1秒，降低柜员超40%的工作量。

据悉，Gamma人工智能营销解决方案涵盖了数百项金融壹账通自主专利技术。该解决方案通过行为识别技术、落地于金融场景的机器阅读理解技术、智能语义识别技术和语义搜索等技术，为传统金融零售业带来营销体验、营销渠道、营销决策的变革，助力传统金融零售业科技化转型升级。测算数据显示，该解决方案能够让客户活跃度提升50%以上，营销活动转发率提升3倍以上；沉睡客户唤回率平均提升3～5倍，新客户获客量增加2倍以上。金融壹账通副总经理兼首席创新官邱寒表示，科技已经成为金融生态的新基因。以人工智能为代表的技术在线上金融已实现广泛应用。未来，金融壹账通将通过系列智能产品，赋能线下业务场景，实现传统金融行业转型升级。

另外，在"人工智能＋医疗"领域，智能药柜通过人工智能导诊系统，在收到患者病情描述、年龄和性别等三个信息后即可获得

云端专科医生的匹配，并进行语音咨询问诊。同时，该智能药柜还纳入了红外线体温枪、脉诊仪和血压仪三大检测设备，这些设备会根据用户的诊疗需求由云端医生主动开启，其后的检测所得数据也可实现在线实时回传，大幅缩短用户的就医时间。此外，用户还可同步在智能药柜付费买药，实现"人工智能预诊、在线问诊、支付购药"的一站式诊疗流程。

除智能药柜外，平安好医生在大会上还展示了"智能脉诊仪"和"人工智能辅助诊疗系统"两大"人工智能医生计划"核心设备。作为带有脉象识别功能的智能手环，"智能脉诊仪"模拟中医医生脉诊识别过程，并将脉诊结果和图形数据自动上传给平安好医生的云端医生，辅助医生诊疗。"人工智能辅助诊疗系统"则通过智能语音语义及大数据等技术，集合超 3 亿条在线诊疗及健康咨询数据，用于在线医疗咨询的预诊、分诊、问诊等环节。该套系统使得医生接诊效率提升 5 倍以上，提高了线上问诊的效率和准确率。公布的中报数据显示，平安好医生 2018 年上半年日均承接 53.1 万个咨询，较 2017 年同期增长 58.0%。

平安好医生首席技术官王奇作为嘉宾参与此次大会并表示，"人工智能医生计划"是平安好医生的重点建设项目之一，该计划主要用于在线医疗的预诊、分诊和问诊环节，将医生从重复性、初级咨询工作中解放出来，提升就诊效率，放大服务能力，提高医疗精准度。

数据显示，近 10 年来，中国平安在科技领域的投入金额累计超过 500 亿元。目前，中国平安已将智能认知、人工智能、区块链、云科技等四大核心技术广泛应用于客户经营、渠道管理、客户服务、风险管控等场景中，助力业务降本增效，强化风控，优化体验，提升核心金融业务竞争力。与此同时，平安通过科技平台输出"金融、医疗、汽车、房产、智慧城市"五大生态圈，加快科技成果转化，促进行业整体科技水平提升。

中国平安表示，科技已经成为金融和健康医疗生态的新基因，未来，公司将通过包含人工智能技术在内的多项科技对传统金融和健康医疗业务进行全流程、智能化改造，依托科技赋能，实现行业的转型升级。

资料来源：https://m.chinanews.com/wap/detail/chs/zw/46153.shtml.

案例思考

1. 本案例中，人工智能从哪些方面融入了产品策略？
2. 在金融和医疗领域，你认为人工智能的应用还有哪些方面仍可以取得进一步突破？

复习思考题

1. 人工智能在哪些方面影响了产品策略？
2. 人工智能在哪些方面驱动了产品创新？
3. 人工智能对消费者服务体验有哪些影响？
4. 人工智能在提升品牌形象方面有哪些作用？
5. 你是否还能举出人工智能影响产品策略的实例？

本章实训

一、实训目的

1. 明晰人工智能对产品策略的影响。
2. 小组成员通过网上搜集相关资料，研究某一企业在人工智能环境下制定产品策略的实例。

3. 锻炼搜集资料、分析问题、总结问题、团队协作、个人表达等能力。

二、实训内容

以小组为单位，确定感兴趣的一家企业，搜集这家企业的基本情况信息以及人工智能环境下的产品策略，找出优势和不足，并为其提出建议。

三、实训组织

1. 指导教师布置实训项目，提示相关注意事项及要点。

2. 以小组为单位，选定拟调查的企业，确定分工，尽可能地搜集相关资料。最后完成书面调查报告及课堂演示 PPT。

3. 各小组发言代表在班级进行汇报演示，每组演示时间以不超过 10 分钟为宜。课后提交小组调查报告及 PPT 演示稿。

四、实训步骤

1. 指导教师布置任务，指出实训要点、难点和注意事项。

2. 演示之前，小组发言代表对本组成员及其角色进行介绍陈述。演示结束后，征询本组成员是否要补充发言。

3. 由各组组长组成评审团，对各组演示进行评分。其中，演示内容 30 分，发言者语言表达及台风展现能力 10 分，PPT 效果 10 分。评审团成员对各组所评出成绩取平均值作为该组的评审评分。

4. 教师进行最后总结及点评，并为各组实训结果打分，教师评分满分为 50 分。

5. 各组的评审评分加上教师的总结评分作为该组最终得分，对于得分最高的团队予以适当奖励。

参考文献

[1] 吴健安，聂元昆. 市场营销学 [M]. 北京：高等教育出版社，2020.

[2] 斯特恩. 人工智能营销 [M]. 朱振欢，译. 北京：清华大学出版社，2019.

[3] 阳翼. 人工智能营销 [M]. 北京：中国人民大学出版社，2019.

[4] 林子筠，吴琼琳，才凤艳. 营销领域人工智能研究综述 [J]. 外国经济与管理，2021，43（3）：89-106.

[5] 艾瑞咨询. 2020 年中国 AI+ 零售行业发展研究报告 [EB/OL].(2020-06-13)[2021-12-01]. https://tech.ifeng.com/c/7xGWhoedLn6.

[6] 齐佳音，胡帅波，张亚. 人工智能聊天机器人在数字营销中的应用：文献综述 [J]. 北京邮电大学学报（社会科学版），2020，22（4）：59-70.

[7] DAVENPORT T, GUHA A, GREWAL D, et al. How artificial intelligence will change the future of marketing[J]. Journal of the Academy of Marketing Science, 2020, 48(1): 24-42.

[8] HUANG M H, RUST R T. A strategic framework for artificial intelligence in marketing[J]. Journal of the Academy of Marketing Science, 2021, 49(1): 30-50.

[9] VARSHA P S, AKTER S, KUMAR A, et al. The impact of artificial intelligence on branding: a bibliometric analysis（1982—2019）[J]. Journal of Global Information Management（JGIM），2021，29（4）：221-246.

第6章
人工智能与定价策略

开篇案例

"我开车少，又特别谨慎，一年都没违章，为什么还和别人交一样的保费？"生活中很多人会有这样的疑惑。其实保险公司也有类似的困扰。让客户交的保费跟他的风险状况相匹配，提供更有竞争力的服务和价格，是所有保险公司的目标。

不过谁才是"好客户"呢？因为无法准确判断风险，很多车险公司大幅让利希望扩大客群，结果反而面临亏损。记者了解到，目前已有平台率先开始尝试为车主"打分"，供保险机构为其精准定价车险保费。

公开数据显示，2016年全国有1.5亿私家车车主，涉及54%的家庭。但在车险行业，只有14家公司车险承保盈利，41家亏损的公司亏损总额达到63亿元，行业亏损比例达到75%。精准定价能力的缺失，是这些车险公司面临困境的重要原因。

一般而言，车险的风险定价因素由"从车"（与车相关）信息与"从人"（与人相关）信息两部分组成。目前国内车险定价更多考虑"从车"信息，比如车型、车龄、配置、车辆是否有"出险"等。真正是否发生风险，起决定因素的往往是车主本人的具体情况，而长期以来保险公司恰恰缺乏这类数据。

为了研究如何以科技手段助力保险公司做出用户需要的好产品，蚂蚁金服成立了专门的保险数据科技实验室。车险分就是这个实验室的产物。通过与保险公司的共创，研究人员发现，广泛引入和挖掘"从人"信息，确实可以帮助车主识别潜在的风险水平。比如：已婚已育人群的风险往往要比单身人士低；长期在两个地点之间往来的人群，风险往往比没有固定出行线路的人群要低；甚至人群的收货地址是否稳定都跟出险的概率呈现出相关性。

"车险分"的功能，正是基于这些研究，对车主进行精准画像和风险分析，量化为300~700分的车险标准分，分数越高代表风险越低。

蚂蚁金服已经向保险行业开放"车险分"平台，以蚂蚁金服在大数据、人工智能、数据建模等方面的技术，为保险公司更准确识别客户风险、更合理定价、更高效服务消费者提供依据。目前人保产险、太保产险、国寿财险、中华财险、太平产险、大地保险、阳光产险、华安产险、安盛天平车险 9 家保险企业已与蚂蚁车险分达成了合作，其中有 7 家保险公司位居中国财险行业的前十。

资料来源：https://www.sohu.com/a/145097840_161623.

6.1　人工智能时代影响定价的主要因素

市场瞬息万变的时代，企业要想提升盈利能力一般依靠提高销量、增加渠道、降低成本和提高价格，沃顿商学院的研究发现提升价格是最快影响盈利水平的方法。对于大部分价格敏感的消费者而言，如何定价成为是否吸引其购买最为关键的因素。尤其是在人工智能时代，大数据、物联网尽管为利用大量数据样本从而给出参考定价提供了便利，但往往企业是出于利润最大化的目的，容易发生人工智能定价系统过高导致客户流失的问题，故完全采纳人工智能计算的价格也不完全正确，所以人工智能时代发现何种因素是影响定价的关键显得尤为必要。

6.1.1　市场供求

价格影响供求，供求决定价格。市场供求与产品价格相互影响互为制约的关系注定使供求成为影响定价的重要因素之一。首先，市场价格决定了企业的供求，较高的价格与盈利空间会促使企业扩大生产以提高市场占有量，随着越来越多的企业进入，市场达到饱和，供给超出需求，此时消费者占据主导地位，产品价格随之下降。在完全竞争市场中，企业应对价格与供求的关系给予充分的关注，产品定价过高虽然会有相对较高的利润空间，但会增加竞争对手的关注以及降低消费者的购买需要。但定价过低虽然会阻断竞争者入市且吸引消费者的需求，但利润却难以达到理想效果。更重要的是，在完全竞争市场下，适用于人工智能时代的差别定价策略无法实现。因为企业可以自由进入市场，消费者和生产者是价格的接受者，一个市场中只有一个价格，无法实现同一产品的个性化定价。

其次，供求关系决定了企业的定价。当市场供给超过有购买力的消费者的需求时，消费者倾向于购买价格更低的产品，此时定价越低的企业越容易受到消费者的青睐，差别定价中的低价供应者将处于优势地位；而当市场需求超过现有供给量时，消费者对价格显然不那么敏感，此时定价的高低能够决定其盈利水平。比如市面上的黄牛票经常被低价买入高价售出，其供应者一定程度上也采用了个性化定价的方式，对于急需此类票的消费者往往提供更高的价格，而对于需求性较小的消费者来说，黄牛票的票价会有一定程度的降低。

当前，定制化、个性化成为消费主流，消费者越来越多地追求差异化的商品，而人工智能代替了工厂化的批量生产，使私人订制变得更高效便捷，只需要了解消费者的个人偏好，大数据便能采用程序化的方式为其定制专属的生产方案。所以，消费者日益增长的个性化诉求表明市场需求在不断增长，这也凸显了个性化产品在市场上鳞次栉比的趋势，以后势必会出现更多与众不同的定制品，而人工智能的便利性和大量数据库也为满足消费者各式各样的要求提供了可能。另外，当企业能够成熟运用已有的数据库时，其成本将大大降低，越来越多的企业会建立属于自己的数据库，未来能够为消费者提供更多物美价廉的定制品。

小案例

定制化转型——红领集团

红领集团成立于 1995 年，成立之初走的是品牌成衣制造的途径，依靠批量生产、贴牌代工、商场销售的传统模式成为国内大型的高端西装生产基地。红领集团自成立以来，利用人口、政策、环境等因素使集团规模一步步扩大，但当环境趋于紧张、政策更加严苛的时候，随之而来的是劳动力等要素成本越来越高，商场等流通环节占用的费用越来越多，红领的盈利空间不断被挤压。其创始人意识到企业传统的发展方式将难以为继，必须改革才能实现持续发展。于是，红领集团开始寻求变革，当成衣销售处于发展高峰期的时候，红领集团已经开始琢磨定制化转型，红领西服的个性化定制平台也开始搭建。红领集团制定的个性化定制平台是通过度量人的 19 个部位进行量体，以前存储的大批客户的数据——包括版型、款式、工艺和设计等为其制定个性化的版型提供了丰富的素材。

红领在定制之路上步履维艰，当时国内定制服装还没有兴起，顾客对个性化、定制化也毫无概念，国内市场需求十分狭小，由于需求少，红领在定价上毫无头绪，较高的定价更会让消费者敬而远之，而较低的定价又会出现没有盈利空间的问题。于是，红领转而将目标投向了具有广阔定制需求的海外市场，大规模的私人订制为红领的私人订制成功奠定了基础。由于大数据能直接搜集消费者个性化的服装需求，直接跨过了传统中间渠道并且对接拥有大量数据库的工厂，再加上没有批量生产的库存费用，使红领的西服定制成本得到有效控制，大批量的定制生产使其价格控制在一定水平，真正践行了红领的理念——"让定制不再奢侈"。

批量定制不仅使库存成本大大降低，红领的智能工厂也可以直面消费者的诉求并随时储存其数据，在一定程度上降低了成本，大批量的定制需求也为红领的定价留有了余地，使其获取一定利润的同时扩大品牌影响力，让更多人知晓红领的定制西服模式。红领在智能时代并未到来的前期，用智能化的大数据作为支撑，建立属于红领的数字化大工业 3D 打印模式，为自己创造了市场需求，颠覆性的 C2M 模式推动了新的生产方式革新，引导了互联网工业的融合定制变革。

资料来源：中国管理案例共享中心案例库。

6.1.2　产品成本

成本是制作产品所需的花费，包括人工费、材料费、制造费用、管理费用、销售费用等，是影响定价最直观的因素，也是价格构成的主体。在激烈的市场竞争中，成本的高低直接影响价格及利润甚至企业的生存发展。因此，在确定定价策略时，正确且合理地分析各项成本是十分必要的。

1. 产品成本构成

会计上把直接人工、直接材料和变动制造费用统称为变动成本，它是随着销量变动而变动的成本。除了变动成本之外，还有固定成本，固定成本是在一定时期内不随着销量变动而变动的成本，其大部分是间接成本，如固定资产的折旧和维护费、办公费等，这部分费用不管发生与否，都存在一个固定的数额，当产品生产增多时，每件产品分摊的固定成本自然会减少。

但是，与传统的销售不同，人工智能时代的成本构成发生了一些变化。例如，消费者更加追求私人化、定制化，使产品的库存大为减少，企业的固定成本有所降低。另外，智能化的平台大大解放了人的手工劳作，极少的人工干预使传统成本中的重要组成部分——人工费用有了一定程度的减少。更加不同的是，企业如果想要在人工智能时代处于领先地位，必须提前搜集消费者的消费趋向和习惯，利用大数据挖掘潜在的消费可能性并对数据进行处理和分析，以寻找对自己有利的数据。

企业在进行定价决策时，需要正确且慎重地考虑各项成本费用，并认真分析各变动成本与固定成本的变化，思索人工智能时代突出的成本构成及变化特点，以寻求在适当的生产经营规模条件下得到成本最小化和利润最大化。

2. 产品成本核算方法

传统的产品成本核算方法囊括完全成本法、变动成本法和作业成本法等。完全成本法下，产品成本就包含必要的"料、工、费"等费用，其他成本以档期损益直接抵减利润，产品的成本随着其流转而结转。但此法更适用于传统制造，这是因为其生产环节在产品的生命周期中占比较大，管理者势必更加关注生产环节的成本控制而淡化了研发、设计、营销和客服等其他环节产生的成本费用对产品附加价值的贡献。变动成本法下固定成本不计入产品成本，只依据变动成本进行决策，忽略了人工智能下仍然存在机器等必要的固定成本，因此也并不适用。作业成本法以成本对象消耗作业、作业消耗资源为指导思想，将直接成本和间接成本作为产品消耗作业的成本，使计算出来的产品成本更准确真实。对于人工智能时代的产品而言，作业成本法也许是最匹配也最适合的方法，基于产品单个制造、个性定制的特点，将产品制造环节与产品消耗作业的成本全部计入其成本，既科学又易计算，不会出现成本难以分配和归集的问题。

选择合适的成本核算方法对于产品的定价至关重要，不同的核算方法会导致同一产品存在不同成本的问题，从而间接性地影响了其价格。因此，企业应充分结合人工智能时代产品的特点，因材施教式地选择合适的成本核算方法。

3. 机会成本

机会成本是企业为从事某项经营活动而放弃另一项经营活动的机会，或利用一定资源获得某种收入而放弃的另一项收入。尽管它不能用货币衡量，但它能够间接影响企业的利润，简单来说，机会成本就是一定的时间成本。身处信息化的时代，"时间就是金钱"这一传统的观点显然充满了智慧。时间的重要性在于它能够创造价值，因而对企业来说任何对时间资源不合理的利用和浪费都是一种损失，而这种由不合理的利用或浪费时间带来的损失就是时间成本，也即机会成本。智能制造系统中产品的价值创造绝大部分是运营成本，而运营成本又以时间作为计量尺度，因此必须将以时间为单位的机会成本纳入考量。

机会成本其实并不属于企业的实际支出，但在企业定价决策过程中，必须对其加以深入考量，尽管对机会成本的把握可能充满不确定性，但在当前大数据环境下，利用现有的技术近似计算出机会成本已经不再困难，重要的是在考虑定价时，需要测量准确的产品成本，以便为企业留出足够的盈利空间。

6.1.3　竞争状况

在产品定价过程中，市场竞争状况对于定价的进行具有极大的影响。根据竞争的程度不同，企业定价策略也有所不同。按照市场竞争程度，可以分为完全竞争、不完全竞争与完全垄断三种情况。前面已经提到，由于完全竞争市场无法实现差别定价的原因，其在人工智能时代存在的可能性几乎为零。所以，企业自行定价具备了一定程度的自主性。但自人工智能发展迅猛以来，各企业都在朝智能化转型以加快建立属于自己的数据库，所以同质企业之间会存在竞争，因为其目标客户是相同的，故需要的数据也大同小异，未来的竞争差异在于企业是否能够利用大数据挖掘核心数据以创造需求，为消费者提供价值。在非透明非完全的人工智能竞争时代，不同的企业可以采取一些方式提升自己的竞争力，一是在市场竞争中利用差别定价方式实现智能化定价，也就是对同一产品不同细分市场上的不同消费者制定不同的价格，如何利用大数据获得每一位消费者愿意支付的最高金额，以提升企业的利润成为智能化定价的关键点（李新宜，2020）。二是逆向价格影响，在高技术和奢侈品行业的竞争中，逆向价格影响问题尤为显著。这种逆向影响就是当市场中的产品拥有较小的差距时，对于较高价格的产品，它对消费者的吸引力会更强。其实这种想法也并不全无道理，因为现在的人工智能技术并未达到十分成熟的地步，消费者自然会认为价格越高的智能产品越能给予自己最大的保障与安全感。

由于目前尚处于弱人工智能时代，企业想要完全利用人工智能技术生产还为时过早，可以在摸索和探寻大数据的过程中参考标杆企业的定价策略，弄清市场竞争状况和本企业的竞争优势，提前为未来的产品发展趋势做好定价和谋划。

6.1.4　其他因素

1. 消费者足迹

互联网以及各种移动智能终端的出现，使得消费者数据有了新的来源——消费者网络痕迹，它很大程度反映了消费者的消费习惯，包括产品类型、价格、款式等，有效的信息追踪能够使企业实现精准营销。通过搜集用户的浏览痕迹，企业可以为潜在客户刻画出肖像，从而更准确地推测更吸引消费者的产品。以淘宝为例，进入淘宝首页会出现推荐界面，利用大数据进行的用户画像从而为其推送可能购买的产品。在产品和市场趋于饱和的当下，产品自身的吸引力以及产品的新颖性大概率决定了产品价格及消费者的购买可能性。以常见的 iPhone 系列手机为例，每年更新一代的 iPhone 都会在功能上有所创新，而这些创新点大都依靠老顾客的反馈和诉求，从而有利于苹果提升老客户的黏性和新客户的猎奇心理。另外，通过探寻消费者的浏览足迹，企业还能够追踪竞争对手的产品，及时发现并弥补自身产品的缺陷，形成良性的竞争循环，使消费者得到最大受益。但是，部分消费者极度反感自己的信息被其他人使用或窃取，他们认为自己的隐私得到了侵犯，会产生不适的反应。当大数据刻画出其消费习惯画像时，消费者往往会拒绝浏览和购买相关产品，更别说让其接受企业的定价了。总的来说，消费者足迹能够为人工智能时代的精准营销提供可循的途径，但如何把握和搜寻信息的深度，企业需要加以考虑，因为稍有不慎便会使消费者感到反感，其搜集的信息不但毫无用处，还造成了信息搜集成本，所以如何准确地把握消费者足迹是企业需要深入思索的内容。

2.法律和政策因素

市场经济条件下，商品的价格围绕其价值上下波动。定价的高低不仅是其价值的体现，更关乎消费者的可接受范围与是否符合市场的价值规律。当商品的定价远远高于市场接受的价格时，为了维护市场的均衡，商品会受到法律与政策的管制，迫使其价格降低到相对稳定的水平。法律和政策在产品的定价策略中扮演维护市场平衡的角色，一旦有企业试图打破此种平衡就会受到法律的制裁和政策的要求。这些法律和政策往往是有强制性的、有保护性的、有监督性的，尤其在人工智能时代，数据窃取、信息泄露更加方便的今天，更为严苛的法律和政策会更有效地避免相关问题的出现，也为企业的定价策略提供了不得触碰的底线与无法违背的依据。

6.2 基于人工智能的价格个性化与优化

6.2.1 基于人工智能的价格个性化

个性化定价是指企业为不同的顾客量身定制价格，即企业按不同的价格把同一产品或服务卖给不同顾客，属于价格歧视的一种。若一项产品或服务的价格与消费者愿意支付的最高价格相同，那么企业就能实现利润的最大化。然而对于同一样产品或服务，不同消费者愿意支付的最高价格是不同的，这受到诸多因素的影响，如年龄、性别、收入、学历、地区、文化、产品使用习惯等。所以如果能针对不同的消费者提供不同的产品或服务价格，那么企业就能获得更大的利润，消费者也能以一个更为合适的价格获取所需的产品或服务。

在工业经济时代，受制于有限的定价信息与定价工具，实现个性化定价十分困难。而在如今的数字经济时代，以大数据为基础的人工智能算法使价格个性化变为可能。基于人工智能的价格个性化实际上就是指企业利用观察、自愿提供、推断或收集到的消费者的个人行为或特征的信息，应用合适的人工智能算法推断出消费者愿意支付的价格，进而为不同的消费者设定不同的价格。

⊙ **延伸阅读**　　　　　　　　　**优信利用人工智能系统优化定价策略**

相信每一个现代人都有一个购车梦，各类汽车的档次和价位之间差别很大，便宜的车开出去总有那么一点不自在，买高档一点的车又实在是买不起，所以很多用户就会考虑买一辆便宜的二手车，但是，中国二手车流通环节中存在着诸多难题。

其中，最为基础的车辆残值一直未能形成系统性评估体系，以往二手车残值鉴定，往往依靠评测师个人经验，不仅效率低下且信息不全，车况不明、车价不实，严重阻碍了整个二手车行业发展。

创建于 2011 年的优信集团研发了中国二手车行业的定价系统。这项系统独有的"基于神经网络、集成学习和强化学习相结合的回归定价策略"技术成为行业内标杆，也为优信率先突破二手车交易量 100 万台，累计上架车源超 500 万台。

并且，截至 2017 年 7 月左右，优信人工智能定价系统覆盖了市场上最多的汽车品牌，包含 20 000 多个车型、2000 多个车系，每天为车辆定价 20 万次。这其中既有奔驰、本田、丰田、大众、别克、雪弗兰、哈弗、吉利、比亚迪等常见国内外热门汽车品牌，也包括阿尔法罗密欧 Giulia、现代雅科仕、双龙蒂维拉等小众车型、车系。

优信人工智能定价系统在海量真实车辆交易历史数据的基础上，通过人工智能算法和大数据相关技术，获得二手车车型、车系、品牌残值率数据，同时考虑市场要素变化的各种影响与专业评估结果，构建数据分析模型和人工智能算法模型，构成一个复杂的定价系统。

资料来源：http://mo.techweb.com.cn/smarthardware/2017-09-01/2581329.shtml.

6.2.2　人工智能个性化定价的原理及过程

与传统定价相同的是人工智能个性化定价的根本逻辑依旧是通过顾客的数据对顾客进行细分从而有针对性地制定产品价格策略，不同之处在于这一过程由计算机完成，并且数据获取的手段、消费者细分的标准和价格制定的方法也有所不同。

人工智能定价的工作可以被拆解为以下几个方面。

（1）数据收集。消费者的个人信息数据是人工智能算法分析的基础。可收集的数据包括消费者的个人特征、购买历史、消费水平、比价习惯、IP 地址、产品浏览足迹、储存在用户本地终端上的数据等。

（2）选择算法模型进行分析。一方面，需要考虑的问题是消费者的构成、偏好和行为，这可由收集到的数据进行刻画，这部分的分析相对来说较为静态。另一方面，消费者的行为并不是完全理性的，这会对分析造成干扰。例如光环效应、网络效应、诱饵效应、受部分社会事件的影响等。但这并不意味着其中没有规律，依然可以通过建立算法模型去刻画消费者的部分非理性行为。将以上两个部分的算法进行有机结合将得到最终的消费者行为的刻画。此外，还需要考虑算法模型的选择，即对于何种消费者在何时使用何种算法模型。

（3）提供价格策略。人工智能算法定价的目的是给出消费者最大支付意愿的价格，然而实际可能会受到诸多的限制。比如竞争企业的价格机制，非人工智能定价企业的价格、政策管制等。所以算法需要综合考虑以上问题，给出定价方案。

（4）进行算法的调整优化。人工智能算法并非一劳永逸，需要随着环境、市场、消费者的变化需要不断地更新迭代，形成数据收集、建立决策、反馈、建立新数据集、更新算法与决策的闭环。

定价算法的运行过程可以分解为三个步骤。

（1）通过大数据收集消费者的个人特征信息，如年龄、地区、职业、收入、学历、上网痕迹、消费习惯、个人偏好等，并据此生成对应个人的消费者画像。

（2）根据收集到的消费者信息，运用价格算法推测用户最大支付意愿，从而向用户推荐不同价格的个性化商品。

（3）制定一个对不同消费者索价不同的价格歧视机制，有可能是直接对不同消费者显示不同的价格，也有可能是提供间接的个性化折扣或者特定产品组合优惠。

6.2.3　人工智能个性化定价场景

人工智能由于其强大的分析预测能力，因此可被广泛地应用于各种定价场景之中。

（1）商品的个性化定价。商品的个性化定价可分为两种情况。一是标准化产品的定价，即产品是标准品。由于线下的环境较为公开，标准化的产品在线下很难实现个性化定价。线上的购买情境较为私密且面向个人，所以这类产品的个性化定价往往需要在线上实现。二是非标准化产品的定价，即商品不是标准品，如二手交易、民宿定价等。例如二手交易的情境下，商品可以被认作是"独一无二的"，此时需要利用人工智能算法对于商品先进行评估再根据买方的特点进行定价。

（2）服务的个性化定价。人工智能定价算法主要应用于线上服务平台的定价，如网约车定价、共享单车定价、物流快递定价、外卖平台的配送费及优惠券等。与服务有关的定价受消费者个人的情况的影响较大，例如网约车的价格受消费者所去目的地的影响，物流配送价格受距离的影响等，所以个性化定价算法也较为"隐蔽"，不容易被消费者察觉，然而也会带来如隐私泄露、大数据杀熟等问题。

（3）创新性产品的个性化定价。一方面，对于一个全新的产品或服务，其定价无法基于先前的经验。另一方面，随着互联网的发展，许多新产品的定价方式与旧产品不同。例如，有的品牌通过众筹的方式开发产品，产品生产出来后还会给予消费者一定的福利。如何预测消费者对新产品价格的接受程度？选取何种新产品定价模式？这些问题可以利用人工智能算法解决。

6.2.4　基于人工智能的个性化定价适用条件

（1）市场必须可以细分，而且各个细分市场须表现出不同的需求程度。

（2）以较低价格购买的顾客，没有可能以较高价格把产品转卖。

（3）个性化定价不低于产品或服务的成本。

（4）个性化定价不会引起顾客的反感，进而放弃购买。

（5）人工智能个性化定价要遵循法律。

⊙ **延伸阅读**　　　　　　　　　**用人工智能实现动态定价**

定价划一！19 世纪 70 年代，价标的出现让人们可以用公平的价格买到心仪的产品，而动态定价自古以来就是买卖的常态。一个世纪以前的电影票便是如此，火热的夜场票就要比普通的日场票贵。

"动态定价"的概念产生于 20 世纪 80 年代，现在是一些行业最常用的营销手段之一。有些人会记得美国航空超级省钱机票的在线广告，其中美国航空承诺给出机票的"跳楼价"。随后，这个美国第二大航空公司就降价 70% 以挽回流失的顾客。

今天，随着人工智能的发展，我们是否会迈进新的未来，即在顾客首次购买时，系统就自动考虑供需动态关系？

当我们听到人工智能这个词时，很容易想到一个反乌托邦科幻小说式的未来：机器统治了世界，奴役了人类。但人工智能的发明是为了让我们的生活更加简单，对吗？好消息是，市场对人工智能工程师的需求可谓日益旺盛。在当前动态变化的市场中，我们似乎可以预见，人工智能专家将统治世界。

近年来，人工智能辅助的定价方案可以追踪购买趋势，并确定更具竞争力的产品价格，其发展趋势就是根据外部因素和顾客购买特征制定不同的价格。

你有想过优步、亚马逊和爱彼迎是如何建立一个全新的市场然后击垮所有同行的吗？当然，快速增长是这三家科技巨头的共同优势，但毫无疑问的是，动态定价才是驱动它们增长、帮助它们战胜其他公司的制胜法宝。

我们知道，动态定价是公司匹配当前市场供需的策略。

举个例子，优步的打车费比普通出租车要低得多。但是，如果有一场比赛或者棒球赛要开始了，此时打车需求激增，价格也会飙升。要想去看比赛，你得花与需求相匹配的车费。另一方面，你在球场附近时刻都能打到车。原因很简单——因为价格合理，所以司机都愿意去球场附近揽客。随着观众逐渐离去，可打的车越来越多，价格也就降下来了。

正如 TechTarget 执行编辑唐福兰克所说："人工智能辅助的动态定价算法将通过硬连接嵌入 CRM 平台，让（企业）用户能够根据市场需求、本地事件、客户数据等信息自动进行实时定价。"

进入这一领域绝非易事。每个人都知道人工智能正在快速发展，人工智能专业人才也想有更好的职业发展，最重要的是，我们熟知的每一个行业都对他们有需求。在当今科技驱动的世界中，像优步这样的打车软件公司已经开始实时利用获取的数据。所以，用户在一个城市中的不同地区、一天中的不同时段都可以看到不同的价格。价格动态调整的依据就是司机的实时数据以及对用户位置、该地区交通状况以及天气等因素的预测。

有了实时数据之后，在云平台上运行的 CRM 软件可以与人工智能工具相结合，人工智能会采用动态定价算法并与最先进的销售自动化系统相结合。目前，动态定价算法为旅游公司、体育公司甚至是 B2B 等市场设置了实时定价。

动态定价是如何实现的？

首先，收集基于顾客行为的数据，例如：

- 顾客浏览的产品种类。
- 顾客在该产品上浏览了多少小时。
- 顾客购买的产品种类以及准备购买的产品。
- 顾客的位置。

这些实时数据将被传输到人工智能引擎中，顾客的行为会被引擎具象化，然后就可以进行预测，当然，主要预测的就是顾客愿意花多少钱购买这个产品。为了完成这些复杂的工作，人工智能工程师就必须具备足够的专业知识。

收集数据－使用人工智能进行数据分析－制定最优定价计算算法－制定最优定价公式，这大概就是动态定价的整个流程。

据称，人工智能驱动的动态定价在没有增加任何管理成本的情况下，把企业用户的最低价格平均提升了 2%～3%，为竞争企业用户也带来了高达 10% 的收益增长。这些算法还具有扩充和配置报价系统的潜力。对于销售人员来说，他们可以根据自动化系统完成交易的速度规则更快地制定价格。

人们坐在电脑前根据市场信息预测价格的日子一去不复返了。我们对人工智能了解得越深，才越能看清人工智能是如何主宰当今世界的。

资料来源：https://baijiahao.baidu.com/s?id=1649873663225865961&wfr=spider&for = pc.

6.2.5　基于人工智能的价格个性化与优化算法

广义地说，算法是在计算或解决其他问题操作中遵循的过程或规则集。定价算法主要分为两代，自适应算法（第一代）与学习算法（第二代）。学习算法属于人工智能领域，其中强化学习是最广泛使用的技术之一，它受自然界人和动物能够有效适应环境的启发，通过不断试错的方式从环境中进行学习，是机器学习的一个重要分支。它在人工智能问题求解、多智能体控制、机器人控制与运动规划、决策控制等领域有着十分广泛的应用，是智能系统设计与决策的核心技术之一，也是进行智能个性化定价策略研究的关键问题。

1. 自适应算法

第一代定价算法本质上是自适应的。自适应定价算法的基本原理是：确定一套处理信息的规则和流程，在输入数据后，计算机根据程序指令进行运算，进一步得到定价。该种方法在酒店预订和航空服务中已经得到了应用。自适应定价算法的任务是进行估计和优化。因此，该算法包含了估计和优化两个模块。估计模块使用过去的数量和价格以及可能的其他变量估计市场需求。然后，优化模块根据需求估计和观察到的竞争对手过去的行为选择最优价格。在市场条件已知的情况下，就不再需要估计函数进行估计，自适应算法就会将企业的价格设定为竞争对手过去价格的函数。自适应定价算法实际上可以被看作一个固定的价格调整规则，在如今多变且复杂的环境下，自适应算法的灵活性和准确性较为欠缺。

2. 机器学习算法

第二代定价算法基于计算机科学的最新发展，属于人工智能领域，更具体地说是机器学习（Machine learning）。与自适应算法不同，机器学习算法可以从经验中学习如何解决任务，表现出一种更"主动"的学习方式：通过对算法进行不断地训练，试错并优化进而得到最佳的定价策略。使用机器学习算法，不需要指定市场模型、估计模型和求解最优策略。相反，程序员只需要选择的是定价算法需要满足哪些要求，多久进行一次训练，以及相对于早先获得的经验，较近获得的经验的权重是多少。该算法是"无模型"的，并从经验中学习何种策略是最佳的。例如，设计用于下棋的机器学习程序不需要输入任何象棋策略，程序只需要知道游戏规则，以及对每个可能位置的值进行初步评估，在数次试验后，计算机会逐渐找到赢得游戏的最佳方式。如上所述，机器学习算法在学习阶段可能会经常做出次优决策，这会造成一定的损失（企业可以先通过一些模拟试验使算法获得一定的经验，从而降低风险）。然而，在初始阶段之后，与自适应算法相比，无预设模型赋予了机器学习算法极大的优势，尤其是在复杂和快速变化的环境中，并且机器学习算法不仅可以学习如何应对快速变化的市场环境，还可以学习如何应对竞争对手。常用的学习算法有 Q-learning 算法、SARSA 算法、蒙特卡罗算法等。

⊙ **小链接**　　　　　**Airbnb 的算法自动学习（来自 Airbnb 主管 Dan Hill）**

让算法自身不断改进变得更加困难，尤其我们希望系统给出的价格提示具有高的可解释性。在某些情况下，我们希望算法能够有自己的"思维过程"，能够从数据中学习而获得提高。机器学习系统通常具有一定的规模和复杂度，常常以一种神秘的方式工作。例如，谷歌大脑学习了在网络视频中找出猫脸的能力，通过一个多层模型对数据进行分类，然后得出一个视频是否包含猫脸的结果，而这个工作对于人类来说几乎是不可能复制的。

我们选择了一个分类机器学习模型。它使用房源的所有属性以及当前市场的需求，然后预测其是否将被预定。系统计算价格提示是基于数百个属性，如是否包含早餐、房间是否有一个私人浴室等。我们通过将价格提示与结果进行比较，对系统进行训练。考虑房源是否以一个特定的价格被预订，将帮助系统调整其价格提示以及评估一个价格被接受的概率。当然，房主可以选择比价格提示更高或者更低的价格，然后我们的系统也会对估计概率做相应调整。系统之后会检查房源在市场上的运行情况，并使用这些信息来调整未来的提示。

下面就是机器学习发挥作用的时候了。通过分析哪些价格提示获得了成功，我们的系统开始调整不同房源属性的权重。我们一开始也会做一些假设，例如地理位置非常重要，而是否有浴缸没有那么重要。我们保留了以前的定价系统中所考虑的某些房源属性，同时又添加了一些新的属性，如"预定日期之前的剩余天数"，这些信息对我们的动态定价产生影响。所有新的信息被考虑到模型中，都是通过我们对历史数据的分析，表明它们与我们的动态定价能力是相关的。

例如，某些照片更可能吸引预订。总的趋势可能会让你大吃一惊，时尚、明亮的客厅的照片，虽然易于得到专业摄影师的偏爱，但相比于用暖色调装饰的、舒适的卧室的照片，它们并没能吸引更多的潜在客人。

随着时间的推移，我们期待各种信息的权重能不断自动改进，以提高我们的价格提示。如果我们相信我们所了解到的一些东西，模型并没有刻画清楚，我们也可以通过其他方式参与和影响权重的设置。我们的系统能够为每个定价提示产生一个各种因素及相应权重的列表，提高工具的可解释性，这也是大家所希望看到的。如果我们觉得有些信息在模型中没有被很好地描述，我们会手动地将它们添加到模型中。

我们的系统也在不断地调整我们的地图以反映街区边界的变化。因此，系统并不是依赖于当地的地图，比方说，一个当地的地图可能告诉我们波特兰开拓者队的恩光街区在哪个地方结束，里士满街区从哪个地方开始，但这并不是我们所关心的，我们依靠一个城市中房源的预订和价格的分布数据来描绘各种曲线。这种做法也让我们发现了我们以前所没有意识到的"微街区"。这些地区可能有大量的流行的房源，但它们并不一定与标准的街区边界相匹配，或者可能存在一些局部特征，依据它们将一个较大的传统街区分为各种小的街区可能效果更加理想。

资料来源：https://www.jianshu.com/p/039a1a17a746.

6.2.6　人工智能个性化定价的优势

1. 获取消费者信息的能力更强

过去企业获取消费者信息主要通过市场调研，该种方法存在效率低下、信息不够全面、真实性难以保障等问题。大数据的使用使得企业能在较短的时间内从多个渠道获取到海量、多样化的真实信息，并减少了大量的人工成本。

2. 对消费者支付意愿的分析能力更强

过去受制于识别工具和数据的匮乏，企业无法准确识别每一个消费者的支付意愿。从分析对象的角度来说，企业只能将消费者分为不同的群组进行定价，例如分成学生、白领、老人等消费者群体并给予不同的优惠。大数据和算法的使用使得企业能够对消费者的个人数据与消费数据进行精确识别、获取，从而定价的对象由各个群体细化到了个人，对每一位消费者都能提供个性化的价格方案。从分析内容的角度来说，过去的定价方法仅将某几个典型因素考虑在内，由此得出的支付意愿十分不准确。而随着计算机算力的提升，人工智能算法具有对大量变量进行处理分析的能力，使得企业能够更精准地把握每一位消费者的支付意愿。

3. 具有动态调整定价的能力

数字经济时代，环境的不确定、消费者需求的变化、企业和竞争对手的产品价格信息越来越透明，使得消费者对于同一产品的接受价格处于不断变化之中，这就要求定价程序不断地调整优化。大数据使得企业能够实时获取所需信息，人工智能算法能不断地学习、调整和优化定价策略，所以人工智能算法具有动态调整定价的能力，更适用于当下的情境。此外，企业进行价格调整时往往需要考虑众多因素，例如消费者对于价格调整的反应，竞争者对于价格调整的反应，企业对竞争者变价需要做出何种调整等，以传统的方式确定价格需要付出大量的决策成本，将动态调整定价交由人工智能完成能有效地减少决策成本，帮助企业更好地盈利。

4. 提升了消费者的产品价值感知

产品价值是产品功效与付出成本之比，过去部分产品的定价可能高于消费者的愿意支付价格，导致人们会认为购买某些产品的成本较高，从而降低了产品的感知价值。而人工智能定价具有为消费者提供最佳价格的能力，使消费者在产品功效不变的情况下能以符合心理预期的价格购入产品，从而能有效地提升产品价值感知。

6.2.7　人工智能个性化定价面临的挑战

算法与大数据以及机器学习等先进技术的充分应用使得个性化定价策略不再只是个别经营者提升市场竞争力的策略选择，其对经济活动的深度介入还可能引发潜在的竞争风险。

1. 强化了消费者剩余的攫取

人工智能算法定价通过评估消费者的信息收取更高的价格导致一级价格歧视的出现，经营者将完全获取社会总福利，从而完全侵占消费者的福利（周围，2021）。对于不同消费者而言，常常面对同一产品时需要支付不同的价格，导致高支付意愿的消费者会受到更严重的价格歧视，即所谓的"大数据杀熟"。

2. 导致不正当的竞争

由人工智能算法带来的价格歧视可能会导致不正当的竞争出现，并直接影响横向或纵向市场经营者之间的公平竞争。例如处于市场支配地位的平台企业若实施个性化定价，那么原先支付意愿低的消费者就不会流失，潜在的市场进入者也会由于缺乏足够的激励而被排除在市场之外。这种排他效果在数字市场中更为明显。一方面，数字市场竞争的正向网络效应和特殊的用户归属策略会进一步提高消费者的转换成本，造成对最终消费者的锁定效果。另一方面，具有市场支配地位的经营者拥有更大规模、更多样化的数据集或者更优算法，这本身就会形成市场进入门槛，使经营者拥有更大的竞争优势，从而有能力封锁其他竞争对手（周围，2021）。

3. 隐私泄露

由于算法强大的市场信息挖掘能力，消费者信息越来越透明化，公司所掌握的消费者数据在不断增加。在线和离线跟踪、分析变得越来越普遍，消费者的隐私空间越来越小（Kummer，Schulte，2019；Lee et al.，2011）。由于这种侵入性的信息收集方式不受消费者的欢迎，许多公司使用了冗长的隐私免责声明来掩盖其复杂且不透明的定价算法。定价算法可以利用公司的信息优势，悄悄地将消费者分类，以便根据对个人不透明的因素提供个人价格。而普通消费者不清楚自身的哪些行为会被企业记录并收集，由此产生了强烈的不自由感，并怀疑个性化定价的正当性。

4. 影响公平感知

价格公平性在任何定价体系中都起着关键作用（Xia et al.，2004）。因此，个性化定价是否被视为歧视性定价，取决于消费者的公平感知（Elegido，2011）。这种公平感知受许多因素影响（Richards et al.，2016）。人际间的价格差异、对违反社会规范的感知以及价格框架尤其重要。当消费者们发现他们支付的价格远远高于其他人时，就会产生一种不公平感，进而引起对企业的不信任（Zuiderveen，Borgesius et al.，2017）。当消费者感知到个性化定价违反了社会规范，如向新客户收取较低的价格时，也会引发类似的反应（Maxwell，Garbarino，2010）。宋晓兵（2020）的研究发现，当消费者得知企业能够控制定价结果时，人工智能定价会引起更强烈的不公平感知，且在高心理逆反特质的消费者中，人工智能定价对价格公平感知及其后续行为意向的影响更加显著。此外，随着消费者对于个性化定价越来越熟悉，企业就会设计更复杂且不透明的价格方案以避免人际比较带来的影响。然而一旦这样的行为被消费者所察觉，就会引起更严重的不公平感知和信任危机。

5. 消费者行为对企业利益的损害

人工智能个性化定价的策略也可能受到来自消费者的反制。根据消费者是否采用匿名、比价工具等反制措施，消费者又可以分为成熟消费者和不成熟消费者。不成熟消费者受制于个性化定价，不会采取任何躲避和反制措施。而成熟消费者了解企业个性化定价的策略，会伪装成低支付意愿消费者，以享受优惠价格。成熟消费者与不成熟消费者之间的差异是使用互联网的人在经验上不平等的表现之一，其主要成因是消费者数字文化程度的差异。如果成熟消费者数量较多，这又会导致企业将设计更为复杂或不透明的定价方案，反过来将会损害消费者的利益。

⊙ **小链接**　　　　　　　　　　**人工智能定价的双刃剑效应**

人工智能定价为公司带来利润

根据美国布兰迪斯大学经济学系助理教授本杰明·席勒的研究，他模拟了 Netflix 实施不同定价方法对企业利润的影响，发现使用传统人口统计变量的个性化定价方法可以使 Netflix 增加 0.25% 的利润，但根据用户网络浏览历史，使用机器学习技术，来估算用户愿意支付的最高价格，可以使 Netflix 的利润增加 12.99%。人工智能个性化定价为公司带来了 50 倍的利润增长。

"杀熟"鼻祖亚马逊

2000 年，成立 6 年的电商亚马逊已经拥有 2 300 万注册用户。

为了从这些用户身上获得尽可能多的利润，亚马逊以"价格实验"为名，利用储存在用户本地终端上的数据跟踪用户的浏览轨迹，对 DVD 进行差别定价：新用户看到的价格是 22.74 美元，被算法认定为"有强烈购买意愿"的老用户，看到的价格却高了将近 4 美元。亚马逊也因此提高了销售的毛利率。好景不长，"暗箱操作"不出一个月就东窗事发，在消费者愤怒的声讨中，CEO 贝索斯公开道歉，并退还差价。

塔吉特激怒年迈父亲

2012 年的一天，一位男性顾客怒气冲冲地来到塔吉特（仅次于沃尔玛的全美第二大零售商），向经理讨要说法，因为他 16 岁的女儿竟然收到了孕妇服装的优惠券，他觉得受到了侮辱。但随后，这位父亲与女儿进一步沟通发现，女儿真的已经怀孕了。

原来，通过收集每位顾客的消费记录，塔吉特早已形成一个庞大数据库。

塔吉特的数据分析师开发了很多预测模型，怀孕预测模型就是其中之一。通过分析这位女孩的购买记录——无味湿纸巾和补镁药品，就预测到了这名女顾客可能怀孕了，而怀孕就需要购置孕妇服装。

资料来源：https://new.qq.com/omn/20200927/20200927A0DEA800.html.

6.3　人工智能时代的价格谈判

价格谈判是指双方针对某一事物在价格方面进行切磋与商讨，最终寻求一个双方都能够接受的价格范围，它是交易双方达成一致的过程。人工智能时代，供求双方关系变成了更为简单的买家与卖家面对面的形式，消费者可以直截了当地表达自己的诉求，而商家根据其要求进行跟单产销，减少了部分烦琐的中间过程，导致产品价格容易出现较大的弹性区间和价格异议问题。

6.3.1　价格谈判的策略

1. 做好充分准备

"没有人计划要失败，可是很多人却失败于没有计划。"在价格谈判之前，做好充足的计划与准备能够避免自己处于劣势地位。因此，提前做好充分的准备可以掌握价格的主动权，为自己争取最有利的条件，它是进行谈判前必不可少的策略之一。

充分准备的第一点是准备好自己，时刻将自己的状态保持在最佳水平。细化到人工智能时代的买卖双方，买家需要预先准备好对产品的详细诉求以及能够接受的价格区间，同时还需要了解智能化产品制作的过程以及与传统生产方式的不同之处，只有完全清楚智能生产的特点，才能更好地在谈判时把握溢价范围，为自己争取更大的利益空间。尤其是针对单个生产、私人订制等较高灵活性的生产系统，更多地了解卖方特征可以为自己争取更大的话语权。同样，卖方需要储备强大的数据库，给潜在客户刻画消费模型，主动利用消费者消费习惯推测并挖掘有价值的信息，甚至还可以利用大数据通过其日常购物习惯计算产品价格的阈值。综合来看，丰富好自己的信息弹药库才能在价格谈判中处于优势地位。

充分准备的第二点是增值服务的准备，为了使消费者最大限度地接受更高的定价，势必要在价格谈判的过程中使谈话内容从价格转移到产品的价值，企业也更需要让消费者明白产品价值的影响远大于其价格。此点价格谈判的关键就在于让自己的信息传递围绕成本和价值展开，在基于事实的基础上适当提高成本和价值，将一些隐性成本与隐藏价值更清晰地传递给消费者并让其对此深信不疑，使其注意力集中于价值而非价格。附件清单可以包括企业能够提供的所有增值服务以及所有非现金支出的成本，为了使该清单更具说服力，可以将增值服务和成本数字化为具体金额。例如，企业需要在顾客提出要求的基础上利用大数据更精准地分析计算产品，使产品超过消费者的预期价值。除此之外，企业摒弃了传统模式下的只注重产品使用阶段的服务，而将目标延伸至产品的全生命周期，无论是产品的前期智能化测试还是后期全系列的智能化保养保修维护等服务，大数据和企业能够为消费者带来的价值绝不仅限于使用过程，而是延伸到了后续一系列的增值服务。至于成本方面，人工智能时代的产品增加了数据收集成本、数据维护成本、数据管理分析成本等，基于产品以数字化为支撑进行生产，故数据的搜集、数据库的建立和管理维护等都需要一定的成本，数据的稳定从某种意义上来说能够使消费者受益。因此，注重传递产品的增值服务和增值价值是人工智能时代更应在价格谈判中关注的点，它能时刻提醒自己产品的独特之处及价值所在。

充分准备的第三点是对客户群体的准备，它包括对客户群的细分和竞争对手的准备。客户群体的分类从大范围来看，根据其需求产品的种类划分有助于对智能系统和数据库的管理维护。尽管人工智能使产品生产数字化，但不同种类的个性化产品需要用到的数据完全不同，如无人驾驶汽车和3D打印手表，储存有不同需求消费者的数据更有利于数据库的分类建立、搜集和管理，即降低了从大数据库中建立每一类小数据库的挖掘成本，降本增效的同时为价格谈判争取出了更大空间。客户群体分类从小范围来看，根据其需求的复杂程度划分有利于提供更个性化的方案和更高效的价格谈判。针对需求复杂的客户，他们愿意接受具有更高增值服务的产品设计方案，即更在意产品的价值而非价格，在价格谈判时可以着重突出较为复杂的、全生产链的服务价值。针对需求简单的客户，他们对价格更加敏感，也没有十分在意产品的附加价值，而是更多地考虑价格是否超过心理预期与承受范围，因此在进行价格谈判时需要出具更直接的、更有说服力的与价格息息相关的资料。当客户群体的分类更加细致与全面时，企业将拥有更大的自主权与利润操作空间，为其价格谈判预留了更大的余地。

"机会是留给有准备的人"在人工智能时代仍然适用，因为笼统而全面的大数据给企业提供了挖掘客户、发现潜在商机的便利，但消费者也同样能通过一些手段获取或者隐藏数据，让自己以更低的价格赚取更多的利益，只有做好充分的准备才能使企业处于价格谈判的优势地位。

2. 进行超前研究

超前研究是在销售时间上能够做到的最佳投资，它的优势在于将重点聚焦于客户而不是自己，因为这关乎顾客需要付出的金钱和是否与其得到的价值相匹配。超前研究是指企业利用云平台、数据库的建立主动了解并搜集消费者的消费习惯和购买倾向，从而可以利用大数据建立产品模型。超前研究能够为企业提供新产品的关键信息，未来市场的竞争在于企业是否能研发符合消费者期待甚至超出消费者预期的产品，谁先研发出更优质的产品，谁就能在市场中获利。而产品研发的前提需要前期大量的投入，而人工智能时代更是对数据的建立、维护、挖掘等提出了更高更精细的要求。

超前研究不是一方的事情，它更需要客户的参与。心理学研究发现，参与能够一定程度上提高自己在某件事情中的归属感及减少抵抗情绪。因此，当客户将这项研究变成了自己正在参与的活动时，他的主人翁意识会提高，所以你的私人定制方案完全就已经变成了他认同的方案，此时客户对价格的容忍度会有所上升。提问的方式既能够增加客户参与感与认同感，也能够获取供给方想要的信息，比如通过提问延长客户对产品使用期间的时间跨度，通过提问引起客户对增值价值的关注度，通过提问扩大竞争对手的弱点，通过提问深入挖掘客户对价值的思考与评判等，通过这些问题，基本上能够探明客户的期待、需求及价格阈值，为价格谈判争取更多空间。此外，鼓励客户大胆地对未来做出畅想，激发对产品期望之外的兴趣，可以主动转移对价格的关注，在谈判中赢得超前价格优势。

3. 改变谈话话题

改变谈话话题是价格谈判策略中的第三部分，比如通过传递价值故事、转换对话思路等方式改变话题并改变客户想法，它意味着延长客户的时间跨度，将买卖关系上升到更为高级亲密的伙伴关系及其给双方带来的优势，而不再简单地围绕价格进行过多的阐述与讨论。人工智能时代，消费者需要的不再是随处可见的产品，其本质需求是隐含在产品内的服务与体验，往往体验的诉求超过产品本身，因此企业可以向消费者传达"增值服务远比产品本身重要得多"的理念，这也更贴合当今时代营销发展的趋势。总的来说，改变谈话话题能够将处于敌对关系的供需双方转换为更加配合的、更为友好的伙伴关系，这种关系的建立能够为未来业务的拓展奠定稳定的基石。

那么，如何自然地改变谈话话题且引导话题向自己期望的方向发展，则需要巧妙的设计帮助其自然过渡。首先可以采用类比的方式，比如在进行价格谈判时，将话题引入同类但不同价格或者同价格不同类别的产品中，将自己的产品与其他的进行对比，暗示消费者主动比对产品的各方面价值，并在消费者内心已经高下立判的时候及时阐述产品前所未有或者极佳的体验感和服务，以撼动其原定的可接受的价格。其次可以将解决或满足消费者需求而消耗的费用定位为投资而非费用，那么如何将消费者支出定位为投资而非费用呢？投资回报是其关键点，在价格谈判的时候要牢记维持长期且稳定的关系并不断输出产品持久的投资价值，使消费者沉浸式地感受这是一桩值得的买卖。最后要在谈话中体现自己的独特卖点，尽管在人工智能时代几乎所有的产品都崇尚差异化，不会出现重复的产品，但是如果消费者能够感受到更深层次的差异并且企业能让他知晓为什么选择的是我们而不是其他企业的原因，那么消费者会乐意为这些新奇点支付多余的价钱，如果没有让消费者感受到差异，他们也不会在价格谈判中让步，要记住任何可以辩解的有差异性的说明性阐述都能够起作用。

6.3.2　回应价格异议的指南

总有人将价格谈判视为你死我活的争斗，实则不然。价格异议是谈判中必定存在的事件，即便客户心理上承认商品确实物超所值，但在谈判中也会为自己争取最大的利益。价格异议是因为在双方沟通交流的过程中出现了故障，需要一定的时间和阶段去修复解决。因此，面对价格异议时，必须准备好一份充分的指南，以应对人工智能时代的差别定价。

1. 唤起对方共情

唤起对方共情意味着站在对方的角度思考问题，卖家站在买方的角度思考能更加理解客户的需求和想法以及价格定位是否合理且易于接受。你可以适当表达自己理解客户对价格的异议点，清楚地阐述他的顾虑，通常"我懂你的疑虑""我了解你对于价格的不确定""我明白你的想法"等对客户想法深入理解的话语能帮助自己得到一个更确切更接近自己想要的答案的回复，当共情到一定程度时，可能会改变客户的决定。

唤醒对方对自己的共情的关键点在于使客户理解自己。当客户将他的烦恼和疑虑倾诉给你时，代表了对方对你的信任，同样地，你也可以把自己的难处和面临的挑战倾诉给客户，这将使对方不自觉地将他的难处和你的困境做比较，如果觉得自己做出让步的成本更低，那么价格异议的结果大概率会倾向自己。例如，你可以直接告诉客户："与其他企业不同，我们的产品都是从价值出发而不是价格，以产品能为你们带来怎样的体验感与服务为主题进行研发，我们都是为了给对方创造更多的可能性与价值，也许产品的价格超过你的预期，但价值一定会大大超过你所期望的价格。"人工智能时代，也许一切都能数字化，但共情感和同理心永远不可能被数字化，否则一切将失去温暖与回旋的余地。

2.输出增值观点

以价格为基础产生的异议来自客户对信息掌握程度的匮乏，因为大部分客户其实并不了解人工智能时代提供的产品到底能够带来多大的价值，因此很多客户会对价格表现出超乎寻常的震惊，他完全没有想过要支付比预期高得多的价格。所以，对于这一类客户，你需要教育他，这里的教育并不是贬义，而是尽可能多地阐述产品信息、增值服务和附加价值。

首先，将客户带入正确的轨道，你可以以"很多客户最初都因为价格而感到犹豫，但是经过我们的解释之后，对我们的价格表示理解且接受了"为对话的开头，吸引客户对后续谈话的兴趣。而且此类话语能够为客户开拓由于无知而产生的价格异议，为其保留了颜面，使其脱离因无知产生的尴尬处境。其次，让客户深刻感受产品的增值服务，可以通过带客户体验产品增加他的服务享受，为其展示一系列其他客户的反馈和使用感，以提升他可接受的价格区间。同时，将谈话过渡到增值服务，如："您已经用最合适的价格购买了最适合的产品和服务，难道不值得再花费百分之一的价格获得产品全生命周期内的价值增值吗？"另外，将产品的附加价值阐述给客户可能会使价格异议趋于稳定，你的观点可以围绕"消耗越多则投资越多，回报越大"展开，因为产品的附加价值往往能够体现在更意想不到的回报上。

3.延迟价格异议

"打得过就打，打不过就跑。"有些消费者在价格谈判中会紧紧抓住价格这一议题，无论如何解释，其最在意的还是价格过高。一番努力后，如果仍然无法达成价格一致，那么可以在对话中撤销有异议的部分，先暂时远离价格这一主题。你可以持续输出产品的价值，继续呈现产品的质量，也许在你的介绍后客户会听到一个令他感兴趣的点，从而放弃继续进行价格谈判。如果在价格谈判的一开始就选择让步，那么可能会导致自己的利润下降；如果和客户一直维持僵持不下的场面，他极有可能选择放弃此次购买。因此，此时避而不谈的迂回策略或许更加有效。人工智能时代，价格谈判的空间会更大，导致价格谈判的策略也更多，因为产品的个性化特点更突出，价格谈判有更大的弹性空间。当硬性策略无法获得想要的谈判结果时，转换思路采取软性策略，适当将价格谈判的异议点延迟可以一定程度上提高谈判效率或改变谈判结果，这是另一种智慧。

本章小结

人工智能时代，企业要与时俱进地变革定价方法，使之与市场变化相适应，核心思想是在合适的时间为顾客提供合适的价值。

人工智能时代影响定价的因素有很多，需要紧抓时代的消费特点，进行精准定价。基于人工智能的价格个性化实际上就是指企业利用观察、自愿提供、推断或收集到的消费者的个人行为或特征的信息，应用合适的人工智能算法推断出消费者愿意支付的价格，进而为不同的消费者设定不同的价格。目前人工智能定价主要采用的是学习算法。人工智能定价算法具有信息收集能力强、分析能力强、动态调整能力强等优势，但目前也存在泄露消费者隐私、定价不公平等问题。由于定价算法具备动态调整的优势，所以在价格谈判上就有了极大的弹性空间，为双方赢得了更大的谈判尺度。

关键名词

人工智能影响定价因素　人工智能个性化定价　人工智能定价算法　人工智能时代定价策略

章末案例

根据车好多集团 CEO 杨浩涌的推算，中国二手车年交易量目前是 1 200 多万辆，并以每年 20% 的速度增长，最终，这会是个万亿元规模的市场。为了顺利达到这样的规模，其中要解决的核心问题是——定价高低、周转效率以及撮合交易的成功率。在二手车交易环节中，从定价、收车到出售，算法卖车的每个步骤，就像一台精密的仪器。这台精密的仪器最大的问题就是信息严重不对称。因此，算法就有了重构整个交易链条，提升效率，让这门生意更大更懂人性的可能。这种可能的实现需要的是一种技术标准。这个技术标准对商业组织而言，有可能帮助一家公司建立核心竞争力；从更宏观的角度看，任何一个细分行业都需要标准，因为一个行业要往前走，必然需要在商业与人性之间建立一个平衡，这个平衡就是标准。

"优先卖"启动前，张小沛先问杨浩涌要了 200 万学费。其中，100 万分给评估师，100 万分给算法。最坏的情况，就是赔个精光。

"优先卖"是做保卖和算法定价前的过渡阶段。即预先付给车主 1 000～2 000 元把车源预订下来，如果一个月内卖不掉，这笔钱就归车主所有。这也是张小沛给出的一道题。她在全国圈了 20 座城市做试点，实现 AB 测试。在每座城市，最好的评估师和算法，分别负责一半客单的定价，跟最终成交价比较准确性。一辆二手车，均价 8 万块，不是笔小数目。在定价不准的情况下贸然吃进库存，后果可想而知。要想全盘接管定价这个工作，算法得先证明自己。

"我定了这个价，真金白银拍出去把这个车拿下来，要有本事卖出去。这是很有挑战的，一直到今天，也是在不断优化的过程中。"张小沛说道。在这之前，瓜子二手车通过不吃货（非保卖）的 C2C 撮合模式花了一段时间为算法积累交易数据。这些数据被交到魏旋手里，将每个交易环节的数据拆解成小颗粒，再结构化，最终形成三项成果：一份描述了 2 000 多个可能影响车价因素的标签图谱；为 1 万名评估师和销售设计的任务调度体系；包含 259 项流程的车况检测表。

能影响二手车线上交易的因素，可能很出人意料。举个例子，如果收车赶上了雾霾天气，拍照上传的图片是模糊的，相对于晴朗天气时商品的点击率会下降 80%。

瓜子算法团队负责人魏旋，进一步解释这张图包含的逻辑："除了对车建模、定价，我们也对销售和评估师做画像，分析他们和车之间的关系。比如有的销售，最擅长卖日产的车，多匹配这类车给他，能实现的效率是最高的。"

"我们花了很大精力把销售和评估师的服务标准化。比如评估师录入，每个人原本有自己的语言和做事习惯，所以我们让这 259 项检测变成选择题，给每个选项一个明确的定义。"如何让原本非标准的流程标准化，张小沛解释道："到现在，我们依旧在迭代，很多地方的结构化并不准确，需要不停分析过往填过的数据，再做结构化。"

魏旋一直知道，算法在营收上牵一发而动全身的效果。但直到 2016 年 10 月，算法定价上线，他才真切地感受到这事离钱有多近。一辆车最多亏 2 000 元，一共开了 20 单……随着单量的扩大，魏旋的紧张也像滚雪球一样膨胀。"老板说，收上来可以赔钱卖，最多赔 2%。"他絮叨着带我算账，也就是一辆 10 万块的车，能允许 2 000 块定价误差。可是市面上的平台，估价误差正常都在 6%。

曾有一度，魏旋和其他 50 多位算法工程师的压力到了临界点。张小沛带着他们喝酒开解。沮丧的工程师们，提出要用工资赔偿公司的损失，错一辆车 8 万元，已经错了 5

辆，40 万元。"边算边想，这活儿这么做下去，八成要破产了。"魏旋一脸的苦笑。

在这项大胆又野心勃勃的尝试里，失败是被允许的。

杨浩涌后来对媒体透露，因为定价不够准确，瓜子二手车在 2017 年一共亏了 3 000 万元。但他觉得值得："这事情哪有那么容易啊。"

竞赛进行了两个月后，张小沛拿到一组让她欣慰的数据。优秀的评估师，10 辆车中准确定价 5~6 辆；算法也从一开始的逆势，逐渐追赶上来。到了 2017 年春季，算法能准确定价 10 辆车中的 7 辆，最好的城市能做到 9 辆。在所有试点城市，算法都跑赢了评估师。于是 2017 年 3 月，瓜子二手车开始全面收车，上线算法定价。第一个月，算法评估了 50 辆车，这些车价值 400 万元人民币。到 2017 年年底，瓜子算法一个月的定价量已经上涨到一万辆车。它催生出了裹挟着庞大现金流的巨无霸。

资料来源：https://page.om.qq.com/page/O9un3xUvDk-SXV29nebUJVK5Q0.

案例思考

1. 结合本章所学，解释为什么瓜子二手车定价算法在最初使公司亏损了 3 000 万，却又后来居上？
2. 在开发算法的同时为什么要把销售和评估师的服务标准化？

复习思考题

1. 人工智能时代影响定价的因素有哪些？
2. 基于人工智能的定价算法与传统定价有何异同？
3. 人工智能时代的价格谈判需要做好哪些方面的准备工作？
4. 结合实例谈谈目前人工智能定价的双面效应。
5. 如果有一天定价完全由人工智能执行，这是否意味着我们不需要再做与定价相关的工作了？谈谈你的理解。

本章实训

一、实训目的

1. 了解人工智能时代定价过程中需要做的工作，深化对人工智能定价的认识。

2. 通过线上采访或实地调查，了解某一企业如何开发并使用人工智能定价算法。

3. 锻炼调查收集资料、分析问题、团队协作、个人表达等能力。

二、实训内容

　　以小组为单位，通过线上采访或实地调查，了解某一企业开发人工智能定价算法的历程及目前还存在的问题，从营销的角度提出几点优化的建议。

三、实训组织

1. 指导教师布置实训项目，提示相关注意事项及要点。

2. 将班级成员分成若干小组，成员可以自由组合，也可以按学号顺序组合。小组人数划分视修课总人数而定。每组选出组长 1 名，发言代表 1 名。

3. 以小组为单位，选定拟调查的企业，制定调查提纲，深入企业调查收集资料。写成书面调查报告，制作课堂演示 PPT。

4. 各小组发言代表在班级进行汇报演示，每组演示时间以不超过 10 分钟为宜。

四、实训步骤

1. 指导教师布置任务，指出实训要点、难点和注意事项。

2. 演示之前，小组发言代表对本组成员及其角色进行介绍陈述。演示结束后，征询本组成员是否要补充发言。

3. 由各组组长组成评审团，对各组演示进行评分。其中，演示内容 30 分，发言者语言表达及台风展现能力 10 分，PPT 效果 10 分。评审团成员对各组所评出成绩取平均值作为该组的评审评分。

4. 教师进行最后总结及点评，并为各组实训结果打分，教师评分满分为 50 分。

5. 各组的评审评分加上教师的总结评分作为该组最终得分，对于得分最高的团队予以适当奖励。

 参考文献

[1] 吴健安. 营销管理 [M]. 2 版. 北京：高等教育出版社，2010.

[2] REILLY T. 价格谈判：如何在价格异议中成功胜出 [M]. 兰渊琴，译. 北京：中国人民大学出版社，2013.

[3] 喻玲，兰江华. 算法个性化定价的反垄断法规制：基于消费者细分的视角 [J]. 社会科学，2021(1)：77-88.

[4] 李新宜. 大数据背景下的差别定价分析 [J]. 经营与管理，2021（9）：48-53.

[5] SEELE P, DIERKSMEIER C, HOFSTETTER R, et al. Mapping the ethicality of algorithmic pricing: a review of dynamic and personalized pricing[J]. Journal of Business Ethics, 2021, 170(4): 697-719.

[6] CALVANO E, CALZOLARI G, DENICOLÒ V, et al. Algorithmic pricing what implications for competition policy[J]. Review

of industrial organization, 2019, 55(1)：155-171.

[7] 阳翼．人工智能营销 [M]．北京：中国人民大学出版社 , 2019.

[8] 王欣，王芳．基于强化学习的动态定价策略研究综述 [J]．计算机应用与软件，2019，36（12）：1-6, 18.

[9] SHILLER B R . Approximating purchase propensities and reservation prices from broad consumer tracking[J]. International Economic Review，2020，61（2）：841-870.

[10] 周围．人工智能时代个性化定价算法的反垄断法规制 [J]．武汉大学学报（哲学社会科学版），2021，74（1）：108-120.

[11] 宋晓兵，何夏楠．人工智能定价对消费者价格公平感知的影响 [J]．管理科学，2020，33（5）：3-16.

第7章
人工智能与渠道策略

开篇案例

2018年11月28日，小米开发者大会在北京召开。作为全球最大的消费级物联网平台，小米在此次大会上再次明确其"AI+IoT"（人工智能＋物联网）的核心战略，强调人工智能开放生态，致力于赋能更多产业伙伴，打造智能互联的世界。

小米集团董事长雷军认为，在3～5年内，可能每个物联网设备都带有人工智能模块，人工智能语音助手将带来技术的革命。在2017年第一届小米开发者大会上，雷军就宣布小米"AI+IoT"全面开放。小米物联网平台对第三方开放了米家的接入、控制、智能场景、"云＋AI＋大数据"以及新零售渠道。一年后，小米物联网平台已接入了1 000多款第三方产品。

基于这样的理念，2018年双十一大促销，小米"AI+IoT"万物智慧互联产品热卖，截至2018年11月11日12时，小米新零售全渠道支付金额突破30亿元，远超2017年小米在天猫旗舰店双十一大促销全天销售总金额24.64亿元的成绩。2018年双十一大促销，小米最大的特点是打通了全品类的线上线下购物场景，将线上7大平台与线下5 000多家门店融为一体，投入了1 000家服务门店，2 900多名客服人员，3 000多辆提货车辆和超10万名送货人员，全天24小时为消费者服务。未来小米物联网还将进一步开放，为第三方提供ZigBee接入、第三方云与MIoT云的互联、海外服务和行业解决方案。

在此次大会上，小米集团物联网平台部总经理范典正式宣布小米与宜家达成全球战略合作，宜家全系智能照明产品都将接入小米物联网平台，用户可以使用小爱同学、米家App等控制宜家的智能照明产品，并且可以实现宜家智能照明产品与小米物联网智能设备，如传感器、家用电器之间的场景联动。宜家智能照明产品将通过ZigBee协议与小米网关直连，相关服务在当年12月上线。

除了宜家，小米还公布了与全季酒店、车和家、爱空间开展的深度合作。在全季上海虹桥中心酒店，小米与全季共同开发了智慧酒店系统，采用了全套小米智能家居解决方案，顾客可以用小爱同学调节灯光、温度，查询酒店信息等；小爱同学与车和家深度合作，共同打造小爱同学车载解决方案，开创车载语音"新体验"；爱空间则推出了小米智能照明家装套餐的智能家居安装服务。此外，小米还发布了米家智能门锁，该产品配备 C 级智能锁芯，采用一体化 3D 活体指纹识别，还支持密码、NFC、蓝牙等 6 大开锁方式。

资料来源：https://www.sohu.com/a/278383324_100115998；http://www.hnetn.com/html/2019-7-30/2019730109469831.htm；https://finance.sina.com.cn/roll/ 2018-11-11/doc-ihmutuea9155891.shtml.

7.1　人工智能与渠道设计

在开篇案例中，小米能够在 2018 年双十一大促销进行全场景、全品类、全渠道的销售革命，充分说明小米在新零售战场实现了升维，人工智能与物联网产生的网络效应开始全面赋能小米新零售。而随后在 2019 年开发者大会上，雷军将已经到来的 5G 加入小米智能生活的版图，将"5G+AI+IoT"称为下一代超级互联网，并把人工智能物联网、智能生活的持续优势转化为智能全场景的绝对胜势。总体来看，小米新零售的目标是用人工智能、大数据和互联网的工具和方法，提升传统零售的效率，实现线下的小米之家和线上的小米商城、小米有品的联动。

显然，人工智能在营销中的应用是系统性多层次的，企业如何将人工智能应用到具体的渠道设计中呢？

7.1.1　渠道设计及其相关概念

渠道管理的其中一项核心任务就是渠道设计。渠道设计是企业结合自身战略发展目标，在充分考虑自身所具备的优势及存在的不足的基础上进行渠道目标、渠道任务等规划的一系列活动，也被称为渠道策划。具体来说，渠道设计需要对未来渠道环境的发展趋势进行准确预测，对渠道现状进行深入了解，制定适宜的渠道目标，将渠道策略等确定下来，以确保产品能够顺畅且高效地在流通领域进行转移，以最简化的环节、最低的费用及最短的路线使消费者或用户的各种需求得以有效满足。

在分析渠道现状，确定渠道目标等一系列工作流程都结束后，对新渠道进行构建或是对现有渠道进行改善的这个过程即为渠道设计。设计及选择渠道需要完成一系列工作，如决定采用哪一种渠道结构，合理选择销售终端，决定渠道覆盖面等。一般来说，渠道设计的核心内容在于渠道结构设计和渠道策略选择。

1. 企业内部的渠道设计

企业内部的渠道设计，是考虑目前企业所使用或者未来会使用的渠道类型、渠道目标在各种不同类型渠道所占的比重、各种类型渠道所面对的细分市场及覆盖范围，从企业的视角考虑企业自身的渠道目标对企业渠道策略进行整体的设计和规划。

企业可以采用的渠道类型有很多，既可以只使用一种，也可以同时使用多种渠道。由于渠道的长度、宽度、密度、中间商以及单一渠道和复合渠道等方面存在差异，企业在具体的渠道设计中的营销策略也会有差异。庄贵军教授在《营销管理》中详细介绍了渠道设计中依据不同渠道因素企业应选择的渠道策略，企业的渠道策略如表 7-1 所示。

表 7-1   企业的渠道策略

渠道策略	渠道因素				
	长度	宽度	密度	中间商	单一渠道或者复合渠道
直接分销	零层次短渠道	覆盖面小	密度小	无	单一
独家分销	不确定，取决于代理商的渠道层次	不确定，取决于代理商的网点范围	密度较小	独家代理	单一
选择分销	不确定，取决于代理商的渠道层次	不确定，取决于代理商的网点范围	不确定，取决于代理商的网点密度	同类型或不同类型多家代理	不确定，取决于选择的代理商是否属于同一类型
广泛分销	渠道有短有长	覆盖面大	不确定，取决于代理商的网点密度	不同类型经销商	复合
密集分销	渠道有短有长	不确定，取决于代理商的网点范围	密度大	不同类型经销商	复合

资料来源：庄贵军.营销管理：营销机会的识别、界定与利用 [M].北京：中国人民大学出版社，2020.

2.跨组织的渠道设计

由于时代的发展进步，营销环境也发生了很大改变，并要求企业能够运用多种渠道开展渠道设计工作。基于此，企业管理层应当对其自身渠道目标及各中间商渠道的利益或是目标进行充分考虑，并据此设计渠道结构。当前，互联网技术得到了广泛推广，这对企业跨组织的渠道设计提出了新的要求，在线直播等新渠道的协同也应引起高度重视，跨渠道整合的重要性不言而喻。在消费者购买商品之前，企业会对多个渠道进行营销管理，如图 7-1 所示。

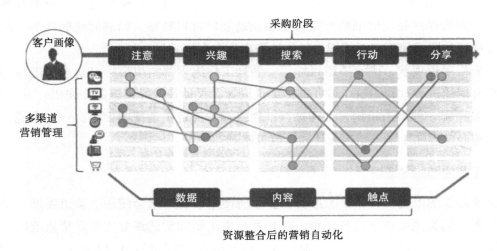

图 7-1   多渠道营销管理

⊙ **延伸阅读**　　　　**借助人工智能与大数据的零售数智化与服务数智化**

零售数智化

零售数智化通过添加智能货架、电子价签、客流识别和互动屏等数字化触点，采集消费者体验数据，充分发挥全渠道触点和融合场景优势，丰富交付体验。融合消费者、商品、订单、库存和交互行为等数据形成商业洞察，为智能选品、客流分析和运营分析等提供数据决策支撑，同时赋能一线，提振一线业绩创造活力，提升消费者体验，促进消费转化。

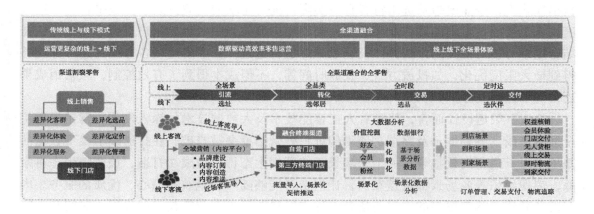

服务数智化

服务数智化主要体现在对传统离线的服务中心的咨询、投诉、退货现场维修和检查等全触点进行数字化升级，沉淀数据，提供在线培训学习、工单管控等业务服务能力，引入智能客服、舆情分析等智能要素，通过互动、连接、体验提高服务效率，保障体验与满意度。通过物联网设备与数字化商品使用全场景链接，构建智能化资源调度、知识库迭代能力，提高服务精准性。

资料来源：毕马威 & 阿里云研究平台，2020 消费品生态全链路数智化转型白皮书。

7.1.2　人工智能赋能渠道设计

针对渠道设计中"怎么样触达消费者"这一问题，人工智能技术的出现使得这一问题得到了很好的解决，信息技术的高速发展下可通过多种渠道来将信息传递给消费者，人工智能技术使得各渠道之间能够实现较好协同，能够精准识别用户感兴趣的渠道，促进用户触达效率的有效提高。因此，人工智能技术和大数据驱动下，不论是线上还是线下的渠道设计都会被广泛赋能，全链路地深入各种消费场景。

在线及移动渠道设计中，随着互联网的发展和移动设备的不断普及，短视频等新型平台受到了用户的广泛关注，在线和移动渠道设计要求企业拓展更多的营销场景。传统营销模式下，企业要想筛选出符合自身实际情况与需求的投放方式及投放平台有一定难度。人工智能技术则能够在众多经过分类的用户群体当中对目标用户进行准确识别，并结合定量分析对该类用户的媒体及场景偏好进行遴选，让广告主在各方面的选择都能够得到最大限度优化，如投放方式、投放时间等，不但成本得到了有效控制，且营销成果还得到了显著改善。

就线下渠道设计而言，伴随着人工智能技术及大数据技术的深入发展，营销渠道将全面赋能线下各种屏幕及终端，使得传统户外营销壁垒被打破。在打通线上线下数据的基础上对其进行高效整合，一个全场景智能营销生态得以被成功打造，该营销生态将家庭、消费娱乐等各场景都覆盖在内，让消费者能够随时随地获得贴心、优质的服务。内容的新载体将涵盖更多的终端与场景，这主要得益于人工智能技术的发展，时间和空间将不会再限制信息触达。人工智能让功能单一的终端也具备了类似媒体的交互能力。

7.1.3　人工智能在渠道设计的企业端的应用

网络渠道的扩大与发展使得许多消费者都将实体零售店视为"线下体验店"，在朝着多渠道或是全渠道零售商方向发展的过程当中，越来越多的网店都开始建立自己的线下实体店，以促进客户体验的提升。日渐模糊的线上和线下零售界限让消费者和零售商的沟通与互动有了更多的方式与渠道。企业端各渠道的应用也因人工智能技术的应用而被更好地打通。

（1）传统客服被 AI 客服所取代，人力成本得到了有效降低。在线客服的需求量随着零售行业的发展壮大而大幅度提升，智能客服机器人的增长趋势日渐显著。据产业信息网（https://www.chyxx.com）所提供的数据信息来看，2019 年我国共拥有 788 亿元的在线客服市场规模，较 2018 年增加 72 亿元，同比增长 10.06%。

较高的人工成本及无法保障的回复质量等一系列问题普遍存在于传统在线客服当中，以大数据技术及深度学习为基础而发展起来的人工智能则可对相关问题进行有效解决，不过这一问题的解决与语音识别技术的发展有密切联系。如此一来，传统的人工客服慢慢被取代，企业的人工成本显著下降，客服效率大幅度提升。

（2）人工智能赋能货架管理与场景塑造，无人零售成为可能。无人超市、无人便利店及自动贩卖机、开放货架这四种业态是目前最为主要的几种无人零售业态。根据艾瑞咨询数据，2017 年共计为 200 亿元左右的无人零售市场规模，2020 年估计达 650 亿元的市场规模。2017～2020 年，我国无人零售市场实现了 50.9% 的复合增速。目前，无人零售技术具体可划分成两大类：①应用于无人收银场景的二维码及 RFID 技术，这有助于收银结算效率的有效提升；②有助于购物体验的提升的人工智能技术，该技术在无人零售业态当中的广泛普及使得企业人力成本大幅度降低，运营效率提升显著。

（3）人工智能赋能人流管理，为零售商店最优配置提供可靠保障。传统零售行业只能通过会员卡等比较单一的方式来对消费者的需求及习惯进行分析与了解，且效果比较差。汇纳科技与海康威视的人流监控产品能够实时监控线下客流，对商店里的人流密度进行动态识别，同时就相关热度进行绘制，基于此将受欢迎程度最高的商品与服务计算出来，并对消费者的购物习惯及兴趣进行深入分析及掌握。人工智能则可结合计算结果来对线下实体店的运营设置进行实时、动态的调整，确保其所处的配置状态始终都是最优化的，能够让人、货、场三者实现动态平衡。

（4）人工智能可为物流仓储管理提供赋能，实现高效运行。企业应当对其自身的物流仓储能力进行充分考虑，在对大数据技术及智能算法进行合理利用的基础上，以人工智能等先进技术产品为媒介来实现全供应链无人化，以此来进行渠道设计，这不但脱离了人力资源成本的约束，且运营效率也大幅度提升。人工智能赋能下的智慧物流将实现智能网络布局、仓储管理、运输路由规划、终端配送规划等统一管理，还能让整个零售生态实现协同发展，通过物流短链化帮助企业缩短从产品到消费者手中的渠道宽度。

（5）人工智能为线下门店提供赋能，智能化管理带来高效便捷。传统的大型连锁零售企业需要管理全国范围内数百家门店，智慧零售方案有助于员工实现精准营销，可对小偷惯犯进行准确识别，可对全国范围内各家门店的数据概览进行查看与分析，也可结合经营数据将数百家门店当中业绩不合格的门店进行筛选。远程巡店功能的使用能够让企业对各门店的经营管理、服务等情况进行直接查看，而且可实时动态地比较分析门店绩效和管理的优劣。人脸识别技术的应用可对客流数据进行精准统计，管理者在对门店销售数据进行分析的基础上可准确分析门店的经营状况及 VIP 客户的喜好。

7.1.4　人工智能在渠道设计的消费者端的应用

在人工智能驱动下，消费者开始踏入"万物智能"时代，拥有人工智能能力的智能设备广泛渗透到了各行各业当中，更为丰富多样的设备与内容、更为多元化的交互方式都有助于消费者端消费体验的改善和提升。

（1）人工智能为精准识别用户需求提供助力。智慧零售能够对用户个性化数据进行深入分析与挖掘，为其实现精准营销提供助力。这种精准营销功能目前已覆盖至国内各主流购物 App 当中。以淘宝的人工智能设计系统"鲁班"为例，该系统先在大数据及深度学习的支撑下分解原始图层，对各设计师风格进行训练与学习，随后与用户偏好等数据进行结合和分析，并生成相应的海报，系统经过评分将最优海报挑选出来，最后系统每秒钟对 8 000 张海报进行处理，为客户端实现精准营销提供助力。

（2）人工智能新技术将有效满足客户互动式消费需求。当前，我国腾讯、阿里等各互联网巨头纷纷对人工智能新技术进行积极布局，使得零售业的竞争格局被重塑。这些巨头企业大多积累了海量的数据信息，其数据分析及计算能力也非常强，远远超出了一般规模的企业，各巨头企业在进军线下零售行业的过程中，以其海量数据及先进的技术为依托建立起盒马生鲜等智慧零售业态。在互联网巨头与智慧零售业态的共同合作下，客户互动式消费需求得到了有效满足，单客留店时长有明显延长，商品价值也得到了二次挖掘。

（3）人工智能技术让消费者有更好的体验。以多终端人工智能设备为基础，多场景表现为消费娱乐、家庭及商超等全场景的连接，多终端表现为手机、可穿戴智能设备等多终端的互联。人工智能技术的广泛运用让内容的新载体涵盖了更多的终端与场景，多终端、多场景的全渠道数据打通如图7-2所示。在连接多终端及多场景数据的基础上能够有效打通企业全渠道线上线下数据，将更好的消费体验带给消费者，为企业创造的价值也会不断增加。

图 7-2　多终端、多场景的全渠道数据打通

小案例　　　　　　**可口可乐：与 AR 结合创新虚实共荣的营销方式**

　　近期，可口可乐推出了富有城市特色的城市罐，一经上线便掀起了一股热潮。这次，可口可乐城市罐将各地知名建筑、风俗、地区风情巧妙地体现在瓶身上，向大家展示了每个城市不同的风情，包括北京、上海、杭州、南京等。

　　这次可口可乐城市罐与百度 AR 合作，2018 年 3 月 12 日至 2018 年 4 月 16 日，用户只需打开百度 AR，对准可口可乐城市罐扫一扫，便可以开启城市秘境，探寻不同城市的秘密，了解所在城市的气质。

可口可乐城市罐上新的消息一经推出便引起广大网友的关注和参与，纷纷在后台留言讲述自己的经历和对城市罐的喜爱。而在此基础上可口可乐运用 AR 技术的创意呈现，则给目标受众不同的感官体验和互动价值。

可口可乐通过百度 AR 技术巧妙换装，科技感、趣味性十足。

资料来源：AI 赋能营销白皮书。

7.2 智能零售

云计算和人工智能等新技术的发展与应用使得商家能够对用户的购物习惯与个性需要进行深入了解和准确分析，继而将差异化的服务与商品提供给消费者。零售商在人工智能的赋能下可对"人、货、场"等各项要素进行重构，各环节的工作效率及消费者的购物体验都得到了有效提升，零售行业也因此迎来了第五次变革。

这几年，国内拥有先进的算法与技术的互联网巨头都想要进入零售行业来分一杯羹，新零售、新模式等也因此很快落地到位，未来零售行业的竞争格局必定会发生翻天覆地的变化。就零售行业来说，人工智能的发展所带来的并非只有无人零售业态，还有降本增效的功能。

7.2.1 智能零售的产生与概念

在相当长的一段时间里，人们购物时仅是选购适合自己的商品，服务与体验的需求无法得到满足。现如今，随着人工智能、虚拟现实等技术在零售领域的应用，零售行业发生了重大变革，人们在购物过程中所获得的极致体验也是前所未有的。

1. 科技和购物实现了完美融合

当前，人们对美好生活的需要在不断提高，而网店或是线下实体店如果仅仅进行商品销售，那么很难满足人们的这一需要。利用人工智能等新兴科技赋能零售并推动零售业的转型升级，已经成为零售业的主流趋势。个性化、多元化的人工智能产品大量涌现，比如智能可穿戴产品、智能家居产品等，受到了消费者们的广泛青睐，选择到线下门店进行体验与购买的客户数量逐年增长。与此同时，人们传统的购物方式因新技术的发展而发生了很大变化，人们不但可以足不出户、随时随地对商品进行选购，而且可享受各种有趣、好玩的优质服务，如对购物中心里的美容美甲等服务进行预约等。

2. 定制化、个性化的消费新形态

随着购买力不断提高，人们更加注重商品品质及其符号价值，定制化、个性化消费实现快速崛起。比如从面料、款式、图案、颜色、尺寸等多方面定制服装，从材质、功能、设计等方面定制冰箱。

传统营销中，虽然企业已经认识到个性化、定制化商品有较高的溢价能力，不过苦于缺乏相关技术的加持，要投入较长的时间及较高的成本生产该类产品，不利于企业实现可持续增长。因此，人工智能、大数据、云计算等新技术的运用，是商家以较低的成本、较高的效率满足用户定制化、个性化消费需求的重要基础。

3. 零售供应链不断重构

在新零售时代，线下门店在线服务及体验方面的优势开始受到零售企业的广泛关注，不少企业都致力于把线下门店建设成一个体验中心，以确保用户的体验需求得以全方位满足，而且全面支持线下体验、线上购买的购物方式。体验中心在将优质体验提供给用户的同时，还有利于其品牌建设工作的顺利开展及企业良好形象的树立，在促进冲动购买及传播企业产品与服务口碑方面也发挥着重要作用。

以人工智能等新技术为依托来革新零售供应链势在必行，这对于降低商品交付的成本，提高其运行效率是有重要意义的。生产商可与零售商建立起良好的合作关系，在对零售商丰富的、多样化的资源，如实体门店和官方网站等进行充分利用的基础上，可让用户全渠道消费需求得以有效满足。这将使层层加价的渠道商的生存空间越来越小，供应链更趋扁平化、服务化、智能化。

基于上述背景可知，智能零售是基于人脸识别、图像识别、大数据分析等核心人工智能技术能力，赋能线下门店、商超、购物中心、品牌商等各类零售业态，助力会员管理、客流分析、商品结算、货品陈列的新型零售模式。

7.2.2 智能零售的特征

1. 计算能力十分强大

互联网时代下企业营销可通过数字化来表达很多事项，可实时搜集消费者的各项相关数据，如浏览、收藏及购买情况等，让企业能够对这些海量数据进行利用与分析，继而将个性化的、定制化的服务与产品提供给用户。不过，社会化大生产背景下，产业链上的各企业只有共同合作，精准研发和设计产品，实时优化调整产能，并向物流商实时提供订单数据，确保其能够合理配置运力资源，将物流成本尽可能降低，促进运输效率的有效提升，最终实现多方共赢。

2. 服务更为精准

智能手机等数字设备的广泛普及使得企业能够实时搜集和整理分析用户购物信息等各类相关数据，充分利用大数据技术等新技术手段来准确预测用户需求，继而将与用户个性化需求相符的营销内容推送给用户，不但转化率得到了提升，而且营销资源也能够得到高效利用，避免出现大量的浪费情况。在用户需求数据的支撑下，零售企业可在用户本地化生活场景当中融入营销推广等内容，将个性化、人性化且精准化的服务与产品提供给用户。

3. 线上与线下无缝对接

线上和线下实现深度融合是新零售的重要内容之一，而要实现这一点就必须要实现数字化。当前，人们的购物消费呈现出了多元化趋势，不少客户都倾向在实体店对各种商品进行体验，再使用优惠券以线上下单、快递送上门的方式来提高购物效率并节约成本。另外，客户也通过商家提供的 App 来购买商品，商品则配送到客户附近的门店当中进行自提。如此一来，客户不但获得购物的便利，也可以享受门店的售后服务。由此可见，只有线下和线上真正实现无缝对接，才能有效满足消费者的购物体验需求。

7.2.3　人工智能技术在零售业的应用

人类的生产生活因新一轮科技革命的爆发而受到了深远影响，高速发展的大数据技术大幅度提高了人类处理与分析数据的能力；云计算技术的突破使得人类的运算能力大大增强。在此基础上，人工智能技术也随之发展起来，并推动着传统行业的转型升级。在零售领域当中人工智能技术的广泛运用不但给零售企业的发展带来了新的发展机遇，同时许多新兴业态也先后涌现出来，如无人零售、智慧零售等，这对于零售业整体运行效率的提升及交易成本的节约都有着重要作用。

在零售经营管理领域，人工智能技术的具体应用如下所示。

1. 行为辨识

行为辨识场景主要应用了人工智能中的机器视觉、传感器、深度学习等技术。如图像搜索、人脸识别分析、视频数据结构化等计算机视觉技术，可实现消费者行为捕捉、身份验证及图像识别检索，助力智慧门店管理、无人零售、刷脸支付；再比如零售前端设备捕捉人脸信息，动态识别人流密度并绘制热图，可以赋能店铺人流管理。以亚马逊的无人零售项目 Amazon Go 为例，店内摄像头能够一一记录消费者在货架当中拿商品、放回商品等一系列行为活动，并利用压力感应装置、红外传感器、荷载传感器等识别顾客的选购行为，其主服务器中的判断模型会对顾客是否购买某件商品做出最终判断，并在虚拟购物车中呈现出判断结果。智能系统将自动完成结算环节的相关工作，客户绑定的亚马逊账户可自动扣款，订单详情可通过智能手机终端进行查看。

2. 人机交互

人机交互场景主要应用了增强现实、语音识别、手势识别等技术。在客服场景、营销环节中，自然语言处理可以提供语义分析、语境分析、多轮深层对话、情感计算等技术，构建与消费者交互沟通界面。例如 Magic Mirror 公司测试了"智能试衣镜"项目，客户在不换衣服的情况下也可通过该项目对自己穿上新衣服的效果一目了然。该项目的智能系统可对消费者的性别、身高等相关数据进行整合，并匹配到门店内适宜的服装上，完成个性推荐。随后会通过人体模型呈现出给客户推荐的服装的 3D 试穿效果。另外，智能系统还可与客户进行沟通交流，大大提升了用户满意度。

3. 决策模型

决策模型场景主要应用了知识图谱、线性模型、决策树集成学习等技术。知识图谱技术作为利用知识抽取、知识融合及知识推理技术构建智能应用的基础知识资源，可以通过连接客户、产品的实体与属性，得到零售关系网络并提供深刻的数据洞察，还可以链接多个数据源，形成对用户群体的完整描述、辅助个性化推荐等。如京东X无人超市中的客户数据就充分融合了第三方数据与京东平台的数据，在对智能算法进行充分利用的基础上可有效预测未来一段时期里的市场需求。这些预测信息还可向工作指令方向进行转变，据此可对上游厂商的设计制造、物流服务商对运力资源的合理配置等提供有价值的指导，使得供给和需求能够更加趋于平衡。

⊙ **小资料**   **零售中的人工智能技术**

Re-ID 等 CV 技术助力感知消费者线下购物场景的全流程信息

与电商平台可依靠移动应用有效获取消费者搜索记录、浏览痕迹、购买偏好等数据进行个性化推荐不同，线下零售门店在消费者行为洞察上缺少必要的信息获取手段，以往只能在支付环节对交易数据和客户基本信息（性别、年龄等）进行统计，对个体消费过程和消费偏好数据的采集与分析不足，难以有效挖掘客户价值。人脸识别和行人重识别（Re-ID）技术的发展改变了这一局面，以智能摄像头为信息采集入口，通过采集消费者人脸、面部表情、衣着、体态、发型等信息，实现在线下零售场景对消费者的全流程感知。Re-ID 技术可补充人脸识别技术只依赖人脸信息的缺陷，在非配合条件下完成对个体行进轨迹及动态的追踪。此外通过将人脸信息、购物轨迹等与会员管理系统、消费记录数据进行结构化整合，可实现对线下渠道消费者营销推广及对业务经营的精细化管理。目前受线下零售场景头部集中程度和IT建设基础等因素影响，基于视觉的消费者行为洞察解决方案在 4S 店、家电卖场、大型商业地产等零售业态试验落地。未来，随着算力升级、技术发展带来的算法成本降低、市场需求度提升等利好因素，基于视觉的消费者行为洞察解决方案落地规模将逐步增加。

自然语言处理等应用人工智能技术提高电商客服服务效率、节省运营成本

受益于人工智能和云计算等技术的不断发展，以自然语言处理技术为代表的智能客服系统在零售企业中的应用不断增加，覆盖售前、售中及售后全过程。全天的服务可高效、高质量地满足消费者商品咨询、自助购物、订单查询、物流跟踪、自动退换货等需求，提高消费者满意度、提升店铺询单转化率、节省客服人力成本 50% 以上。在此基础上，智能客服系统同时可采集消费者信息标签，洞察用户行为，为精准营销、智能化运营等环节提供支撑数据。另外随着语音交互技术的不断发展，越来越多的消费者交互行为也通过语音进行，语音机器人、智能外呼等服务场景也逐渐丰富。

应用人工智能技术进行商品识别

主要体现在以图搜图、陈列分析、自助结算等环节，通过图像识别及分析技术理解货品在零售场景中的状态，助力营销及提高门店运营管理效率。以商品为主要识别对象的机器视觉技术结合深度学习等人工智能技术已衍生出以图搜图、陈列分析、自助结算等商业化落地场景。在商品检测环节，包括针对商品的静态识别和动态识别技术，前者应用场景较多；后者多应用于自助结算方案，在顾客拿取过程中对商品信息进行识别，但对算法要求较高。以商品为主要识别对象的机器视觉技术进一步结合去背景干扰技术、图片拼接识别去重、翻拍图识别、数据增强合成技术、多摄像头识别去重等能力，应用深度学习算法对商品特征进行分析，可在电商平台及线下零售业态中助力零售企业和品牌商有效提升经营效率。因自助结算在实际应用中易出现商品叠放、倒放等复杂情况，不断优化识别算法的同时，解决方案企业也会整合重力感应等技术以保证识别准确率。

资料来源：中国 AI+ 零售行业发展研究报告。

7.2.4　人工智能环境下的新零售场景

目前，销售环节在智能零售应用场景当中最为重要。当前，中、美、日等国家的零售门店都出现了智能穿衣镜和导购机器人等智能产品，在物流、仓储等多个环节当中也都普遍运用了人工智能技术，大幅度提升了交易效率及用户体验。可将其称为"AI+ 零售"下的智能化场景。

传统线下零售场景缺少对消费者信息采集和分析的有效手段。除交易数据外，消费者不同维度的精细数据、购物过程数据及数据整合分析的价值一直未被挖掘。依托机器视觉技术以消费者为主要识别对象，通过摄像头采集人脸、动作、轨迹等信息，辅以对商品图像信息的识别分析，可帮助零售企业整合"人-货-场"数据，形成完整的用户画像和消费者洞察。此外，虚拟试装/试妆这一针对消费者的视觉解决方案也逐步通过手机 App 或线下智慧大屏等方式落地应用，为消费者提供定制化的产品展示效果、节省品牌商试用装成本、拓宽商品触达消费者的渠道、优化消费者购物体验，从而有效提高转化率及降低品牌商成本。

部分零售企业为促进其自身市场竞争力的有效增强，在整合订单等环节中积极引入了新技术，大刀阔斧地进行智能化改造工作。人工智能赋能新零售在下列两个方面表现最为显著：首先是借助降本增效来促进企业端经营质量的提升；其次是在对大数据与精准营销进行充分利用的基础上让消费者端消费体验得以有效改善。

就我国零售企业智能化转型之路来看，可深度挖掘以下 4 个应用场景。智能零售的应用场景如图 7-3 所示。

图 7-3　智能零售的应用场景

（1）基于视觉系统的应用。在把视觉设备和处理系统、传感器等技术融合后，零售企业可更加精准地进行营销，让用户的个性化需求得以全方位满足，借助有较高溢价能力的增值服务来提升其经济效益。

（2）商品电子价签。零售企业成本有一项占比较高的支出，即价签。传统价签需要进行较为烦琐的管理，而且成本不低，相比较之下，电子价签则具备许多优势，如可将交互体验带给用户，可将丰富的信息提供给消费者，成本低廉等。现如今越来越多的零售企业开始采用电子价签，提升管理效率和客户体验。

（3）室内定位及营销。在大型零售门店当中，消费者往往需要花费较多的时间与精力来找到其想要的商品，购物时间成本比较高。为此，零售企业可借助室内定位导航技术来解决该问题，iBeacon 技术解决方案是目前运用较为广泛的室内定位导航解决方案之一。

（4）智能停车和找车。不少城市零售门店都面临着消费者难停车与难找车的问题，导致门店的客流量与交易额受到了不利影响。为此，不少零售企业开始对智能停车模块进行布局，为用户停车难及找车难问题提供帮助，促进其购物积极性的提升。就阿里巴巴推出的逛街 App 喵街而言，该 App 的使用能够让用户基于自己目前的地理位置来查询和搜索商场及吃、喝、玩、购等相关信息；用户也可对零售门店的停车位情况进行实时了解，到达停车场之后，停车场可对车牌进行自动识别并实现无阻拦入场。购物过程当中，客户也可通过该 App 来对停车位置与停车时间进行实时动态的了解，完成购物之后还可通过导航准确找到停车位，最终驾车离开。

7.2.5　人工智能下的无人零售典型企业

（1）阿里巴巴的淘咖啡。占地约两百平方米的"淘咖啡"是全球首家真正实现"自动识别、即走即付"的无人结算零售店，成立于 2017 年淘宝造物节。淘咖啡不仅仅是一家无人结算咖啡厅，更是一家无人结算便利商店，兼顾餐饮与购物。用户通过手机淘宝客户端扫描二维码进入，完成购物准备离开时，走进被称为"剁手门"的支付门，几秒过后，手机淘宝、支付宝会同时弹出信息，整个结算过程完成。

（2）Amazon Go。Amazon Go 需要用户下载并安装 App，在亚马逊超市入口扫码成功后便可进入门店，利用人脸识别、压力感应、音频识别、视觉识别等对用户购买行为进行识别。用户离店后，系统在其亚马逊账户上自动扣款。

| 小案例 | **Amazon Go 打造全新购物体验** |

在为 Amazon Go 宣传推广时，"拿了就走"的无缝式购物体验被亚马逊提及多次。显然，在传统实体门店中，这种无缝式购物体验是消费者无法获得的，尤其是结账环节的存在，不但浪费了较高的人力成本，而且占用了一定的经营面积，降低了交易效率，对顾客购物体验也有较大的负面影响。Amazon Go 通过利用深度学习、计算机视觉、传感器融

合等技术去除人工结账环节，可以帮助顾客节约购物时间，为其带来前所未有的极致购物体验，并提高其购买欲望。

传统实体门店中的结账环节是一项重复性、机械化的工作，仅需要对员工进行简单培训操作即可，附加值较低，导致收银员薪资待遇普遍较低，进而引发收银员这类员工的反感，影响工作积极性。如果类似 Amazon Go 这种无人零售得到大范围推广，将会创造巨大的经济效益和社会效益。

Amazon Go的战略意图：体验+数据

提高商品与资金周转率是增强零售企业市场竞争力的关键所在。针对顾客需求，提供令其满意的商品，从而提高商品与资金周转率，是零售企业永恒的追求。

长期以来，传统零售企业主要通过提供一定折扣或积分兑换礼品等方式让顾客成为门店会员，然后对会员消费数据进行分析，从而了解营销方案的实际效果。但这种模式难以实现对整个购物流程的全面覆盖，不能让零售企业了解用户购买动机。

而 Amazon Go 对顾客进入门店后的所有行为数据进行记录并自动分析，为解决这一问题提供了有效手段。在 Amazon Go 中，顾客可以获得"拿了就走"的无缝式购物体验；门店经营人员可以借助后台系统的数据分析实时把握用户需求变化，从而优化门店商品与库存，有效提高门店盈利能力。

Amazon Go的三大核心技术

Amazon Go 的核心技术主要包括人体追踪、商品识别、手势识别。

（1）人体追踪。顾客进入门店后，摄像机和传感器对其移动、浏览商品（包括拿取商品、放回商品等）等行为进行记录。

（2）商品识别。后台系统对人体追踪数据进行分析，修正顾客虚拟购物车商品信息。货架中的传感器设备对顾客放回的商品进行检测，避免商品被调包等。

（3）手势识别。利用传感器识别顾客手势，来判断其行为。比如通过识别顾客拿了商品后是否有放回动作，判断顾客是否购买商品等。

资料来源：https://zhuanlan.zhihu.com/p/59049059.

（3）缤果盒子。缤果盒子为全球第一款 24 小时无人值守便利店，首家门店于 2016 年 8 月在广东落地。缤果盒子在 2017 年 9 月正式推出基于人工智能技术的升级版盒子，升级后的盒子更加灵活，"宜家式"拼接模式可根据场景快速搭建多种面积的无人便利店。与此同时结算系统全面升级，图像识别方案大规模商用。

（4）京东 X 无人超市。首家京东 X 无人超市于 2017 年 12 月 30 日落地山东烟台。京东 X 无人超市是京东 X 事业部自主研发的智慧化产物，是一个利用物联网、人工智能、生物识别等多项黑科技打造而成的全程自助无人购物场景，超市主要利用 RFID 射频识别技术实现被动式的商品统计。顾客在超市入口通过手机扫码和人脸识别后进出超市购物，在"智能货架"上拿走商品后，会触发智能感应器和人脸识别摄像头，实现人货绑定。用户结算时只需携带购买的商品穿过结算通道，系统便会自动识别出顾客购买的商品，并通过便捷的免密支付功能，从绑定的账户中自动结账。

7.3 智慧物流

企业从单渠道营销到多渠道营销再到跨渠道营销最后到全渠道营销，不管企业商业模式如何改变，其商业的本质永远没有改变，也就是保证效率升级和成本降低的同时，提供给客户更好的服务。物流管理作为体现企业渠道运行效率的核心环节，面对技术不断升级的市场环境，始终追求为客户带来满意的物流服务，在仓储、配送等环节都面临着更多挑战。随着人工智能、大数据及物联网等先进技术的应用，智慧物流为企业应对物流管理挑战提供了越来越多的解决方案，表现在渠道及供应链管理创新之中。

7.3.1 智慧物流概念及特征

1.智慧物流的产生

2009 年，智慧供应链的发展构想由 IBM 首次以报告的形式展现在人们面前。同年末，业界总结和提炼出了智慧物流的概念。

智慧物流可以理解为在物流系统中采用物联网、大数据、云计算和人工智能等先进技术，使得整个物流系统运作如同在人的大脑指挥下一般智能、实时收集并处理信息，做出最优决策、实现最优布局。物流系统中各组成单元能实现高质量、高效率、低成本地分工、协同、合作。智慧的本质，就是模仿人的智能，运用感知、学习、推理判断等思维能力，使物流系统具备自行解决物流中某些问题的能力。

在智慧物流出现之前，物联网的概念于 2005 年由国际电信联盟（ITU）在《ITU 互联网报告 2005：物联网》中正式提出，其为物流业将传统物流技术与智能化系统运作管理相结合提供了一个很好的平台，进而能够更好更快地实现智能物流的信息化、智能化、自动化、透明化、系统化的运作模式。

智慧物流针对传统物流模式的各种弊端，解决了该模式下信息片面性及落后性问题，改变了过度依赖于经验的被动局面，依靠全面和实时的信息，站在人工角度，利用模型的分析能力，筛选最优决策方案，以客户利益为核心，在创造更多价值的同时，为客户带来最佳的用户体验。新兴的智慧物流实现了对传统物流模式的突破，颠覆了人们对传统物流的观念和认知。该模式的出现不仅会改变商业、运营产业及发展模式，还会完成对产业构成和产业生态的优化和调整，其影响力不容小觑。

智慧物流运营的核心就是技术，该模式的技术不仅要依赖于人工智能和大数据的先进性，还要借助云计算（Cloud Computing）的超强计算与分析能力，三种技术缺一不可，共同搭建的"ABC"技术，形成了稳定的金三角关系。现阶段智慧物流信息技术涵盖面极广，不仅涉及感知、推送和处理技术，还包括分析预测技术。

小案例　　　　　　**京东 X 事业部：全面开启智能物流新时代**

无人仓：代表京东第三代物流技术，实现了仓储系统从自动化到智慧化的革命性突破。

无人车：基于无人驾驶前瞻技术视角，结合城市场景需求，开发适用智能产品。

无人机：以无人机＋通航的创新模式，结合多种机型，打造全域空中物流网络。

资料来源：京东集团。

2. 智慧物流的特征

数据驱动，物物相连。智慧物流体系中全部物流要件关联性极强，能够实现互联互通，因所有业务都已实现数字化，因此整个物流体系的运营过程可实现透明化，并且具有追溯功能，有能力把物流成本控制在最低标准、缩短物流时间；所有业务的开展都依赖数据应用，利用"数据"分析和总结能力，为决策和执行提供参考依据，特别是大数据环境下的智慧物流，其先进性和技术性特征明显，不但具有信息化和网络化特点，还可体现出数字化、可视化和集成化优势，利用大数据对各种物流信息进行分析和处理，为优质物流生态的形成创造条件。

深度协同，完美协作。对传统管理模式进行调整，引入智能管理内容，智慧物流具有突出的协同能力，可把各集团、企业及组织联系起来，进行深度合作，站在物流体系整体性的高度，利用相关智能技术对传统算法进行优化，充分调动物流系统中所有参与方的主动性，在保持效率的前提下，在分工的基础上实现合作，客户只需支付最低成本就可享受最佳的物流服务体验。

高效学习，科学决策。智慧物流模型的开发理念就是在物流运营过程中利用智能的先进性实现自主决策，并提升物流体系程控和自动化能力；创建的物流大脑拥有强大的感知和执行力，可完成决策和学习任务，在学习过程不断进行调整，在现实物流运营的检验过程中进行优化，完成升级改造任务。

7.3.2　智慧物流的基本功能

（1）感知功能。利用各类技术的先进性可完成各流通环节信息的收集和整理任务，数据的收集具有实时性特点，物流的参与方可详细、精准地了解货物、仓库及车辆等相关情况。在共享信息的同时感受智慧化带来的物流便利和快捷。

（2）规整功能。收集的各种物流环节数据，在网络技术的支持下，全部汇集于数据中心，并完成数据的建档工作。创建的数据库功能齐全，类型多样，新数据源源不断地涌入，对数据的规范性提出了更高的要求，应根据各类数据的内在联系进行科学分类，并在开放的环境下实现动态化管理。在标准化的要求下，智慧物流完成数据管理和流程优化，克服各网络间障碍，实现对系统的整合任务，使智慧物流达到规整标准。

（3）智能分析功能。使用的模拟模型可发挥其智能优势，对物流实际问题进行全面分析。针对问题进行假设，并运用实践的检验功能完成对原有问题解决方案的验证，还可发现和寻找新问题，实现理论和实践的结合。系统发挥智能化技术，利用原有的成熟经验，可发现物流运营过程中的不足之处，使实现环节也具备智慧化特点。

（4）优化决策功能。结合特定需要，物流企业根据不同的情况评估成本、时间、质量、服务、碳排放和其他标准，评估基于概率的风险，进行预测分析，协同制定决策。提出最合理有效的解决方案，提升决策的正确性和科学性，使整个物流体系拥有创新特性。

（5）系统支持功能。系统智慧可通过物流各阶段的关联性体现出来。不仅可互通，还可实现数据共享，完成对资源配置的优化处理，以突出的系统协同性为各物流环节创造便利性条件。

（6）自动修正功能。借助上述功能的优异表现，可形成最佳解决方案，系统寻找的路线既快捷又实效。还可主动解决新问题，并且自动存档，为日后查询提供基础数据。

（7）及时反馈功能。物流系统处于动态变化过程，更新具有实时性。反馈环节可完成系统修正和完善任务。反馈存在于智慧物流体系的每一个环节中，为物流各参与方提供相关物流运营信息，为处理体系问题提供及时而准确的数据。

7.3.3　智慧物流的体系结构

如根据其服务的对象和范围来进行区分，智慧物流体系可以分成三部分，分别是企业、国家以及行业的智慧物流。

1. 企业智慧物流

从企业角度来讲，主要指的是在物流企业所应用的智慧物流。企业智慧物流主要表现在应用人工智能等新的传感技术，管理者可以更好地了解每一个公司货物的实时情况，实现智慧仓储、智慧运输、智慧装卸、搬运、包装以及智慧配送等各个环节，实现智慧供应链的优化，进而增加企业的经济效益。

2. 行业智慧物流

与企业不同，智慧物流在行业中的应用则更偏向于三个方面，分别是智慧区域物流中心、物流行业以及与之配套的预警和协调机制的建设。

智慧区域的物流中心主要是为区域的整体物流运输服务搭建一个具体的平台，从而更好地进行货物运输。具体来讲，它负责着物流系统的各个层次与方面，所有的货物都可以通过这个中心进行中转，从而输送到千家万户。在智慧物流的帮助下，商人与物流被紧紧捆绑在一起，形成了一条完整的从工厂到市场的货物运输链。除此之外，它也结合了电子商务，以线上线下两种模式共同加快货物的出货，从而使资金流进行高效运转。原本冗杂的工作在智慧物流的帮助下变得轻松而高效，机械化的装备不仅可以最快得到对应的产品成品，同时也减少了传统包装可能会出现的风险和错误。对应的负责人可以跟踪货物的运输信息，一旦货物的运输出现问题，管理者就可以第一时间收到警报，进而对问题进行及时处理。

区域智慧物流的一个主要应用就是快递的运输。它结合了最近兴起的信息化处理技术，将原有的快递包装、分拣和跟踪等流程全部自动化。这种自动化系统不仅大大提高了快递的收发效率，同时也形成一个高效的信息网络，使得快递的跟踪与监测变得十分简单。同时，它也可以与现在常用的电子设备联用，如手机和电脑，进而更好地融入人们的生活。一旦在过程中出现了什么意外的状况，相关人员可以通过信息网络第一时间知晓并对其进行处理，进而更好地维护消费者的权益。

3. 国家智慧物流

最后一个层面是国家层面，不同于前面两种，这一层面更注重整体上的调控。它是国家产业的一种整体协调措施。一般来讲，国家主要通过智慧物流来打造一个完善的物流平台，进而一方面管控各物流企业的发展，另一方面对全国的物流进行宏观调控和综合管理。这种物流平台的建设需要多方面共同支持，包括发达的铁路网、公交与地铁交通等。因此国家着力于打造一个高效的国际物流网，不仅要将现有的国内物流平台进一步扩大，同时也要加强国际合作，进而更好地拉动国家经济整体增长。智慧物流系统可以贯穿于国家整体交通建设的四大部分，包括公路货运、港口网络、航空运输、内河货运等，进而更好地提升物流平台的规模和智能程度。总而言之，智慧物流在国家的总体交通网建设和物流管理方面都具有较大的作用。

7.3.4　智慧物流的应用

人工智能技术也是智慧物流的一种具体表现。现在物流企业比较常用的一种工具就是 AGV 无人叉车。这种机器类似于前几年所兴起的无人运输技术，它可以根据企业的实际需要规划出一个最为合理的运输路线，进而更好地完成对应的运输任务。人工智能的加入大大减少企业所需要投入的人力成本，并且也保证了货物运输的准确性与高效性，因此被各个物流企业广泛使用。同时，在人工智能领域中，如何将其应用于人们的日常生活也成为一个新的研究热点。

　　智慧物流本身可以根据货物的不同属性做出不同的规划。比如，针对一些时效性较强的产品，像茶叶、饮料等，智慧物流往往会将其放在运输的第一位，并时刻关注其保质期，避免出现产品过期的情况。除此之外，它也会对车费、道路拥挤情况、任务完成时间等因素进行分析，从而更好地为企业提供最优路径，并根据道路的实时情况及时调整路线。

　　智慧物流也同样可以应用于终端配送，虽然现在无人机等技术还没有成形，但是根据具体试验来看，结果还是比较优秀的。无人机可以按照事先设置好的路线完成对应的取货任务，不过如果环境因素比较复杂，那么无人机往往无法顺利走完全程。因此，距离无人机正式应用于实际，还有很长的路要走。关于无人机的应用研究，国内外都有相应的案例，比如国外的亚马逊无人机和国内的京东无人机。

　　总而言之，我国的智慧物流应用已经初见成效，随着我国科技技术的不断发展，相信在不久后的将来，我国可以凭借着自身先进的技术，将智慧物流完美地融入我们的生活之中，提高人们的生活质量。

小案例　　　　　　　　**美的"一盘货"的新布局**

　　美的从 2012 年开始启动 T+3 经营转型，从"以产定销"转变为"以销定产"，统合销售、市场、前端研发、生产制造以及物流发运的全过程。在 T+3 模式下，安得智联作为美的工业互联网的物流托盘，开始进行一盘货仓配一体化物流变革。"一盘货"就是指把所有库存、物流需求放在一个盘子上，统一进行可视、可控、可调拨的统仓共配，包括下游仓库也进行统一管理（见图 7-4）。"一盘货"旨在推动物流管理迈向集约化发展。其中，最为核心的举措就是推动"统仓统配"，即整合各个渠道仓库的同时，对经销商库存进行集中的管理，以实现各渠道的货物能进行统一配送。

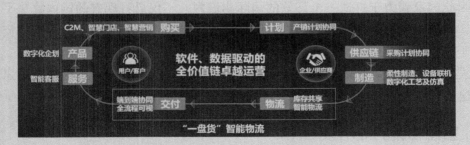

图 7-4　美的"一盘货"智能物流

　　安得智联"一盘货"深入整个价值链中，从产销计划协同、采购计划协同到制造体系的协同，再到最后的成品领域的物流流通，其都能够快速响应来自前端业务方的各种物流需求；一盘货借助统仓统配实现了商流、物流、资金流、信息流的统合优化，为企业从供应链到价值链提供新引擎。

美的是如何实现"一盘货"的？数字化是其中的核心。据悉，安得智联依托应用数字化管理技术，运用大数据，实现对全国物流网络的优化管理，打造智能化、数字化的全网配送服务平台，真正用"数字"串联起供应链。

安得智联智慧物流中的"智"，主要体现在两个方面：

其一，过程的信息化。过程的信息化不仅是安得智联日常经营事物的数字化，还是原有经营管理的模型、理念、历史经验的数字化。当前，美的数字化的部分经营经验，通过固化和提炼，已形成了一定成熟的系统模型，而这些模型可对外进行服务提供，实现"输出"。

其二，过程的数智化。过程的"数智化"，不是抽象地建了多少算法或建了多少智能中心，最为核心的是人工智能算法是否切实带来了踏踏实实的收益。

值得关注的是，在安得智联智慧仓储中，货物分拣、搬运等都由机器人完成，并依托大数据实现全程可视化配送等，真正实现了智慧物流。

在经历"一盘货"物流变革后，美的全国销售渠道的仓库数量从 2 244 个减少到 138 个，而且 138 个仓库的渠道数据全部在系统之中；仓库面积从 552 万平方米降到了 166 万平方米；订单交付周期从 45 天减到 20 天，满足了美的 T+3 快速交付的需求；库存周转的天数从 51 天降到了 35 天，这代表着更少占用渠道资金；存货占比从 17.6% 下降到 11.2%，意味着安得智联用更少的渠道库存支撑了更大的市场销售规模；散单平均体积从 35 立方米下降到 17.9 立方米，即从"大批量少批次"变成了"小批量多批次"，这也是 T+3 订单生产以后带来的另一效应。

资料来源：https://baijiahao.baidu.com/s?id=1683857256086872443&wfr=spider&for = pc.

本章小结

人工智能技术和大数据驱动下，不论是线上还是线下的渠道设计都会被广泛赋能，全链路地深入各种消费场景。在线及移动渠道设计中，随着互联网的发展和移动设备的不断普及，短视频等新型平台受到了用户的广泛关注，在设计在线和移动渠道方面要求企业要拓展更多的营销场景。线下渠道设计中，伴随着人工智能技术及大数据技术的深入发展，营销渠道将全面赋能线下各种屏幕及终端，使得传统户外营销堡垒被打破，在打通线上线下数据的基础上对其进行高效整合。

人工智能的快速发展将有助于赋能新零售商，有效重构零售行业"人、货、场"等要素，有望重塑零售行业竞争格局，通过数字化与智能化实现智能零售，并逐渐形成无人零售等新零售模式。

企业从单渠道营销到多渠道营销再到跨渠道营销最后到全渠道营销，智慧物流成为体现企业渠道运行效率的核心环节，充分应用人工智能、大数据、云计算、信息化系统等，实现传统物流管理的转型升级，保证供应链上下游协同。智慧物流主要体现在运输路线规划和终端配送两个方面。

关键名词

人工智能物联网　全渠道设计　智能零售　无人零售　智慧物流

章末案例

亚马逊物流 FBA 与背后的黑科技

截至 2016 年 10 月，亚马逊物流在全球已经建有 123 个运营中心，可以送达 185 个国家和地区，其中，亚马逊中国有 13 个物流运营中心，500 多条自主干线。

亚马逊于 2004 年通过收购卓越网进入中国市场，和本土电商阿里巴巴、京东的迅速崛起相比，亚马逊发展不温不火。但随着跨境电商的火爆，亚马逊中国终于找到了正确的发展路径——跨境电商。从 2014 年 11 月 28 日上线到 2016 年 8 月，中国消费者通过亚马逊"海外购"完成超过 1 000 万笔跨境直邮订单；2016 年上半年销售总额同比增长 4 倍。趁热打铁，亚马逊于 2016 年 10 月 28 日宣布中国 Amazon Prime 会员在亚马逊物流网络支持的全球 82 个国家内购买商品享受免费国际物流，并保证 5～9 天内到货。

这是亚马逊首次对国际物流实行免费服务。众所周知，海淘的物流成本和时间成本非常高，对跨境电商平台来说"免费国际物流"背后有着难以想象的投入和积累，亚马逊为什么能做到呢？这一切要归功于其令人咋舌的物流体系以及背后的黑科技。

1.亚马逊物流+

亚马逊物流+业务涵盖仓储物流整合方案、运输配送方案、跨境物流服务、仓储学使用运营方案和定制化物流方案。跨境物流运输时间平均为 6～8 天，出口业务平均为 5

天。境内业务的库存可全国调拨，1 400 多个城市区县可实现当日达、次日达，并为顾客设立了 5 000 个自提点；此外，亚马逊还在中国设立了三大客服中心，提供 24 小时多平台的智能客服系统支持。计划推出后，众多电商平台开始使用"亚马逊物流+"服务，超过七成国内卖家表示在使用亚马逊物流服务后其销售提升了至少 20% 以上，跨境电商网易考拉等都在使用亚马逊物流+的服务。

2.供应链可视化

亚马逊在中国率先实现了全球可视化的供应链管理。中国商家坐在办公室里打开电脑，就能看到来自大洋彼岸的实时库存情况。同时通过亚马逊"全球开店"的商家也能利用亚马逊的物流系统实时了解自主产品的供应链情况。

在中国本土，亚马逊平台可实现让消费者、合作商和亚马逊的工作人员全程监控货物、包裹位置和订单状态。一个订单，从预约到收货，从内部存储管理、库存调拨、拣货、包装、配送，一直到客户手中，每个流程都有实时数据的更新，并通过系统实现全订单的可视化管理。

3.大数据应用

亚马逊的大数据应用贯穿整个物流环节。

商品入库、出库：亚马逊会利用 Cubiscan 仪器[一]对入库前中小体积的商品进行体积测

〇　Cubiscan 是一款动态与静态体积重量自动化测量设备。

量，并共享至亚马逊所有的仓储中心，根据商品信息可以优化入库；还会根据历史数据，分析哪些商品容易坏，坏在哪里，出库前对商品进行预包装。

需求量预测：亚马逊会通过历史大数据分析预测图书、畅销品需求量，需求量大的商品会被放在离发货区更近的位置。亚马逊的供应链智能大数据管理体系还能实现智能分仓、就近备货和预测试调拨——只要全国范围内有货，消费者就可以下单购买。

物流配送：亚马逊的物流体系会根据客户具体需求时间进行科学配载，调整配送计划，实现用户定义的时间范围的精准送达。亚马逊甚至在 2013 年申请过一项"预判发货"的专利，根据消费者订单记录、搜索记录、愿望清单、购物车等数据，预判用户消费行为，在用户下单前将商品发货出库。

4.随机存储

亚马逊物流仓储运营中心货物并不是按照品类整齐码在货架上的，而是见缝插针的随意存放。这背后有强大的 WMS 系统[⊖]作为基础，有精细的 SKU（库存量单位）及库位条码化管理。

亚马逊仓储物流系统采取的是随机存储技术。亚马逊的仓库中每个货架和商品位都有一个唯一的条形码；所有入库的商品也都有唯一的条形码，并录入数据库。工作人员把货物随机放在货架上时只需用手持扫描仪扫描货架位和对应商品，电脑就会存储商品位置。当需要提货时，电脑会输出一个提货单，根据数据库的信息记录，这个提货单会将工作人员带到对应商品的货架位。

5.智能拣货：最优路径算法和八爪鱼技术

为提升拣货效率，亚马逊从算法到实操都进行了技术升级。算法方面，在亚马逊仓库中心区，员工和机器人无须走回头路，系统会自动推荐下个拣货点，并确保全部货物拣选完毕后路径最短。这是因为亚马逊后台利用 A-Star 算法[⊜]帮助员工和机器人随机优化拣货路径。通过算法优化，拣货行走路程缩短至少 60%。

实操方面，2015 年"双十一"大促销，亚马逊中国运营中心大量采用了由亚马逊员工设计的八爪鱼技术。"八爪鱼"是一个有多条路由的拣货设备，会根据订单送货地址和送货路线的不同，用不同的路由连接不同的送货区域。作业人员站在八爪鱼拣货设备中间，可以眼观六路，把货品分配到专门的路由上去。

6.智能仓储机器人

此外，亚马逊还于 2012 年斥资 7.75 亿美元收购了智能仓储机器人公司 Kiva Systems 用于提高拣货效率。Kiva（现已更名为 Amazon Robotics）机器人长 76 厘米、宽 64 厘米、高 41 厘米，可顶起 1 吨的货物，每小时可跑 30 英里[⊜]；在能量快耗尽时，甚至会自己找充电站补充能量。Kiva 机器人的"眼睛"位于顶部中央位置，可识别货架，准确率达 99.99%，之后与"眼睛"平齐的黑色平面将会上升，将货架举起来并交付给工作人员。机器人作业颠覆了传统电商物流中心作业"人找货"模式，而是变成了"货找人"模式，效率提高 2～4 倍。

在 2014 年美国"网购星期一"大促销期

⊖ WMS，即仓库管理系统，是一个实时的计算机软件系统，它能够按照运作的业务规则和运算法则，对信息、资源、行为、存货和分销运作进行更完美的管理，使其最大化满足有效产出和精确性的要求。

⊜ A-Star 算法是一种静态路网中求解最短路径最有效的直接搜索方法。算法中的距离估算值与实际值越接近，最终搜索速度越快。

⊜ 1 英里 = 1 609 米。

间，Kiva 机器人第一次部署在亚马逊全美 10 家物流仓库，是背后的隐形功臣。当前亚马逊总共有约 3 万台 Kiva 机器人，分布在全球各地的仓库里。亚马逊全球运营和客户服务高级副总裁戴夫克拉克曾预估，采用机器人将运营费用压低 20% 左右。但当前 Kiva 面临成本过高的问题，每台 Kiva 的售价约 30 万人民币，短期内难以大面积推广。

7.无人机配送

亚马逊还利用无人机提高城市配送效率。亚马逊第一代无人机 Prime Air 在 2013 年 12 月发布：5 磅以下的商品可选择无人机配送，30 分钟内能快递到家。2015 年年底，亚马逊发布了升级版 Prime Air，从四轴飞行器改成六轴飞行器，部分部件为 3D 打印制造，飞行范围可覆盖约 24 千米，时速约每小时 88 千米。

当前，Prime Air 的无人机配有雷达或激光雷达、"感知与规避"技术和空中通信技术。2016 年 5 月，亚马逊收购了一支由 12 名世界顶级计算机视觉专家组成的团队，为 Prime Air 研发智能视觉识别技术等关键性技术。

资料来源：中欧国际工商学院案例库。

案例思考

1. 亚马逊物流中使用了哪些人工智能技术？
2. 亚马逊投入了很多的经费引入人工智能等技术提升物流效率，你觉得未来使用人工智能技术对企业成长是否有利？

复习思考题

1. 目前人工智能在企业渠道设计中如何应用的？
2. 智能零售的特征有哪些？你认为智能零售技术存在哪些道德风险？
3. 人工智能在智能零售业的技术应用体现在哪些方面？
4. 简述智慧物流的概念和特征。
5. 你还知道哪些人工智能在企业渠道设计中新颖的应用。

本章实训

一、实训目的

1. 了解人工智能在渠道策略中有什么样的角色，深化掌握人工智能在渠道策略中的作用。
2. 通过线上采访或实地调查，了解企业如何开发并使用人工智能应用到渠道设计中，或者哪些企业将人工智能与大数据等作为企业战略布局的一部分。
3. 锻炼调查收集资料、分析问题、团队协作、个人表达等能力。

二、实训内容

以小组为单位，通过线上采访或实地调查，了解某一企业如何将人工智能放入渠道策略中，是在渠道设计一开始还是在后续渠道运营中引入人工智能，人工智能对其发展起到了哪些作用，对其他行业有没有借鉴意义。

三、实训组织

1. 指导教师布置实训项目，每一行业可以选择一家代表性企业展开调研，如百度、小米、字节跳动、京东无人超市等。
2. 将班级成员按照兴趣等分成若干小组，每组 4～5 名学生。
3. 以小组为单位，选定拟调查的企业，制定调查提纲，深入企业调查收集资料。写成书面调查报告，制作课堂演示 PPT。

4. 各小组发言代表在班级进行汇报演示，每组演示时间以不超过 10 分钟为宜。

四、实训步骤

1. 指导教师布置任务，指出实训要点、难点和注意事项。
2. 每组成员按照调研的资料和相关数据展示，每组成员均参与展示。
3. 由各组组长组成评审团，对各组演示进行评分。其中，演示内容 30 分，发言者语言表达及台风展现能力 10 分，PPT 效果 10 分。评审团成员对各组所评出成绩取平均值作为该组的评审评分。每一组展示完成后全班同学展开一定的讨论和反思。
4. 教师进行最后总结及点评，并为各组实训结果打分，教师评分满分为 50 分。
5. 各组的评审评分加上教师的总结评分作为该组最终得分，对于得分最高的团队予以适当奖励。

参考文献

[1] Bock D E, WOLTER J S, FERRELL O C. Artificial intelligence:disrupting what we know about services[J]. Journal of Services Marketing, 2020, 34（3）: 317-334.

[2] 庄贵军. 营销管理：营销机会的识别、界定与利用 [M]. 北京：中国人民大学出版社，2020：87-118.

[3] 艾瑞研究院. 中国 AI+ 零售行业发展研究报告 [R]. 北京，2020.

第 8 章
人工智能与促销策略

开篇案例

人工智能赋能客户服务

2018 年，中国太保寿险围绕集团公司以客户为中心，加快人工智能与大数据核心技术驱动，颠覆传统保险服务模式，引领人工智能服务新体验。

1. 研发智能机器人平台，打造智能保险服务体验

2018 年，中国太保寿险以"灵犀"系列智能机器人为载体，创新变革中后台服务能力，瞄准智能语音交互、活体认证、图像识别、激光导航等人工智能新技术的快速引入与高效迭代，通过数据建模、知识图谱构建，在理赔、柜面、承保、电话四大业务场景中率先实现智能化，并将前端保险服务融入医院、社区、商场、学校等生态资源中，为客户带来"心有灵犀"的智能保险服务体验。

2. 构建保险知识图谱，打造智能平台大脑

2018 年，中国太保寿险着手建设保险知识图谱项目，聚焦保险专业领域知识，通过机器学习、自然语言处理等算法进行模型训练，以场景作为首要驱动因素，不断完善机器认知能力，迅速提升"灵犀"机器人智能化水平，支持运营生态圈场景应用。

3. "核动力"智能核保，实现全天候人工智能核保

"核动力"以让人工智能成为生产力为目标，以人工智能和大数据为驱动，重构了核保流程，通过客户端机器人智能交互采集客户信息，后台虚拟机器人实现智能核保，打造秒级人工智能核保模式。2018 年 11 月 28 日，"核动力"人工智能核保在全公司成功上线。

4. "太慧赔"智能理赔，让数据多跑腿，客户少跑腿

"太慧赔"是 2018 年打造的行业首家基于机器人和人工智能技术的全链路理赔服务体系。前端研发医院、柜面、电话、职场、移动端等多场景机器人提供理赔报案、咨询服务；中端借助医疗数据互联及 IOCR 技术实现数据实时获取和结构化识别；后端开发智能决策模型替代人工作业，实现理赔秒级审核，并在理赔环节各触点引入涵盖预防、诊疗和康复等 22 项增值健康服务。

5. 打破传统柜面模式，打造全新"智享家"服务

智享家将传统柜面打造为集服务办理、客户经营、品牌宣传为一体的线上线下互通的"智享体验中心"，并推行"智能 Intelligence+ 交互 Interaction+ 融合 Integration"的 3I 服务标准。

6. 提升电话服务智能化，进入"智享中心"新时代

一是智能电话回访，通过智能语音机器人与客户语音交互完成电话回访，引领行业将智能语音技术应用于新契约回访。二是智能语音服务平台，由智能机器人实现与呼入客户的语音互动应答，简化客户操作，分流人工服务。三是智能预警监测，由智能机器人对客户交互数据分析扫描，预警风险线索、监测客户反馈，提升风险防范能力。四是智能辅助作业，可在智能机器人的辅助下，规范、引导、简化及替代人工操作，提升人工服务的质量和效率。目前支持对 12 个常见作业场景的智能辅助。

资料来源：http://xw.sinoins.com/2019-03/13/content_285871.htm.

人工智能越来越密切地应用到企业的促销过程中，极大地提升了促销活动的自动化水平和智能化水平，改进了企业促销的效率和效果，同时也提升了用户体验。在人工智能的影响下，企业的自动化促销、客户服务、数据库营销、数字营销呈现出新的特征和影响，在线上线下全渠道融合场景中发挥日益重要的作用。

8.1 自动化促销

8.1.1 自动化促销的内涵

受全球经济变化及数字化浪潮影响，营销科技逐渐成为支撑企业业务增长的新引擎。疫情时代，线下活动随时面临着被叫停的风险，这也促使数字化和自动化软件的使用率逐步提高，营销自动化在全球迎来了爆发式增长。在全球，依托营销自动化技术成立的公司已逐渐形成一个价值超百亿美元的产业，而在国内，营销数字化正在进入爆发前夜。不管是提供营销自动化技术的第三方服务商，还是应用该技术实现业务数字化升级的品牌，目前还处于发展和应用的初期。在国内，随着市场高速增长，爆发后的行业繁荣曙光已经出现。随着数字化转型进程的加快与企业对营销自动化需求的不断增长，营销自动化正迎来爆发期。2017~2022 年中国营销自动化市场规模及预测数据如图 8-1 所示。

自动化促销作为营销科技发展的产物、营销自动化的重要组成部分，在近年来逐渐进入市场营销人员眼帘，引起营销人员注意。自动化促销的应用能使营销过程变得智能和简单，让企业能以更好的姿态去应对营销环境中各种巨大的变化。数字营销引发的革命性变革，也体现在营销从业者使用数据分析可以实施自动化促销。利用数据对促销过程进行动态监测和反馈，实现促销的全面自动化。在输入既定促销目标，并配置好相关参数后，系统就可自动执行促销计划，同时监测相应促销效果，系统能及时筛选出最合适的促销信息，通过相适应的渠道发送给相应用户。同时依据数据，及时发现用户在使用产品或服务时遇到的问题,通过人工服务和自动化服务方式与用户互动沟通,进行相应的技术和服务支持。通过使用专业的智能算法,从用户基本需求、思维模式、行为方式、兴趣爱好等方面对用户进行行为分析,将广告智能推送给目标受众,这样可大幅提升广告主的投入产出比。这种以大数据分析为核心,以智能定向推广为导向,以海量移动用户为基础的跨平台、多终端的一站式网络推广营销方式,即是基于移动侧的智能化促销,智能促销也是智能营销的一个重要组成部分。促销活动的自动化也可解读为使得促销活动本身的手段、方式、方法达到一种智能运作的形式。

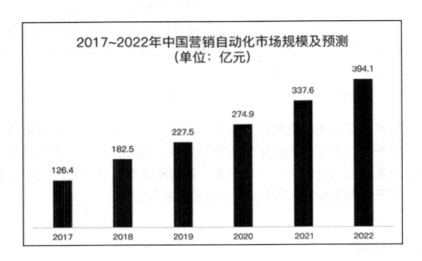

图 8-1　中国营销自动化市场规模及预测数据(2017~2022 年)

资料来源:https://www.zhihu.com/question/53415107/answer/467690470.

自动化促销的第一个关键点是通过机器代替重复和固定的促销动作,实现促销过程的自动化。比如,某个企业市场部需要落地的某个促销动作是给新关注公众号满 2 小时的男性用户推送消息 A,女性用户推送消息 B。如果把这项工作交给人工,基本是一件不可能完成的事。然而,有了自动化促销工具之后,企业只需要在系统中简单配置触发时间和人群筛选,就可以轻松完成整个促销动作。自动化促销的第二个关键点是通过数据整合与分析,完成千人千面的个性化促销,实现促销内容的精准化。自动化促销的核心价值是构建出企业的智能促销闭环。一旦有潜在客户进入了企业的促销环节,自动化促销就能通过人工智能技术和大数据分析等手段,来准确洞察潜在客户的画像(比如需求、购买力、成单意向、所处生命周期阶段等),从而制定针对性的促销策略,不断激活能够让潜在客户产生购买欲望的关键点,实现高黏性、高转化、高复购。可见,自动化促销的两个关键之处是促销过程的自动化和促销内容的精准化。其价值在于对促销过程中的各个环节和任务进行优先级排序,营销人员不用再手动整理各个促销任务,利用技术代替重复性的人力劳动,规模化地降低促销运营成本,提高投资回报率。

具体来说,自动化促销是通过软件和技术,简化、自动化促销任务与流程,把促销过程中本来需要人工执行的策略,譬如邮件营销、社交媒体发文、广告投放及短信告知等，用机器来进行自动化并重复提升促销线索全生命周期管理自动化水平，使促销投资回报率易于衡量，最终推动企业促销工作加速。自动化促销的主要能力包括：①自动识别追踪多渠道潜在客户，自动化提供有用内容，快速建立客户对品牌信任与尊重；②细分用户群体，针对客户群体量身定制个性化内容，精准个性化触达策略；③识别其中更感兴趣、更具转化潜力的用户交给促销团队，快速将促销线索转化为真正的客户；④提供细分渠道、节点分析功能，使促销阶段成效易衡量；⑤使企业重复性的促销任务简化且自动化执行。

⊙ 小资料　　　　　　　　　　　　**自动化促销逐渐升温的背景**

我们现在处于数字时代，数字时代给营销带来了一系列新挑战，使得运用营销自动化成为一种非常重要的应对方法。

1. 社交媒体的激增

电视可以说是最后一种大众媒体，能够向目标受众投放特定的广告。而现在各种社交媒体的激增（微信、微博、各种视频平台、各种直播平台等），导致目标受众较之前大为分散，广告投放效果大幅下降，同时也产生天量的用户数据。

2. 注意力持续时间逐渐减少

社交媒体用户的注意力持续时间大幅减少。调查显示，现在每个消费者平均每天会被10 000 条广告轰炸。同时，有调查显示，消费者对于广告的平均关注时间只有 8 秒。

3. 竞争更加激烈

数字媒体降低营销的门槛，使得营销领域变成一个势均力敌的竞争领域。在之前的时代，突然出现的爆红产品经过市场运营，变成一个比较有影响力的品牌，这是不可想象的。但是现在这一切都有可能。

4. 产品面向全球市场

较之之前的时代，产品面向全球市场的机会极大地增加了。但是，这会带来一系列的问题，比如时区的问题（客服不可能 24 小时工作，廉价的外包地点难寻）、营销的定制化问题。

资料来源：https://baijiahao.baidu.com/s?id = 15949173726727728107&wfr=spider&for = pc.

8.1.2　自动化促销的作用

（1）节约时间和提升人效。在促销活动中，某些原本费时费力的重复性操作被自动化后，这些时间就被省下来了，这样就可以给决策和战略留下更多的时间。通过机器的重复动作来代替人工的繁杂操作，从而让员工能够解放时间和精力去聚焦更有意义的工作。Gartner 公司 2020 年的调查显示，数据管理和数据整合消耗了营销团队 64% 的时间。而自动化促销工具可以解决这一问题，以远超人工的速度和质量完成数据的管理与整合。而在大规模进行客户管理时，企业需要在数据的基础上判断出客户的营销画像并完成千人千面的个性化促销。在理想的营销场景中，自动化促销工具可以挖掘出每个潜在客户最大的购买力，并进行精准的培育和转化。在这种人工不可能实现的场景中，自动化促销基本成为企业的必备工具。

（2）用户体验更佳和投资回报更高。引入促销自动化后，可以根据向某一行业发出的电子邮件进行主页定制，根据顾客已知信息优化行为召唤，或不询问消费者已经知道的信息，让整个服务流程衔接更加紧密，更好地与客户进行互动从而改善用户体验。Adobe 发布的"年度数字趋势报告"通过调研得出结论，受访企业普遍认为数字化和新兴技术能够为客户体验赋能。当然，最重要的一点是自动化促销带来的企业销售额增长。随着企业促销闭环成功建立，促销动作的效率提升，孤岛林立的数据被打通，客户画像变得清晰，客户体验越来越好以后，销售额自然而然会呈现增长态势。根据 Forrester Consulting 数据显示，擅长利用营销自动化工具来培育潜在客户的公司，能够以 67% 的低成本获得 150% 的高销售额。根据 Position2 的数据，有 63% 的公司在使用营销自动化工具之后，收益增长超过竞争对手，且 78% 的高级市场营销人员认为自动化营销工具大大提高了企业的投资回报率。

（3）通过促销自动化工具，企业可以对潜在客户的行为进行更丰富、更细致的分析，刻画用户画像，自动执行将这些潜在客户培育成有效客户的过程，让营销人员能够在正确的时间以正确的信息接触正确的受众。例如，跟踪用户浏览网站的路径，市场营销自动化软件可以帮助市场营销团队了解潜在客户的兴趣及其所处的购买生命周期阶段，随后便可根据这些行为点定制跟进行动。利用从接触点（包括网站访问和下载、社交媒体活动和直接市场营销）收集的信息，可以对潜在客户进行自动评分、认证和排定优先级。随后，便可以推动更广泛的市场营销活动，包括：触发式市场营销信息、用以保持关注的不定期"渗透式"电子邮件、个性化电子邮件、微信或微博消息推送等。

（4）通过一站式自动化促销平台，提高营销效率。通过促销自动化构建自动化运营流程，可以通过邮件、短信、微信公众号针对不同客群推送不同内容，实现千人千面精准营销，深入管理客户全生命周期，优化客户体验，缩短成交周期，提升线索获取及转化。促销自动化使你能够精简重复的任务，减少和人工劳动有关的成本。根据一份报告，在创造性营销活动中，运用自动化的解决方案可以为公司节省至少 15% 的营销预算。比起没有采用营销自动化的公司，运用营销自动化的公司可以多 53% 的转化率，营收增长高 3.1%。

⊙ 小资料　　　　　　　**爱番番拓客专业版产品营销投入前后对比**

　　随着促销触点变多，促销链条加长，传统的促销手段已无法满足企业的增长需求。这时，自动化促销工具可以帮助企业提升营销人效、实现精准促销、优化客户体验、拉动销售额增长。爱番番市场团队进行新品宣传的"吸粉＋直播＋留资＋促单"时，使用爱番番拓客专业版前后的对比。人力需求从 6.5 人（官网运营 1 人、自媒体和直播 1 人、线下活动 1 人、设计 1 人、开发 1 人、页面设计 1 人，策划和总协调 0.5 人）压缩为 3 人，而且人力主要聚焦于活动策划和创意，执行过程完全解放了人力劳动。原本互相隔离的多渠道数据可以实现打通和整合，实时捕捉用户轨迹。同时，营销和销售之间的数据流和业务流也被打通，活动效果有了清晰的呈现与归因。

资料来源：https://baijiahao.baidu.com/s?id = 1703903551351067415&wfr=spider&for = pc.

8.1.3　自动化促销的应用方式

（1）全渠道获客。几乎所有企业都搭建 2 个及以上的获客触点，投放获取的潜在客户线索需要被集成至同一平台（大多数企业都选择了微信公众号）进行集成管理，过往线索流转过程难免造成线索中途流失或不当的用户体验。促销自动化的二维码及配套客户旅程使用可以有效解决这一问题，并自动归类各个渠道的真实获客数据以及潜在客户个人信息。

（2）用户信息集成。完整全面的用户数据集成将最大程度还原用户需求与喜好，建立立体用户画像帮助企业洞察用户。促销自动化将架起微信与电商平台、CRM、会员系统的对接桥梁，匹配用户交易记录、会员信息，并实时抓取客户在公众号内的行为轨迹，在静态数据与动态数据整合之下，使用户画像更直观立体，方便后期进行定制化互动以产生更多客户价值。

（3）个性化促销管理。促销自动化提供用户旅程、个性化图文、个性化菜单栏、标签等可实现千人千面个性化营销的实用工具。每个潜在客户都是独一无二的，标签工具可以根据他们的来源、购买潜力、所处的购买旅程阶段、购买频次、购买历史记录、兴趣偏好等多维度标签化管理，并以此实现千人千面的精准个性化促销。

（4）数据分析。尽管微信后台能为企业提供免费的数据分析，但面对企业发布的类型和目的丰富的促销内容，如何整合线上线下全渠道的促销数据、获得更深刻的用户洞见、输出更加详细和实时的分析报告，还需要更加智能化和精细的工具来实现。自动化的促销报告和分析工具基于实时用户行为数据抓取，进行同步数据分析，从而为企业提供更具价值、更加详细的促销活动数据分析报告，帮助企业进行精准促销。

（5）自动化客户沟通工具。自动化客户沟通工具可以部署在企业官网、官方微信公众号、服务号等多个渠道，实现个性化的实时聊天并收集客户反馈，从而大大缩短了企业对用户的响应时间，帮助企业实现海量用户的实时交流。

⊙ 小资料　　　　　　　　　　　　　　**自动化促销的使用场景**

场景一：千人千券

某零售品牌在"618"大促销中，希望通过对不同标签的客户群发放不同的优惠券进行转化。客户群大致可以分为刚注册的消费者、注册一年未产生消费的消费者以及注册一年订单金额在 500 元的消费者。针对这三种消费者，自动匹配发放新品体验券、大额满减券以及买赠券促进转化。

场景二：唤醒沉睡用户

很长一段时间内都未产生购买行为的消费者，我们称之为沉睡用户，沉睡用户的唤醒和激活就是营销场景之一。品牌方应该梳理自己的用户数据，设定规则，通过预测模型找出沉睡用户中最有可能被激活的细分群，对其进行合适的唤醒沟通。

场景三：积分营销

设定会员升级的规则，在固定时间段内，积分达到一定程度可以换取一些虚拟或者实体的奖品。比如10块钱可以积累1分，积累15分就能升级，完成升级才能得到相应的礼盒/背包等奖品。这些用户数据本身就会有订单、渠道、活动、人群特征等信息，也是一个比较典型的数据驱动营销的场景。

资料来源：https://new.qq.com/omn/20210701/20210701A072VB00.html.

8.1.4　自动化促销策略

1. 准确识别客户行为

准确识别客户行为，比如识别出会员客户、老客户、近期未消费的客户、流失的客户等。大部分的品牌虽有一定的数字化基础，在不同渠道和平台中获取多样化的消费者数据，并且通过线上线下众多平台积累了一定程度的用户洞察，会员系统中沉淀的数据千千万，但受限于企业技术开发、业务理解等能力，无法打通消费者在多渠道留下的行为数据，导致会员画像割裂，品牌无法获取全域消费者画像。帷幄公司提供的客户数据中台（CDP），可以同时整合会员、订单等数据以及客流、商品交互等数据，使用多维度标签及权重为用户打分，梳理转化漏斗、消费者旅程、用户画像和标签体系。

2. 寻找触达消费者的最佳时机

寻找最佳触达消费者的时机，可以通过最有效的触达方式将下发的通知、优惠券通知给客户，并且可在特定时间点发送通知，比如在客户生日的前几天自动推送会员生日优惠提醒。市场营销人员最关注的问题包括：花了预算投放，为什么看不到效果？用户来了为什么没有购买？内容推送打开的效率非常低怎么办？市场人都希望投入产出比能够得到正向的回报。对于品牌来说，金钱和用户都是有限的，在对的时间把对的产品推荐给对的人是每一个品牌营销的终极愿望。让花出去的每一分钱都是有效的，触达到的消费者都会有高转化，留下的每个用户复购率增长。这些就是品牌方的市场部门的三大核心目标。

帷幄公司提供的触点管理系统（TPM）能够整合跨渠道与平台的所有数字化触点，包括线上场景中的小程序、电商平台、微商城中埋点的 SDK，线下场景中人工智能智能摄像头、智能感应器、交互式屏幕等，都可以打通，从而制定灵活的精准化营销策略，捕捉消费者反馈行为，洞察实施的数据，制定千人千面的营销地图。

3. 设计最合适的促销活动和内容

设计最合适的促销内容，通过监测客户购买行为，可以考虑如何触发个性化的促销活动促使用户转化，也可选择不再打扰用户，通过活动复盘分析后在下次活动进行优化。知道了目标客户是谁，也掌握客户的消费习惯，想要精准触达消费者，除了以上两条，还需要有合适的促销活动和内容。在确定促销活动的目标后，市场营销者制定相关促销内容与投放策略，如何设计出最好的内容与策略呢？在帷幄公司的营销自动化平台，沉淀了过往所有的业务数据。平台能够根据市场活动的目标自动匹配最佳投放渠道与内容，设计营销的最佳组合模型与业务流程。品牌希望通过数字化系统升级来满足个性化营销和活动玩法自动化，在合作过程中，帷幄公司提供数据自动化系统，针对营销转化链路中的关键环节，识别不同阶段人群开展个性化的服务如加购未支付、浏览热销商品、优惠券领取未核销等，同时拓展满赠、满减、组合优惠、抽奖、签到等营销玩法，最终转化率提升 23%。

⊙ 小资料　　　　　　　　　　　**人工智能解锁智能营销**

微信号"营销洞察"援引阳狮集团旗下实力媒体（Zenith）的报告称，程序化营销将在未来覆盖全世界。如今全球程序化广告购买总额已经超过 575 亿美元。

以算法为基础的自动化营销已经从一个高大上的热词成为广告和营销的常用工具。在未来两年，自动化广告和营销除了巩固自己在互联网和手机端的霸主地位，也将把包括电视、广告、户外广告在内的传统广告渠道纳入版图。

自动化营销是智能营销的开端。人工智能技术的奇点临近，正与消费升级亦步亦趋。人工智能可以化身高效的文案和设计，为汽车公司和口香糖品牌制作千人千面的个性化广告和视频，也可以化身超级客服，以聊天机器人或者私人秘书的角色 24 小时不眠不休地满足御宅族和剁手党们千奇百怪的需求。

Gartner 公司发布的《2018 十大战略技术趋势》报告指出，41% 的企业已经在部署人工智能，而剩下的 59% 正在制定人工智能战略的路上。这份报告认为人工智能将在改善商业决策、推动商业模式转型以及重塑消费者体验三个方面发挥重要的作用。

腾讯云副总裁许菁文在 2018 年 11 月腾讯"智能营销云登录大会"上指出，让营销者搭上智慧的列车，不仅能大大提升每个人的消费体验，同时帮助企业挖掘自身的数据价值，真正赋能企业在数据经济时代掌握数据、分析数据、运用数据的核心竞争力。腾讯此次推出的腾讯智能营销云、人工智能的戏份颇重。人工智能在腾讯智能营销云上提供两方面的能力：一方面是通过更多的数据和更好的算法来继续提高营销精准度；另一方面是利用图像识别、语音识别和自然语言处理技术实现包括视频、图片、语音在内的更丰富的传播媒介，在智能化互动体验上也有很大的创新空间。

人工智能让程序化广告购买更加精准和高效。自动化营销平台 Albert.ai 只需要很少的人工干预，依靠预测分析、深度学习和自然语言处理等技术实现广告投放。智能营销平台

frank.ai 据称可以实时找到性价比最高、效果最佳的投放渠道。在创意内容生产上，Gartner 公司预计明年 20% 的品牌内容将由机器撰写。而类似 Dynamic Yield 这类的平台，则试图把人工智能应用到消费者购买流程的每一个关键环节，用人工智能实现个性化内容和推荐。

资料来源：https://baijiahao.baidu.com/s?id = 1584729742503134339&wfr=spider&for = pc.

8.2   人工智能客户服务

8.2.1   人工智能客户服务的内涵和特点

人工智能客户服务是客户与企业基于计算机信息和互联网技术的飞速发展，企业借助以自然语言处理、语音识别技术为主的人工智能技术构建的自动化客服系统，通过 web、语音、短信等在线渠道与客户实现智能化人机交互。在这种智能化的体验中，可在解决客户常见问题的同时增添乐趣。当前智能机器人客服有多种表现形式，如网页版、IM 客户端、QQ、微信、短信等。多种的接入方式也伴随着互联网、云计算、智能终端的发展而不断丰富，客服形态呈现多渠道、智能化、人性化、差异化发展的特点。

当社会经济进入数字经济时代，5G、物联网、大数据、云计算、人工智能等新技术、新应用相互交叉，数字技术正被融入生产、销售、服务等流程中，客户服务作为企业的核心竞争力也面临着数字化转型。如今的客户服务总是后知后觉。个人呼叫企业的联络中心，索要广泛的信息，例如姓名、地址、会员编号、联系信息以及问题描述。如果客服不能帮上忙，就会造成很多问题，最大的问题是浪费了客户的时间并使他们沮丧。改善客户服务并不是做出微不足道的改进（如减少等待时间）。相反，它事关在人工智能的推动下如何彻底反思客户服务的正确之道。人工智能通过实现无人交互简单任务的自动化，来改善客户服务并加速业务办理效率，这可能会提高企业的利润。让员工回答客户的简单问题既不符合成本效益也不节省时间，而企业也无法将急需获得查询答案的客户转移给公司的多个客户代表，以有效地留住客户。人工智能在许多方面为此提供帮助：通过提供全天简单回答客户的查询，对消息进行排序，在必要时快速将优先排序交给人工客服以及释放人工客服以促进更有价值的呼叫服务。人工智能可以通过比人工客服更快地分析大量数据来实现这一点，因此可以比以前更快地预测所需的响应，并且准确性更高。人工智能使用尖端语音识别技术来了解人们的需求，识别消费者并预测必要的响应。自然语言处理通过分析人类语言以理解背景和结果，因此，人工智能通常可以在人类无意识下与人交谈。自然语言处理与语音识别协同工作，确保客户在最短的时间内获得所需的帮助，同时尽量减少挫败感。

人工智能客户服务具有如下特点。

1. 人性化

人工智能客户服务是代替人工服务的新型服务形式，主要通过智能化设备来实现服务，能够带给客户不一样的服务体验。人工智能客户服务带有人性化特点，能够利用人性化的语言来服务客户，能够为客户解决实际的问题。人性化特点主要体现在三个方面：一是语义数据库。语义数据库是人工智能客户服务系统的核心，其中存储着多种问题的答案，为系统解决问题提供了强有力的数据支持，有助于客户享受高质量的服务。二是自动问答分析系统。自动问答分析系统的主要功能就是分析客户的问题，能够通过人性化思维来分析客户的实际需求，从而能够为客户提供针对性服务，有助于提高客户的忠诚度。三是交互系统。交互系统主要负责记录客户提出的问题，能够对问题自动排序，同时能够处理客户的语句，能够让人工智能客户服务更加完美。

随着科技进步，智能客服应用已成为趋势。但科技应用与服务质量、低成本与高效率并不矛盾，而是可以相互促进的。这就需要商家更多考虑用户需求，从不同用户的实际需要出发，优化智能客服程序设计，提升客服系统应变能力，并根据实际需求保留相应的人工服务。据悉，北京电信最近推出了"尊长专席"服务，利用实名制与大数据识别等技术，让老年市民拨打客服电话时可跨过机器人应答环节，迅速接入人工客服。类似这样的人性化设计，值得许多商家借鉴。

2. 智能化

人工智能客户服务是智能化服务，主要依靠人机交互技术来实现多种功能，能够适应客户的提问方式。人工智能客户服务的主要特点就是智能化，不仅满足了客户的需求，而且提升了服务效率，提高了客户对服务的满意度。智能化就是在万物互联数字化的过程中，赋予万物以人的智能属性，将 5G 技术、物联网、大数据、云计算等融合应用，赋予万物人工智慧。智慧化服务就是在海量数据基础上，利用人工智能、大数据通过云计算进行分析，区分基于不同客户在不同场景遇到的问题状态等，完成对客户的精准画像，智能做出需求预测，并输出千人千面、千时千景的个性化服务内容。企业应尽快打造适应移动互联网发展的智能化服务，对每个客户进行大数据分析，细分同类客户，精准画像，利用人工智能，为客户提供端到端的智能化服务。

3. 在线化

随时随地的移动支付，改变了消费领域的商业生态，让随时随地的商品交易成为现实，也就催生了在线化服务。比如，金融行业的在线化服务依托各大银行的业务交易平台，搭建机器人智能问答方式，实现在线化的咨询申诉服务。京东、美团的销售平台，打造了智能化的在线服务平台，更加体现了消费与服务的完美统一。数字经济时代，数字化消费者已不满足被动单向接受来自供应商的内容和服务。客户具有更强的自我意识，要求更高的互动性并积极参与其中：一方面是内容和服务自身的互动性特征。客户希望自己的声音被倾听，对自己所购买和消费的服务与内容施加自己的影响，并把自己的观点和评论进行分享。另一方面，可实时对在线服务质量和效果进行评价，商家对评价的内容进行细分，有助于对消费内容和服务进行改进和优化。商家与客户的互动沟通、产品服务的评判都是通过商家的商品交易平台来实现。因此，在线化服务的基础在于平台，借助于平台，搭建在线化服务，实现客户服务的在线实时咨询解答。

4. 平台化

基于移动互联网搭建的平台模式不受时间、空间限制，可以为商品销售、在线服务等搭建无穷大的虚拟空间，实现随时随地交易。移动互联网平台就是通过计算机技术为客户搭建的系统化、软件化、智能化的应用系统，诸如 OA 办公系统、ERP 系统、CRM 系统、美团、携程、京东、拼多多的物联网智能管控系统等，都可以称为平台。因此，平台就是运用计算机编程应用，实现信息共享、数据共用，为数字经济社会提供软件化、数字化服务。平台化服务就是基于平台构建的服务模块，实现客户在平台浏览消费的同时，实现实时在线服务。如携程出行平台搭建的人工智能服务平台，为客户设置经常咨询的几类问题，并且根据大数据分析，大体锁定客户想要咨询投诉的问题，可以迅速及时帮助客户解决问题。因此，企业应在销售平台中植入客户服务智能运营系统，运用人工智能、信息可视化技术，搭载计算机端、手机端两大终端触点，实现由"服务承载"向"服务加工"转型。

⊙ 小资料   **小 i 机器人智能客服系统**

小 i 机器人（上海智臻智能网络科技股份有限公司）是全球领先的人工智能技术供应商，提供了包括自然语言处理、图文信息识别、语音识别、深度语义交互、机器学习等方面的客户服务系统人工智能解决方案。2012 年与招商银行合作，共同设计的智能客服机器人，仅在上线半年之后便捆绑了 80 万用户，日均交互量高达 60 万个，其中 95% 为人工智能自动回复处理，问题解决率达 98%。

资料来源：王萍，王丽，张永梅，郭骏. 客户服务系统现状及人工智能化发展趋势研究 [J]. 科技创新导报，
2018，（36）：225-226.

8.2.2　人工智能客户服务的优势

（1）实现智能自助服务，降低服务成本。将智能机器人与银行后台知识库对接，构建人机之间高效自然的交流环境，使得系统与客户交互时，可以结合上下文环境理解当前用户需求，并能够自动调取后台知识库中与客户需求对应的业务信息，反馈给客户。它不仅可以对用户简单的咨询业务进行解答，还能满足深度问答咨询，对用户提出的需求进行推理性的回答，提供全程的语音交互能力。智能客服机器人通过其强大的语言处理引擎和个性化定制的知识库、领域词库、语音识别技术，为客户提供业务咨询。智能机器人处理客户提出的常见问题、重复性问题，可以让企业将有限的人力资源腾出来，做更有价值的事情，从而实现降低人力成本的目的。

（2）提升客户服务交互速度。人们不断更新技术、创新应用的最终目的，始终是希

望能帮助客户更轻松更快捷地处理事情。这也是通过人工智能可以大大改善的方面。数据表明，85% 的客户将人工智能 24 小时不间断的可用性看作是实现积极客户体验的一种有用的能力。南方电讯在这几年的多媒体通信及应用解决方案服务中发现，类似人工智能这种可以提供 24 小时不间断的创新技术服务方式，已开始与传统人工服务互相配合。采用智慧银行 VTM 解决方案的江南银行，凭借 46 人的视频会议客服、322 台 VTM 远程视频柜员机实现了相当于 18 个大中型营业网点的业务量，实现近三年业务量增加 3 倍的成绩。由于人工智能在节假日或周末不需要休息，企业可以在一天、一周或一年的任何时间提供快速响应和解决方案。这意味着企业可以使用人工智能支持的客户服务来始终为他们的客户服务。随着越来越多的企业转向自动化支持解决方案，客户将花更少的时间等待响应，甚至可以在下班后或节假日享受服务。这可以为客户满意度创造一个不同的世界，不过，如果服务速度缓慢、延迟或无法使用，客户满意度往往会受到影响。

（3）创新营销模式，提升营销业绩。智能机器人前端交互可拓展性强，能够有效融合多种渠道，利用统一的后台管理平台，实现多渠道并发服务。在为客户提供服务的同时实现创新，能有效缓解客服中心服务压力，解决服务时间受限、操作烦琐的问题，全面提升服务能力。大部分呼叫中心都承担着或多或少的营销工作，由人工向目标客户推荐合适的产品。智能客服机器人通过客户交互，能够识别和挖掘出客户的潜在需求，提供超越客户期望的解决方案，并推荐客户需要的服务或产品。智能客服机器人营销的基础是服务好客户。我们在开展智能客服机器人营销工作的同时，要时刻不忘服务好客户，站在客户体验的角度，用客户化的语言做好服务。保障一定水平的回答准确率和客户满意度，可以为智能客服机器人提供源源不断的客户服务量，也为下一步识别客户需求打下坚实基础。并且，从智能客服机器人的语料中，分析客户需要，看看客户需要的是什么服务或产品，挑选或设计对应的服务产品，选择合适的服务场景，将这些服务或产品的下单链接，部署在此服务场景的自动回复中，以形成营销场景。

8.2.3　智能客服机器人

1. 智能客服机器人的定义

机器人已经成为客户服务领域的一个重要组成部分。调查表明，60% 的消费者曾经与聊天机器人进行沟通；48% 的消费者表示，愿意与机器人聊天以获得服务。智能客服机器人是一种可实时提供客户问题交互式答案的技术。企业为智能客服机器人提供预先写好的指令，以回答客户通常提出的问题，智能客服机器人以对话的形式提供答案。由人工智能驱动的智能客服机器人使用来自每个客户服务交互的汇总数据来了解最有效的方法，并随着时间的推移改进响应。

广义的智能客服机器人并没有一个统一的定义，但是多数业内人士认为，智能客服机器人应具备以下三个特征：一是感觉要素，用来认识周围环境状态；二是思考要素，根据感觉要素得到信息，思考出采用什么样的动作；三是运动要素，对外界做出反应性动作。智能机器人可以说是一个独特的进行自我控制的"活物"。其依托于智能知识库，可实现智能客服咨询和产品营销推广等自助服务功能。智能客服机器人是机器人在客服行业的应用分支，以自然语言处理、自然语义处理和人机交互等人工智能技术为基础，通过赋予智能客服机器人自然语言处理技术、自动回复用户信息系统等技术，使其拥有处理大规模知识、理解用户需求的能力，从而实现自动应答的能力，它也通过电话、即时通信、网络和短信等渠道，以拟人化方式与用户进行实时交互。智能客服机器人拥有机器人的通用特点，主动履行任务而不知疲倦。对比客服行业的人工座席，它拥有三大优势。第一，可以全天不休息为客户提供咨询服务。第二，针对标准化的提问，可以提供标准化应答，差错率低。第三，低成本优势。不管是对外采购，还是自研开发，一套智能客服机器人的成本是固定不变的，随着机器人服务客户数量上升，其边际服务成本将趋近于零。

2. 智能客服机器人的构成

第一，前端交互服务。它为客户提供服务窗口和操作界面，客户通过窗口提出服务请求，机器人响应并向客户展现服务结果。此功能模块主要包括机器人运行框架、消息处理模块、IM 服务器通信控制模块、服务接口模块及二次开发框架等部分。主要实现全渠道终端、后端智能服务引擎及第三方服务系统（如人工客服系统）之间的通信接口服务，并能够针对各渠道服务不同业务逻辑提供二次开发的接口。

第二，智能引擎服务。针对客户提出的服务请求，机器人进行语言或语义分析、处理、发起索引请求。此功能是机器人表现是否智能的关键，它的智能性、准确度、并发性能等各方面都会对整个系统产生关键影响，是处理自然语言和集成各种专业处理引擎的基础平台。具体包括引擎核心模块、智能分词引擎、语义分析引擎、聊天对话引擎以及场景上下文处理、知识索引管理等模块。

第三，后台管理服务。客户提出服务请求，机器人经过思考分析后，从后台快速索引对应服务内容。此功能是机器人服务资源储备基地，提供资源的同时支配机器人服务反馈活动。具体包括知识信息管理平台（简称"知识库"）、运维（日志报表）管理、营销管理、授权管理等模块。其中知识库功能模块的建设水平对机器人服务能力起到至关重要的作用。

3. 智能客服机器人提供帮助的方式

客户更快地获得答案。随着自助服务普及，超过 2/3 的消费者表示，他们更喜欢采用自助服务而不是与智能客服机器人交谈，这使得客户更容易自己快速获得所需答案。在高峰时段，人工客服在处理客户咨询问题时必须依次进行。而智能客服机器人可同时为任意数量的客户提供答案，而且等待时间为 0。89% 的客户表示，在决定从哪家公司购买产品时，快速回答客户服务问题非常重要。智能客服机器人可在任何时间提供更快的客户服务，而人工客服很难做到这一点。在一项调查中，当消费者询问他们认为机器人程序的主要好处是什么时，最重要的两个答案是获得全天候的客户服务和对客户提出问题的即时回复。

人工客服在重复性问题上花费的时间更少。智能客服机器人无法为每个客户服务问题提供即时解决方案，但是客户服务交互的种类繁多，不需要人工响应即可实现。如果组织的技术人员花费几个小时来回答一些简单的问题，例如"营业的时间是什么时候"或"我的订单什么时候到达"，那么这些问题将占用技术人员大量的时间。机器人可以接管多达 80% 的此类常规问题的查询，这对提升企业员工的士气很有好处。没有人愿意一直提供重复的答案。实际上，有 79% 的人工客服表示，当他们专注于处理复杂问题时，可以提高技能，72% 的人工客服认为，这使他们更有价值。

可以帮助实现个性化。如果机器人技术与组织其他系统集成在一起，则可以开始为客户提供个性化的信息。智能客服机器人可以利用企业的客户关系管理数据库来确定访问其网站的人员是现有客户还是潜在客户。对于一家电子商务公司，当客户访问其网站时，智能客服机器人可以对相关选项提供建议，例如："您好，欢迎回来，您要检查最近订单的状态吗？"而在同一网站上，新访问者将会看到一个不同的问题："第一次来这里？希望查看我们最受欢迎的商品或了解我们的故事吗？"除了即时提供个性化体验外，智能客服机器人还可将相关信息传递给人类。可跟踪企业的客户是否已经尝试自行解决问题，并让人工客服知道客户访问过哪些帮助文章和网页，这节省了人工客服和客户的时间。

机器人在多个渠道上工作。如今的客户服务是全方位的。调研机构 Forrester 公司的调查表明，95% 的客户在一次客户服务交互中使用 3 个或更多渠道。除了电子邮件和电话等普遍的渠道之外，客户越来越多地使用 WhatsApp 和 Facebook Messenger 等消息传递应用程序。客户现在期望在很多不同的地方使用这些服务，而且他们知道未来几年将在组合中添加哪些新渠道。一个好消息是机器人可以全方位工作。企业可以部署机器人程序来回答电子邮件、网站和各种消息应用程序中出现的常见问题。企业设置人工智能机器人的地方越多，就越可以减少一些不必要的工作。通过确保智能客服机器人已连接到其余的平台接口，企业可以在所有渠道上提供自助服务体验。客户可以在较短的时间内通过自己选择的渠道获得所需的答案。

⊙ 小资料　　　　　　　　　**人工智能在银行客服领域的应用情况**

银行业金融服务的智能化、人性化和精准化是人工智能在金融领域深度应用的一个切入点。目前，各大银行纷纷将人工智能应用到金融服务中，包括智能身份认证、智能财富管理、智能客服等。在客服领域，人工智能技术得到广泛应用。例如，工商银行通过智能、自助服务替代人工服务，将客服中心重要的人力资源聚焦远程客户维系与综合业务营销等；交通银行通过客服中心与线下网点客户经理相配合，形成线上、线下联动的服务方式；中国银行赋予客服中心相关风险管理职能，开展信用卡集中催收、欺诈侦测等风险防控工作。人工智能在银行客服领域的应用，改变了银行业金融机构过去仅依靠人工的传统工作模式。越来越多的银行业金融机构开始青睐融入人工智能技术的客服平台，因其融合即时通信、导航、机器人、人工等全方位不间断服务，能够进一步提升客户体验。目前，许多银行业金融机构的客服系统语音识别率高于90%，能够解决人工客服80%的重复问题，对传统银行业而言，这是突破性的创新。

资料来源：陈静源，汪莹，马辛怡.人工智能在客服领域的应用与展望[J].中国农村金融，2020，（5）：91-92.

8.2.4 人工智能客服系统现状

随着许多产业都积极地向智能化、自动化方向发展，人工智能客服系统逐渐被开发出来，并应用到许多行业领域中，比如说中国电信、中国移动、许多银行等都运用了人工智能客服系统。

1.系统设计

在依托于人工智能客服系统解答用户的实际问题时，企业还应当对每次问题解答过程的数据进行分析处理，最后上传到云端知识数据库中。在用户的实际信息请求还未成功发出时，人工智能客服系统会从数据库中自动获取用户的互联网行为、兴趣爱好、行为特征以及历史交易记录等数据，并对这些数据进行归纳、整合与建模，得到用户个人的大致标签，最后形成用户的详细画像。人工智能客服系统在收到用户发送的信息请求后会第一时间开展用户信息的分析处理工作，在此过程中人工智能客服系统会调取已构建的用户画像，依托于算法分析预测用户的主观意识，紧接着和知识库中的各种实际案例进行比对，构建出能符合用户需求的信息，并将这些信息反馈给用户。人工智能客服系统在完成一次问答服务之后，系统会自动提示用户对本次服务进行评分，并将用户的实际评价和反馈信息结合起来，然后将案例信息归纳整合之后上传到案例数据库中，方便下次使用。大数据背景下人工智能客服系统工作流程如图8-2所示。基于大数据的人工智能客服系统主要分为以自然语言处理技术作为重点技术、以知识映射技术作为辅助技术的问答模块，以用户画像创建为重点的特殊化知识库模块以及依托于机器学习的更新管理模块。

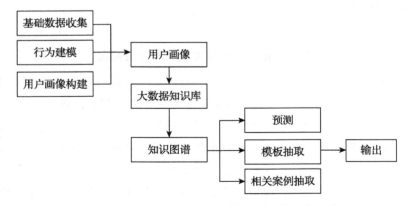

图8-2 基于大数据的人工智能客服系统工作流程

资料来源：陈朝飞.大数据背景下的人工智能客服系统研究[J].信息与电脑，2021，（8）：180-182.

2. 问答模块

问答模块主要由 3 个模块组成：问题信息处理、问题检索以及答案推荐。人工智能服务系统在接收到用户的信息请求后，依托于构建的语义知识资源库进行语句的初步处理，对语句中的关键词语、语法以及句法等进行分析和探究，挖掘出语句与文本相结合的语义。系统通过分析语句的词法、句法以及语法分析句子的语义，从而做到智能问答。在进行知识图谱构造时，先从庞大的业务数据中挖掘与提炼出知识相关性的内容，获取具有良好精准性的数据信息，对得到的数据信息进行归纳总结，并在此基础上进一步探究信息中的隐藏价值。知识图谱从本质上讲是一个语义网络，节点表示实体类型或定义，边界表示实体类型与定义之间的语义关系。在增强语义理解智能化的同时，答案的准确性以及检索速度同时也得到了相应的提高。知识图谱的创建根据海量业务数据提取知识相关性，找出更准确的信息，从而做出更系统的总结，进而提供更准确的信息，为用户提供更加高效的问答服务。

3. 知识库建立优化模块

人工智能客服系统必须要依照各种数据类型来构建相应的知识库。客户服务系统需要利用不同的数据源创建专业知识库，能够将知识库与使用者的个人历史数据相结合，利用使用者肖像建立个性化的数据库，依托用户画像实现知识库和客户个人数据的紧密融合，形成具有自身特色的数据库系统。用户画像作为一种有效的数据挖掘和连接方法，不但重新定位了知识库的具体内容，而且从数据索引的方向提高了整个系统的作业效率，在推动知识库的不断建设与完善上发挥了关键性的作用。因此，必须要充分了解和掌握每一位客户的性格、喜好、行为特征以及习惯等，在此基础上使得智能客服系统拥有一定的主观意识，能够依照不同客户的特征来提供与之相匹配的解答方式。

4. 更新管理模块

智能客户服务知识库是由海量数据集成的静态知识库。但是语料知识库词典并不是恒定不变的，而是无时无刻发生着变化，人工更新管理知识库信息明显已经不能满足客户服务系统的现实需要，难以取得理想的效果。深度学习技术是现代机器学习研究中十分重要的一个新分支，其目的是建立和模拟人脑的神经网络并进行分析学习，最显著的特点是具有很好的关键词学习能力。依托深度学习技术能够构建类似于人脑的神经网络，可以向人类大脑一样进行数据分析和解释，例如图像、声音以及文本等。基于深度学习技术的神经网络拥有较高的特征学习水平，将这样的神经网络能力结合到人工智能客服系统中，让系统能够自主识别和收集有价值的数据信息，并将这些信息用于知识库完善中，进一步提高人工智能客服系统的智能性。

小案例　　　　　　　　　　　**圆通用人工智能代替传统客服**

2017 年，圆通从智能文本机器人客服入手，开始了人工智能客服的探索，圆通的创新研发中心是该项目的具体实施部门。文本机器人是语音机器人的基础，文本机器人通过语义理解和上下文的关联技术，在知识库里找到答案，最终完成对一个客户的服务。圆通的文本机器人首先从官网渠道切入，经过不断的打磨，接入渠道拓展至微信等渠道。鉴于国内业务的良好应用效果，文本机器人客服已推广至圆通国际业务。文本机器人让圆通看到了明显的成效：据企业内部统计，全年平均每日接待客户的工单量不低于 60 000 次，平均应答率达 90% 以上。文本机器人每工单的处理成本是人工客服的约 1/10。这坚定了圆通继续向语音机器人探索的信心。从文本机器人到语音机器人，相当于给了机器人嘴巴、耳朵，还有大脑。TTS（Text To Speech）技术，即"从文本到语音"，是人机对话的一部分，相当于机器人的嘴巴，让机器能够说话。ASR（Automatic Speech Recognition）自动语音识别技术，即"从语音到文本"，相当于机器人的耳朵。NLP（自然语言处理）则可以对自然语言进行语义理解并给出适当的命令集合，相当于机器人的大脑，也是人工智能的核心技术。

2018 年伊始，圆通创新与研发中心开始对人工智能语音客服做市场调研和技术评估。通过调研，圆通了解到除了金融行业较早应用了智能语音客服之外，一些餐饮服务业，如海底捞的智能语音客服订餐服务也已非常成功。智能机器人能够正确登记客户的信息、理解客户的诉求和处理客户的问题。

除了行业应用层面的调研，对于智能语音机器人的底层技术如 NLP、TTS、ASR 及其对应的算法模型的训练方法、开源代码等进行了调研及分析。通过行业和技术的两方面的调研分析后，圆通决定在客服电话下单的场景中进行人工智能的应用试水。在业务试水的过程中不断克服客户方言口音、客户说话习惯、客户打断、快递物流行业的专用术语等一系列的问题后，智能机器人下单也得到了良好的应用效果，第一期的智能机器人下单成功率达到了 80%。

在智能机器人下单的场景得到了预期的效果之后，圆通在快递咨询、快递催件、查网点、查费用和查电话等新的 13 个应用场景里继续突破。快递行业会有一些专业术语如"催件"，如果机器人以通用的语言去理解，有可能是歌手"崔健"。在这个过程中圆通形成了自有的业务知识库、话术库、对话管理和录音库等技术能力，让机器人服务客户的时候能够像人一样思考、登记工单、安抚客户和解决客户的问题。圆通通过大数据不断训练机器人，让通用领域的语音机器人变成快递物流行业垂直领域技术领先、客户体验为主导的真正的智能机器人。

2018 年 9 月 6 日，圆通智能语音客服第一次正式上线，接到了来自杭州客户的第一通下单电话。语音机器人圆满完成了下单任务，从客户的反馈来看，对于此次服务非常满意。

截至 2019 年年底，圆通智能语音客服实现从 IVR 导航到查询催件、全年平均每日接待客户量不低于 200 000 次，客户满意度（由机器人解决问题后的客户满意度反馈）不低于 80%。客户的服务时间由每日早上 8 点至晚上 9 点延伸至全天候服务。2019 年双十一大促销期间，智能语音客服节省了圆通大量的人工，高峰期当天智能语音客服接待近 90

万通电话。另外，智能语音客服能够灵活切换话术，通过甜美的声音和高峰期场景的安抚话术，为圆通实现客户体验为导向的目标添一把力。

资料来源：李东红，曹珊珊.圆通速递：用人工智能代替传统客服 [J].清华管理评论，2020，（12）：120-126.

8.3 数据库营销

8.3.1 数据库营销的概念

数据库营销（database marketing service）是在 IT、互联网与数据库技术的基础上逐渐兴起和成熟起来的一种市场营销推广手段，在企业市场营销行为中具备广阔的发展前景。它不仅仅是一种营销方法、工具、技术和平台，更重要的是一种企业经营理念。从全球来看，数据库营销作为市场营销的一种形式，正越来越受到企业管理者的青睐，在维系顾客、提高销售额中扮演着越来越重要的作用。

数据库营销是指企业在收集和积累顾客信息的基础上，建立一个数据库系统，通过对该系统中数据的分析，以识别对某类营销活动或产品感兴趣的目标客户，再对目标客户进行关系维护与深度挖掘，预测顾客的需求情况，精确定位市场，以开展有针对性的市场推广活动，帮助企业达到最终的营销目的。

数据库营销具有以下几个特点：①顾客是整个营销活动的中心；②一对一的直接媒体沟通方式便于与顾客更好地交流；③提供的数据分析功能能够帮助企业制定更好的营销策略；④营销流程允许动态循环和持续改进；⑤综合投资收益率较高。

小案例　　　　　　　　　　**麦当劳数据库营销**

快餐行业的顾客流失非常快，你在大学的时候可能会去吃快餐，但是等有一些生活经验之后会发现一个星期吃 10 次快餐并不是一个十分有益健康的选择。这就是麦当劳为什么时时刻刻地需要增加新的消费者，因为它已有的消费者在经过一段时间之后就逐渐地流失，所以要不断地大量补充消费者，并且让这些消费者持续消费一段时间，以保持麦当劳的收入。麦当劳在中国有一个非常创意的举动，它利用手机短信，并结合了世界杯的最新消息，来吸引消费者不仅仅是吃快餐，而且是吃麦当劳的快餐。

在上海，麦当劳每月总共发出 15 万条以上的手机短信，它的短信是非常有针对性的，它只是针对它的目标客户，并且是在正确的地方、合适的时间、合适的场合，把这个手机短信送到消费者手中。这种方法的效果非常好，这种短信的促销回应率有 12%，这比传统的只有 1%～3% 或者 3%～5% 的直接促销回应率有很大的提高。这就是麦当劳做过的最为有效、最为成功的一个营销活动，为麦当劳获得了新的消费者。

资料来源：赵明兰.麦当劳在中国的营销谋略分析 [J].技术与市场，2009，16（4）：34.

8.3.2　数据库营销的作用

目前，数据库营销活动在全球范围内开展，它在维系顾客、提高企业销售额中的角色越来越重要，并受到越来越多企业管理者的青睐。与传统的营销方式相比，数据库营销的作用主要体现在以下几个方面。

（1）对目标消费群的定位比较准确。数据库营销作为一个全新的营销理念，能够在市场细分趋势的影响下，根据顾客的特点及消费模式，对顾客进行归类。此外，随着各种计算机技术与数据库技术作为辅助工具得到极大发展，企业可将更多的精力集中在对目标消费群的特征分析方面，从而实现对目标消费群的准确定位。

（2）及时发现新的市场机会。利用数据库营销手段还可以对市场进行探测，从中发现新的市场机会，为顾客提供新产品和新服务。在数据库营销活动中，营销者首先需要建立一个顾客数据库，从中获取一个发展可控的研究样本；其次需要营销者对特定的顾客群进行调查和观察，追踪其需求和欲望，从中发现新机会。同时，营销者还需要通过交流，从顾客的反应中获得解决顾客问题的新产品与新服务。

（3）与顾客建立长期的关系。利用顾客数据库中的信息，企业营销者可以将其与当前市场上流行的信息相结合，制定一个全新的策略，使消费者忠实于该企业的产品和服务，从而成为企业的长期用户。

例如，某个航空公司的数据库中储存了 80 万乘客的相关资料，该公司管理者根据对资料分析得到的结果：这些乘客平均每人每年要搭乘本公司的航班多达 13 次，占公司总营业额的 65%，在其每一次的促销宣传活动过程中，都会将他们作为主要对象，并不断听取他们的意见来改进服务质量，以满足其需求，使他们成为长期、稳定的客户。数据库营销实现了营销模式从传统营销的 4P 向现代营销 4C 的转变，它能够在最恰当的时机，用最适宜的方式将信息传达给顾客，有效地赢取顾客的满意，从而建立品牌忠诚度，增加企业利润，使企业在纷繁复杂的市场环境中脱颖而出。

8.3.3　数据库营销的过程

数据库营销的过程如图 8-3 所示。

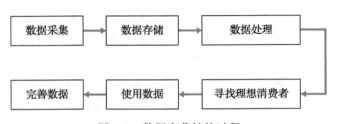

图 8-3　数据库营销的过程

资料来源：史达 . 网络营销 [M]. 3 版 . 大连：东北财经大学出版社，2013.

（1）**数据采集。**数据采集是数据库营销的基础。目前有专门的数据公司收集、整合和分析各类客户的数据和客户属性，此类公司与政府及拥有大量数据的相关行业和机构有着良好而密切的合作关系，企业可根据自己的需要购买其基础数据；另外信用卡公司、专业调查公司、消费者研究公司、通信公司、航空公司、金融机构、旅行社、寻呼公司、杂志和报纸也是数据采集的合作单位；官方人口普查数据，如公安户政部门的户政数据、税务机关的纳税信息、社保部门的社会保险信息等都有助于丰富客户数据列表；还有一些目录营销与直复营销组织，这类组织直接给消费者打电话或邮寄产品目录。只要有合适的价格或合理的目的安排，许多这样的公司都愿意分享它们的数据列表。

（2）数据存储。将收集的数据，以消费者为基本单元，逐一输入电脑，建立起消费者数据库。

（3）数据处理。运用先进统计技术，利用计算机把不同的数据综合为有条理的数据库，然后在强有力的各种软件支持下，产生产品开发部门、营销部门、公共关系部门所需的各种详细数据库。

（4）寻找理想消费者。根据经验以及研究成果设定消费者的变量，如兴趣、收入、年龄等，在此基础上确立消费者购买模型，通过数据挖掘将目标消费者分类，如有的单位根据与变量的契合度将消费者按照 ABC 分级，A 类消费者为最有可能的消费者。

（5）使用数据。数据可以用于多个方面，如确定购物优惠券价值目标，决定该送给哪些顾客；开发什么样的新产品；根据消费者特性，如何制作广告比较有效；根据消费记录判定消费者消费档次和品牌忠诚度。

（6）完善数据。随着以产品开发为中心的消费者俱乐部，优惠券反馈，抽奖销售活动记录及其他促销活动而收集来的信息不断增加和完善，数据将不断得到更新，从而及时反映消费者的变化趋势，使数据库适应企业经营需要。

8.3.4　数据库营销策略

数据库营销，有几种运营方式，根据企业所处行业不同、企业产品生命周期不同、企业经营战略与经营策略的不同阶段，可以为企业量身定制一个合适的运营方式。

（1）基础运营方式。无论企业有任何不同情况，只要希望在市场上有所作为就都应该实施的运营方式是基础运营方式。基础运营方式，是指企业建设自己的数据库营销运营平台，对企业自身已有数据进行集中管理，通过自身网站获取潜在目标客户，通过一系列的数据库营销策略开展数据库营销，与目标客户建立起通向信任与忠诚的互动关系，为企业创造出长期的商业价值。

（2）数据租赁运营方式。这种运营方式是利用专业的数据库营销公司提供的潜在目标客户数据，向潜在目标客户投递品牌信息或者产品信息广告，实现精准营销的广告投放效果。这种运营方式，也是企业重要的、需要长期执行的数据库营销策略。通过数据租赁这种运营方式，企业可以获取精准的目标客户对企业品牌与产品的关注，为建立客户关系、销售线索挖掘、品牌推广等市场行为提供较好的投资收益率。

（3）数据购买运营方式。这种运营方式通过一系列的、符合法律程序的形式获取潜在目标客户数据，企业通过自己的数据库营销部门开展数据库营销，这种运营方式一般要和基础运营方式匹配使用。这种方式的效果，很大程度上要依赖两个因素。一是基础运营方式中是否搭建适合企业的数据库营销平台，二是企业是否已经建立了数据库营销运营机制以及是否已经具备了数据库营销所要求的人力资源条件。

总之，三种数据库运营方式的配合使用是企业通向成功的重要因素。

8.3.5　数据库营销的工具

企业如何将分析出来适合客户的产品、服务等信息发给客户呢？在新媒体时代的引领和发展下，以下三种工具更适合企业选择，并借此向客户发布营销内容。

1. 基于微信的营销

企业可以基于微信平台发布营销内容。因为微信是一款跨平台的通信工具，支持单人、多人参与，目前使用率已经超过了 QQ。而且随着微信的普及，微信群也是越来越多，像工作群、家人群、朋友群、学习群、活动群、同城群等，客户花在微信朋友圈和微信群中的时间将变得越来越长，企业想做好微信营销，就必须要了解更多微信的使用技巧和功能利用，提高基于微信平台发布的数据库营销效率。

2. 基于手机短信的营销

现在越来越多的工作、学习、娱乐都在手机上完成，客户也最爱使用手机，所以手机短信依然是很多企业喜欢的发布工具。现在短信的群发已经做得非常人性化，可以直接称呼客户的名字，就像一对一沟通一样，让客户感受到"我就是企业客服此时唯一的沟通对象"，也较好地实现了企业一直秉承的"客户是上帝，上帝是唯一"的理念。

3. 基于微博的营销

"随时随地发现新鲜事！"是新浪微博 App 开屏的广告语，是的，很多客户都喜欢刷微博，因为可以随时随地了解最新热点和新闻，微博的私发消息、微博群的搭建使用都是企业不可放弃的与客户沟通的窗口，基于微博的营销也是企业的优质选择。

8.3.6　实现数据库营销系统的关键技术

1. 实现数据库营销的关键技术

数据库营销是运用收集到的数据预测用户未来购买行为，成功实现数据库营销系统的关键在于三方面组件的集成：一是存储在数据仓库或数据处理机中的事实数据；二是数据挖掘技术，在数据库或数据仓库中寻找有价值的隐藏事件，使用统计技术或预测模型工具对数据进行分析，将有意义的信息归纳成结构模式，供企业决策时参考；三是功能强大的展示工具。

首先，要把营销过程中需要的数据建成一个数据库，为了便于对具体以及过去的数据进行分析，一般建立一个数据仓库。按照数据仓库之父恩门的描述，数据仓库是一个面向主题的、集成的、相对稳定的、反映历史变化的数据集合，用于支持管理决策。

整个数据仓库系统是一个包含四个层次的体系结构，具体如图 8-4 所示。下面对图 8-4 中的部分组件进行介绍：

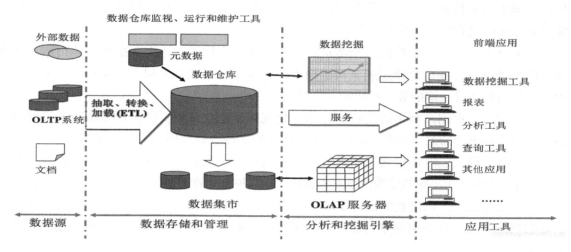

图 8-4　数据仓库系统

资料来源：陈平，王利钢. 浅谈实现数据库营销系统的关键技术 [J]. 电脑知识与技术：学术版，2010，6（5）：2.

数据源：数据仓库系统的基础，是整个系统的数据源泉，通常包括企业内外部信息。这些信息可以是存放在关系数据库中的数据，也可以是文档数据。

数据存储与管理：整个数据仓库系统的核心。针对现有各业务系统的数据，进行抽取、清理，并有效集成，按照主题进行组织。数据仓库按照数据的覆盖范围可以分为企业级数据仓库和部门级数据仓库（通常称为数据集市）。

分析和挖掘引擎：OLAP 服务器对分析需要的数据进行有效集成，按多维模型予以组织，以便进行多角度、多层次的分析，并发现趋势。其具体实现可以分为：ROLAP、MOLAP 和 HOLAP。ROLAP 基本数据和聚合数据均存放在 RDBMS 之中；MOLAP 基本数据和聚合数据均存放于多维数据库中；HOLAP 基本数据存放于 RDBMS 之中，聚合数据存放于多维数据库中。

应用工具：主要包括各种报表工具、查询工具、数据分析工具、数据挖掘工具以及各种基于数据仓库或数据集市的应用开发工具。其中数据分析工具主要针对 OLAP 服务器，报表工具、数据挖掘工具主要针对数据仓库。

2. 使用数据挖掘技术分析数据

数据挖掘（data mining）是从大量的、不完全的、有噪声的、模糊的、随机的数据中提取隐含在其中的、人们事先不知道的但又是潜在有用的信息和知识的过程。其主要任务是关联分析、聚类分析、分类、预测、时序模式和偏差分析等。

（1）关联分析。数据关联是数据库中存在的一类重要的、可被发现的知识。关联分析目的是找出数据库中隐藏的关联网。一般用支持度和可信度两个变量来度量关联规则的相关性。

（2）聚类分析。聚类是把数据按照相似性归纳成若干类别，同一类中的数据彼此相似，不同类中的数据相异。聚类分析可以建立宏观的概念，发现数据的分布模式以及可能的数据属性之间的相互关系。

（3）分类。分类就是找出一个类别的概念描述，它代表了这类数据的整体信息，即该类的内涵描述，并用这种描述来构造模型，一般用规则或决策树模式表示。分类是利用训练数据集通过一定的算法而求得分类规则。

（4）预测。预测是利用历史数据找出变化规律，建立模型，并由此模型对未来数据的种类及特征进行预测。预测关心的是精度和不确定性，通常用预测方差来度量。

（5）时序模式。时序模式是指通过时间序列搜索出的重复发生概率较高的模式。与回归一样，它也是用已知的数据预测未来的值，但这些数据的区别是变量所处时间的不同。

（6）偏差分析。在偏差中包括很多有用的知识，数据库中的数据存在很多异常情况，发现数据库中数据存在的异常情况是非常重要的。偏差检验的基本方法就是寻找观察结果与参照之间的差别。

数据挖掘的主要流程是：定义问题、数据准备、数据挖掘、结果分析、知识的运用。用于挖掘的对象有关系数据库、面向对象数据库、数据仓库、文本数据源、多媒体数据库、空间数据库、时态数据库、异质数据库以及互联网等。目前，常用的数据挖掘有：神经网络方法、遗传算法、决策树方法、粗集方法、统计分析方法等。

8.4　数字营销

8.4.1　数字营销的概念

数字营销是一种借助网络技术、计算机技术、多媒体技术以及交互技术等数字化手段达到营销目的的营销手段。数字营销追求的是最大程度地利用计算机技术，高效地开拓市场和挖掘消费者需求。数字营销能够借助微博、短视频、微信、邮件等数字化多媒体方式，对目标用户实现精准化营销。总体而言，数字营销是一类偏向于由技术驱动的营销。归根到底，数字营销是依托数字技术实现的营销形式，其内涵和外延与对应阶段的数字技术发展相关。有关数字营销的定义有着广泛探讨，但一直未能形成共识。国际数字营销协会将数字营销定义为：运用数字技术，创造一个整合的、有目标的、可测量的传播，通过传播可以获取、保持客户，建立深层的关系。美国市场营销协会将数字营销定义为：由数字技术驱动的，能够创造、传播、交付价值给消费者和其他利益相关人的所有活动、机制和过程的总称。进一步讲，数字营销也可理解为一种借助网络技术、计算机技术、多媒体技术、交互技术等数字化手段达到营销目的的营销手段。

数字营销属于一种高层次的营销形式，通过数字营销实现了精准化、可量化以及数据化的市场营销，使用数字营销进行市场营销能够有效提升营销效率和质量。因此，要尽可能多地将大数据技术以及人工智能技术等先进信息技术应用到市场营销中，实现数字化营销，从而可以最节约成本、最有效和最高效的方式，进行市场开拓。数字营销具有低营销成本、可定制化、高时效性、用户关联性高等优点，促进了商家和消费者更好地沟通。从实现途径上看，数字营销主要有三大类：一是利用基于数字技术的传统大众媒体如数字电视进行的营销；二是利用基于互联网技术与数字技术的网络媒体进行的营销；三是利用基于移动通信网络的手机媒体、移动车载电视等进行的营销。

从数字营销的外延来看，需要进一步厘清数字营销与网络营销、社会化媒体营销、大数据营销的区别。

1. 数字营销与网络营销

网络营销指的是以现代营销理论为基础，借助网络、通信和数字媒体技术等实现营销目标的商务活动。为用户创造价值是网络营销的核心思想，基于互联网工具的各种方法是开展网络营销的基本手段。数字营销与网络营销相似之处在于凭借对于互联网及通信技术的运用，致力于虚拟环境下的销售目标达成。但不同之处在于，网络营销更强调网络场景下的消费促进，例如广告投放、竞价排名等，主要服务于产品、服务的销售与推广；而数字营销则在此基础之上，强调对于客户数据平台、广告监测、数据采集与分析等方面的构建。

2. 数字营销与社会化媒体营销

社会化媒体营销是利用社会化网络、在线社区、博客、百科或者其他互联网协作平台媒体来进行营销、公共关系和客户服务维护开拓的一种方式。今天，类似借助于短视频、微信、社群等形式的营销活动变得越发普及与流行。社会化媒体营销突出的是社交、互动与传播，是通过社交化场景来达成营销目的。数字营销则更为关注对于社交场景中所积累的数据与信息的加工、处理、分析与应用，关注的是信息的精准触达与匹配，进而实现营销目的。社会化媒体营销较大程度上是包含于数字营销整个框架体系内的，数字营销为其提供了各类营销活动开展的基础性支撑。

3. 数字营销与大数据营销

大数据营销是利用大数据技术从具有低价值密度的海量数据集合中，深度挖掘、准确分析，进而获得巨大的商业价值。具体来说，就是在市场营销领域中利用大数据技术对可用的、不断增长的、不断变化的、不同来源的（传统的和数字渠道）、多种形式（结构化和非结构化数据）的海量数据，进行收集、分析和执行，以鼓励客户参与、提高营销效果和衡量内部责任的过程。大数据营销突出的是对于模型、算法与工具的综合运用，与数字营销有着较多交叉与重合。但数字营销本身并不局限于相关数据挖掘、分析与运用，这仅是其一部分功能体现，数字营销相较于大数据而言有着更为广泛的外延。但两者之间的相似之处是均意识到数据、算法的价值，并在实践中加以运用，构建自身独特性。

小案例　　　　　　　　　　大数据技术和人工智能在数字营销中的应用

为研究大数据技术和人工智能技术在数字营销中的有效应用，以某奶茶店为例，构建分群模型对数字营销进行研究和分析。分群模型主要由四种算法构成，分别为 K-means 聚类算法、决策树算法、帕累托比率算法以及 RFM 模型算法。首先，使用 K-means 聚类算法主要将物理项目或者抽象项目分组到相似项类中，并进行分析找出 K 簇，此过程需要保证每个簇中彼此相似又互不相同。其次，决策树算法为一种更加具有说服力的数据类算法，使用决策树能够对数据进行快速开发和计算，因此算法效率更高。本文主要使用的决策树为一种数据库分割式的决策树，该决策树又被称为卡方自动交互检测决策树。再次，帕累托比率算法认为 80% 的效应来源于 20% 的缘由，学术界常使用这一算法来对大量事实进行阐述，同时也是商业中最常使用的经验法则。比如，通过观察企业家和经理的市场分布情况，可以说明 80% 的利润主要来自 20% 的客户。最后，RFM 模型算法被大量用在客户身价评估中，使用 RFM 模型算法能够构建精确的客观变量，从而可保证研究的精确性。本文所采用的决策模型包括三个部分，分别为数据准备部分、客户分类部分以及决策实施部分。首先进行数据准备，将 3 420 个客户作为本次案例的目标客户。数据收集完毕后，使用聚类算法对收集到的数据进行分析和分类，得出结果。其次使用 CHAID 决策树算法找出订单数较多的客户，同时使用帕累托比率算法对所有客户的价值进行分析和分类。最后使用响应模型对客户的后续奶茶购买行为进行预测，得出预测结果，进而做出后续的决策。

通过使用智能化的数据开发技术，并以 CDP 作为数据源平台，能对奶茶销售情况进行多维度的收集，经过对采集来的数据进行分析和研究，能够挖掘出价值较高的三类客户，分别为奶茶店附近大学生、奶茶店附近单位工作人员以及节假日出行游玩的客户群体。此后，根据研究结果，可对不同客户群体制定不同的营销策略，为客户提供特定的服务，有效提升客户满意度。例如制定的措施可以用到程序化广告定向投放、短信群发以及电子邮件营销等。

资料来源：王佳. 人工智能及大数据技术在数字营销中的应用研究 [J]. 营销界，2021，（1）：173-174.

8.4.2　数字营销的特征

1. 交互性

在数字营销中，社交媒体的平等、即时、多元沟通等特性促成了双向粉丝的出现，即亲身消费与体验产品，同时也进行口碑传播的"营销者"，而他们正是连接消费者与品牌间的关键点，每一次双向粉丝的传播都可能影响潜在消费者的评价与判断。数字营销促进了顾客和企业之间、顾客与顾客之间的交互关系建立，有利于企业发现潜在消费者，从而产生联结。因此，人工智能技术和大数据技术的发展，使得企业能够更加充分地了解用户，提升对用户的服务质量，同时还可以不断完善企业自身在用户心中的形象。通过对每个用户的行为记录，利用智能化技术对每个用户进行"画像"。以用户的行为数据为基础，结合人工智能、大数据等技术，挖掘这些行为数据背后潜在的行为活动，让营销人员更加有的放矢。利用人工智能和大数据技术，分析预测用户的未来行为轨迹，不断丰富用户"画像"进而与用户产生共鸣，既可以加深用户对于企业的认知度，又可以达到提升营销效率的效果。

2. 动态化

在数字营销世界，"SoLoMo"这个概念出现，用以形容 Social、Local、Mobile（社交、本地、移动）三大技术在催生大批新兴互联网公司、驱动新一轮互联网繁荣的巨大影响。这意味着营销场域从 POS 机刷卡到移动设备支付、从货架转向屏幕的转变，实时、动态、移动的营销网络建立有助于快速、明确、针对性吸引顾客。传统营销大多具有静态、固定化的特征，数字营销则相反，多元化传播平台与丰富的传播方式使其具有动态化特性。当前，消费者正蜂拥进入与使用动态性传播平台，并设法避开任何单向且静止的沟通渠道，双向且平等的交流才是顾客的真正需求。

3. 数据化

随着人工智能技术和大数据技术的快速发展，企业将大数据技术和人工智能技术应用到营销工作中。数字营销行业使用人工智能技术，能够对每个用户的行为数据进行记录，同时还能对用户的需求以及消费行为进行分析，最终可为用户提供更加完善的服务。数字营销引发的革命性变革，首先体现在营销者可基于大数据分析来制定营销策略。基于数据的支持，营销方案制订和优化更依赖于利用云软件和云计算。企业通过对海量数据的挖掘与分析，进一步实现对用户更加精准的行为分析，从而实现更加精准的个性化一对一营销。数字营销的精准定位与投放是基于大数据的开发与利用。迪士尼智能系统"MyMagic+"为其实时收集每个年度数以百万计的乐园游客的个人数据，追踪与记录他们的旅游路线，分析其消费方式与饮食习惯，使用远程传感器跟踪游客在乐园内的行走路径。

4. 与用户一起创造和共享内容

数字营销更突出地体现在将和用户一起创造和共享内容，数字营销会逐渐完成以用户为中心的商业运作模式的转型。个性化体验将是决定企业成败的最关键因素之一。数字营销的核心竞争力已经从现在比拼创意的"外功"逐渐深入到数据管理和内部转型的"内功"。数字营销部门将更多地开始和市场、销售部门的跨部门合作，实现数字营销与企业内部的销售和客户管理管理系统的流程优化和数据的对接，通过对消费者视觉、听觉及行为的刺激，使消费者能获得真实的感受。创意在传播的过程中产生，营销也在传播的过程中完成，创意、传播、销售在数字营销中协同并行，以此影响消费者的购买行为和购买决策。

⊙ 小资料　　　**Unity 收购以色列人工智能 3D 扫描公司 RestAR，助力数字营销**

近日，实时 3D 内容创作和运营平台 Unity 宣布收购总部位于以色列特拉维夫的计算机视觉和深度学习公司 RestAR。该公司的技术让时尚品牌、线上零售商和市场营销人员只需使用移动设备即可对产品进行高质量的 3D 扫描和渲染。RestAR 能够为任何产品或实体创建 3D 数字孪生体，与 Unity 最新推出的数字营销产品解决方案 UnityForma 结合使用，将进一步释放市场营销人员使用交互式实时 3D 技术的潜能。

Unity 全球资深副总裁、Create Solutions 总经理 Dave Rhodes 表示："通过收购 RestAR，Unity 可以让数字营销的门槛进一步降低，延伸至几乎所有产品，让品牌、零售商和消费者从中获益。这种曾经只有大型制造商和消费品公司才能使用的技术，如今任何规模的企业都可以应用，以更切实有效的方式营销他们的产品。"

资料来源：https://www.sohu.com/a/438583211_395737.

8.4.3　数字营销策略

1. 加强顾客关系的规划管理

用户体验是数字营销非常关键的一环，应把用户体验和顾客关系放在数字营销的中心地位。无论是小程序，还是网页，它们的好用程度、便携程度，都是吸引消费者的关键。在数字营销的互动评估中，可以用定性、定量调查方法去配合测试，掌握用户的动机、态度和行为，从而规划出一套总体的数字营销策略，然后再执行内容营销的方案以及交互体验设计等具体策略。在数字营销中，企业交互体验团队应关注和掌握网络平台的兴起和流行趋势，实时更新用户体验，追求用户使用数字营销设备的便携性，保持不同终端设备和媒体与品牌信息体验的一致性。

2. 增加客户的认知与培训

在数字营销模式中，广告主建立基础数字技能，需要更系统、更有针对性的培训，不仅可以很大幅度减少广告主与代理商之间的沟通成本，也可以让数字营销不再被当作是独立于传播策略的营销武器，尽可能发挥其效用，实现共赢。为了帮助企业品牌成长，广告公司在数字化转型过程中，不能只是服务客户，还要不断提供从长远目光考虑的数字营销的培训和研讨，如怎么做跨屏营销、如何做品类的全貌与分析、如何去进行品牌铺设等。目前，数字营销市场需求的增长速度比广告主数字化转型的速度快。如果广告主能去补充学习数字营销的基础知识，他们就能通过评估代理商专业技能，去判断代理商选择使用的工具、策略方案、广告创意是否匹配，促使数字媒体和传统媒体最终达到统一。许多广告主过分关注广告投放带来的实际利益，忽略了数据背后的信息分析。作为数字营销者应将数字营销与整个传播蓝图契合，从而产生更好的数字传播回报。

3. 提升数据洞察的有效性

在数字营销中，数据洞察的有效性非常关键。如果想拍视频广告，在电影里植入自己的广告，登上地铁车厢看板海报，在电商平台直播互动，使用小程序游戏、搜索引擎优化、抖音视频等，都离不开对数据的洞察和理解。数字营销者或广告代理商应分析品牌的真正需求和存在的问题，形成一套可以作为商业行为的战略模式。最关键的，就是对目标受众本身的分析。要知道市场真正的需求以及谁才是真正的有消费力的客户，什么样的市场可以带来最多的影响力。

对数字营销活动的传播广度、深度、有效性进行测量，才能对执行落地的广告活动进行标准化的评价。比如，企业的代理商执行广告活动后与去年的销售增长额的对比，是增加还是减少，店铺新增了多少粉丝，客均价值是不是有变化，有没有还未被发现的需求等。目标受众的评估包括行为改变和情感改变两个方面。行为改变通过店铺的粉丝数量、潜在消费者的下单转化率、商品详情页的浏览量和浏览人数、店铺产品的评论等来测算。情感改变是用第三方机构的研究报告方案、市场调研、意见领袖的推荐、品牌背书、产品的品牌铺设和特定的产品属性在占领消费者心智的重要性以及高质量的流量曝光等来测算。

4. 线上线下一体化，触点和渠道合一

传统营销时代，企业非常关注渠道的选择，那么数字营销时代，渠道也同样重要。首先，单渠道的营销模式早已落后于时代的发展。未来线下线上渠道在协同发展的基础上，边界会更加模糊，并相互渗透融为一体，从而满足消费者的综合体验需求。另外，企业在关注如何获取更多与消费者接触的触点的同时，需要意识到渠道也会成为触点的一部分，并渐渐合二为一。也就是说，企业和消费者互动的触点，可以作为购买触点，也可以成为直接的销售渠道。例如，越来越多的企业选择入驻微信、微博、小红书、抖音、B 站等，从刚开始单一的社交与媒体平台，逐渐向品牌传播、用户沟通与互动、销售与售后一体的销售平台延伸。消费者可以在任何时间、任何地点不受限制地通过线上、线下或者并存或双跳的方式获取企业品牌、产品、价格、口碑等信息，这将打破现有线下实体店、线上网点的单行单选的现状。

5. 构建优质内容驱动以及全面触达用户的全链营销

在如今信息碎片化时代，优质内容是争夺用户注意力的性价比最高的载体，具有获取新客户、留存老客户、品牌建设与提升的诸多功能。企业在具备优质内容生产的能力上，还要占领流量入口，在用户搜索相关关键词的时候，品牌的内容需要适时、适当、恰到好处地出现，获取用户注意力，占据用户时间，从而为品牌提供多个营销触点和转化空间。全链营销是解决用户触点碎片化的有效方案，企业可结合目标消费者数据，覆盖消费者购物的全链条形成一个闭环，可以让商家在多个触点和消费者连接，进而有效地设计用户路径，在各个触点上选择合适的时间，用合适的内容对消费者施加影响，从而达成消费转化。例如，京东营销 360 就推出了全链营销，做到覆盖消费者购物的全链条。从消费者的角度来看，包含决策、筛选比价、购买、售后体现的全流程；从企业的角度来看，是基于大数据平台进行了目标人群精准识别、有效触达、高效转达的全链路，

为新营销时代的增长提供了一个新的解决方案。

本章小结

在人工智能的影响下，企业的自动化促销、客户服务、数据库营销、数字营销呈现出新的特征和影响，极大地提升了促销活动的自动化水平和智能化水平，改进了企业促销的效率和效果，同时也提升了用户体验。

自动化促销通过软件和技术，简化、自动化促销任务与流程，把促销过程中本来需要人工执行的策略，譬如邮件营销、社交媒体发文、广告投放及短信群发等，用机器来进行自动化的配置和重复提升促销线索全生命周期管理自动化水平，并使促销的投资收益率易于衡量，最终推动企业促销工作加速。自动化促销能节约时间和提升人效，创造更佳用户体验，使得营销人员能在正确的时间以正确的信息接触正确的受众，并且通过一站式自动化促销平台提高促销效率。自动化促销的应用方式包括全渠道获客、用户信息集成、个性化促销管理、数据分析、自动化客户沟通工具。自动化促销策略包括准确识别客户数据平台的客户行为、寻找触达消费者的最佳时机、设计最合适的促销活动和内容。

人工智能客户服务是客户与企业基于计算机信息和互联网技术的飞速发展，企业借助以自然语言处理、语音识别技术为主的人工智能技术构建的自动化客服系统，通过网络、语音、短信等在线渠道与客户实现智能化人机交互。人工智能客户服务具有人性化、智能化、在线化、平台化的特点。智能客服机器人是以自然语音理解、自然语义处理和人机交互等人工智能技术为基础，通过赋予智能客服机器人自然语言处理技术、自动回复用户信息系统等技术，使其拥有处理大规模知识、理解用户需求，从而实现自动应答的能力，它也通过电话、即时通信、网络和短信等渠道，以拟人化方式与用户进行实时交互。智能客服机器人由前端交互服务、智能引擎服务、后台管理服务构成。基于大数据的人工智能客户服务主要分为以自然语言处理技术作为重点技术、以知识映射技术作为辅助技术的问答模块，以用户画像创建为重点的特殊化知识库模块以及依托于机器学习的更新管理模块。

数据库营销是指企业在收集和积累顾客信息的基础上，建立一个数据库系统，通过对该系统中数据的分析，以识别对某类营销活动或产品感兴趣的目标客户，再对目标客户进行关系维护与深度挖掘，预测顾客的需求情况，精确定位市场，以开展有针对性的市场推广活动，帮助企业达到最终的营销目的。数据库营销的过程包括数据采集、数据存储、数据处理、寻找理想消费者、使用数据、完善数据。数据库营销策略有基础运营方式、数据租赁运营方式、数据购买运营方式。数据库营销的工具有基于微信的营销、基于手机短信的营销、基于微博的营销。成功实现数据库营销系统的关键在于三方面组件的集成：一是存储在数据仓库或数据处理机中的事实数据；二是数据挖掘技术，在数据库或数据仓库中寻找有价值的隐藏事件，使用统计技术或预测模型工具对数据进行分析，将有意义的信息归纳成结构模式，供企业决策时参考；三是功能强大的展示工具。

将大数据技术以及人工智能技术等先进信息技术应用到市场营销中，实现数字化营销，从而可以最节约成本、最有效和最高效的方式，进行市场开拓。数字营销的特征有交互性、动态化、数据化，与用户一起创造和共享内容。数字营销策略包括加强顾客关系的规划管理，增加客户的认知与培训，提升数据洞察的有效性，线上线下一体化、触点和渠道合一，构建优质内容驱动以及全面触达用户的全链营销。

关键名词

自动化促销　客户服务　社交媒体　用户体验　人工智能客服　智能客服机器人　数据库营销　数据仓库　数据挖掘　数字营销

章末案例

汽车企业数字营销发展趋势

2020 年以来，受新冠疫情影响，中国汽车市场面临更加严峻的挑战。随着 VR 展厅、线上发布会、云车展、电商直播带货的兴起，各大厂商集中数字端蓬勃发展，汽车营销数字化转型已成为顺应社会经济发展潮流的必然选择。聚焦汽车营销战略和行动，现阶段中国汽车数字营销呈现如下四大发展趋势。

一是强调"年轻化"，直播异军突起，场景化内容营销持续有效。

春节以来，随着短视频和直播的迅猛发展，字节跳动、快手等媒体平台先行启动大规模推广"星火燎原计划"，帮助汽车品牌从脚本编撰、场景搭建到一对一针对性辅导等全流程系统组织培养经销商开展线上直播。

此后出现的易车、汽车之家等垂直平台逐渐形成以销售转化为目标，"专家＋网红＋销售"为团队的标准直播模式。配合"复产复工"，淘宝、小红书、京东、苏宁等电商平台积极响应国家号召，广泛开展直播带货，"国潮节""上海市五五购物节""618 网购狂欢节"等各类网络活动频繁发起。

全新路虎发现者运动版上市连续直播 30 小时，刷新直播纪录；凯迪拉克 CT4 上市，关晓彤、李佳琦、袁姗姗等网红及明星直播，销量陡增；罗永浩首次带货汽车品类的哈弗 F7 业绩显著；一汽大众由高管组团直播，更加贴近消费者；长城 WEY 品牌借势央视和天猫，吸引年轻消费者。各类创意直播展示了汽车品牌的营销实力，也体现了车企对全新营销手法的尝试和探索。

现阶段，直播已成为汽车品牌保证曝光度和为线下导流的有效手段，传播价值高于实际销售效益。字节系、淘宝等平台在原有产品基础上开发留资、微聊以及轻店模块，增加了线索收集及培育功能，销售功能显著优化；小红书、拼多多等在发挥自身产品优势基础上嫁接销售功能，开辟汽车广告空间；品牌纷纷打造由高管、员工、经销商销售顾问、车主、地区和行业网红组成的直播达人库，日常化直播和节点重要活动相结合，通过直播营销打通与年轻消费人群的有效交流通道，品牌和经销商的直播团队专业化能力正在逐步形成。

除了以年轻的方式与新一代消费者接触，各大品牌也关注到Z世代对体验的重视。无论线上线下，他们喜欢和自己品位贴合的产品和服务，重视熟人推荐，喜欢兴趣社群里与他人交流，不再迷信大牌，对新品牌的态度更加开放。传播去中心化、点对点交流、兴趣社群内影响力打造已成为汽车营销的新课题。鲜明的人设、契合的价值观、场景化内容营销、联合头部IP吸引客流将为汽车品牌的数字营销带来更多发展空间。

二是关注私域流量池建设，增加用户黏性，多触点布局，优化体验管理。

面对低迷的市场环境，车企利润逐年被摊薄，而广告及媒体服务费用开支持续走高，汽车市场获客成本不断增加。消费者关注点碎片化同样使吸引客流的难度增加，收集线索付出越来越多，效果却不尽如人意，无效线索约占到线索总量的30%～40%。广告宣传投入的增加并未带来产品溢价的上升，车企现有获客模式难以为继。

数字化升级推动了车企和用户连接方式的转变。经销商店内面对面直接沟通一般不再是品牌和用户的第一次接触。参与线上活动，话题互动，关注微博、直播账号，到访车展展台，数字技术将记录和标签化存储信息以便于深层次了解和捕捉用户可能的需求，进而推荐服务，满足用户的个性化需求，以优良的体验打造用户忠诚。为此车企需要数字端、车辆端、终端三端联动，建立涵盖线上、线下、公域、私域的全触点运营矩阵，将大量线下场景通过数字技术转移到线上，通过数据追踪分析，强化管理，保证用户获得良好体验，并通过社交平台形成社交裂变。识别关键触点用户行为差别，可以帮助经销商有针对性地重点提升，制造服务记忆点，优化盈利模式，形成良性运营循环。

有别于门户网站、垂直平台、搜索引擎，汽车品牌近年来更着重打造官网、App、微信公众号、小程序以及电商旗舰店等自有线上平台，构建私域流量池。由于公域平台流量越来越贵又缺少话语权，车企更加注重私域平台的引流，通过运营、游客变成粉丝，成为品牌忠实客户。品牌根据私有线上平台定位，设计人设、策划活动，甚至出台专属政策维系与用户的关系，加深彼此了解，培养使用习惯，这些用户会成为品牌成长的参与者。如蔚来线上以App为核心平台，线下组织NIOhouse、NIO SPACE等粉丝和用户活动，吸引用户参与品牌建设，实现与用户的共创。

随着越来越多的用户沉淀，每个活跃的用户了解品牌，推荐品牌，以品牌为荣。这些用户将成为品牌的重要资产和发展动力。在原有经销商服务基础上，打通线上线下场景，为用户提供更加流畅的消费体验。语音转文字、数据标签热度分级、线索培育模型等诸多数字技术应用让用户在与每个品牌接触时产生老友重逢的愉悦感。

三是数字营销不再是某个部门的职责，而是整个企业运营模式的转型。

传统汽车品牌以产品为中心的营销模式很难捕捉到用户在使用产品中不断产生的新需求，更无法及时响应用户。随着消费升级，用户将提出各种个性化定制要求，此类汽车衍生服务的多元化需求，将促使主机厂转变自身定位，导入服务生态，真正以用户为导向，以需求促供给，建设全链条服务能力，创造价值，赢得新的利润增长点。

倾听和捕捉用户需求，需要与数字技术

深度结合，以数据形式采集用户需求，在系统中形成数据流，追踪可分析，并与第三方大数据库匹配创造性开发出更多应用可能性，增强产品营销与客户需求的黏性。随着产业数字化转型由单点应用向连续协同演进，数据集成，平台赋能成为推动产业数字化发展的关键。车企原有的服务于某一业务的客户关系管理系统、汽车经销商管理系统需要在数据层面实现整合，甚至重构，这种数字营销整体系统构建属于车企的新基建工作，承接车企整体发展战略目标，既要满足激烈竞争对数字能力提升的要求，又要结合企业的经济承受能力，因此对决策工作提出了更高要求。

当前，腾讯、阿里、甲骨文、腾云科技、数策等诸多数字化转型解决方案供应商兴起，助力车企形成多维度、全方位的用户洞察，实现精准高效的销售信息触达。在供应商的协助下，车企通过建设自己的数据中台，将原有的销售、售后、用户运营、二手车销售等多个系统的数据高效整合管理，快速实现连贯、高效的用户沟通服务。

在车企数字化转型过程中，建立与数字化升级相匹配的组织架构至关重要。战略和人力部门将会重新梳理各个业务流程及工作逻辑，深度变革企业运营模式，甚至颠覆长期不变的管理模式，这也为车企中各业务部门的工作提出了更高挑战。

四是随着大规模应用，数据成为企业的核心资产和重要的生产资料。

营销行动的数字化带来数据井喷式增长，数据的标准化采集、结构化分析应用及与人工智能的结合将加深车企对用户的了解。原本割裂的系统被重新构建，很多碎片化存在的数据由唯一识别码联通整合，运营业务中台、营销自动化、第三方大数据应用等将成倍提升车企的营销效率。未来，数据的规模、质量、处理能力将决定企业核心竞争力。

营销场景数字化建设和智能网联的发展可以实现车企全时在线，汽车将成为用户生活中的重要智能终端，座舱将成为车企专属营销场景。车辆行驶数据、用户行为数据等大容量存储，一定程度上增加了车企在未来智慧出行、智慧城市工程建设中的参与度和贡献度。车企以自身数字营销体系能力赋能经销商网络，为传统经销商创造全新营销场景和新的利润增长点。品牌汇总各渠道获客数据，分析对比，为经销商提供参照和改进方向；品牌通过 VR 展厅、邀请试驾、预约维修保养、一键救援、二手车价值评估等小程序结合特定场景为线下经销商导流并通过数据反馈分析，针对性改进流程；根据数据模型推荐服务，保有客户流失挽回等。

汇集海量数据，在应用中重塑模型，调优反馈逻辑，并与第三方大数据融合应用，数据在保证安全的前提下，作为生产资料，将在更广更深的维度提升精准营销能力，真正成为企业核心资产。

汽车品牌数字化转型无先例可循，仍在不断摸索中前行，大部分应用集中在销售端。随着营销创新的持续升级，数字技术将会引起深刻的社会变革，云计算、5G、自动驾驶的飞速发展，使数字技术与实体业务结合转型逐步深入到新车售后、二手车销售、金融、出行、智慧城市等领域，未来终将引领中国汽车行业进入高质量发展的全新阶段。鉴于移动互联网的蓬勃发展、消费者良好的使用习惯、开放的实验环境及借鉴其他行业经验等方面的优势，数字化转型成为中国汽车行业领先他国同行又一契机。汽车品牌应着眼长期趋势，加速企业向内纵深推进数字化转型，以保持和提升未来发展中的领先优势和竞争优势。

资料来源：韩雅娟.汽车企业数字营销发展趋势[J].互联网周刊，2020（12）：32-34.

案例思考

1. 传统企业制造企业如何实现数字化转型？
2. 汽车企业如何实施数字化营销，才能促进企业品牌升级？

 复习思考题

1. 什么是自动化促销？自动化促销有什么作用？
2. 什么是数据库营销？如何做好数据库营销？

3. 什么是数字营销？数字营销有哪些特征？
4. 谈谈你对人工智能背景下促销策略发展趋势的认识。

 本章实训

一、实训目的

1. 明晰人工智能背景下促销策略的基本概念与基本知识。
2. 通过实地调查，了解所在城市某一企业开展自动化促销、人工智能客户服务、数据库营销、数字营销的实际情况。
3. 锻炼调查收集资料、分析问题、团队协作、个人表达等能力。

二、实训内容

以小组为单位，深入所在城市的某一企业调查，收集这家企业的基本情况，以及开展自动化促销、人工智能客户服务、数据库营销和数字营销的成效与困扰，并提出该企业有效开展人工智能促销的建议。

三、实训组织

1. 指导教师布置实训项目，提示相关注意事项及要点。
2. 将班级成员分成若干小组，成员可以自由组合，也可以按学号顺序组合。小组人数划分视修课总人数而定。每组选出组长1名，发言代表1名。

3. 以小组为单位，选定拟调查的企业，制定调查提纲，深入企业调查收集资料。写成书面调查报告，制作课堂演示PPT。
4. 各小组发言代表在班级进行汇报演示，每组演示时间以不超过10分钟为宜。

四、实训步骤

1. 指导教师布置任务，指出实训要点、难点和注意事项。
2. 演示之前，小组发言代表对本组成员及其角色进行介绍陈述。演示结束后，征询本组成员是否要补充发言。
3. 由各组组长组成评审团，对各组演示进行评分。其中，演示内容30分，发言者语言表达及台风展现能力10分，PPT效果10分。评审团成员对各组所评出成绩取平均值作为该组的评审评分。
4. 教师进行最后总结及点评，并为各组实训结果打分，教师评分满分为50分。
5. 各组的评审评分加上教师的总结评分作为该组最终得分，对于得分最高的团队予以适当奖励。

参考文献

[1] 陈华.数字营销的发展和变革 [J].淮海工学院学报（人文社会科学版），2018，16（10）：91-93.

[2] 樊玉俊，和娜，左振哲，等.智能机器人在银行客服中心的应用研究 [J].农村金融研究，2014（1）：20-24.

[3] 黄军校.简析数字营销发展策略 [J].云南科技管理，2020，33（4）：62-64.

[4] 聂莉娟，方志伟，杨志杰，等.大数据背景下人工智能客服系统研究 [J].电子技术与软件工程，2021，（1）：194-195.

[5] 刘国刚.人工智能客户服务体系的研究与实现 [J].现代电信科技，2009，39（3）：50-54，59.

[6] 王苗，曲韵.数字营销研究的议题演进探析 [J].广告大观（理论版），2020（4）：45-52.

[7] 吴波，郝春梅.企业数据库营销的发展与策略分析 [J].中国商贸，2012（7）：97-98.

[8] 杨斌，王琳.数字经济时代客户服务数字化转型策略研究 [J].东岳论丛，2020，41（11）：30-38.

[9] 杨浩.基于网络环境中数据库营销的应用研究 [J].办公自动化，2011（10）：8-9，12.

[10] 张杰.新媒体时代企业实施数据库营销的策略研究 [J].营销界，2020（12）：65-67.

第9章
人工智能营销伦理、法律与绩效

开篇案例

2021年年初，国外有用户在社交网站向特斯拉CEO埃隆·马斯克询问特斯拉的车内摄像头是否可以检测车主目光，马斯克回复"是的"。马斯克的回答是特斯拉方面首次承认通过车内摄像头来监视驾驶员，立刻引发了社会舆论的高度关注。在该用户提出疑问前，马斯克就曾在社交网站上发文称将收回一些车主的完全自动驾驶能力测试版（FSD beta）的试用权限。原因是这些车主在使用FSD beta功能时，没有对道路情况给予足够的关注。马斯克称，之所以是beta版本，就意味着还处在测试阶段，尽管目前没有出现任何事故，但不能放任不管。

显然，自动驾驶将赋予智能汽车更多权利，也意味着汽车内外需要加装更多传感器、摄像头和监听器等。但不论哪种设备，都对汽车内部相对隐秘空间内的驾驶人员和乘客的隐私造成了威胁。

这不是特斯拉第一次曝出信息安全丑闻。2020年，一位名叫格林的白帽黑客曝光特斯拉的车载计算机系统可能会导致个人隐私的泄露。

接触过特斯拉的人都知道，特斯拉的车载计算机系统功能繁多，包含收音机、蓝牙电话、上网功能、游戏功能等。驾乘人员还可以通过WiFi连接社交网站，甚至能存储联系人的电话号码。但很多车主没有想到的是，暗藏在车载计算机系统屏幕背后的组件，正成为隐私数据泄露的源头。

这位白帽黑客从某购物平台上购买到被换下来的自动辅助驾驶系统（AP）和媒体控制单元（MCU）。尽管这些组件已经有明显损坏迹象，但仍能从中获得之前车主的隐私，例如手机连接的电话本、通话记录、日历、家庭和工作地点的定位、导航去过的位置以及允许访问网站的储存在用户本地终端上的数据。之所以可以从MCU上获取个人信息，是因为特斯拉基于Linux内核搭载MCU。MCU使用的是镁光生产的嵌入式多媒体控制器（eMMC）存储颗粒，而特斯拉的车机系统并没有对这块eMMC硬盘进行任何的加密处理。

不仅是特斯拉，蔚来汽车"监控每位车主行程"也曾在网上闹得沸沸扬扬。尽管这些安装监听、监视设备的生产方打着"向善"的旗号，却往往没有明确告知消费者他们将会被收集哪些信息；另外没人知道这些信息是否真的会被妥善安全地保存。

而在信息技术飞速发展的现代，将安全性让渡给驾乘人员的隐私真的可行吗？2021 年 2 月货拉拉公司货车女乘客跳车坠亡事件引发广泛讨论。社会上不乏对货拉拉公司为何不在车内安装监控系统的质疑之声。

人工智能在当代广泛应用，带来了各种益处，但人们也发现了诸多伦理问题。就自动驾驶汽车而言，人工智能技术在带来驾驶安全性提升的同时，如果不加限制，确实也会带来侵犯隐私的隐患。有学者认为，安全与隐私是互相矛盾的名词，想要获得更多安全性，就需要让传感器采集更多的数据。监控车内主要是为了对驾驶员采取主动安全措施，即发现驾驶员出现疲劳驾驶、视线漂移、不系安全带等危险行为时，进行主动提醒。

资料来源：袁一雪. 智能汽车：隐私与安全如何取舍 [N]. 中国科学报，2021-04-01（3）.

9.1　人工智能营销伦理

人工智能已经深刻改变并将继续改变人类的经济和社会生活。人工智能与市场营销的深度融合，在提高效率、带来效益的同时，也不可避免地对现有的营销认知和规范形成冲击，从而引发一系列营销伦理问题。这使人工智能营销的伦理与治理成为经济社会普遍关注的一项重要议题。

9.1.1　人工智能营销伦理困境

人工智能的计算能力、数据可用性和强度、情感感知能力日益增长，在实现定制和个性化的产品，建立和维护具有体验价值的客户响应和互动关系方面快速发展。然而，随着提供给人工智能系统的消费数据规模和范围不断扩大，人工智能驱动的销售和消费的增长，也引发了人工智能营销的伦理争议和挑战。

1. 人工智能产品新型"人 - 机"关系引发的产品责任归属困境

伴随着由弱人工智能发展到强人工智能，人工智能实现了从"无自主意识"到"自主性学习"、从"被动利用"到"主动探索"的转变。"弱人工智能"是指能制造出进行推理和解决问题的智能机器，机器本身不具备自主意识，例如击败职业围棋棋手的 AlphaGo 等。基于弱人工智能的产品设计，通过机器学习和深度学习技术，实现产品的自动、遥控，人机语言交互、触碰或是视觉交互等便利趋向，并不断向更加人性化方向发展，使产品越来越能"猜透人们的心思"，比如智能音箱、智能手机、交互式扫地机器人等。

"强人工智能"意味着机器不仅善于推理和解决难题，而且具备了相应的自主意识，主要包括认知模拟（cognitive simulation）和应用人工智能两种形式，认知模拟旨在模拟人脑如何工作，应用人工智能旨在开发可应用于商用化的智能系统，如人脸识别系统、语音识别和自然语言理解等。强人工智能拥有知觉和自我意识，具有自动推理和自我规划等能力特质。随着人工智能通过深度学习具备了自身算法系统的反思能力和自己的万能算法语言，拥有了工具理性的智能机器对世界中发生的事能做出判断和预测，从而构成一种全新"人－机"关系，使人的主体性遭受更大的挑战。这引发了机器道德主体地位的讨论，即强人工智能产品是否需要承担产品事故的责任后果。例如，使用自动驾驶系统驾驶的电动车发生交通事故时的责任归属。

2. 信息不对称缓解与营销信息冗余之间的困境

随着大数据、云计算、移动互联等技术的快速发展，市场信息数量、传播速度、应用程度均以几何级数的方式快速增长。一方面，信息催生了人工智能营销，市场营销活动中的数据信息生成闭环成为人工智能营销自主学习和市场知识管理的基础；另一方面，人工智能反哺信息社会，人工智能技术为市场需求与供给之间提供高效、精准的信息匹配，有效减少科层体系在纵向传递过程中出现的"信息失真"问题以及在横向传递过程中出现的信息截流情况，提升了市场信息的利用效率与使用价值。

人工智能解决了营销过程中信息不对称导致的有限决策，却也因海量信息汇集而为消费者带来选择困境。人工智能加剧了信息更新速度与承载体量，当有限的人脑负荷能力无法承受时，信息便无法被决策者有效地获取与吸收，信息冗余现象随之产生。信息冗余会导致信息贬值、媒介信誉受损，如自媒体的裂变式发展使公众难辨网络信息真伪，很多情况下公众都需要求证于官方媒介。消费决策者一方面会迷失在海量信息中，浪费时间和精力，遗忘目标和程序；另一方面会陷入选择困境，在众多方案中反复甄别无法取舍，造成决策拖延而影响问题解决。

3. 精准营销传播与消费者信息茧房之间的困境

人工智能的营销应用实际上是大数据技术和算法技术的结合在营销领域的实践。一方面，当内容数据资源的规模足够庞大、类型足够丰富，才能够满足大量用户的个性化信息需求，实现千人千面的精准传播；另一方面，从互联网时代到移动互联网时代，用户数据库技术实现了用户画像从整体的"类"到个体的"人"的精准化进步。

人工智能营销的算法中，精准营销传播建立在个人逐步被数据化和被计算化的基础上。在数据处理和整合时，人工智能营销的算法将人按照各种各样的自动化区分标准进行排列，并赋予相应的意义。个人一旦进入这种数据化的"微粒社会"，就成为被算法定义的对象。

由于网络技术的发达以及信息量的剧增，每个人都能随意选择关注的话题，并可以根据自己的喜好打造一份"个人日报"，但消费者被人工智能营销算法进行精准定向，设定为不同标签的个体，这种信息选择行为将会导致"信息茧房"效应。所谓的"信息茧房"，是指传播体系个人化所导致的信息封闭的后果。当个体只关注自我选择的或能够愉悦自身的内容，而减少对其他信息的接触时，在这个作用下，人们沉浸在自我的话语场中，失去了了解和接触不同事物的机会与能力。"信息茧房"的危害是明显的，它一方面使得个人对于公共事务漠不关心，另一方面也使得个人的偏见与歧视不断得到强化和巩固。在营销活动中，"信息茧房"效应体现在营销者在了解消费者偏好之后，通过人工智能营销算法更容易以投其所好的方式把消费者往企业想要的方向引导。

⊙ 延伸阅读　　　　　　　　　　信息茧房和回声室效应

　　"我前一段时间准备买车，看了很多汽车测评类的文章，买完车之后，客户端上的内容开始变得很单一，几乎全是汽车类的资讯，都没有其他内容了。"北京市市民王先生通过今日头条获取了很多汽车的讯息，但是买完车之后，反而觉得这样的推送机制过于机械单调。上述现象，在网络时代的今天极其常见。

　　相似排斥多元，同质走向极端。近年来，算法导向的新闻推荐技术使人们更便利地接触个体感兴趣的信息，然而不知不觉中深陷"信息茧房"的桎梏；虚拟社群固然使爱好相似的人们聚集到一起，然而同质化的聚集让人们减少了接受多元化声音的可能；碎片化的解读固然让人们在信息爆炸时代得到"快餐式"的满足感，却失去了多元解读、深度理解的能力。

　　每当重大公共政策出台，不难发现这样的现象：总有一批标题"夺目"、理解片面的文章泛滥于网络平台而阅读转发者甚众。概念化的解读，情绪化的表述，仿佛只言片语就道出了本质，类似"舆情绑架政策"的现象在新的传播格局中并不鲜见，也不利于营造网络空间中良好、客观、理性的政策解读和反馈环境。良好的政策执行效果有赖于公众的全面解读和正确理解，然而在传播渠道日益多元的今天，网络上的政策传播面临着"回声室效应"的挑战。"回声室效应"是指网络技术在带来便捷的同时，也在无形中给人们打造出一个封闭的、高度同质化的"回声室"。研究者将这种效应归纳为：在网络空间内，人们经常接触相对同质化的人群和信息，听到相似的评论，倾向于将其当作真相和真理，不知不觉中让自己的眼界和理解变窄，走向故步自封甚至偏执极化。这对公众客观全面了解信息、政策等无疑带来了困扰。

　　经济学家安东尼·唐恩斯认为：人们容易从观点相似的人那里获取信息，从而减少信息成本。在人性需求及技术支持双重驱动下，"回声室效应"同"信息茧房"成为当前网络信息多元化的迷思，二者如同一对"孪生姐妹"，不得不让人们重新审视网络技术与多元理性之间的关系。

　　　　资料来源：刘凯.破解政策传播的"回声室效应"[N].人民日报，2018-04-19（14）.

4. 人工智能营销引发的市场歧视性问题

　　人工智能增强不断深度满足人类用户体验，歧视性问题也随之出现。人工智能营销算法具有极强的分类筛选能力和超乎想象的预测能力。它主要是通过选择与各种行为具有密切关联性的数据的显著特征来工作的。因此，算法极有可能基于分类筛选机制而形成"大数据黑名单"。这些"黑名单"不恰当地将个人或群体标记为具有某种风险或倾向，进而限制或排除他们的权利或机会。例如，在招聘领域，亚马逊曾使用人工智能驱动算法，利用历史数据筛选优秀的职位候选人，成了著名的一个招聘偏见事件。由于之前的候选人选拔存在性别偏见，算法也倾向于选择男性。

5. 人工智能营销与隐私保护之间的困境

人工智能营销的大多数应用需要"大数据"支持。在云计算和快速增长的数据量推动下，人工智能营销在产品设计、价格制定、营销传播等越来越多的领域得到应用。为执行任务，人工智能营销要大量地搜集、存储和分析数据。从数据隐私的角度来看，人工智能营销对数据的大量使用，使得妥善保护数据变得越来越重要。随着人工智能系统越来越多地被整合到基础设施、生产制造、商业运营和日常生活中，在医疗、交通、金融、娱乐、购物、执法等各个领域得到应用，特别是与物联网和相关的生物物联网（Bio-IoT）的相互融合，关于个人的基因、面孔、财务、偏好等数据将无处藏匿。无所不在的数据捕获和优化对数据隐私和安全构成了威胁。

9.1.2　伦理与营销伦理

1. 伦理和道德

（1）伦理。"伦理"（ethic）一词，最早见于《礼记·乐记》中"乐者，通伦理者也"。东汉学者许慎在《说文解字》中对"伦理"的解释为："论，从人，辈也，明道也；理，从玉，治玉也。"东汉的另一位学者郑玄则进一步明确："论，犹类也；理，分也。"由此可知，伦，即人伦，它是指人与人之间的关系；理，即治理、整理，它是指条理、原理和规则。所谓伦理，是指合理的行为，是处理人与人相互关系的行为准则。

"伦理"这一概念在国外众说纷纭。亚里士多德强调中庸的精神美德；休谟重视源自人性中的自然原则，即"同情心"的某种"约定"；康德注重有良心的社会责任；斯蒂文森宣扬知识领域之外的某种"态度"。

（2）道德。道德（moral）是指人们在长期的社会生活实践中形成的并依靠社会舆论和个人内心信念监督和维持的调节人与人、人与自然、人与社会之间关系的行为规范体系和精神情操体系。它具有明显的价值理性和价值倾向性，是对人与人、人与自然、人与社会之间的关系本质的把握。

从伦理学意义上说，"道"是指处事做人的根本原则，即人之为人所应当遵循的行为准则。伦理学意义上的"德"是指人们内心的情感和信念，指人们坚持行为准则的"道"所形成的品质或境界。

（3）伦理与道德的联系与区别。"伦理""道德"是两个经常互换或一起使用的词。伦理和道德常被用来表达相同的意思，很多情况下可以通用。但伦理和道德毕竟不是同一概念，两者既有联系又有区别。

道德与伦理有着密切的联系。首先，伦理学是关于道德的学说，是以社会道德现象为研究对象和范围的科学，是道德观念的理论化、系统化。伦理学和道德的关系实际上是科学和研究对象之间的关系。其次，伦理和道德两个概念的外延和内涵存有交集，两者都表现为善恶对立的心理意识、原则规范和行动活动等方面的内容。最后，在词源学上，伦理和道德有着相同的含义。西方"道德"一词的古拉丁语词源是"moress"，与

"伦理学"一词的古希腊语词源"ethos"都是风俗、性格和习俗的意思。在古汉语中，道德和伦理也有着相近的词义。

就伦理与道德的区别而论，由个体道德和社会伦理之说，即道德侧重社会个体的角度，把社会伦理规范内化为个体道德要求，伦理则侧重于从整体上探讨人们在社会生活中所面对的各种伦理关系。因此，道德具有主观性、个体性和自律性的特点，伦理则具有客观性、社会性、他律性的特征。

2. 营销伦理的定义与内涵

（1）营销伦理的定义。企业与消费者和社会的关系，最主要的是经济关系，直接表现为某种利益关系，这种关系的正确处理，除依靠法律外，还需要正确的伦理观念指导。营销伦理是营销主体在从事营销活动中所应具有的基本的道德准则，即判断企业营销活动是否符合消费者及社会的利益，能否给广大消费者及社会带来最大幸福的一种价值判断标准。简单地说，就是处理营销过程中利益各方的相互关系的准则。

（2）营销伦理的内涵。现代营销概念有着丰富的伦理内涵。首先，作为营销基础要素的市场并不是一个简单的商品交换或买卖的场所，其中蕴含着深刻的伦理内容。在市场中进行交易的主体必须具备一定的伦理品格，如自由、平等、公平、责任和服务精神等，如果不具备这些品格，则不具备进入市场的资格。其次，营销观念的演变，代表了一场经济伦理关系的革命，从传统营销观念到现代营销观念的转换，反映了企业经营的出发点从自身产品的生产销售转向更好地满足目标市场的要求。营销活动本身就是一个为目标市场服务的过程，具有明确的伦理内涵。而随着大数据、云计算、移动互联和人工智能技术的发展，营销观念进一步发生演化，其伦理内涵也在不断深化。最后，营销者利益的实现，以营销对象需要的满足和对营销过程的满意为前提。这就使营销者为了获得营销对象的满意，必须不断地更好地满足营销对象的需求。

营销伦理作为营销伦理意识、伦理关系、伦理规则和伦理活动的总和，对于人的物质需要和精神需要的共同关注，使营销不仅具有工具理性意义，还具有价值理性内涵。科学技术进步体现的工具理性，在给人类带来便利和福祉的同时，也给人类带来了信仰的缺失。营销伦理从人的需要角度出发来分析问题和解决问题，实现了工具理性和价值理性的动态平衡。

3. 营销道德评价的伦理学思想

（1）中国传统商业道德思想。义利关系是中国思想史上一个重要的基本问题，义与利也属于中国古代哲学的范畴。义利关系问题贯穿于一切营销活动之中，对这个问题的回答决定了营销决策的取舍，因此，义利关系问题也是营销伦理的基本问题。"义"指道德规范，要求人和企业自觉做合乎情理的事情；"利"是指物质利益和社会地位。所谓"义利观"，即如何来认识和妥善处理义与利间的关系或矛盾，应用到商业领域就是"见利思义"的商业经营理念，"取之有义"的商业行为准则，"先义后利"的经商战略和"重义轻利"的价值判断。

（2）西方道德评价的一般理论。在西方近现代规范伦理学中，被人们广为接受并得到广泛应用的伦理学理论分别属于伦理学的两种途径，即目的论途径和道义论途径。

所谓目的论途径，就是判定一种行为在道德上是否正确，应取决于该行为带来的结果是否超过恶的结果。按对行为后果的不同解释，目的论伦理学主要有利己主义和功利主义两大类型。利己主义的行为评价原则是：当一种行为给行动者带来最大利益或幸福时，其在道德上是正确的或正当的。功利主义的行为评价原则是：当一种行为给全体利益相关者中的绝大多数人带来幸福时，其在道德上是正确的或正当的。与利己主义关注行动者个体的自我利益不同，功利主义强调终极的善是绝大多数人的最大幸福或快乐，正当的行为就是能促进这种终极的善。其原则也被称为最大幸福原则。

与目的论相反，道义论认为某一行为是否合乎道德取决于该行为本身内在的正当性。道义论强调评价行为的道德与否是基于行为本身而不是行为引致的结果，而行为本身的道德与否取决于该行为是否遵守了义务，这些义务是由人们的直觉和经验归纳出来的。义务有狭义和广义之分。狭义的义务是指实行或禁止那种涉及他人合法利益的行为。偿还债务、遵守契约、不偷不诈都是人们应履行的道义。广义的义务则是指符合风俗和道德要求的行为。

（3）西方营销道德评价的具体理论。西方营销道德判定理论主要包括显要义务理论、相称理论和社会公正理论。

显要义务是指在一定时间一定环境中人们自认为合适的行为，主要包括六条基本的显要义务，即诚实、感恩、公正、行善、自我完善和不作恶。

相称理论认为应从目的、手段和后果三方面综合判断营销行为是否道德。目的是指从什么出发点来行事；手段是指使目的得以实现的过程及此过程中所采用的方法；后果是指行为所引起的结果，包括行为人意欲达到的结果，也包括不为行为人所期望但能被行为人预料到的结果。

社会公正理论从一种称作起始位置的状态出发，构建一个理想的社会公正系统，这一系统所适用的伦理准则是力图使弱者利益得到增进，或至少不会因强者的剥夺而使弱者变得越来越弱，并认为正当的行为就是重视和尊重人的各种基本权利或与自由的正义原则相一致的行为。

9.1.3 人工智能营销伦理：概念与准则

1. 人工智能营销伦理的概念

鉴于人工智能的重大进展和日益普及，及其对个人、经济和社会层面的广泛影响，关于指导人工智能在营销领域发展和使用的伦理原则和价值的辩论，开始逐渐占据该领域学术探讨的中心舞台。

到目前为止，人工智能营销的伦理图景仍然是相当支离破碎的，学者们对人工智能营销伦理原则展开探讨，这些原则大多具有高层次的道义论性质。通过同时考虑不同利益相关者的利益，将这些原则转化为商业实践可能需要权衡，例如，在产品个性化和隐私之间的需求满足，或客户优先和非歧视之间的需求满足。当人工智能的目标是促进社会利益（有益）和防止任何伤害（无害）时，制定人工智能伦理规范，建立统一完善的标准体系，对人工智能系统的设计、开发和应用等一系列行为中的安全性和正当性的思考及价值判断变得尤为重要。结合营销伦理的概念以及人工智能伦理聚焦在人工智能产品、服务、应用与治理中，智能体（人与智能机器）所应该遵循的一般伦理原则和行为规范的内涵，我们将人工智能营销伦理界定为营销主体在从事人工智能营销活动中所应具有的基本行为准则，是人工智能营销设计与应用实践的合理性边界，包括人工智能营销的道德规范及其价值精神存在与演进的社会条件、社会价值、交往方式、结构体制的合理性等内容，也可将其理解为人工智能营销应用于社会的积极影响与消极影响。

2. 人工智能营销伦理的准则

人工智能伦理准则主要是指当前在人工智能技术开发和应用中，依照理想中的人伦关系、社会秩序所确立的，相关主体应予以遵循的标准或原则。相应地，人工智能营销伦理准则是指人工智能技术在营销领域应用中须遵循的伦理准则。

在人工智能伦理原则、规则和相关政策研究制定方面，据德国非营利机构 Algorithm Watch 的统计，世界范围内迄今已有 160 多个机构或组织提出了各自的人工智能伦理准则建议。对公共和研究机构发布的人工智能伦理原则和指南文件进行文本分析，我们发现尽管各国人工智能伦理规范与政策不尽相同，但在透明度、公正和公平、不伤害、责任和隐私等原则方面存在着趋同。

针对人工智能在营销领域的应用，学者们从企业、顾客、社会和环境等多元利益相关者视角，分析了在营销领域使用人工智能的伦理含义和顾虑，将人工智能营销伦理提炼了善行、非恶、自主、正义和可解释性五项伦理准则。人工智能营销伦理准则及其关键词汇如表 9-1 所示。

表 9-1　人工智能营销伦理准则及其关键词汇

准　则	关键词汇
善行	福祉、尊严、可持续性、福利、慈善、和平、社会公益、公共公益、普遍服务、可及性、感知价值
非恶	隐私、安全、非恶意、无伤害、保护、预先提醒、防范、诚实、非破坏性、社会团结、非孤立、不歧视
自治	决定权、自由使用权、许可、选择权、自主决定、意志和选择自由、授权、知情同意
正义	繁荣、团结、社会正义、公平、一致性、包容、平等、公正、无偏见、无歧视、多样性、多元化、可及性、可逆性、补救、纠正、挑战、分配、凝聚力
可解释性	可理解性、问责性、透明度、可解释性、易理解性、沟通、信息披露、展示、责任、问责、诚信行事

（1）善行。善行是指人工智能营销应促进消费者福祉、企业成长以及社会环境的共同利益。企业在营销中利用人工智能的一个重要优势，是有机会个性化和定制产品与服务，在营销组合中最大限度地提高参与度、说服力和客户满意度。显然，在营销中使用人工智能是与企业和消费者的明确利益相联系的，一方面来自更好地满足客户认知和情感需求及消费偏好，另一方面来自时间和成本效率的提升。

然而，作为善行原则核心的"善"的概念，在个人层面和上层建筑层面上都远非客观。在人工智能应用于市场营销的情况下，被认为对个人（例如，客户）有益的事物与上层建筑（例如，社会、环境）中的"善"的含义之间的潜在不可调和性也会出现。

例如，人工智能在营销中的应用追求的是销售目标和增加消费。当消费者满足了需求，从而在个人层面上获益，但它同时消耗了资源，对环境产生了负面影响，从而导致无法自我纠正并抑制增长的消费外部性。具体而言，消费的环境影响和负外部性问题可能会因人工智能营销的推荐系统和强调信息利用策略而加剧。例如，亚马逊的电子商务平台依赖于人工智能驱动的推荐系统和协同过滤，其包装、运输、购买的电力、直接运营产生的化石燃料排放等碳足迹将显著提升。

（2）非恶。非恶准则对人工智能营销可能的潜在消极方面提出了警告，它强调安全、安保和隐私的重要性，预防风险和任何因意外/无意（过度使用）和故意（误用）所致的伤害。

善行和非恶在逻辑上似乎是等价的，但它们并不是一个连续体的两端，而是共存的。人工智能的应用不一定会促进环境的良性发展（未满足善行原则），但可能会损害环境（未满足非恶原则）。相反，这些道德判断在公司和客户层面上并不一致。这意味着，人工智能的应用可以同时是有益的和有害的。在人工智能的非恶方面特别重要的是个人隐私、准确性以及数据保护和质量。

（3）自治。自治准则是指在人工智能营销的情境中，消费者拥有自决权力，能够以不受胁迫的方式做出决定。消费者自主权是消费者选择的核心，并被定义为"消费者自己做出决定的能力，不受其他代理人施加的外部影响"。然而在人工智能营销中，消费者自主权容易受到这样一种方式的影响，即在消费决策过程的信息收集阶段将决策委托给人工智能系统，特别是对客户接触到的信息和选项进行（预）过滤。基于时间和认知资源效率的约束，或是定制内容的匹配，将决策让渡给人工智能系统可能是有益的，但如果过度依赖人工智能系统的建议，或者营销者利用人工智能进行操纵或欺骗，则会给消费者带来伤害。

（4）正义。正义倡导公平，避免不必要的、不公平的偏见和歧视，同时涉及利益分享。人的判断可能存在偏见或歧视，由人构建的人工智能应用和算法预测也可能是有偏见和歧视的。人工智能营销可能复制甚至放大人类的偏见和歧视。人工智能营销的个性化产品设计、心理定位、客户关系管理中的客户优先等策略，可能会根据人口统计、心理和经济因素将某些客户群体与其他群体区分开来，在这个过程中，人工智能营销系统和应用程序可能会强化在性别、年龄和种族等方面的刻板印象。

（5）可解释性。可解释性意味着透明性和可理解性，即在认识论意义上人工智能如何工作，在伦理意义上谁对人工智能的工作方式负责，能够向消费者和社会进行充分解释，并能够被理解。

由于人工智能系统的黑箱性质、不透明性和缺乏问责制，可解释性可能是人工智能营销伦理中争议较多的准则。当涉及高风险决策和敏感的个人数据时，人工智能营销系统需要解释自身的意图、数据输入和来源以及输入和输出之间的关系的方法，以便消费者能够理解预测、分类和建议等结果，目前这方面的呼声越来越高。缺乏可解释性和可理解性的人工智能黑箱，也容易妨碍个人对善行、非恶、正义和自治等方面的判断。但可解释性准则也存在一定的争议。例如，强调人工智能营销的透明度，可能会降低企业获得竞争优势的能力和效率，这就需要权衡透明度在消费者、企业和社会等方面的综合成本和收益。此外，随着人工智能技术的快速发展和营销数据的急剧增加，信息过载和技术复杂造成的认知困难，会导致人们对人工智能营销的可理解性难以实现。

⊙ 延伸阅读　　　　　　　　　世界各国人工智能营销伦理规范实践

鉴于人工智能技术变革的速度和可能面临的挑战，各国政府、国际组织、学术机构和企业界都积极参与相关伦理标准的讨论和制定，致力于通过建立相关的法律、伦理、监管配套制度，寻求对人工智能营销的有效治理，以确保消费者能够从人工智能新技术中受益，同时规避因人工智能营销伦理失范和技术不当使用所带来的负面后果。

联合国是推动建立全球人工智能伦理规范的重要力量。2019 年，联合国教科文组织启动了全球人工智能伦理建议书的撰写，并于 2020 年 9 月完成草案，提交 193 个会员国协商。联合国教科文组织还于 2017 年联合世界科学知识与技术伦理委员会发布了《机器人伦理报告》，提出了人工智能发展的基本原则，包括保障人类利益和基本权利、安全性、透明性、推动人工智能普惠和有益发展。经济合作与发展组织（OECD）也高度重视人工智能准则的制定，于 2019 年 5 月发布首套政府间人工智能政策指南，共 42 个国家签署，随后也被 G20 采纳。

各国政府也积极推进人工智能伦理标准和政策监管制度的制定。目前，全球已有 28 个国家发布了有关人工智能的国家战略及政策，而伦理问题是各国政策的重要领域之一。2016 年，美国将"理解并解决人工智能的道德、法律和社会影响"列入国家人工智能战略，同时对人工智能从业者和学生加强道德伦理教育，并成立相应的管理机构，负责跨部门协调人工智能的研究和发展、提出技术和政策建议、监督各部门的人工智能技术研发，进一步促进公平与正义。美国 2019 年修订了《国家人工智能研究与发展战略计划》，提出包括应对伦理、法律和社会影响、确保人工智能系统安全等八项战略重点。英国也探讨了人工智能所带来的一系列潜在的伦理和法律挑战，尝试寻找能够实现社会经济效益最大化的途径，指出应建立人工智能委员会来应对机器人技术带来的对社会、伦理和法律的影响。日本也制定了机器人应用部署问题的管理方针，包括建立中心数据基地来存储机器人对于人类造成伤害的事故报告。

2017 年，人工智能滥用、算法公平、人工智能伦理、人工智能监管和责任等进入更广泛的公众讨论视野，相应的标准和规范相继出台。欧盟签署《人工智能合作宣言》，共同面对人工智能在伦理、法律方面的挑战，成立统筹人工智能监管的政府机构，专门研究与机器人和人工智能相关的法律问题，并呼吁制定"机器人宪章"。欧盟在 2019 年 4 月发布了《可信赖的人工智能伦理指南》，并在 2020 年 2 月发布《人工智能白皮书》，将伦理监管作为重要政策目标。同年 10 月，欧洲议会通过了三项有关监管人工智能的立法倡议，以更好地平衡技术创新和社会治理的关系。

中国对人工智能伦理问题也高度重视，2017 年 7 月，国务院在《新一代人工智能发展规划》中明确提出"2025 年初步建立人工智能法律法规、伦理规范和政策体系，2030 年建成更加完善的人工智能法律法规、伦理规范和政策体系"的建设目标。2019 年 2 月，国家新一代人工智能治理专业委员会成立，并于 6 月发布了《新一代人工智能治理原则——发展负责任的人工智能》。同年 4 月，国家人工智能标准化总体组发布了《人工智能伦理风险分析报告》，提出"人类根本利益原则"和"责任原则"。2020 年 7 月 27 日，国家标准化管理委员会等五部委为加强人工智能领域标准化顶层设计，推动人工智能产业技术研发和标准制定，促进产业健康可持续发展，印发《国家新一代人工智能标准体系建设指南》。2021 年 9 月，科技部正式发布《新一代人工智能伦理规范》，旨在将伦理道德融入人工智能全生命周期，为从事人工智能相关活动的自然人、法人和其他相关机构等提供伦理指引。

9.2　人工智能营销法律

人工智能营销与法律的结合会在两个层面呈现出来。一方面，在享受人工智能营销带来的技术红利的同时，需要对它可能带来的风险和挑战进行回应，这意味着需要对人工智能营销进行法律规制。另一方面，大数据技术、云计算、人工智能的发展又为现有的法律提供动力，立法、司法和法律执行将会以一种从来没有过的方式借助算法而实现变革。人工智能营销法律是指以保护人的基本权利为出发点，对人工智能营销应用进行规范和限制的法律文件，由人工智能营销法律框架、条款和规制路径等组成。

9.2.1　人工智能营销法律规制的基本理念

1. 关注用户数字福祉

受效率主导逻辑的支配，人工智能营销的算法设计者和开发者往往将注意力集中在吸引甚至迎合用户上。这种偏好原则可能将用户锁定在"信息茧房"中，从而忽视了用户的数字福祉（digital well-being）。数字福祉主要包括以下两大内涵：一方面是人人都可享受到数字技术带来的红利，最大化地实现普惠和赋能；另一方面是促进个人对数字技术和网络服务的高质量使用，减小、防止数字技术对个人的负面影响。

数字福祉体现在人工智能营销算法及以算法载体形式存在的人工智能体在认识、动机、结果、组织评价等多方面满足善的要求。它能够在社会伦理原则与人工智能营销技术目标之间进行一种反思性的平衡，并在特定数据技术的开发、部署和使用等各个关键阶段都发挥核心作用。随着网络技术和算法技术的发展，人们越来越强调人工智能营销应当依循"经由设计的数字福祉"（digital well-being by design）理念，将对用户数字福祉的保障和促进融入产品和服务的设计中。

2. 多元结构的合作性治理

传统的法律规制手段是建立在国家与社会、公权力与私权力的二元结构基础上的。

它强调国家以自主性为核心的"专断性权力"和个人基本权利所具有的排除公权力侵害的防御功能。具体到人工智能营销规制领域，它主要体现为试图建立一套以结果责任认定为核心的政府事后监管模式和以个人为中心的权利救济模式。这些方式和手段虽然在一定程度上能够起到纠正人工智能营销算法偏差的作用，但是对于纠正嵌入到算法技术过程中的更为隐蔽的算法偏差的作用并不大。这需要重新认识国家与社会、公权力与私权力、行政权力与技术权力的关系，并建立一种"政府 – 平台 – 商户（消费者）、公权力 – 社会权力 – 私权力的三元结构"。

三元结构中的国家与社会、公权力与私权力不再是简单的消极对抗关系，政府权力也不应该是一种高专断性权力。人工智能算法构造了一个信息社会，信息成为权力的中心，产生一种信息权力，这种信息权力制约和阻碍着以科层制为核心的政府权力的运作，并在事实上改变了政府权力的运作形态和人们对权力的认识。算法平台具有的经营权、财产权和知识产权等一系列私权力会在这种信息优势和技术优势下演变为一种"准公权力"。即通过制定平台规则、处理平台纠纷、行使平台监管权等赋有了"准立法权""准行政权""准司法权"。政府在算法规制过程中，也需要借助算法平台、程序员和人工智能专家的信息优势和技术优势，实现合作性治理。因此，算法平台企业、程序员和人工智能专家不仅是政府监管的对象，也是政府监管的参与者、决策者和执行者。国家有关人工智能营销规制法律规范的制定和执行都离不开他们的积极参与，而且这种参与的深度和力度要远远超过二元结构中的公众参与。

3. 审慎克制的平衡性管制

人工智能营销的效率主导逻辑决定了伦理规制过程中必须高度重视权利保护与科技创新之间的平衡问题。但是，法律规制的遵循集权逻辑、权利逻辑和客观认定事实逻辑与人工智能营销运营的基本逻辑存在较大差异。如果一味地运用法律规制特别是运用政府管制手段，势必会以牺牲人工智能营销的活力和创造力为代价，进而影响人工智能营销的发展。例如，对于无人驾驶的刑法规制就应当采取克制与审慎的态度，因为无人驾驶汽车的碰撞算法还处于发展之中，算法技术之争导致算法规范的争议，目前碰撞算法对于事故参数还处于初步应用阶段，对于这种算法采取刑事规制无疑会阻碍算法创新。而且，在人工智能营销算法研发过程中，企业也正在按照运作的基本逻辑逐步自发衍生出一套人工智能产品约束和治理机制。例如，为了保护消费者的身心健康，Android 操作系统、iOS 操作系统和 Facebook 等都设置了"屏幕使用时间"，以帮助用户将手机和网络使用时间控制在合理限度。人工智能营销企业也可以通过行业技术标准和伦理道德规范来减少或克服人工智能带来的风险和危害。这些机制既能降低法律运作的成本，又可以避免法律规制给人工智能营销创新可能带来的负面效应。因此，政府进行人工智能营销伦理规制时，应当树立权力克制的基本理念，坚持多元主义的治理方向，并为技术治理、算法治理和其他治理留下必要的空间。

9.2.2   人工智能营销法律规制路径

目前，人工智能的技术只是局限在具体领域，没有形成通用人工智能，因此并不存在对人工智能的一般化的法律规制。就人工智能营销领域的技术发展水平和具体应用而言，目前法律规制一般采取"传统法律修正"的模式，即对现有法律进行调整完善，以解决人工智能营销引发的伦理和法律问题。由于不同国家法律体系存在差异，人工智能技术发展和应用的程度也不尽相同，在具体司法实践中其人工智能营销的法律规制路径也各具特色。

1. 中国的分散式立法规制路径

就人工智能的法律应对而言，我国目前更多的是从产业政策促进、扶持和发展的角度对人工智能提供行政指导。2017 年国务院发布的《新一代人工智能发展规划》突出地反映了这一思路。人工智能技术被定位为国家战略。此后各部委和各地方政府也结合当地实际出台了规章性质的人工智能产业发展规划。工信部出台了《促进新一代人工智能产业发展三年行动计划（2018—2020 年）》推动人工智能的科技研发和产业化发展。浙江省人民政府出台了《新一代人工智能发展规划》，涉及智能医疗、智能金融、智能商务等领域，提出加快人工智能技术攻关和深度应用。2021 年 10 月 28 日，国务院印发《"十四五"国家知识产权保护和运用规划》，提出健全大数据、人工智能、基因技术等新领域新业态知识产权保护制度。

我国目前对人工智能营销的法律规制以分散式立法的方式分布在不同层级的法律规范中，对精准营销、营销传播算法和个人信息保护进行了相应的规制。

目前对人工智能的法律规制在电子商务、数据安全和个人信息保护等领域的立法中已经有个别条款分别涉及。《中华人民共和国电子商务法》（以下简称《电子商务法》）规定，电子商务经营者根据消费者的兴趣爱好、消费习惯等特征向其推销商品或服务的搜索结果的，应当同时向该消费者提供不针对其个人特征的选项，尊重和平等保护消费者合法权益。这是在法律层面对大数据杀熟的回应。大数据杀熟作为差别化定价，是企业经营者利用机器学习算法，对每个消费者的消费偏好、消费习惯和消费能力等信息进行分析，构建定价模型，对同样的商品或服务实行不同的定价。借助大数据技术，企业获得了关于消费者的完整信息，从而能够对消费者进行画像，最大程度地获得消费者剩余。此外，《电子商务法》第四十条规定，对于竞价排名的商品或服务，应当显著标明"竞价"。这对算法提出了信息披露义务，保障消费者的知情权、自主性和选择权。

《数据安全管理办法》（以下简称《办法》）（征求意见稿）对算法进行了相应的规制。《办法》规定："网络运营者利用大数据和人工智能等技术，通过算法自动合成的新闻信息、博文、帖子、评论等，应当以显著方式表明'合成'字样。"网络运营者利用算法进行新闻推送的行为被加了披露义务以促进算法透明。

2021 年 11 月 1 日起施行的《中华人民共和国个人信息保护法》针对当前社会各方面对于用户画像、算法推荐、人脸识别等新技术新应用，对相关产品和服务中存在的信息骚扰、"大数据杀熟"等问题，立足于维护广大人民群众的网络空间合法权益，做出针对性规范，明确要求提供个人拒绝的选项。《中华人民共和国个人信息保护法》明确规定，通过自动化决策方式向个人进行信息推送、商业营销，应提供不针对其个人特征的选项或提供便捷的拒绝方式；处理生物识别、医疗健康、金融账户、行踪轨迹等敏感个人信息，应取得个人的单独同意；对违法处理个人信息的应用程序，责令暂停或者终止提供服务。

2. 美国的司法判例规制路径

美国对人工智能营销的法律规制延续了其一贯的普通法的传统，通过司法对人工智能营销的应用予以合法性的认可，对其中隐含的风险予以规制。美国联邦法院和州法院在判例中对人工智能营销算法的性质、新技术条件下的个人隐私保护等进行了回应。司法判例将算法定性成商业秘密，或者在关于搜索引擎算法的判决中，将它看成是言论。

2003 年的搜索王诉谷歌案堪称搜索引擎领域算法第一案。该案中，谷歌对搜索王的网页排名进行了降序甚至删除，搜索王将谷歌告到了法院。俄克拉何马州法院认为，网页排名是一种意见，它涉及特定网站对某一检索指令响应的意义。搜索引擎根据算法生成的结果是它的言论。谷歌的主张，即算法是言论得到了法院的支持。四年之后，Longdon 诉谷歌案中，联邦地区法院也支持了算法是言论的主张。应该说，美国法院为搜索公司提供了基于第一修正案的言论保护，为企业的发展提供了广阔的空间。

3. 欧盟的源头规制路径

2018 年 5 月 25 日正式实施的欧盟《一般数据保护条例（GPDR)》是迄今为止关于个人数据保护范围最为广泛，立法新意最多、权利类型最为多样、处罚最为严厉的法律。它以源头治理的方式，通过访问权、修改权、删除权、可携带权等具体权利的规定确立了个人数据决定权。在《一般数据保护条例》建构的个人数据权力体系中，除了可携带权有利于在人工智能企业之间形成竞争、促进产业发展之外，其他的权利都对人工智能的产品设计和技术发展构成了直接的限制。

《一般数据保护条例》赋予数据主体以免于自动化决策的权利，这是对算法黑箱和程序不正义的直接排除。《一般数据保护条例》第二十一条明确规定："数据主体有权根据其特殊情况，在个人数据被处理的过程中行使反对数据画像的权利。在以直接营销为目的的个人数据处理活动中，数据主体有权随时反对因该商业行为目的处理其个人数据，包括有权反对与直接营销有关的数据画像。数据主体反对因直接营销目的处理数据的，个人数据不得再因该目的被处理"。第二十二条进一步明确，如果某种包括数据画像在内的自动化决策会对数据主体产生法律效力或者造成类似的重大影响，数据主体有权不受上述决策的限制。

欧盟《一般数据保护条例》涉及人工智能数据保护和隐私权利的所有方面。《一般数据保护条例》区分一般数据和敏感数据，对后者进行更为严格的保护。第九条明确，除非各成员国立法授权，辨识种族或民族出身、政治观点、宗教或哲学信仰、工会成员的个人数据以及以识别自然人为目的的基因数据、生物特征数据、健康数据、自然人的性生活或性取向的数据的处理应当禁止。

⊙ 延伸阅读　　　　　　　　　　　欧盟人工智能法案（草案）

2021 年 4 月 21 日，欧盟委员会公布了《人工智能法案（草案）》。《人工智能法案（草案）》延续欧盟《一般数据保护条例》"基于风险"的监管理念，采取总体审慎、考虑风险的原则，按照人工智能技术可能带来的风险高低，将人工智能应用场景分为"极小、有限、高、不可接受"四类风险等级，等级越高的应用场景受到的限制越严格。根据《人工智能法案（草案）》，欧盟将全面禁止大规模监控和利用人工智能技术的社会信用体系，禁止部署存在不可接受风险的系统，对高风险系统的部署和应用提出了一系列强制义务，包括建立风险管理系统，确保数据质量、记录并提供技术信息、留存系统日志、向用户充分告知、采取人工干预措施、确保网络安全等。

作为全球首部人工智能立法，《人工智能法案（草案）》体现欧盟利用规则确保人工智能可信可控，着力维护欧盟技术主权的思路，为实现可信赖的人工智能生态系统提供初步法律框架。该草案最早有望在 2023 年正式出台。

9.3　人工智能营销绩效

人工智能时代已经来临。在新的人工智能时代，消费者被赋予了极大的权利，拥有大量的信息，消费者相互之间的联系也十分紧密。企业正在快速地学习和应用人工智能营销，其战略选择就是通过将一定数量的市场预算和人力资本投入人工智能营销工作。据 Forbes 报道，截至 2021 年，美国在人工智能营销领域的支出将会达到 1 200 亿美元，会占全部营销支出的近一半（46%）额度。从整个社会层面来说，人工智能营销的发展对社会的影响存在双刃剑效应。一方面，随着人工智能营销技术的开发创新和市场应用，推动了社会福利的显著提升；另一方面，由于人工智能营销伦理问题的存在，对社会福利带来了一定程度的负面影响。但从企业营销的视角来看，如何在预算约束下通过人工智能营销的技术、市场和人力等方面的投入，实现品牌营销和市场规模的成功，成为企业人工智能营销绩效的关注重点。

9.3.1　人工智能营销绩效目标

1. 人工智能营销绩效基础目标

人工智能营销活动的有效设计只是人工智能营销的一小步。企业决策者需要分析人工智能营销到底能否为企业创造价值，哪些人工智能营销活动值得继续开展，哪些人工智能营销活动值得投资。正如人工智能营销仍然是市场营销一样，所有营销投资都要求可观的回报。

投资收益率（ROI）是企业财务分析的一个重要概念，指通过投资返回的价值，即企业从一项投资活动中得到的经济回报。在人工智能营销的战略制定和策略实施过程中，是指企业从人工智能营销战略或一项具体的人工智能营销活动的投资中得到的经济回报，是衡量企业人工智能营销效果和效率的一项综合性的指标，其测算公式为：投资回报率＝（人工智能营销收益－投资成本）/人工智能营销投资成本 ×100%。投资回报率是所有人工智能营销活动的最终目标，也是衡量人工智能营销绩效的基础目标。

2. 人工智能营销绩效延伸目标

对于人工智能营销活动来说，由于数字智能和社交媒体的出现，使得投资回报率的计算在人工智能营销的具体应用场景发生变化。在营销实践中有互动回报率、影响力回报率和体验回报率等延伸目标。

（1）互动回报率。互动回报率可以帮助企业度量人工智能营销活动对消费者互动率的影响。这里的前提假设是，消费者与越多的人工智能营销活动内容产生互动，品牌的知名度就越高，进一步可以提高消费者的购买可能性，或增强消费者对品牌的好感度。基于互动平台或形式等方面的差异，互动回报率有基于互动百分比或基于互动时间等不同视角的计算方式。

基于互动百分比的互动回报率，是通过查看社交媒体社区上互动用户的百分比获得。但不同的社交媒体平台，其具体计算方法也存在差异。例如，Facebook 的用户互动回报率的计算是将一个帖子的点赞数、评论数及分享数相加，然后与总的粉丝数（或点赞数）相除而得出。Twitter 的用户互动回报率是将一个帖子的转发数及点赞数相加，然后与总关注者数相除而得出。Youtube 则是对于某个特定的视频，将其评论数、评分数以及点赞数相加，然后与视频的观看次数相除而得出。

基于互动时间的互动回报率则是将营销人员或品牌代言人与某位消费者产生互动后对品牌产生的影响，与互动时间结合在一起进行分析。例如如果企业的社交媒体专家或社群经理联系到某位投诉其品牌的消费者，并对该投诉进行了纠正，那么互动回报率的计算是统计联系该消费者以及解决问题所花费的时间。

运用互动回报率测量人工智能营销绩效，需要注意用户的互动数据与销售数据之间的差异，因为用户互动并不代表用户购买。互动回报率更适用于建立品牌知名度、改善客户体验以及促使用户在购买决策前更积极地考虑企业品牌的目标。进一步地，要实现互动与销售转化之间关联，需要运用更多的人工智能营销技术，追踪品牌消费者或社交媒体的社群关注者行为。

（2）影响力回报率。影响力回报率旨在计算人工智能营销的特定活动中如何影响和改变消费者行为。尽管对任一品牌和产品而言，影响力的来源和作用都可能有所不同，但影响力的作用存在触及和共鸣两个共同属性。触及是指人工智能营销活动内容可以被广泛传播或有较高的可见度，从而可以有效触达消费者。共鸣是指人工智能营销活动的内容能够影响消费者心智。

人工智能营销从业者创建影响力项目是为了增加对话量及实现广泛触及，或是能够向一批全新的目标受众曝光，或是取得用户的内心共鸣，希望通过吸引那些有影响力的人来促进最终购买数量的增加。在社交媒体情境中，影响力的结果通过推文量、转推量、评论量及点赞量来表达。此时，影响力回报率将上述指标与人工智能营销活动所创造的用户价值相关联进行测算。

需要注意的是，推转评赞等指标反映了影响力的程度，但并不意味就是交易量，同时用户价值的衡量也不能简单地用用户或粉丝数量来表达，不同用户对企业的价值贡献也往往存在差异。因此，影响力回报率不一定与财务相关，但可以帮助企业很好地了解哪些方式可以影响用户行为以及更好地追踪企业对用户行为的影响。

⊙ **小链接**　　　　　　　　　**企业更需要考虑影响力回报率**

企业在社会化媒体上施展的核心战略，更应该考虑企业战略是否可以影响消费者的品牌认知、态度与行为。当企业在移动互联网上投入一个新商品的时候，需要建立的是影响力，而非其他目标。在标准的投资回报率定义上，商家会更多考虑投入的营销战略能不能得到数字上的回报，一般会用销售量来衡量它。而在影响力回报率的定义上，企业需要去考虑营销战略在品牌认知与影响力上的效果。

例如，无论是在 Facebook 还是 Twitter 上，都可以计算公司品牌的 Facebook 粉丝数、Twitter 的关注者数与网站流量这些指数。在投资回报率的算法上，如果公司投入了 1 000 美元在 Facebook 的广告上，得到了 2 000 新的"Likes"（点赞），这在财务的观点上可以说明公司投入得到了有效的回报。而公司投入也就在此结束了。换言之，公司的成功等于一次性的数字回报。在影响力回报上，延续上面这个例子，公司投入了 1 000 美元在 Facebook 的广告上，这次公司得到了 2 000 新粉丝。公司可以去观测，从这 2 000 名新粉丝中，有多少人参与到了公司的品牌页面中，多少人分享了公司品牌，多少人在留言墙上留言，多少人参加了公司的营销活动。假设这 2 000 名新粉丝中，只有 400 人在公司的品牌页面上做了某些参与行动，那可以推出公司的品牌与消费者的参与度是非常低的。此时公司可以去设定更精细的目标，改善公司的品牌页面来加强与消费者的互动。这个投入并不是一次性，以数字回报而终止的了。换言之，公司的数字回报需要更多的进步。这样做公司就有更多的空间，也可采取一些更有效的策略来扩大公司的品牌影响力与消费者互动。

资料来源：https://socialbeta.com/t/return-on-influence-2011.html。

（3）体验回报率。体验回报率体现公司创造和提升消费者在人工智能营销和数字体验方面的投资结果。通常来说，消费者体验就是消费者与企业及其产品和服务的所有互动的整体质量，并不是单个的、独立的触点，它意味着从检索商品到完成产品交付这一整段旅程。其中包括但不仅限于客户服务、产品交付、产品使用、广告、品牌、销售流程、定价。这些体验包括社交媒体、移动商务、在线客户服务以及物联网设备等在营销领域新颖用法等内容。

要衡量体验回报率，公司需要主动追踪和衡量与体验和组织整体愿景相关的关键指标。人工智能营销的消费者体验有三个核心指标：客户满意度 CSAT（Customer Satisfaction）、净推荐值 NPS（Net Promoter Score）和客户费力度 CES（Customer Effort Score）。

客户满意度 CSAT。客户满意度是一种非常简单有效的用户体验指标。CSAT 要求用户评价对商品或服务的满意度，大都使用的是 5 点量表，包括 5 个选择：非常满意、满意、一般、不满意、非常不满意。通过计算 4 分（比较满意）和 5 分（非常满意）的用户所占比例可以得出最终的 CSAT 值。

净推荐值 NPS。净推荐值通过测量用户的推荐意愿，从而了解用户的忠诚度。净推荐值的调研问题为："你是否愿意将某个企业或者产品推荐给你的朋友或者同事？"根据愿意推荐的程度让客户在 0～10 分之间打分，并根据得分情况来判断推荐者（9～10 分）、被动者（7～8 分）和贬损者（0～6 分）等三种客户。测量净推荐值的公式为：净推荐值（NPS）=（推荐者数 / 总样本数）×100%-（贬损者数总样本数）×100%。

客户费力度 CES。客户费力度是让用户评价使用某产品 / 服务来解决问题的困难程度。客户费力度背后的理论就是，应该想办法减少客户为了解决问题而付出的努力。客户费力度的测量可以让消费者给"企业是否让我的问题处理过程变得简单"这一调研问题予以赋分，并进行分值比例计算获得。客户费力度可以帮助公司找出可优化消费者体验的方向，更容易理解在哪里进行改善，较低的费力度也与消费者持续购买直接相关，从而增加消费者的生命周期价值。

通过持续不断地测量客户体验指标和市场占有率、销售增长率、交叉销售率等 KPI 指标，从大量的数据中挖掘出它们之间的相关关系，来确定体验回报率。公司可以根据体验回报率，挑选出与业务 KPI 指标关联度高的客户体验指标，这将有利于公司量化客户体验的价值。

由于体验回报率的应用会涉及大量的消费者数据，此时企业应谨慎使用消费者数据。客户希望企业能够合理利用并保护他们的隐私数据，一旦数据被滥用，他们将不再信任这家公司，并转投其他品牌的怀抱。因此，企业在尊重消费者、为消费者创造价值的前提下，应审慎地使用他们的隐私数据。

9.3.2　人工智能营销效果测评

人工智能营销效果的测量与评估一直是人工智能营销领域的一个重要课题。对人工智能营销效果进行准确而有效的评估，对于人工智能营销活动的设计实施与后续决策有着重要意义。人工智能营销的场景化、数字智能和类人互动等特点使得对它的效果测量更加复杂，更具争议，也使传统营销的效果测量指标很难被直接套用到人工智能营销上。

1. 人工智能营销效果测评的场景要素

在人工智能时代，信息的传播模式是线下和线上、现实与虚拟世界随时随地的连接，人工智能营销活动的空间是三维化消费体验空间。在场景视角下，人工智能营销在这种即时的立体空间中通过各种链接渠道实现信息与用户的沟通互动。

汉语文本中的"场景"，顾名思义，即"场"与"景"的融合，有"场合""情景"的语义。其中，"场"属于地理空间范畴，有"场地""场所"等含义，而"景"更多偏向情景、感情、行为等方面。早期"场景"概念一直被应用于戏剧、文学、影视等艺术领域。在用户体验研究领域，场景被界定为所有与用户机器设备相关的情境合集，该合集能够对实体所处情境位置的任何信息进行描述（Dey，2001）。场景不仅是最真实的以人为中心的体验细节，同时也是一种连接方式和人类新生活方式的表现形态。

随着人工智能技术的发展，移动设备、社交媒体、大数据、传感器和定位系统成为改变用户场景体验的驱动原力（斯考伯，伊斯雷尔，2014）。基于上述场景驱动的五大原力理论，彭兰（2015）将空间与环境、实时状态、生活惯性、社交氛围作为场景构建的四个基本要素，这成为国内学者普遍认同的场景要素分类标准。

20世纪90年代，随着空间定位技术的革命性崛起及移动通信终端的广泛应用，国内外学者在探讨定位技术与手机移动App时开始对用户所处地理位置、周围物理环境等场景予以重视。定位技术、媒介技术、移动设备等信息传播技术的发展与进步在很大程度上颠覆了传统企业的营销环境，产业界也相应开启了场景营销的实践热潮。

最初对场景营销的理解，是基于用户渠道或入口的视角，强调通过场景进行流量覆盖（李智，2014）。随着场景营销研究和实践的深入，场景营销的视角转向注重用户体验，强调人作为场景营销的核心，通过体验、链接、社群、数据等四个方面来塑造场景化（吴声，2015）。场景营销界定为基于对用户数据的挖掘、追踪和分析，在由时间、地点、用户和关系构成的特定场景下，连接用户线上和线下行为，理解并判断用户情感、态度和需求，梳理品牌形象或提升转化率，实现精准营销的营销行为（朱磊，崔瑶，2020）。

人工智能时代的营销实践，将营销战场从线下转移到线上，又开始重回消费者的生活场景，在人工智能技术和消费者衣食住行等生活场景相连接的基础上，打造线上线下融合场景，重新定义人与产品、人与信息的关系，为品牌和用户接触沟通创造了新的渠道和领域。如何深入消费者各大生活场景，将最原生的信息以最适配的方式融合进场景中，进而得到消费者青睐，是基于场景体验的人工智能营销思考最多的问题。

（1）场景定位效果。针对消费者的场景体验，人工智能营销首先需要发掘并精准定位用户的生活场景。地理定位系统、移动设备、社交媒体、大数据和传感器五大场景原力是场景营销中至关重要的场景定位技术。通过GPS定位系统可以获取用户位置信息，智能手机、自动驾驶汽车、智能穿戴设备等移动设备既是用户地理位置信息的信号源，也是用户年龄、性别、职业等基础信息和消费行为、兴趣爱好等信息的数据提供者。通过社交媒体可以实现用户社交行为的大数据挖掘和分析。对消费者场景进行精准的时空定位，结合用户基础信息和行为数据，有利于明确用户在不同场景中即时产生的情绪感受，企业可以提供以情动人、价值观匹配的内容信息，满足用户不同场景中情感和价值观共鸣方面的需求。

（2）场景匹配效果。消费者的心理情绪和行为反应在不同场景中受环境、关系变化等因素影响，会发生动态变化。品牌需要对动态性的用户人格情绪进行准确把握，才能与用户在情感和价值观层面进行沟通，建立更深的关系。随着人工智能营销技术的迅猛发展，场景匹配相关技术也日臻成熟。在遵循人工智能营销伦理和法规的前提下，品牌商可以对用户进行心理画像分析、情绪追踪，并预测用户在不同场景下的情感需求，适时提供与用户需求相匹配的营销信息，以满足用户不同场景下的情感体验，提升场景营销价值。

（3）原生内容效果。原生内容是指用户在不同生活场景中生活型态或生活方式的实质性内容。随着网络社会的发展，消费者不再对自己不相关的营销信息感兴趣，内容营销逐渐成为主流趋势。消费者只寻找和自己相关的信息且通过多种渠道寻找资源。人工智能营销的原生内容效果就是将营销传播信息置于用户所在的场景里，使消费者沉浸于信息发生的生活场景原生内容语境，从而使社交信息获得理解和共鸣。

（4）价值共鸣效果。在新的时代中，消费者从基于自身利益的基本需求驱动转向基于精神需求的价值驱动。品牌不仅要塑造好自身的企业使命、愿景、性格和价值观，也需及时转变对市场的认知方式，将市场、目标受众看作有独立思想、价值观的精神个体，从而与自身使命、愿景相融合，力争与目标消费者产生价值共鸣。品牌可以从目标受众的生活场景出发，对目标场景所反映的价值观进行判断界定，然后结合创新性的人工智能营销手段，推送与消费者价值观理念相适配的信息，促进营销活动在情感和精神层面与目标消费群实现价值共鸣。

2. 人工智能营销具体手段的效果测评

人工智能营销活动方式丰富多样，目前企业普遍将人工智能技术应用于电子邮件、搜索引擎、网络视频、在线展示和社交媒体等领域开展营销活动。人工智能营销活动效果可以从场景视角展开相应的测评。时、空、人、物、价值及其关系的总和构成了场景的基本要素。人工智能营销活动从这五个维度出发，通过算法力图在正确的时间、正确的地点，将正确的产品和服务以及相关信息传递给正确的人，以使品牌和消费者实现价值共赢（朱磊，崔瑶，2020）。

（1）电子邮件营销效果测评。电子邮件营销是一种较早的网络营销手段，指在用户许可的前提下，以电子邮件的方式与消费者进行沟通的营销方式。电子邮件营销在众多新型数字营销方式的冲击下依旧具有生命力，是品牌进行客户资源管理的重要方式。

时间维度测评考察企业开展电子邮件营销活动的时间是否合适。如很多品牌选择在春节、情人节等特色节假日，集中进行电子邮件营销活动，甚至采取"造节"的方式来扩大时间的影响力。从细节来讲，时间指标还包含对电子邮件具体投递时间的测评，如是否在用户方便打开电子邮件的时间段发送等。空间维度是指品牌选择电子邮件营销活动的渠道是否合适，是否考虑消费者的现实物理空间的定位。通过大数据和定位技术，融合线上与线下，把电子邮件的内容和消费者的实际位置连接起来，是电子邮件成为消费者生活场景和产品需求的桥梁。人和物的要素是电子邮件营销活动最基本的构成要素。人即消费者，是电子邮件营销中邮件清单列表所准确定位的目标消费群体。物即产品和服务，电子邮件对物的信息需要准确制定和传送，以激发消费者的兴趣。价值产生于人和物的互动关系，是人对物的价值判断，当电子邮件的内容激发并满足用户需求，消费者将在电子邮件的引导下生成一系列行为。

（2）搜索引擎营销效果测评。搜索引擎是互联网用户获取信息的主要方式之一。搜索引擎营销是人工智能营销传播应用领域的一大重要组成部分，广义上的搜索引擎营销泛指在搜索引擎平台上的一切营销活动，如付费搜索引擎广告、搜索引擎优化等，狭义上的搜索引擎营销多指付费搜索引擎广告。

时间维度考察品牌搜索广告营销时间节点的选择。企业需要考虑由于搜索引擎优化在时间上的滞后性，对品牌广告在搜索引擎平台上的投放提前进行搜索优化。空间要素主要测评搜索广告出现的平台是否与消费者的网络使用习惯相匹配，企业要准确把握目标消费人群的搜索渠道，合理规划搜索广告在各平台的投放比例。人是搜索广告展示的受众对象，物是搜索广告展示的内容，两者缺一不可。价值体现为搜索广告在时、空、人、物各要素的组合效果。高价值搜索引擎营销的价值是可以进一步引导消费者进行点击和购买转化。

（3）网络视频广告效果测评。网络视频广告属于富媒体广告，是一种以互联网为传播渠道，集合了声音、文字、图片、动画、视频等多种媒体形式的营销传播手段。网络视频广告具有较强的创意性和互动性，可以使用户产生更强的情感体验，能够在休闲放松的场景氛围下对消费者进行短时间的信息输入，越来越受到广告主的重视。

从时间维度来看，网络视频广告需要测评的内容包括视频播放时间与目标消费者使用视频网站时间的重合度以及网络视频广告的播放时长等。空间要素主要测评网络视频广告播放平台是否与目标用户的媒介使用习惯相匹配以及网络视频广告在屏幕上的占位（尺寸大小、播放位置）是否可以达到效果最大化。人是指网络视频广告的受众对象。物是指网络视频广告所涉及的品牌、产品和创意等内容。价值要素贯穿网络视频广告效果测评的始终，主要考察消费者是否因网络视频广告形成了对品牌、产品或服务的积极认知、态度和行为。

小案例　　　　　　　**爱奇艺人工智能广告，让广告投放更加精准**

当下，消费者的需求正在日益多样化、小众化。随着人工智能技术的逐步提高，人工智能广告已不再满足于识别用户，而是能够更加智能地识别广告出现的信息环境和媒介实现，实现双重深度识别，最终帮助品牌开展个性化和场景化营销，达到精准营销的效果。为此，爱奇艺创新了很多广告形式，比如人工智能前情提要、人工智能话题帖、人工智能中插广告、人工智能赛事集锦等，受到了年轻人和品牌们的欢迎。

在人工智能技术助力下，将视频分解成不同镜头、不同画面，打上标签，进而精准识别用户真实需求。比如在电视剧《欢乐颂》中，将啤酒的广告投放到蹦迪场景。在出现亲吻镜头时，旁边可以挂钻戒广告。这种人工智能广告恰如其分地将品牌的信息与剧情的内容融合在一起，造就了好看、有趣的营销模式，非但不反感，反而能引起共鸣，颇受好评。目前，人工智能技术可以智能识别明星、剧情、行为、动作、情感、台词等多种类别海量场景，通过场景自动契合广告内容，实现营销效果和用户体验的双重提升。

在爱奇艺，人工智能技术已经普及到在线视频每一个环节，覆盖所有原生广告场景，连接客户营销决策与用户消费决策，为广告主提供品效协同的视频营销解决方案，从而实现广告高转化。

资料来源：https://www.sohu.com/a/ 320034234 _120158200.

（4）在线展示广告效果测评。在线展示广告事将广告以在线的方式呈现在第三方网站或者搜索引擎结果页面，通过含有链接的文字、图片或动画视频来展示广告内容，以达到推销商品和服务，传播观念，提升品牌知名度，提高消费者购买意愿等目的。随着人工智能技术在在线展示广告领域的广泛应用，广告主可以程序化采购在线媒体资源，利用算法和技术自动实现精准的目标受众定向，将广告投放给合适的受众用户。

在线展示广告时间维度的效果测评主要目的是衡量广告展示的时间是否准确。广告效果在时间方面的考虑不仅仅是在用户打开网页的第一时间呈现广告，还应考虑与网页内容、用户情境等方面的融合。空间要素主要测评的是在线广告展示的渠道是否与目标用户相匹配。由于网络用户分散在不同的互联网平台上，在线广告展示需要明确目标用户的线上（网络平台）和线下（实体空间）的位置，通过广告的空间匹配提升广告效果。人和物是在线展示广告的基本要素，没有人意味着缺少展示的受众，没有物意味着缺少展示的平台和内容。价值是时、空、人、物等场景要素之间相互联系的纽带，决定了消费者对在线展示广告的评价和反应。

（5）社交媒体营销效果测评。社交媒体营销是组织或个人利用社交媒体平台进行营销传播活动的一种方式。当前，社交媒体平台的发展处于快速裂变和更新完善的阶段，各类社交媒体平台此消彼长，全新的社交媒体不断涌现，社交媒体竞争异常激烈，社交媒体的生态化构建也日趋完善。社交媒体不仅是满足人们日常沟通、表达、分享、评价等社会需求的社交工具，也是营销人员迫切想要驾驭的营销平台。

社交媒体营销在时间要素的测量主要是评估营销活动的时间周期、用户响应的时间周期以及两者间的对应关系。选择适宜的时间有针对性地进行社交媒体营销将会取得事半功倍的效果。空间要素的测量主要是观察不同的营销活动展示位产生的不同效果，例如同一事件在微信、微博、小红书或知乎等社交平台的营销效果会存在较大差异。人既是社交媒体营销的目标对象，也是社交媒体活动的主要参与者。物不仅是社交媒体营销的平台或载体，也包括社交媒体平台上的内容创作，如用户生成内容（user-created content）、专业生成内容（professionally-generated content）和职业生成内容（occupationally-generated content）等。价值要素体现与在其他场景要素的融合和匹配，以实现最佳营销效果。

本章小结

人工智能已经深刻改变，并将继续改变人类的经济和社会生活。人工智能与市场营销的深度融合，在提高效率、带来效益的同时，也不可避免地对现有的营销认知和规范形成冲击，从而引发一系列营销伦理问题。这使得人工智能营销的伦理与治理及绩效衡量成为经济社会普遍关注的一项重要议题。

人工智能营销伦理准则是人工智能技术在营销领域应用中须遵循的伦理准则。企业在开展人工智能营销活动中应遵循善行、非恶、自主、正义和可解释性五项伦理准则。人工智能营销法律规制是降低和减少人工智能营销技术侵犯消费者权益的有效措施。鉴于人工智能技术变革的速度和可能面临的挑战，在广泛开展人工智能营销法律规制实践中，有必要采取关注用户数字福祉、多元结构的合作性治理和审慎克制的平衡性管制等人工智能营销法律规制理念，以保障消费者权益和推动科技创新。

从整个社会层面来说，人工智能营销的发展对社会的影响存在双刃剑效应。一方面，随着人工智能营销技术的开发创新和市场应用，推动了社会福利的显著提升；另一方面，

由于人工智能营销伦理问题的存在，对社会福利带来了一定程度的负面影响。但从企业营销的视角来看，如何在预算约束下通过人工智能营销的技术、市场和人力等方面的投入，实现品牌营销和市场规模的成功，成为企业人工智能营销绩效的关注重点。在人工智能营销的战略制定和策略实施过程中，投资回报率是一项基础性的绩效指标，反映企业从人工智能营销战略或一项具体的人工智能营销活动的投资中得到的经济回报。对于人工智能营销活动来说，由于数字智能和社交媒体的出现，使得投资回报率的计算在人工智能营销的具体应用场景发生变化。在营销实践中有互动回报率、影响力回报率和体验回报率等延伸目标。人工智能营销的场景化、数字智能和类人互动等特点使得对它的效果测量更加复杂，更具争议，也使传统营销的效果测量指标很难被直接套用到人工智能营销上。基于场景体验效果的思考，可以帮助企业在电子邮件营销、搜索引擎营销、网络视频广告、在线展示广告、社交媒体营销的具体营销活动中进行人工智能营销效果评测。

关键名词

人工智能营销伦理　人工智能营销伦理准则　数字福祉　源头规制　人工智能营销法律投资回报率

章末案例

随着体验经济的发展进入新阶段，消费　者和品牌互动方式也发生了变化。品牌不再

是品牌的所有产品和服务，而是逐渐扩大为每个客户的接触点和互动的总和。商业品牌和消费者之间的这种双向、互动和动态的关系需要数字和物理世界的一致性。这促使品牌将与自身产品相关的体验融合到一个生态系统中，这个生态系统可以通过元宇宙来实现。

元宇宙是一个融合了现实和虚拟现实的虚拟空间，正在成为具有高度影响力的社会互动、文化属性和经济交流平台。元宇宙是基于社会趋势与消费需求的洞察成为互联网发展的必然结果，有人预言它是沉浸式数字体验的未来发展方向。对于品牌来说，消费者行为的转变和人们对元宇宙的兴趣正在逐渐增加，这为企业进入虚拟世界的营销创造了时机。

电子游戏广告科技公司 Bidstack 最初从事现实世界的户外广告投放工作，现在他们已将该技术转移到虚拟世界。在虚拟世界中，Bidstack 可以在虚拟广告牌上投放广告，在虚拟体育场馆投放赞助信息。

日本高端护肤品牌 SK-II 已经与广告公司 Huge 展开合作，创建了自己的虚拟 SK-II 城市，将用户运送到东京的虚拟街道进行参观和游玩。宜家利用游戏内的用户对虚拟家具的狂热，重新创建游戏内的产品目录，该目录为游戏内宜家主题岛屿提供了链接，将

其链接到自己的平台和商店。而菲律宾的肯德基则更进一步，为参观其官方岛屿和发现"肯德基上校"的用户提供现实世界的奖励。

元宇宙中的品牌营销拓展了商业品牌发展的空间，对于品牌而言，它们可以走出现实世界，进入虚拟世界，在那里品牌将拥有新的经济、货币、消费环境和用户行为。这种消费关系的转变也为品牌创造了新的收入来源。

为了给用户带来具有沉浸感的交互式体验，元宇宙涉及收集的个人数据的数量和种类丰富度将会是前所未有的，包括个人的生理反应、运动，甚至可能是脑波模式的信息。因此，在元宇宙这样的虚拟世界以及与之存在相互投射关系的现实世界里，通过人工智能技术开展营销活动将会使企业获得更大的市场拓展和营销效率提升空间。

资料来源：https://36kr.com/p/1399284556547205.

案例思考

1. 在元宇宙这样的虚拟世界中开展营销活动是否存在伦理冲突问题？如果存在营销伦理冲突问题，则有哪些类型，应如何规范？请说明理由。

2. 结合本章所学，分析在元宇宙中人工智能营销活动的效果评价。

复习思考题

1. 导致公司内人工智能营销伦理违法违规行为的主要因素是什么？就你在现实中遇到的人工智能营销伦理违法违规行为来说，导致其发生的最重要、最普遍的根源是什么？

2. 结合实例谈谈目前人工智能营销伦理的双面效应。

3. 为什么消费者在人工智能营销中应拥有自决权力？

4. 为什么对人工智能营销要采取审慎克制的平衡性管制？

5. 什么是场景营销？结合实例运用场景五要素对企业人工智能营销活动的绩效进行测评。

本章实训

一、实训目的

1. 明晰人工智能营销伦理、法律和绩效评价的基本概念与基本知识。
2. 通过线上采访或实地调查，了解所在城市某一企业人工智能营销伦理规范和营销绩效的实际情况。
3. 锻炼调查收集资料、分析问题、团队协作、个人表达等能力。

二、实训内容

以小组为单位，深入你就读高校所在城市的某一企业调查，收集该企业人工智能营销伦理方面的相关工作内容和成效，并针对该企业在人工智能营销伦理行为规范和营销绩效之间的平衡策略提出建议。

三、实训组织

1. 指导教师布置实训项目，提示相关注意事项及要点。
2. 将班级成员分成若干小组，成员可以自由组合，也可以按学号顺序组合。小组人数划分视修课总人数而定。每组选出组长1名，发言代表1名。
3. 以小组为单位，选定拟调查的企业，制定调查提纲，深入企业调查收集资料。写成书面调查报告，制作课堂演示 PPT。
4. 各小组发言代表在班级进行汇报演示，每组演示时间以不超过10分钟为宜。

四、实训步骤

1. 指导教师布置任务，指出实训要点、难点和注意事项。
2. 演示之前，小组发言代表对本组成员及其角色进行介绍陈述。演示结束后，征询本组成员是否有补充发言。
3. 由各组组长组成评审团，对各组演示进行评分。其中，演示内容30分，发言者语言表达及台风展现能力10分，PPT效果10分。评审团成员对各组所评出成绩取平均值作为该组的评审评分。
4. 教师进行最后总结及点评，并为各组实训结果打分，教师评分满分为50分。
5. 各组的评审评分加上教师的总结评分作为该组最终得分，对于得分最高的团队予以适当奖励。

参考文献

[1] 希曼，布尔巴里. 数字营销分析：消费者数据背后的秘密 [M]. 海侠，译. 北京：机械工业出版社，2021.

[2] 金. AI 营销：人工智能赋能的下一代营销技术 [M]. 张瀚文，译. 北京：人民邮电出版社，2020.

[3] DU S，XIE C. Paradoxes of artificial intelligence in consumer markets: ethical challenges and opportunities[J]. Journal of Business Research, 2020(129): 961–974.

[4] HERMANN E. Leveraging artificial intelligence in marketing for social good-an ethical perspective[J/OL]. Journal of Business Ethics, 2021.https://doi.org/10.1007/s10551-021-04843-y.

[5] KUMAR V, RAJAN B, VENKATESAN R, et al. Understanding the role of artificial intelligence in personalized engagement marketing[J]. California Management Review, 2019, 61(4): 135-155.

[6]　RAKOWSKI R, POLAK P, KOWALIK-OVA P. Ethical aspects of the impact of AI: the status of humans in the era of artificial intelligence[J]. Society, 2021, 58: 196-203.

[7]　丁晓东 . 什么是数据权利？——从欧洲《一般数据保护条例》看数据隐私的保护 [J]. 华东政法大学学报，2018，21（4）：39-53.

[8]　杜研勇 . 人工智能伦理引论 [M]. 上海：上海交通大学出版社，2020.

[9]　郭国庆，李祺，王兴元 . 营销伦理 [M]. 北京：中国人民大学出版社，2012.

[10]　郭锐 . 人工智能的伦理和治理 [M]. 北京：法律出版社，2020.

[11]　京东法律研究院 . 欧盟数据宪章：《一般数据保护条例》GDPR 评述及实务指引 [M]. 北京：法律出版社，2018.

[12]　李伦 . 数据伦理与算法伦理 [M]. 北京：科学出版社，2019.

[13]　李勇坚，张丽君 . 人工智能技术与伦理的冲突与融合 [M]. 北京：经济管理出版社，2019.

[14]　汪庆华 . 人工智能的法律规制路径：一个框架性讨论 [J]. 现代法学，2019，41(2)：54-63.

[15]　谢洪明，陈亮，杨英楠 . 如何认识人工智能的伦理冲突？——研究回顾与展望 [J]. 外国经济与管理，2019，41（10）：109-124.

[16]　于雪，段伟文 . 人工智能的伦理建构 [J]. 理论探索，2019（6）：43-49.

[17]　章文光，贾茹 . 人工智能的社会伦理困境：提升效率、辅助与替代决策 [J]. 东岳论丛，2021，42（8）：92-100，192.

[18]　郑戈 . 在鼓励创新与保护人权之间——法律如何回应大数据技术革新的挑战 [J]. 探索与争鸣，2016（7）：79-85.

[19]　郑智航 . 人工智能算法的伦理危机与法律规制 [J]. 法律科学，2021，39（1）：14-26.

[20]　朱磊，崔瑶 . 数字营销效果测评 [M]. 北京：科学出版社，2020.

综合案例一
伊利的人工智能营销

作为中国乳业领先企业，伊利很早就洞察到信息化、智能化建设的大趋势，大力推进智慧乳业的战略构想，不断对企业营销进行数字化、智能化升级。

运用数智技术洞察消费者的健康需求

伊利充分利用数字化智能化技术，深度洞察消费者多元化、个性化的健康需求，如通过智能可穿戴设备，有效识别人体营养需求，精准匹配产品，有针对性地进行营养补给。当智能设备检测到消费者运动强度较大、能量消耗多，系统会推荐饮用纯牛奶，提供优质乳蛋白和好吸收的钙，强健骨骼。安慕希采用利乐冠包装的产品上市后，为了考察消费者满意度，伊利运用经国际权威验证的脑神经测试方法，分析脑电波数据，了解产品需要改进优化的地方，从而不断优化升级产品，改善消费者体验。同时，伊利还在日常的生产和销售中引入自然语言处理技术，实时掌握当下乳制品的行业趋势、未来可能流行的产品口味以及不同地区不同人群的产品喜好，以此来更好地满足消费者需求。

伊利已与尼尔森、凯度、英敏特等机构进行大数据合作，并基于互联网的大量数据，搭建了覆盖数千个数据源、全网有效数据覆盖 90% 以上的大数据消费者智能洞察平台，全方位扫描、抓取、分析线上线下各类场景下的海量数据，深度洞察消费者，聆听消费者需求，不断推陈出新，更好地满足消费者对品质生活的需求。例如通过数据洞察到气泡水、植物蛋白奶、儿童牛奶等大健康食品搜索量快速激增，则可快速线上布局并调整策略；这也使伊利金典娟姗牛奶、安慕希 AMX-0 蔗糖常温酸奶、植选燕麦奶、QQ 星原生 DHA 纯牛奶、优酸乳"乳汽"等成为 2021 年 618 年中购物节期间的爆款。2020 年，安慕希推出的全球首款常温凝酪型勺吃酸奶，就是伊利借助大数据洞察并满足消费者需求的一个成功案例。正是基于伊利不断通过智能技术对产品进行升级，安慕希成为年销售额超 200 亿元的明星产品。伊利联合小米集团推出的"2020 全民科学饮奶计划"，依托双方合作的牛奶"白科技"应用，根据小米智能可穿戴设备的监测数据、人体健康综合指数，实时推荐最符合消费者营养需求的乳制品，有针对性地提供健康营养补给。

以数智创新践行"伊利即品质"宗旨

乳品行业作为一个周期性消费行业，找到一个值得深挖的护城河并不容易。伊利在这个不确定性较强的行业中，为自己找到的抓手是"品质"。为做到"伊利即品质"，实现质量领先和品质领先，伊利致力于生产 100% 安全、100% 健康的产品。坚守质量管理"三条线"，即在国标线的基础上，提升 50% 的标准制定企标线；在企标线的基础上，又提升 20% 的标准制定内控线，通过"三条线"提升品质标准。伊利还在业内率先建立完善的产品追溯程序，并实现了从源头到终端的每一个食品安全和质量控制关键点的监测、分析、控制、预防，确保伊利牛奶每一杯都拥有高品质，将数字化智能化技术的价值发挥到最大。

伊利应用人工智能从源头保证品质。通过引入视频监控人工智能识别技术，采用人工智能图像识别、关节识别、结果数据可视化的成套方案，通过人工智能算法，对牧场各项生产流程进行实时地监控和分析，确保每一个环节合规合理，生产出来的每一滴奶都是最优品质。此外，通过人工智能分析奶牛耳标中的健康、运动、膳食、产奶等数据，可针对性地提供精准饲喂配方，保障每一头奶牛饲料营养均衡，从而形成更科学、高效的养殖管理模式。

秉承着"质量源于设计"的理念，伊利在创新研发步骤中就充分考虑产品的品质需求，因此在配方、工艺、物料等各方面进行深入研究，借助智慧乳业优势，依托于自身对消费需求的深度洞察以及对数据的积累，确定优秀的产品配方和生产工艺，从而确保伊利牛奶每一款新品都拥有稳定的高品质。

来自绿智能牧场的优质原奶在智能系统的全程监控下被送进伊利智能工厂。在呼和浩特的一座伊利智能工厂里，中央控制室的 5 名工作人员通过面前的计算机，便可对 18 条生产线的数百台设备和 8 000 多米的管线进行管理。通过从研发、成本管控、品质保障到产品流通全过程的数据挖掘与分析，智能系统敏锐地捕捉生产制造环节的食品安全风险，使食品安全链条变得可视化、可数据化，更高效地为消费者生产出高品质的产品。

荣膺"质量金奖"的金领冠就是伊利数字化智能化创新的成果。伊利深耕中国母乳研究 19 年，在千万母乳营养成分数据的支持下，借助数字化智能化等多种技术，对母乳中的脂类、碳水化合物及其衍生物、核苷酸、微生物等方面进行深入研究，取得了五项核心配方专利，并将这些专利发明成功应用到金领冠系列产品中。

运用数智思维与手段开展"织网计划"

2006 年，伊利在全国范围内推广"织网计划"。潘刚在当年经销商大会上提出，"织网计划的核心内容是实现生产、销售、市场一体化运作，对每个市场进行精耕细作"，从而完成"纵贯南北，辐射东西"的奶源、销售布局。当年 5 月，伊利的奶业生产基地完成。伊利的"织网计划"并没有随着国内布局结束而终结，而是不断迭代出新，升级为全产业链版和全球版。

在产业链上游，伊利运用创新理念提升奶源建设和基础研发水平，打造"三大黄金奶源基地"，掌控上游稀缺资源。在产业链中游，打造安全可靠、可不断迭代升级的"奶源中转枢纽"。伊利积极建立智能工厂，通过信息化系统实现从研发、成本管控、品质保障到产品流通全过程的数据挖掘与分析，敏锐地捕捉生产制造环节的食品安全风险，使食品安全链条变得数据化、可视化。在产业链下游，伊利运用互联网思维与手段，实施渠道下沉战略，大规模开展了"织网计划"，完善下游产销布局。

全产业链布局，带来的是渠道潜力被不断放大的结果。截至 2019 年年底，伊利所服务的线下液态奶终端网点已达 191 万家，服务的乡镇村网点近 103.9 万家。凯度调研数据显示：截至 2020 年 6 月，伊利常温液态类乳品的市场渗透率为 84.2%，持续领跑行业。

2014 年，伊利开启全球化"织网"进程。同年在新西兰建立全球最大的乳业基地，在美国与 DFA 签约建厂，在欧洲建立研发中心，开始走向全球。

现在，伊利还加速发展"会员营销""O2O 到家"等新零售模式，进一步发挥伊利的渠道优势。

从"织网计划"，在国内渠道进行"纵贯南北，辐射东西"的奶源、销售布局到全球视角下的乳业全产业链，全营销模式（电商业务）渠道整合，伊利已经利用强大渠道整合力，形成"消费者身边的（品质）牛奶"品牌印象。

伊利认为，信息化时代，来自研发、生产、服务等方面的大量数据，经过人工智能的分析和处理，能够更好地指导生产经营实践。针对终端门店，伊利自主开发了地理大数据系统，依靠智能建模和人货场大数据，精准评估并预测精细化市场的发展态势，规划终端门店布局、优化门店营销资源投入，提升门店营销效率，并通过人工智能为产品迭代创新和服务品质升级提供依据。

为了实时掌握 500 万网点的销售表现，伊利建立了云商系统，这套系统可以实现"伊利－经销商－门店－最终消费者"的端到端业务管理，并将销售网点大数据实时反馈至集团总部和各事业部以做决策和调配生产，还能根据经销商订货的历史数据进行智能分析，对每次下的订单给出合理的下单量建议。

通过数智渠道传播"一杯牛奶 百分安心"

赞助或协办各项全球顶级盛会、赛事活动。从 2008 年北京奥运会到 2022 年北京冬奥会，从 2010 年上海世博会到 2016 年杭州 G20 峰会，伊利均作为唯一乳制品服务提供商参与其中。同时，伊利也是世界经济论坛、博鳌亚洲论坛、世界互联网大会的合作伙伴。

2015 年，伊利与互联网巨头百度展开战略合作，对液态奶、奶粉、牧场等代表性全球产业链进行全景取景，并利用无人机等技术，以多模交互、3D 视觉为核心的移动端 AR 技术，为消费者提供精致有趣的互动体验，呈现出一个"全面透明""智能交互"的线上全景伊利全球产业链。

2020 年 11 月 23 日，伊利联合小米在世界互联网大会·互联网发展论坛期间，共同推出"2020 全民科学饮奶计划"，依托双方合作的牛奶"白科技"应用，根据小米智能可穿戴设备的监测数据、人体健康综合指数，实时推荐最符合消费者营养需求的乳制品，有针对性地提供健康营养补给。该计划一经推出，便得到了与会嘉宾、社会各界的高度赞誉。

2021 年世界牛奶日前夕，伊利与中国顶级农业视频平台"中国农影"合作，通过直播形式，走进了全球最大的液态奶工厂——宁夏伊利工厂。奶牛们睡的是松软的卧床，吃的是精确搭配的饲料。依靠数字化设备，牧场管理得井井有条，奶源品质得到更好的保障。从这里，伊利金典、安慕希、舒化等各大系列的产品源源不断运往全国各地，更是让直播观众惊叹不已。近千万消费者通过 17 家媒体、平台了解到一杯好牛奶的诞生过程，纷纷为伊利品质刷屏点赞，直播点赞量接近 20 万次。

2021 年 6 月 1 日伊利携手中国乳制品工业协会、国际乳品联合会中国国家委员会、新华网，面向广大消费者开启了一场乳品知识大讲堂，引导消费者健康生活。同时，在电商平台发起促销活动，拉开 618 的狂欢节序幕。安慕希、伊利纯牛奶、金典、植选豆乳……多品类的产品，大幅度的优惠，让消费者尽享"喝牛奶"的快乐，让每一个消费者享受牛奶的营养和美味，畅享健康生活。

6 月 1 日~6 月 7 日，伊利携手中国乳制品工业协会发起的"初心·牛奶百年"2021 年世界牛奶日主题展在北京合生汇 5 层华丽上演。展览设置在核心商圈，通过"牛奶简史""牛奶制造""牛奶课堂""牛奶展望""牛奶时刻"五大展区，结合实物展览、全息投影、触摸滑轨屏幕、电子填色互动等方式，全面展现牛奶的发展历程和生产过程，向广大消费者宣传牛奶的营养价值。其中，"牛奶课堂"展区采用交互感极强的触摸滑轨屏幕，展示牛奶、酸奶、奶酪等多种奶制品的相关知识，吸引了大量消费者参与互动，让他们认识到，根据自己的生活实际需求选购优质的乳制品就是最好的。

在 2021 年的 618 年中购物节中，数字化转型让伊利战果辉煌。6 月 1 日~6 月 18 日，伊利天猫、京东 B2C 乳制品品类获得市场份额第一，在抖音电商平台实现食品饮料品类销售额排名第一。

资料来源：http://www.cb.com.cn/index/show/zj/ cv/cv135124451265；https://finance.ifeng.com/c/86jEgDTs4Q1；https://www.thepaper.cn/newsDetail_forward_9009818；https://www.cqn.com.cn/cj/content/2021-05/07/content_8690189.htm；新京报。

案例思考

1. 请对伊利的人工智能产品策略、渠道策略、促销策略进行理论归纳。

2. 伊利如何应用人工智能技术进行产品定价？

3. 伊利的人工智能营销经验对同行业其他企业有什么启示？

综合案例二
百度的智能化营销与人格化服务

从创建百度的第一天起，百度董事长兼 CEO 李彦宏对百度的期待始终如一：相信技术可以改变世界。"10 年前，我们意识到，人工智能技术可能已经成熟到可以解决搜索问题以及搜索以外的很多问题，我们开始大举投入人工智能技术的研发，期待用技术让复杂的世界更简单。"李彦宏说。

人工智能技术的渗透与革新下，营销的思维与边界在拓展。百度作为全球领先的人工智能公司，也是人工智能营销的引领者和定义者。百度营销中心总经理、百度营销研究院院长朱蕾表示："今天的百度营销，正在以智能化、服务化、人格化赋能品牌与用户的高效连接，成为企业的成长引擎。"

还原消费者真实意图，全方位刻画消费者画像

凡事看洞察，一定没有错。品牌营销更是如此，只有准确了解了消费者的需求和意图，才能相对应地采取有效的营销策略，更好地实现转化。百度 Omni Marketing 的核心价值就在于对消费者意图的精准预测。在百度人工智能技术和数据能力的加持下，Omni Marketing 可以通过"人工智能 ID"打通数据。通过对这些数据进行分析，百度便能够从目标用户属性、需求偏好、内容消费趋势、潜在需求意图等方面深刻理解消费者，并以此预测消费者意图，从而全方位地刻画目标消费者画像。

例如，2018 年七夕期间，以 Omni Marketing 为主，结合 feed、爱奇艺、地图、垂直平台等百度系的所有数据和 LV 品牌的数据，百度对 LV 的目标受众进行了全方位的分析，为 LV 圈定出了包括 LV 品牌粉丝人群、时尚新款爱好者、节日热衷者等五大类潜在目标人群，并基于 AI 意图引擎成功预测了消费者的真实意图，让原本复杂、碎片化的潜在消费者轮廓变得清晰和立体。

有了清晰的目标消费者画像后，品牌就能针对目标人群的不同特征和需求，通过在不同阶段运用不同创意和文案，与消费者差异化沟通，并让广告精准触达每一个消费者。

用户需求驱动营销变革，人工智能引领智能化营销

随着百度移动生态基于智能化、人格化、服务化战略持续推进，实现了多元布局和用户需求场景全面覆盖。通过对人群的精准洞察，百度人工智能优势越来越明显。

朱蕾表示："作为人工智能营销的定义者与先行者，百度人工智能对营销的赋能早已深入整个链路，打造了新的智能化场景、智能化沟通、智能化洞察、智能化投放及智能化服务。在智能化场景中，截至目前家庭场景里共有超过4亿的智能屏激活量；在车场景中已经有超过1 400万台Carlife的激活，百度Apollo的无人车服务已在超过20个城市落地，助力品牌在家庭场景和交通场景的破圈。在智能化沟通上，百度语音能力日均调用量达100亿次，智能互动检索（包括语音、视觉搜索）月活达1.5亿，成为年轻用户青睐的交互形式。同时，这些能力越来越多地为品牌所用，我们和美素佳儿及麦肯共同打造的一拍便知和宝宝不哭小程序就是通过图像的识别和声音的识别来辅助新手父母的日常养育，帮助品牌和目标消费者建立了深度的共鸣。在智能洞察方面，百度人工智能依靠强大的数据收集与分析能力，打通了全域所有数据以及前后链路，帮助品牌实现用户的洞察和市场的分析，为全场景数据服务加持。"

此外，人工智能已经融入到广告投放的每个环节。从创意物料、自动定向到智能优化，都为行业带来了巨大的变革。朱蕾介绍道："百度营销在智能化投放上帮助企业营销升级实现大跨步跃进，这对于大企业来说，可以释放很多优化劳动力，有效节约成本，提升效率，对于中小企业来说，这能够帮助它们真正平等地获取用户，与用户建立连接。同时，随着5G时代的到来，交互形态从语音文本、图片视频向数字形象、情感交互进化，百度的智能化服务通过数字人技术实现了客服场景从人与机器沟通向人与数字人可视化交互沟通。"

人工智能新服务让营销更简单高效

对用户来说，人工智能技术让他们从搜索直达服务，获得了前所未有的消费体验。而对品牌来说，人工智能营销的深入推动，随之而来的是营销的高效提升。

首先，百度的图像识别、人脸识别、AR等人工智能"黑科技"在不断帮助品牌突破线上内容营销的创作瓶颈，为品牌的消费者带来更多与众不同的交互体验。

其次，依托于百度移动生态三大支柱的百家号、小程序、托管页，通过服务化、人格化战略帮助品牌构建粉丝阵地，实现品牌站内闭环式服务，提升用户对品牌的关注度、满足度和互动度，避免了用户"搜完即走"的情况。同时，基于观星盘的数据资产再运营能力，品牌主可以持续提升品牌的用户价值，挖掘商业机会。

最后，人工智能作为赋能的手段，除了更加精准地触达消费者、服务消费者，了解消费者的痛点，还要能够体现整体的营销效率。在不断完善人工智能与生态设施的同时，百度营销得以帮助品牌实现更强大的用户洞察力、多场景的用户连接力和更高效的用户激发力，服务品牌稳健成长及长效经营。

可以看出，在百度人工智能营销的应用之下，对用户的洞察和理解力在不断学习和进化，一方面精准探索"人"的真实消费需求，让品牌更懂用户。另一方面，人工智能营销让技术、内容和场景达到了生态内的深度融合，用户的产品体验被提升，品牌在闭环营销中变得更加简单也更加长效。

当营销人开始靠"人工智能发电"，营销的进程被不断提效，营销的链路被不断优化，在人工智能的赋能下，营销变得更有创造力了。

把握人工智能时代营销变革，万物皆媒体

目前，百度在人工智能方面，可被大家感知的有两个方面的布局。一方面是 DuerOs 生态系统平台，通过 DuerOs 芯片，百度把解读信息、翻译信息和提供服务的能力赋予到所有的硬件产品上，包括智能家居、手机、电脑等；另一方面就是无人驾驶，百度通过 Apollo 计划去实现人工智能与汽车环境的结合，在无人驾驶汽车平台上用户可以跟平台对话，找到背后所要的内容，共同形成线上与线下的所有互联。

人工智能时代将为营销在深度和广度上提出新的挑战，品牌如何通过人工智能技术或借助人工智能产品在全新的营销战场上存活甚至取胜，是品牌营销正在面临或即将面临的难题。百度占据人工智能技术的先天优势，通过百度聚屏产品（数字屏幕程序化广告平台，资源覆盖智能电视广告、楼宇屏幕、出租车广告、公交车广告、影院广告等）、百晓（线下智能屏幕联动整合营销解决方案）以及 OTT（智能电视业务）等，将品牌信息带进消费者的家庭、户外及任何场景，更加促进品牌与消费者之间的直接交互，未来也将陆续推出更智能、更完善的品牌营销产品，让品牌营销通过新的媒介继续开疆拓土。

人工智能营销得人心，百度的营销未来会怎样

人工智能营销，在百度看来，不仅是为了让品牌更好地科学增长，更是以人为本，以心为桥，共同成长。

百度副总裁赵强说："只有有温度的抵达才能深入地触动我们用户的神经。"现代营销学之父科特勒提出的营销 5.0 的核心，说的也是如此，"科技为人"。科学营销的探索不能停，温暖直击人心的内容始终是核心。

什么是百度人工智能心营销？百度副总裁赵强做了完整的分享，即通过人工智能识心、人工智能交心、人工智能动心、人工智能聚心四个心营销手段，实现从流量经营到人心的获取与留存。

"人工智能识心，通过大数据能力帮助客户制订科学精准的营销计划，沉淀数字资产，提升投放效率；人工智能交心，通过多元的内容生产体系以及 IP 内容矩阵，将营销变得更有温度，更有趣味性；人工智能动心，通过出行场景以及家庭场景打造强大的人工智能场景关怀体系，提升用户体验，增强品牌好感度；人工智能聚心，通过百度移动生态能力，打通整个智能生态全链路。"——百度副总裁赵强对人工智能心营销的诠释。

过去，联结品牌与用户的，是产品。功能诉求远大于情感需要。今天，联结靠的是心。而在流量难找、人心难测、生意难做的营销困局之下，人工智能得人心显得至关重要。

心之所向，行之将至。百度营销未来会玩出什么样的头号惊喜，人们将拭目以待。

资料来源：http://news.hexun.com/2021-04-25/203487479.html；https://www.digitaling.com/articles/620045.html；http://news.hexun.com/ 2021-06-30 /203873597.html.

案例思考

1. 百度的人工智能营销对中国其他企业的营销有哪些启示？

2. 根据你的了解，百度是如何为消费者及品牌商赋能的？

3. 你认为百度营销的未来会怎样？